理侯齊命理學

滴天髓

原著 유백온
註者 임철초
譯者 이후제

계축문화사

안내의 글

적천수는 명나라 때 정치가이며 명리학자인 유백온의 저서로 알려져 있으며 임철초가 주해(註解)하였고 그 외 원수산, 서락오 등 여러 사람이 증주했다.

아무튼 적천수는 약 700년 전쯤 누군가에 의해 쓰여진 것으로 생각되고 또한 정확한 생몰연대를 알 수 없으나 대략 200년 전쯤 사람인 것으로 추측되는 임철초가 주해하였고 주해한 원본을 해녕진씨가(海寧 陳氏家)에서 소장하고 있다가 누군가에 의해 필사본이 만들어졌으며 그 필사본이 세상에 드러나 필사에 필사를 거치면서 전해오다가 1933년 중화민국 22년에 처음으로 책이 나오게 된 것으로 알려져 있다. 아쉽게도 임철초가 주해한 원본은 소실되어 남아있지 않고 필사본만 남아있다.

따라서 필사하는 과정에서 오자(誤字)나 탈자(脫字)가 있을 수 있고 필사자의 사견이 첨삭되었을 것으로 생각되는 부분이 있으나 전체적으로 내용이 주옥과 같이 아름답다.

본 역서(譯書)는 대만의 집문서국(集文書局)에서 간행한 적천수징의(滴天髓徵義)를 원본으로 하여 번역하였으며 의역보다는 원문의 뜻을 그대로 해석하고자 노력하였으나 예로든 명조의 해석에 대하여는 최소한으로 번역자의 의견을 약술하였으니 참고하기 바란다.

壬寅年 大雪節 理候齊

목차

제1편

제2편

제3편

제4편

原文
(訂正本)

通神頌

欲識三元萬法宗　先觀帝載與神功

坤元合德機緘通　五氣偏全論吉凶

戴天履地唯人貴　順則吉兮凶則悖

要與人間開聾瞶　順悖之機須理會

理乘氣行豈有常　進兮退兮宜抑揚

配合干支仔細詳　斷人禍福與災祥

第一篇 上　論天干

五陽皆陽丙爲最. 五陰皆陰癸爲至. 五陽從氣不從勢. 五陰從勢無情義.

甲木參天. 脫胎要火. 春不容金. 秋不容土. 火熾乘龍. 水蕩騎虎. 地潤天和. 植立千古.

乙木雖柔. 刲羊解牛. 懷丁抱丙. 跨鳳乘猴. 虛濕之地. 騎馬亦憂. 藤蘿繫甲. 可春可秋.

丙火猛烈. 欺霜侮雪. 能煅庚金. 逢辛反怯. 土衆生慈. 水猖顯節. 虎馬犬鄕. 甲來成滅.

丁火柔中. 內性昭融. 抱乙而孝. 合壬而忠. 旺而不烈. 衰而不窮. 如有嫡母. 可秋可冬.

戊土固重. 旣中且正. 靜翕動闢. 萬物司命. 水潤物生. 火燥物病. 如在艮坤. 怕冲宜靜.

己土卑濕. 中正蓄藏. 不愁木盛. 不畏水狂. 火少火晦. 金多金光. 若要物旺. 宜助宜幇.

庚金帶殺. 剛健爲最. 得水而淸. 得火而銳. 土潤則生. 土乾則脆. 能嬴甲兄. 輸於乙妹.

辛金軟弱. 溫潤而淸. 畏土之多. 樂水之盈. 能扶社稷. 能救生靈. 熱則喜母. 寒則喜丁.

壬水通河. 能洩金氣. 剛中之德. 周流不滯. 通根透癸. 冲天奔地. 化則有情. 從則相濟.

癸水至弱. 達於天津. 得龍而潤. 功化斯神. 不愁火土. 不論庚辛. 合戊見火. 化象斯眞.

第一篇 中 論地支

陽支動且强. 速達顯災祥. 陰支靜且專. 否泰每經年. 天戰猶自可. 地戰急如火. 合有宜不宜. 合多不爲奇. 生方怕動庫宜開. 敗地逢冲仔細推. 支神只以冲爲重. 刑與穿兮動不動. 暗冲暗合尤爲喜. 我冲彼冲皆冲起. 旺者冲衰衰者拔. 衰者冲旺旺者發.

第一篇 下 干支總論

陰陽順逆之說. 洛書流行之用. 其理信有之也. 其法不可執一. 故天地順遂而精粹者昌. 天地乖悖而混亂者亡. 不論有根無根. 俱要天覆地載. 天全一氣. 不可使地德莫之載. 地全三物. 不可使天道莫之容. 陽乘陽位陽氣昌. 最要行程

安頓. 陰乘陰位陰氣盛. 還須道路光亨. 地生天者. 天衰怕沖. 天合地者. 地旺宜靜. 甲申戊寅, 眞爲殺印相生. 癸丑庚寅, 也坐兩神興旺. 上下貴乎情和. 左右貴乎氣協. 始其所始. 終其所終. 福壽富貴. 永乎無窮.

第二篇 上 形象格局

1. 形象

兩氣合而成象. 象不可破也. 五氣聚而成形. 形不可害也. 獨象喜行化地. 而化神要昌. 全象喜行財地. 而財神要旺. 形全者宜損其有餘. 形缺者宜補其不足.

2. 方局

方是方兮局是局. 方要得方莫混局. 局混方兮有純疵. 行運喜南還喜北. 若然方局一齊來. 須要干頭無反覆. 成方干透一元神. 生地庫地皆非福. 成局干透一官星. 左邊右邊空碌碌.

3. 八格

傷官食神正財偏財正官偏官正印偏印爲八格. 財官印綬分偏正. 兼論食神八格定. 影響遙繫旣爲虛. 雜氣財官不可拘. 官殺相混須細論. 殺有可混不可混. 傷官見官最難辨. 官有可見不可見.

4. 從化

從得眞者只論從. 從神又有吉和凶. 化得眞者只論化. 化神還有幾般話. 眞從之家有幾人. 假從亦可發其身. 假化之人亦多貴. 異姓孤兒能出類.

5. 順逆

一出門來要見兒. 吾兒成氣構門閭. 從兒不論身强弱. 只要吾兒又遇兒. 君賴臣生理最微. 兒能生母洩天機. 母慈滅子關頭異. 夫健何爲又怕妻. 君不可抗也. 貴乎損上以益下. 臣不可過也. 貴乎損下以益上. 知慈母恤孤之道. 始有瓜瓞無疆之慶. 知孝子奉親之方. 始能克諧大順之風.

第二篇 中 體用精神

道有體用. 不可以一端論也. 要在扶之抑之得其宜. 人有精神. 不可以一偏求也. 要在損之益之得其中. 月令提綱之府. 譬之宅也. 人元爲用事之神. 宅之定向也. 不可以不卜. 生時歸宿之地. 譬之墓也. 人元爲用事之神. 墓之穴方也. 不可以不辨.

1. 源流

何處起根源. 流到何方住. 機括此中求. 知來亦知去.

2. 通關

關內有織女. 關外有牛郎. 此關若通也. 相將入洞房.

3. 清濁

一清到底有精神. 管取平生富貴眞. 澄濁求淸淸得淨. 時來寒谷亦回春. 滿盤濁氣令人苦. 一局淸枯也苦人. 半濁半淸猶是可. 多成多敗度晨昏.

4. 眞假

令上尋眞最得眞. 假神休要亂眞神. 眞神得用平生貴. 用假終爲碌碌人. 眞假參差難辨論. 不明不暗受邅迍. 提綱不與眞神照. 暗處尋眞也有眞.

5. 恩怨

兩意情通中有媒. 雖然遙立意追陪. 有情却被人離間. 怨起恩中死不灰.

6. 閑神

一二閑神用去麽. 不去何妨莫動他. 半局閑神任閑着. 要緊之場自作家.

7. 羈絆

出門要向天涯游. 何事裙釵恣意留. 不管白雲與明月. 任君策馬朝天闕.

第二篇 下 四柱總論

天道有寒煖. 發育萬物. 人道得之. 不可過也. 地道有燥濕. 生成品彙. 人道得之. 不可偏也. 德勝才者. 局全君子之風. 才勝德者. 用顯多能之象. 局中顯奮鬱之機者. 神舒意暢. 象內多沉埋之氣者. 心鬱志灰. 吉神太露. 爭起奪之風. 凶物深藏. 成養虎之患. 震兌主仁義之眞機. 勢不兩立. 而有相成者存. 坎離宰天地之中氣. 成不濁成, 而有相持者在. 强衆而敵寡者. 勢在去其寡. 强寡而敵衆者. 勢在成乎衆. 剛柔不一也. 不可制者. 引其性情而已矣. 順逆不齊也. 不可逆者. 順其氣勢而已矣. 能知衰旺之眞機. 其於三命之奧. 思過半矣. 旣識中和正理. 於五行之妙. 有能全焉. 休咎係乎運. 亦係乎歲. 戰冲視其孰降. 和好視其孰切. 何爲戰. 何爲冲. 何爲和. 何爲好. 造化起於元. 亦起於貞. 再造貞元之會. 胚胎嗣續之機.

第三篇 徵驗

1. 六親

夫妻姻緣宿世來. 喜神有意傍天財. 子女根枝一世傳. 喜神卽是殺神聯. 父母或興與或替. 歲月所關果非細. 兄弟誰廢與誰興. 提用財神問重輕.

2. 富貴貧賤吉凶壽夭

何知其人富. 財氣通門戶. 何知其人貴. 官星有理會. 何知其人貧. 才神反不眞. 何知其人賤. 官星還不見. 何知其人吉. 喜神爲輔弼. 何知其人凶. 忌神輾轉攻. 何知其人壽. 性定元氣厚. 何知其人殀. 氣濁神枯了.

3. 性情

五行不戾. 性正情和. 濁氣偏枯. 性乖情逆. 火烈而性燥者. 遇金水之激. 水奔而性柔者. 全金木之神. 木奔南而軟怯. 金見水以流通. 最拗者西水還南. 至剛者東火轉北. 順生之機. 遇擊神而抗. 逆生之序. 見閑神而狂. 陽明遇金. 鬱而煩多. 陰濁藏火. 包而多滯. 陽刃局. 戰則逞威. 弱者怕事. 傷官格. 淸則謙和. 濁則剛猛. 用神多者. 情性不常. 時支濁者. 虎頭蛇尾.

4. 疾病

五行和者. 一世無災. 血氣亂者. 平生多病. 忌神入五臟而病凶. 客神游六經而災小. 木不受水者, 血病. 土不受火者, 氣傷. 金水傷官,寒則冷嗽. 熱則痰火. 火土印綬, 熱則風痰. 燥則皮痒. 論痰多木火. 生毒鬱火金. 金水枯傷而腎經虛. 水土相勝而脾胃洩.

5. 出身

巍巍科第邁等倫. 一個元機暗裏存. 淸得淨時黃榜客. 雖存濁氣亦中式. 秀才不是塵凡子. 淸氣還嫌官不起. 異路功名莫說輕. 日干得氣遇才星.

6. 地位

臺閣勳名百世傳. 天然淸氣顯機權. 兵權憲府幷蘭台. 刃殺神淸氣勢恢. 分藩司牧財官和. 格局淸純神氣多. 便是諸司幷首領. 也從淸濁分形影.

第四篇 婦孺

1. 女命章

論夫論子要安詳. 氣靜和平婦道章. 三奇二德虛好話. 咸池驛馬半推詳.

2. 小兒章

論才論殺論精神. 四柱平和易養成. 氣勢攸長無斷喪. 殺關雖有不傷身.

通神頌(통신송)

欲識三元萬法宗　先觀帝載與神功

坤元合德機緘通　五氣偏全論吉凶

戴天履地唯人貴　順則吉兮凶則悖

要與人間開聾聵　順悖之機須理會

理乘氣行豈有常　進兮退兮宜抑揚

配合干支仔細詳　斷人禍福與災祥

모든 만물법칙의 근원인 삼원을 알고자 하면 먼저 제재와 신공을 보고 땅에는 사계절의 덕에 부합하는 기밀에 통하고 五氣의 치우침과 온전함으로 길흉을 논한다.

하늘을 이고 땅을 밟고 있는 것은 오직 인간이 귀하며 五氣가 순하면 길하고 흉하면 어그러진 것이다.

요점은 인간이 어리석음을 깨우치는 것에 있어서 순패의 기틀이 되는 이치가 모인 것을 아는 것이다.

理가 氣를 타고 유행하는데 어찌 일정함이 있는가?

나아가고 물러남에 맞게 억제되고 드러남이 마땅하기 때문이다.

간지의 배합을 자세히 살펴보면 사람의 화복과 재앙과 상서로움이 정해져 있다.

欲識三元萬法宗 先觀帝載與神功 坤元合德機緘通 五氣偏全論吉凶

모든 만물법칙의 근본인 삼원을 알고자 하면 먼저 제재와 신공을 보고 땅에는 끊임없이 순행하는 사계절의 덕에 부합하며 그 기밀에 통하는 오행의 치우침과 온전함으로 길흉을 논한다.

三元者 天元地元人元也 干爲天元 支爲地元 支中所藏爲人元. 陰陽本乎太極 曰帝載 五行播于四時 曰神功. 孔子說卦於震出曰帝 於妙萬物曰神 蓋非此不足以狀其用而形其妙也 受賦於天謂之命.
삼원이란 천원, 지원, 인원인데 천간은 천원이 되고 지지는 지원이 되며 지장간은 인원이 된다.
음양은 본래 태극이고 제재라고 하며 오행이 사계절에 퍼지는 것을 신의 공덕이라고 한다. 공자가 설괘전에서 말하길 진괘에서 나온 것이 帝라 하였고 만물의 신비로움을 神이라 하였는데 이것을 그 쓰임에 따른 狀과 신비로운 形이라고 할 수 없는 것은 아니며 하늘에서 부여받은 것을 일컬어 命이라고 한다.

易彖大哉乾元 萬物資始 至哉坤元 萬物資生 生者形之始 人之秉氣受形 與天地合其德 機緘相通. 所秉五行之氣有偏全 故萬物之命有吉凶.
주역의 단사에서 말하길 위대하도다 하늘이여 만물이 비롯되고 지극하도다 땅이여 만물을 생하는구나 라고 했는데
생하는 것은 형상이 시작되는 것이고 사람이 간직한 氣에 따라 형상을 받으므로 천지와 더불어 그 덕에 부합하는 것이며 기틀이 서로 통하는 것이다. 부여받은 오행의 氣가 치우치거나 온전함에 따라 만물의 명에 길흉이 있는 것이다.

戴天履地唯人貴 順則吉兮凶則悖 要與人間開聾瞶 順悖之機須理會
하늘을 이고 땅을 밟고 있는 것 중에 오직 사람이 귀한데 五氣가 서로 상응하여 순하면 길하고 흉한 것은 서로 불응하여 어그러진 것이며 인간이 어리석음을 깨우치는 요점은 모름지기 순패의 기틀이 모인 이치를 아는 것이다.

八字貴乎天干地支 順而不悖. 如天干氣弱 地支生之 地支神衰 天干輔之 皆

爲有情而順者吉. 如天干衰弱 地支抑之 地支氣弱 天干克之 皆爲無情而悖者則凶也.

팔자가 귀한 것은 천간과 지지가 순하고 어그러지지 않은 것이다. 가령 천간의 氣가 약한데 지지가 약한 것을 생해주고 지지의 神이 쇠약한데 천간이 도와주면 모두 유정한 것이고 순한 것이니 길하다. 만약 천간이 쇠약한데 지지가 쇠약한 것을 억제하고 지지의 氣가 약한데 천간이 극하면 모두 무정한 것이고 어그러진 것이니 흉하다.

人之八字 最要四柱流通 五行生化 大忌四柱缺陷 五行偏枯. 子平之法 全在察其衰旺 究其順悖 審其進退 論其喜忌 是謂理會. 至於奇格 異局 神殺 納音諸名目 乃好事者之妄造 不合五行正理 未可盡信. 若據此以論休咎 必致以正爲謬 以是爲非 訛以傳訛 遂使吉凶之理 昏昧難明矣.

사람의 팔자는 사주가 유통되고 오행이 생화하는 것이 매우 중요하며 사주가 결핍되어 오행이 편고된 것을 몹시 꺼린다.

자평의 법은 온전히 오행의 왕쇠를 살피고 그 순패를 연구하며 그 진퇴를 자세히 살펴서 그 희기를 논하는데 있으니 이것을 일컬어 理會라고 한다.

기이한 격과 이상한 국, 신살과 납음에 이르기까지 모든 명목들은 호사가들이 제멋대로 만든 것으로 오행의 바른 이치에 불합하니 모두 믿으면 안 된다.

만약 이것을 근거로 길흉을 논하면 반드시 바른 것이 그른 것이 되고 옳은 것이 옳지 않은 것이 되므로 잘못된 것이 잘못 전해져서 길흉의 이치가 어둡고 혼란스러워 밝히기 어렵게 된다.

理承氣行豈有常 進兮退兮宜抑揚

理가 氣를 타고 유행하는데 어찌 일정함이 있는가?

나아가고 물러남에 맞게 억제되고 드러남이 마땅하기 때문이다.

進退之機 不可不知. 非長生爲旺 死絶爲衰 必當審明理氣之進退 庶得衰旺之眞機. 凡五行旺相休囚 隨四季而定之 乃天然之程序 將來者進 是謂相 進而當令 是謂旺 功成者退 是謂休 退而無氣 是謂囚. 須辨其旺相休囚 以知其進退之機.

진퇴의 기틀을 모르면 안 된다.

장생이 왕이 되고 사절이 쇠가 되는 것이 아니니 반드시 理氣의 진퇴를 자세히 살펴야 쇠왕의 참된 기틀을 얻을 수 있다.

무릇 오행의 왕상휴수는 사계절에 따라서 정해지는데 자연의 질서에 관한 법칙으로 장차 앞으로 나아가는 것을 相이라 하고 나아가 당령한 것을 旺이라 하며 功을 이루고 물러나는 것을 休라 하고 물러나 氣가 없는 것을 囚라고 한다. 모름지기 그 왕상휴수를 분별해야 그 진퇴의 기틀을 알 수 있다.

日主喜神宜旺相 不宜休囚 凶殺忌神宜休囚 不宜旺相. 然相妙于旺 旺則極盛之物 其退反速 相則方長之氣 其進無涯也. 休甚於囚 囚則旣極之勢 必將漸生 休則方退之氣 未能遽復也. 此理氣進退之正論 爰擧兩造爲例.

일주와 희신은 왕상해야 마땅하고 휴수되면 마땅하지 않으며 흉살과 기신은 휴수가 마땅하고 왕상하면 마땅하지 않다.

그러나 相이 旺보다 묘한데 旺은 왕성함이 극에 달한 기운이므로 물러남이 도리어 빠르고 相은 한창 자라는 기운이므로 나아가는데 끝이 없기 때문이다. 休가 囚보다 사나운데 囚는 이미 기세가 극에 달했으므로 반드시 장차 점점 생겨나게 되나 休는 한창 물러나는 기운이므로 갑자기 회복할 수 없기 때문이다.

이것이 理氣가 나아가고 물러나는 올바른 견해이며 이에 두개의 명조를 예로 든다.

丁庚甲壬　己戊丁丙乙甲
亥戌辰申　酉申未午巳辰

甲木의 휴수가 이미 극에 이르렀고 록왕인 庚金이 극하므로 일점 丁火가 상대하기 어렵다. 게다가 兩財가 殺을 생하니 殺重身輕과 같으나 9月 甲木이 進氣임을 모르는 것이고 壬水가 일간에 바싹 붙어 상생하며 丁火가 傷함이 없고 丁火가 비록 약하나 庫에 통근하였다. 戌은 燥土이고 火의 뿌리이며 辰은 습토이고 木의 餘氣이다. 천간하나는 生하고 하나는 극하는데 지지에 또 長生을 만나니 사주가 生化有情하고 오행이 다투지 않고 투기함이 없다. 丁運에 과거에 급제하였으니 火를 써서 殺을 대적함이 분명하다. 비록 京官으로 오랫동안 있었으나 명예와 재물이 풍족하였는데 運이 모두 남방으로 行한 연유이다.

이후제

晩秋의 老木이니 庚金으로 剪定해야 材木을 이룰 수 있는데 丁火가 庚金을 鍊金하며 秋涼을 해소하고 壬水가 庚金을 鍛鍊하며 化殺生身하니 貴命이다. 또한 丁火는 戌에 통근하고 庚金은 得時하였으며 申에 祿을 얻어 健旺하고 甲木은 亥에 장생하고 壬水는 亥에 祿으며 申에 장생으로 상하좌우가 有情하다. 전체적으로 늦가을에 金水가 왕하므로 火를 쓰고 木火運을 원한다.

乙庚甲壬　己戊丁丙乙甲
亥辰戌申　卯寅丑子亥戌

이 사주는 앞의 것과 대동소이하다. 속되게 논하면 甲이 누이동생인 乙을 庚의 妻로 삼아 탐합망충으로 흉이 吉兆가 되었다.

앞의 사주보다 더욱 아름다운데 어찌 앞의 사주는 벼슬이 높고 이 사주는 빈한한 선비인가. 乙庚合이 金으로 化하여 도리어 그 사나움을 돕고 앞의 사주는 甲辰이니 辰이 습토로 生木할 수 있고 이 사주는 甲戌이니 戌이 燥土로 生

木할 수 없으며 앞의 사주는 申辰이 水를 껴안고 이 사주는 申戌이 生殺한다. 앞 사주는 甲木은 進氣이고 庚金이 退氣이며 이 사주는 庚金이 進氣이고 甲木은 退氣이다. 이렇게 추리하여 두 명조는 큰 차이가 있으니 진퇴의 기틀을 모르면 안 되는 것이다.

이후제

앞의 명조와 비슷하나 庚金칠살을 단련할 火가 없어 貴命이 되지 못한다. 단순하게 壬水로 化殺하는 모양이고 運도 不順하여 불만이다. 春木은 火를 얻어야 번성할 수 있기 때문이다.

配合干支仔細詳 定人禍福與災祥

간지의 배합을 자세히 살펴보면 사람의 화복과 그리고 재앙과 상서로움이 정해져 있다.

此闢謬之要領也 禍福災祥 必須詳推干支配合 與衰旺喜忌之理. 不可將四柱干支置之勿論 專從奇格神殺妄譚 以致吉凶無驗.

이것은 오류를 배척하는 요령으로 화복과 재상은 반드시 간지의 배합과 쇠왕과 희기의 이치를 자세하게 추론해야 한다.

사주의 간지를 내버려둔 채 논하지 않고 오로지 기이한 격과 신살을 좇아 망령되게 이야기하는 것은 안 되며 결국 길흉을 증험할 수 없게 된다.

命中至理 只存用神 不拘財官印綬比劫食傷梟殺 皆可爲用. 勿以名之美者爲佳 惡者爲憎 果能審日主之衰旺 用神之喜忌 當抑則抑 當扶則扶. 所謂去留舒配 則運途否泰 顯然明白 禍福災祥 無不驗矣.

명리의 지극한 이치는 오직 용신에 있으며 재관, 인수, 비겁, 식상, 효신, 칠살에 얽매이지 않고 모두 용신이 될 수 있다.

명칭이 아름다운 것은 좋아하고 나쁜 것은 싫어하면 안 되며 일주의 쇠왕과 용신의 희기를 살펴서 응당 억제할 것은 억제하고 도울 것은 도와야 한다. 이른바 없앨 것은 없애고 남길 것은 남겨 알맞게 배합되면 운의 좋고 나쁨이 명백하게 드러나며 화복과 재상이 증험되지 않음이 없다.

甲戊庚壬　己庚辛壬癸甲
子辰申午　巳午未申酉戌

이 명조는 속론하면 천간에 三奇가 나타나 아름답고 지지에 貴人인 未를 午申이 껴안아 영화로우며 또 회국하여 冲이 아니므로 관성을 쓸 수 있으니 名利를 함께 거둘 수 있다고 하겠다.

그러나 庚申이 季春에 태어나 水가 본래 휴수되니 원래 官을 쓸 수 있는데 지지에 水局이 되어 水의 세력이 증가하고 火가 그 위세를 잃으니 불만이며 관성이 반드시 손상되므로 쓰기에 부족하다.

강한 무리를 적은 것으로 대적하므로 壬水를 쓰고자 하나 또한 三奇인 戊土가 투출하여 뿌리가 깊고 탈식하니 불만으로 역시 쓰기 어렵다. 甲木 재성은 본래 借用하여 疎土하고 水를 보호하며 水를 설기하여 火를 생하므로 有情한 것 같으나 甲木은 퇴기이고 戊土는 當權하여 소통하기 어려움을 모르는 것이다.

설령 甲木을 쓰더라도 역시 假神이며 평인에 불과하고 게다가 運이 甲木의 휴수지인 西南으로 흐르니 비록 물려받은 가업은 있었으나 한 번의 실패로 다 없어지고 처자식이 온갖 고생을 면하지 못하였으며 견딜 수 없이 외롭고 고생스러웠다. 三奇나 拱貴格 등으로 命을 논하고 용신을 보지 않으면 모두 헛된 오류이다.

이후제

庚金이 辰月에 태어나 戊土가 투간하고 申祿을 만나 신강인데 申子辰 水局이며 戊土는 甲木에 극을 당하므로 신강이 도리어 신약이 되었다. 아무튼 식상의 氣가 왕성하여 病이 되니 식상을 억제하며 生身하는 戊土를 용신으로 삼고 온국하며 生土하는 午火를 희신으로 삼는다. 그러나 戊土는 甲木에 破克되고 午火는 旺水에 억제되어 용신과 희신이 無力化된 명조이다.

丙己乙壬　庚辛壬癸甲乙
子亥丑午　子丑寅卯辰巳

이 명조는 처음 보면 취할 게 하나도 없고 천간에는 壬과 丙이 相克하고 지지에는 子午가 멀리서 相冲한다. 또한 寒木이 태양을 기뻐하는데 범람하는 水의 세력을 만나니 火의 기운이 克絶되어 名利를 이룰 수 없을 것 같다. 그러나 자세히 살펴보면 三水 二土 二火로 水의 勢力이 비록 旺하나 金이 없어 기쁘고 火가 본래 휴수이나 다행히 土가 호위하니 자식이 부모를 救하는 것과 같다. 게다가 천간의 壬水는 乙을 생하고 丙火는 己土를 生하니 각각 門戶를 세워 상생하며 유정하므로 다투고 극할 생각이 없다.

지지가 비록 북방이나 丑土의 原神인 己土가 투출하여 기쁘고 己土는 午火에 祿이며 丙火는 午火에 旺으로 통근하여 서로 보호하니 그 세력이 水를 제지하고 火를 지키기에 충분하므로 이것이 바로 有病에 得藥이다. 또한 一陽 후에는 만물이 잉태하고 木火가 進氣하니 상관이 秀氣하는 용신이다. 중년에 運이 東南으로 흐르니 용신이 生旺하여 틀림없이 큰 저택에 中人신분일 것인데 寅運에 木旺하고 生火하니 과거에 급제하여 관직에 나아갔다.

두 명조를 볼 때 干支配合의 이치를 소홀히 할 수 있겠는가?

이후제

지지가 亥子丑北方을 이루고 壬水가 투간하여 寒水가 범람하므로 己土가 制水하고 丙火가 온국하며 生土하는 길신이며 午火가 己土와 丙火의 通根處로 格을 이루었다. 그러나 卑濕한 己土가 어찌 旺水를 막을 수 있겠는가? 病은 깊고 藥이 부족하여 火土運을 만나야 발전할 수 있을 뿐이다. 寅運은 火土가 장생하며 水를 洩하여 火를 생하기 때문에 좋은 운이라고 할 수 있다.

제1편

1

논천간論天干
논지지論地支
간지총론干支總論

上

論天干

五陽皆陽丙爲最 五陰皆陰癸爲至.

오양이 모두 양이나 丙이 으뜸이 되고 오음이 모두 음이나 癸가 최고가 된다.

術數之學 皆原於易. 伏羲先天之卦爲體 乾坤爲主 文王後天之卦爲用 坎離爲主 乾坤天地也 坎離水火也. 干支論用 故陽以丙爲最 陰以癸爲至 蓋丙乃純陽之火 萬物莫不由此而發 得此而斂. 癸乃純陰之水 萬物莫不由此而生 得此而茂. 陽極則陰生 故丙辛化水 陰極則陽生 故戊癸化火 陰陽相濟 萬物有生生之妙也.

술수지학은 모두 역에 근원이 있다. 복희의 선천팔괘가 體가 되고 하늘과 땅이 主가 되며 문왕의 후천팔괘가 用이 되고 水火가 主가 되는데 건곤은 天地요 감리는 水火다.

干支는 用을 논하므로 陽은 丙이 최고가 되고 陰은 癸가 제일이 되며 丙은 純陽의 火이니 만물이 이것으로 말미암아 발생하지 않는 게 없고 이것을 얻음으로서 수렴된다. 癸는 純陰의 水로 만물이 이것을 말미암지 않고 생겨나는 게 없으며 이것을 얻음으로서 무성해진다.

陽이 극에 이르면 陰이 생겨나므로 丙辛이 化水하고 陰이 극에 이르면 陽이 생겨나므로 戊癸가 化火하는 것이며 陰陽이 서로 도와 만물이 生하고 生하는 신비로움이 있는 것이다.

夫十干之氣 同出一原 甲乙一木也 丙丁一火也 戊己一土也 庚辛一金也 壬癸一水也 卽坎離震兌也. 名由假定 氣本無形 卽分別所用 不過陽剛陰柔 陽健陰順而已.

무릇 십간의 氣는 같은 하나의 근원에서 나왔으므로 甲乙은 하나의 木이고 丙丁은 하나의 火이며 戊己는 하나의 土이고 庚辛은 하나의 金이며 壬癸는 하나의 水이니 곧 水火木金이다.

명칭은 임시로 정한 것이고 氣는 본래 형태가 없으므로 쓰임에서 분별해야 하는데 陽은 굳세고 陰은 부드러움에 지나지 않으며 陽은 꿋꿋함이요 陰은 순할 뿐이다.

竊怪命家作爲歌賦 比擬失倫 如梁棟花果太陽燈燭等喩 至爲可哂. 後學拘泥執着 以詞害意 於是穿鑿附會 種種謬論 由此而生 皆由習命理者 少通人之故也.

명가들이 괴이한 것을 표절하여 노랫말을 만들었으며 억지로 비교하여 조리를 잃었는데 가령 동량, 화과, 태양, 등촉 등에 비유하였으니 아주 우습다.

후학들이 집착하고 얽매이게 되는 해로운 가사로서 이치에 맞지 않는 말을 억지로 끌어다 붙이므로 여러 가지 잘못된 논리들이 이것으로 말미암아 생겨나고 모두 이렇게 명리를 배우는 까닭에 명리에 통하는 사람이 적은 이유이다.

五陽從氣不從勢 五陰從勢無情義.

오양은 氣를 따르고 세력을 쫓지 않으나 오음은 세력을 따르니 의로운 情이 없다.

五陽氣闢 光亨之象易見 五陰氣翕 包含之蘊難測. 五陽之性剛健 故不畏財殺 五陰之性柔順 故見勢旺盛 易於順從. 大都純陰之性 城府深沉 純陽之性 豪爽慷慨. 凡趨勢忘義 處世驕諂之輩 大抵陰氣爲戾. 然而柔能制剛 剛不能剋柔也 尙有陽中之陰 陰中之陽 又有陽外陰內 陰外陽內之辨. 陽中之陰 外仁義而內奸詐 陰中之陽 外凶暴而內仁慈. 陽外陰內者 包藏禍心 陰外陽內者 秉持直道. 此關於人品之端邪 然亦不可執着 要當觀其氣勢順正 四柱五行停勻 庶不偏倚. 凡持身涉世 必先知人 擇善而從之道 亦不可不知也.

五陽은 열리는 氣이므로 막힘이 없는 상이니 쉽게 볼 수 있으나 五陰은 닫히는 氣이므로 간직하고 있는 것를 예측하기 어렵다. 五陽의 성정은 강건하므로 재살을 두려워하지 않으나 五陰의 성정은 유순하므로 왕성한 세력을 만나면 쉽게 순종한다.

대체로 純陰의 성정은 속셈을 내색하지 않고 純陽의 성정은 솔직하고 시원시원하며 기개가 있다.

무릇 형편에 따라 의로움을 잊고 처세가 교만하고 아첨하는 무리들은 대체로 음기의 허물이다.

그러나 부드러움이 굳센 것을 제어할 수 있고 굳센 것이 부드러움을 이길 수 없으며 또한 陽中에 陰이 있고 陰中에 陽이 있으며 또 外陽內陰이 있고 外陰內陽이 있으니 분별해야 한다.

陽中의 陰은 겉으로는 인정이 있고 의로우나 속으로는 간사하고 陰中의 陽은 겉으로는 흉폭하나 속으로는 인자하다.

外陽內陰인 자는 남을 해치려는 마음을 감추고 있으며 外陰內陽인 자는 바른 도리를 가지고 있다.

이와 관련하여 인품의 단정함과 사악함이 있으나 또한 집착하면 안 되고 중요한 것은 당연히 그 기세의 순정과 오행이 균형을 이루고 치우지지 않았는가를 보는 것이다.

무릇 자신을 지키며 세상을 살아가려면 반드시 사람을 먼저 알아야 하며 선한 것을 택하고 도리를 따라야 하므로 또한 모르면 안 된다.

甲木

甲木參天 脫胎要火 春不容金 秋不容土 火熾乘龍 水蕩騎虎. 地潤天和 植立千古.

甲木은 하늘을 향해 빽빽이 들어서는데 껍질을 깨고 싹을 틔울 때는 火를 원하며 봄에는 金을 허용하지 않고 가을에는 土를 허용하지 않으며 火가 왕성하면 용을 타고 水가 많으면 호랑이를 타야 한다. 땅이 윤택하고 기후가 온화하면 곧추서서 천년을 산다.

甲爲純陽之木 體本堅固 參天之勢 又極雄壯. 生於春初 木嫩氣寒 得火而發榮 生於仲春 旺極之勢 宜洩其菁英 所謂强木得火 方化其頑. 克之者金 然金屬休囚 以衰金而克旺木 木堅金缺 勢所必然 故春不容金也. 生於秋 失時就衰. 但枝葉雖凋落漸稀 根氣卻收斂下達 受克者土 秋土生金洩氣 最爲虛薄. 以虛氣之土 遇下攻之木 不能培木之根 必反遭其傾陷 故秋不容土也. 柱中寅午戌全 又透丙丁 不惟洩氣太過 而木且被焚 宜坐辰 辰爲水庫 其土濕 濕土能生木洩火 所謂火熾乘龍也. 申子辰全 又透壬癸 水泛木浮 宜坐寅 寅乃火土生地 木之祿旺 能納水氣 不致浮泛 所謂水宕騎虎也. 如果金不銳 土不燥 火不烈 水不狂 非植立千古而得長生者乎.

甲은 순양의 木으로 체가 본래 견고하고 하늘을 찌를 듯한 기세며 또 웅장함이 극에 이른다.

초춘에 생하면 木이 어리고 氣가 차가우니 火를 얻어야 무성하게 피어나고 중춘에 생하면 극왕한 세력이니 마땅히 그 무성함을 洩해야 하는데 이른바 强木이 火를 만나야 비로소 그 완고함을 化할 수 있는 것이다.

극하는 것이 金이나 金은 휴수에 속하므로 쇠약한 金으로 旺木을 극하면 목강금결이 되는데 세력이 그리될 수밖에 없으므로 봄에는 金을 허용하지 않는다.
가을에 생하면 실시하여 쇠약해진다. 그러나 지엽은 비록 시들고 떨어져 점점 더 위축되나 根氣는 도리어 수렴하여 아래에 이르니 극을 받는 것은 土가 되고 가을의 土는 金을 생하여 설기되니 매우 허하고 薄하다. 氣가 허한 土로서 아래로 공격하는 木을 만나니 木의 뿌리를 배양할 수 없고 반드시 도리어 무너지고 함몰되므로 추불용토인 것이다.
주중에 寅午戌이 모두 있고 또 丙丁이 투출하면 설기가 태과할 뿐만 아니라 木이 불타버리게 되니 辰에 앉아야 마땅하고 辰은 水庫이며 土가 습하여 洩火生木할 수 있으므로 소위 화치승용이라고 한다.
申子辰이 모두 갖춰지고 또 壬癸가 투출하면 水가 범람하여 木浮하게 되므로 寅에 앉아야 마땅한데 寅은 火土의 生地이고 木의 祿旺地이니 水氣를 받아들일 수 있으므로 浮木에 이르지 않으니 이른바 수탕기호라고 한다.
만약 金이 예리하지 않고 土가 건조하지 않으며 火가 맹렬하지 않고 水가 격렬하지 않으면 반드시 오랜 세월동안 바로 서서 장생을 얻지 않겠는가.

乙木

乙木雖柔 刲羊解牛 懷丁抱丙 跨鳳乘猴. 虛濕之地 騎馬亦憂 藤蘿繫甲 可春可秋.

乙木이 비록 유약하나 양의 목을 베고 소를 잡을 수 있으며 丁을 품고 丙을 안으면 봉황에 걸터앉고 원숭이를 탈 수 있다.
허하고 습한 곳에서는 말을 타고 있어도 또한 근심이고 등나무의 덩굴과 같으니 甲木에 기대면 봄도 좋고 가을도 좋다.

乙木者甲之質 而承甲之生氣也. 春如桃李 金克則凋 夏如禾稼 水滋得生 秋如桐桂 金旺火制 冬如奇葩 火暖土培. 生於春宜火者 喜其發榮也 生於夏宜水者 潤地之燥也 生於秋宜火者 使其克金也 生於冬宜火者 解天之凍也. 刲羊解牛者 生於丑未月 或乙未乙丑日 未乃木庫 得以蟠根 丑乃濕土 可以受氣也. 懷丁抱丙 跨鳳乘猴者 生於申酉月 或乙酉日 得丙丁透出天干 有水不相爭克 制化得宜 不畏金强. 虛濕之地 騎馬亦憂者 生於亥子月 四柱無丙丁 又無戌未燥土 卽使年支有午 亦難發生也. 天干甲透 地支寅藏 此謂蔦蘿繫松柏 春固得助 秋亦合扶 故曰可春可秋 言四季皆可也.

乙木은 甲의 質이고 甲의 生氣를 받은 것이다.

봄에는 복숭아나무나 자두나무와 같아 金으로 극하면 시들고 여름에는 벼나 곡식과 같아 水의 윤기가 있어야 살 수 있고 가을에는 오동나무나 계수나무와 같으니 金旺하면 火로 억제해야 하고 겨울에는 진기한 꽃과 같으니 火로 따뜻하게 하고 土로 배양해야 한다. 봄에 태어나면 火가 마땅한 것은 무성하게 피어날 수 있어 기쁘고 여름에 태어나면 응당 水가 있어야 메마른 땅이 윤습하며 가을에 태어나면 마땅히 火가 있어야 金을 극할 수 있고 겨울에 태어나면 당연히 火가 있어야 언 날씨를 녹일 수 있다.

양의 목을 베고 소를 해체한다는 것은 丑未月에 생하거나 혹은 乙未日, 乙丑日에 태어나면 未가 木의 庫이므로 뿌리를 내릴 수 있고 丑은 습토이므로 氣를 받을 수 있는 것이다.

丁을 품고 丙을 안으면 봉황에 걸터앉고 원숭이를 탈 수 있다는 것은 申酉月이나 혹은 乙酉日에 태어나 丙丁이 천간에 투출하고 水의 쟁극이 없으면 制化의 마땅함을 얻게 되므로 金이 강해도 두려워하지 않는다는 것이다.

지지가 허하고 습하면 말을 타고 있어도 역시 근심이 된다는 것은 亥子月에 생하고 사주에 丙丁이 없으며 또 戌未燥土가 없으면 年支에 午火가 있어도 역시 발생하기 어렵다는 말이다.

천간에 甲이 투출하고 지지에 寅이 있으면 이것을 담쟁이 넝쿨이나 덩굴식물이 소나무나 잣나무에 얽어매고 있는 것과 같다고 말하며 봄에 도움을 얻는 것은 물론이거니와 가을에도 역시 도움을 받으므로 가춘가추라고 하는데 이 말은 사계절이 모두 좋다는 것이다.

丙火

丙火猛烈 欺霜侮雪 能煅庚金 逢辛反怯. 土衆成慈 水猖顯節 虎馬犬鄕 甲來成滅.

丙火는 맹렬하여 서리를 업신여기고 눈을 깔보며 庚金을 단련할 수 있으나 辛을 만나면 도리어 겁을 낸다.
土의 무리에게 자애로움을 베풀고 水가 창궐해도 절개를 드러낸다. 寅午戌 火局에 甲이 오면 타서 없어진다.

丙乃純陽之火 其勢猛烈 欺霜侮雪 有除寒解凍之功 能煅庚金遇强暴而施克伐也 逢辛反怯 合柔而寓和平也. 土衆成慈 不陵下也 水猖顯節 不援上也. 虎馬犬鄕者 支坐寅午戌 火勢已過於猛烈 若再見甲木來生 轉致焚滅也. 由此論之 洩其威須用己土 遏其焰必要壬水 順其性還須辛金. 己土卑濕之體 能收亢陽之氣 戊土高燥 見丙火而焦坼矣. 壬水剛中之德 能制暴烈之火 癸水陰柔 逢丙火而熯乾矣. 辛金柔軟之物 明作合而相親 暗化水而相濟 庚金剛健 剛又逢剛 勢不兩立矣. 蓋丙爲太陽之火 陽剛之性 遇壬癸如浮雲之蔽日. 故不畏水剋 而獨忌戊土 火烈土燥 生機盡滅. 比別干有不同 此五陽之所以丙爲最也.
丙은 순양의 火로 그 기세가 맹렬하여 서리와 눈을 업신여기고 추위를 제거하고 해동하는 공이 있으며 庚金의 강폭함을 만나면 단련하고 극벌하나 辛을 만나면 도리어 겁을 내는데 합하여 유약해지고 화평함에 머무르게 되기 때문이다.

土의 무리를 보면 자애로워지고 아랫사람을 업신여기지 않으며 水가 미쳐 날뛰어도 절개를 나타내므로 윗사람에게 매달리지 않는 것이다. 호마견향이라는 것은 지지의 寅午戌에 앉고 火의 세력이 이미 맹렬한데 만약 다시 甲木이 와서 생하면 타서 없어지게 되는 것을 말한다.

이것으로 말미암아 논하면 그 위세를 洩하는 것은 마땅히 己土를 써야 하고 그 화염을 막으려면 반드시 壬水가 필요하며 그 성질을 순하게 하려면 辛金을 필요로 한다.

己土는 체가 낮고 습하므로 대단히 강한 陽氣를 거둘 수 있고 戊土는 높고 메마르므로 丙火를 만나면 말라 터진다.

壬水는 굳센 것에 치우치지 않는 덕이 있어 사납고 맹렬함을 억제할 수 있고 癸水는 음유하여 丙火를 만나면 말라 버린다. 辛金은 유연하고 드러나 합하면 서로 친해지고 보이지 않게 化水하여 서로 도우나 庚金은 강건하므로 굳센 것이 또 굳센 것을 만나는 것이니 그 세력이 양립할 수 없다.

무릇 丙은 태양의 火로 양의 굳센 성질인데 壬癸를 만나면 뜬 구름이 태양을 가리는 것과 같다. 그러므로 水의 극을 두려워하지 않으나 오직 戊土를 꺼리는데 火熱土燥하면 생기가 모두 없어지기 때문이다. 다른 천간과 비하면 같지 않은 것이 있는데 이것이 五陽中에서 丙이 최고가 되는 까닭이다.

丁火

丁火柔中 內性昭融. 抱乙而孝 合壬而忠. 旺而不烈 衰而不窮 如有嫡母可秋可冬.

丁火는 유약한 중에 내성은 밝게 빛나고 융합한다. 乙을 감싸 안아 효도하고 壬과 합하여 충성한다. 旺해도 사납지 않고 衰해도 궁색하지 않으며 만일 정인이 있으면 가을도 좋고 겨울도 좋다.

丁非燈燭之謂 較丙火則柔中耳 內性昭融者 文明之象也. 抱乙而孝 明使辛金不傷乙木也 合壬而忠 暗使戊土不傷壬水也. 惟其柔中 故無太過不及之弊 雖時當乘旺 而不至赫炎 卽時値就衰 而不至熄滅. 干透甲乙 秋生不畏金 支藏寅卯 冬産不忌水.

丁이 등촉이라고 하는 것은 옳지 않고 丙火와 비교하여 중심이 부드러울 뿐이며 내성이 밝게 빛나고 융합하니 문명의 상이다.

乙을 감싸 안아 효도한다는 것은 드러난 辛金으로 하여금 乙木을 해치지 못하도록 하는 것이고 壬을 합하여 충성한다는 것은 보이지 않게 戊土로 하여금 壬水를 해치지 못하도록 하는 것이다.

오직 그 중심이 부드러우므로 태과하거나 불급한 폐단이 없고 비록 당령하여 승왕하여도 화염이 대단함에 이르지 않으며 쇠약해지는 때를 만나도 꺼져 없어지는데 까지는 이르지 않는다.

천간에 甲乙이 나타나면 가을에 태어나도 金을 두려워하지 않고 지지에 寅卯가 있으면 겨울에 태어나도 水를 꺼리지 않는다.

戊土

戊土固重 既中且正. 靜翕動闢 萬物司命. 水潤物生 火燥物病. 如在艮坤 怕冲宜靜.

戊土는 견고하고 중하며 원래 치우치지 않고 또한 바르다.

고요하면 닫히고 움직이면 열리며 만물의 명을 주관한다.

水로 적셔주면 만물이 살고 火로 조열하면 만물이 병든다.

만일 간곤이 있으면 冲을 두려워하고 고요해야 마땅하다.

戊爲陽土 其氣固重 居中得正. 春夏氣動而闢 則發生 秋冬氣靜而翕 則收藏. 故爲萬物之司命也. 其氣高亢 生於春夏 火旺宜水潤之 則萬物發生 燥

則物枯 生於秋冬 水多宜火暖之 則萬物化成 濕則物病. 艮坤者 寅申之月也. 春則受克 氣虛宜靜 秋則多洩 體薄怕冲. 或坐寅申日. 亦喜靜忌冲. 又生四季月者 最喜庚申辛酉之金 秀氣流行 定爲貴格. 己土亦然 如柱見木火 或行運遇之 則破矣.

戊는 陽土로 그 氣가 견고하고 무거우며 중앙을 차지하고 바르다. 봄여름에 氣가 움직이고 열리면 만물이 발생하고 가을겨울에 氣가 고요하고 닫히면 수장된다. 그러므로 만물의 생명을 주관하게 되는 것이다.

그 氣가 세고 높아서 春夏에 생하여 火가 왕성하면 마땅히 水로 적셔줘야 만물이 발생하고 메마르면 만물이 시들며 秋冬에 생하여 水가 많으면 마땅히 火로 따뜻하게 해줘야 만물이 변하여 완성되고 습하면 만물이 병든다.

간곤이란 寅申月이다. 봄이면 극을 받아 氣가 허하므로 고요함이 마땅하고 가을이면 설기가 많아 체가 부실하므로 冲을 두려워한다. 혹은 寅이나 申日도 역시 고요함을 기뻐하고 冲을 꺼린다.

또 四季月에 생한 자는 庚申辛酉金을 아주 기뻐하는데 秀氣가 유행되므로 귀격이다. 己土 역시 그러하고 만일 주중에 木火가 있거나 木火運을 만나면 격이 깨진다.

己土

己土卑濕 中正蓄藏. 不愁木盛 不畏水狂 火少火晦 金多金光. 若要物旺 宜助宜幫.

己土는 낮고 습하며 치우치지 않고 올바름을 지니고 있다.

木이 왕성해도 근심하지 않고 水가 창광해도 두려워하지 않으며 火가 적으면 火가 어두워지고 金이 많아도 金을 빛나게 한다.

만약 만물이 왕성해지기를 원하면 마땅히 도와야 한다.

己土爲陰濕之土 中正蓄藏 貫八方而旺四季 有滋生不息之妙用焉. 不愁木盛者 其性柔和 木藉以培養 木不克也. 不畏水狂者 其體端凝 水得以納藏 水不冲也. 火少火晦者 丁火也 陰土能斂火晦火也. 金多金光者 辛金也 謂土能生金潤金也. 柱中土氣深固 又得丙火去其陰濕之氣. 更足以滋生萬物. 所謂宜助宜幇者也.

己土는 음습한 土가 되고 치우치지 않으며 올바름을 지니고 팔방을 관통하며 사계에 왕하고 쉬지 않고 만물을 번식하는 신묘한 작용이 있다. 木이 왕성해도 근심하지 않는 것은 그 성질이 부드럽고 온화하여 木이 의지하여 배양되므로 木이 극하지 않기 때문이다.
水가 거세도 두려워하지 않는 것은 그 체가 단정하고 응결되어 水를 받아들여 저장하므로 水와 충돌하지 않기 때문이다.
火가 적으면 火가 시든다는 것은 丁火를 말하는데 陰土가 火를 수렴하므로 火를 시들게 할 수 있기 때문이다.
金이 많아도 金이 빛난다는 것은 辛金을 말하는데 土가 金을 생하고 金을 윤택하게 할 수 있기 때문이다.
주중에 土氣가 깊고 견고한데 또 丙火를 만나 그 음습한 氣를 제거하면 다시 만물을 자생할 수 있다. 이른바 마땅히 도와야 한다는 것이다.

庚金

庚金帶殺 剛健爲最. 得水而清 得火而銳 土潤則生 土乾則脆. 能贏甲兄輸於乙妹.

庚金은 살기를 띠고 있으며 강건함이 최고다. 水를 만나면 맑아지고 火를 만나면 예리해지며 土가 윤습하면 생을 받으나 土가 메마르면 물러진다. 형인 甲은 이길 수 있으나 누이인 乙에게는 진다.

庚乃秋天肅殺之氣 剛健爲最 得水而淸者 壬水也 壬水發生 引通剛殺之性 便覺淬厲晶瑩. 得火而銳者 丁火也 丁火陰柔 不與庚金爲敵 良冶銷鎔 遂成劍戟 洪爐煅煉 時露鋒鍖. 生於春夏 其氣稍弱 遇丑辰之濕土則生 逢未戌之燥土則脆. 甲木正敵 力能伐之 與乙相合 轉覺有情. 乙非盡合庚而助暴 庚亦非盡合乙而反弱也 宜詳辨之.

庚金은 가을의 숙살지기로 강건함이 최고인데 水를 만나면 청해진다는 것은 壬水를 말하는 것이고 壬水로 씻어주면 굳센 숙살의 성질이 숫돌에 갈은 것처럼 맑게 빛나는 것이다.
火를 만나면 예리해진다는 것은 丁火를 말하는 것인데 丁火는 음유하여 庚金과 대적하지 않고 잘 제련하여 녹여서 칼과 창을 만들고 큰 화로에서 단련하므로 때가 되면 날카로움을 드러내는 것이다.
봄이나 여름에 태어나면 그 氣가 조금 약하므로 丑辰濕土를 만나면 생하고 未戌燥土를 만나면 물러진다.
甲木이 대적하면 벨 수 있으나 乙과는 합하여 유정해진다.
乙은 庚을 합하여 없어지는 것은 아니고 사나움을 돕는 것이며 庚 또한 乙과 합하여 없어지는 것은 아니고 도리어 약해지는 것이니 마땅히 자세하게 분별해야 한다.

辛金

辛金軟弱 溫潤而淸. 畏土之疊 樂水之盈 能扶社稷 能救生靈. 熱則喜母 寒則喜丁.

辛金은 연하고 약하며 온화하고 윤택하며 맑다.
土가 중첩된 것을 두려워하고 水가 가득 찬 것을 좋아하며 능히 사직을 돕고 생령을 구할 수 있다.
더우면 어미를 기뻐하고 추우면 丁火를 기뻐한다.

辛金乃人間五金之質. 故清潤可觀. 畏土之疊者 戊土太重而涸水埋金 樂水之盈者 壬水有餘而潤土養金也. 辛爲甲之君 丙火能焚甲木 合而化水使丙火不焚甲木 反有相生之象. 辛爲丙之臣 丙火能生戊土 合丙化水 使丙火不生戊土 反有相助之美 豈非扶社稷救生靈乎. 生於夏而火多 有己土則晦火而生金 生於冬而水旺 有丁火則暖水而養金 所謂熱則喜母 寒則喜丁也.

辛金은 인간이 사용하는 五金의 본질이다. 그러므로 맑고 윤기가 나는 것이 볼만하다.

土가 중첩된 것을 두려워하는 것은 戊土가 태중하면 水가 마르고 埋金이 되기 때문이며 水가 충만한 것을 좋아하는 것은 壬水가 넉넉하면 土를 적셔 金을 부양하기 때문이다. 辛이 甲의 군주가 되는 것은 丙火가 甲木을 태워버릴 수 있으나 丙을 합하여 化水하므로 丙火가 甲木을 태워버리지 못하게 하고 도리어 상생의 象이 되기 때문이다.

辛은 丙의 신하가 되고 丙火가 戊土를 생할 수 있는데 丙을 합하여 化水하므로 丙火로 하여금 戊土를 생하지 못하게 하고 도리어 서로 돕는 아름다움이 있으니 어찌 사직을 돕고 백성을 구하는 것이 아니겠는가.

여름에 태어나 火가 많은데 己土가 있으면 火를 설기하여 生金하고 겨울에 생하고 水旺한데 丁火가 있으면 溫水하고 養金하니 이른바 더우면 어미를 기뻐하고 추우면 丁을 기뻐하는 것이다.

壬水

壬水通河 能洩金氣 剛中之德. 周流不滯 通根透癸 沖天奔地. 化則有情 從則相濟.

壬水는 흘러 하늘의 은하로 통하고 능히 金氣를 洩하므로 굳셈에 치우치지 않는 덕이 있다. 두루 흘러 막힘이 없으며 통근한 癸水가 투출하면 그 기운이 하늘로

치솟고 땅을 질주한다. 化하면 유정하고 종하면 서로 구제된다.

壬爲陽水 通河者 卽天河也. 長生在申 申在天河之口 又在坤方. 壬水生此能洩西方肅殺之氣. 所以爲剛中之德也. 百川之源 周流不滯 易進而難退也. 如申子辰全 又透癸水 其勢泛濫 縱有戊己之土 亦不能止其流. 若强制之 反冲激而成水患 必須用木洩之 順其氣勢 不至於冲奔也. 合丁化木 又能生火 不息之妙 化則有情也. 生於四五六月 柱中火土並旺 別無金水相助 火旺透干則從火 土旺透干則從土. 調和潤澤 仍有相濟之功也.

壬은 陽水가 되고 은하로 통한다는 것은 하늘의 은하수이다. 申에서 장생하는데 申은 천하의 입구에 있고 또 곤방에 있다. 壬水는 이곳에서 생하고 능히 서방의 숙살지기를 설한다. 까닭에 굳센 것에 치우치지 않는 덕이 되는 것이다. 모든 내의 근원이고 두루 흘러 막힘이 없으며 나아가기는 쉬워도 물러나기는 어렵다. 만일 申子辰을 모두 갖추고 또 癸水가 투출하면 그 세력이 범람하여 설령 戊己土가 있어도 그 흐름을 막을 수 없다. 만약 억지로 막으면 도리어 충돌하여 물로 인한 재난이 생기므로 반드시 木으로 설기하여 그 기세를 따라야 세차게 충돌하여 내달리는 지경에 이르지 않는다.

丁과 합하여 化木하고 또 火를 생할 수 있으니 쉬지 않고 생하는 묘함이 있으므로 化한즉 유정하다.

四五六月에 생하고 주중에 火土가 並旺하며 金水의 도움이 없고 火가 왕하고 투간하면 從火하고 土가 왕하고 투간하면 從土한다. 조화하고 윤택하면 서로 돕는 공이 있다.

癸水

癸水至弱 達於天津 得龍而運 功化斯神. 不愁火土 不論庚辛 合戊見火 化象斯眞.

癸水는 지극히 약하나 천진에 도달할 수 있고 辰을 만나고 辰運을 만나면 化하는 공이 辰에 있다. 火土를 근심하지 않고 庚辛을 논하지 않으며 戊와 합하고 火를 만나면 化象이 참되다.

癸水非雨露之謂 乃純陰之水 發源雖長 其性極弱 其勢最靜. 能潤土養金發育萬物. 得龍而運 變化不測 所謂逢龍卽化 龍卽辰也. 得辰而化者 化辰之原神發露也 凡十干逢辰位 必干透化神 此一定不易之理也. 不愁火土者至弱之性 見火土多卽從化矣. 不論庚辛者 弱水不能洩金氣 所謂金多反濁癸水是也. 合戊見火者 陰極則陽生 戊土燥厚 柱中得丙火透露 引出化神乃爲眞也. 若秋冬金水旺地 縱使支遇辰龍 干透丙丁 亦難從化 宜細詳之.

癸水는 우로를 말하는 것이 아니고 純陰의 水이므로 발원이 비록 길어도 그 성질은 지극히 약하고 그 세력은 아주 고요하다.
능히 土를 윤습하게 하고 金을 보호하며 만물을 발육케 한다.
辰을 만나고 辰運을 만나면 변화를 예측할 수 없는데 이른바 용을 만나면 化한다는 것으로 용은 곧 辰이다. 辰을 만나면 化한다는 것은 化하는 辰의 원신이 드러난 것으로 무릇 十干이 辰位을 만나면 반드시 化神이 천간에 드러나는데 이것은 바뀔 수 없는 하나의 정해진 이치이다.
火土를 근심하지 않는 것은 성질이 지극히 약하여 많은 火土를 만나면 從化한다는 것이다. 庚辛金을 논하지 않는 것은 약한 水가 金氣를 설할 수 없는 것인데 이른바 金多水濁되는 것이 癸水다.
戊를 합하고 火를 만나는 것은 음이 극에 이르면 양이 생겨나는데 戊土는 건조하며 후중하므로 주중에 丙火가 투출하면 化神을 인출하므로 참된 것이다.
만약 秋冬의 金水旺地이면 설령 지지에 辰을 만나고 천간에 丙丁이 투간해도 從化하기가 어려우니 자세히 살펴야 마땅하다.

中

論地支

陽支動且强 速達顯災祥 陰支靜且專 否泰每經年.

양지는 동하고 강하며 재앙과 복이 신속하게 나타나고 음지는 고요하고 전일하며 불행과 행운이 항상 해를 지나 나타난다.

子寅辰午申戌爲陽支 其性動 其勢强 其發至速 其災祥至顯. 丑卯巳未酉亥爲陰支 其性靜 其氣專 發之不速 而否泰之驗 每至經年而後見.(原註) 若癸藏子 丁藏午 是體陽而用陰也 丙藏巳 壬藏亥 體陰而用陽也 分別取用. 亦惟剛柔健順之理 與天干無異 但生剋制化 其理多端. 蓋一支所藏 或二干或三干故耳. 然以本氣爲主 寅必先甲而後及丙 申必先庚而後及壬 餘支皆然. 陽支性動而强 吉凶之驗恒速 陰支性靜而弱 禍福之應較遲. 在局在運 均以此意消息之.

子寅辰午申戌은 양지이고 그 성정은 움직이는 것이며 그 세력은 강하고 그 나타남은 신속하게 그 재앙과 복이 드러난다. 丑卯巳未酉亥는 음지이고 그 성정은 고요하며 그 기는 전일하고 나타나는 것이 빠르지 않아 길흉의 증험이 항상 년이 지난 후에 나타난다.

癸가 암장된 子와 丁이 암장된 午는 체는 양이나 용은 음이고 丙이 암장된 巳

와 壬이 암장된 亥는 체는 음이나 용은 양이니 분별해서 써야 한다. 또한 그러나 강유건순의 이치는 천간과 다를 게 없고 생극제화의 이치는 다단한데 대개 하나의 지지에 두 개 혹은 세 개의 천간이 소장된 연고이다.
그러나 본기가 주가 되므로 寅은 반드시 甲이 먼저이고 후에 丙에 이르며 申은 반드시 庚이 먼저이고 후에 壬에 이르며 나머지 지지도 모두 그렇다.
양지는 성질이 동적이고 강하므로 길흉의 증험이 항상 빠르고 음지는 성질이 고요하고 약하므로 禍福의 나타남이 비교적 늦다.
局에서나 運에서도 같은데 모두 자연의 생겨나고 소멸하는 이치이다.

天戰猶自可 地戰急如火.

천간의 싸움은 오히려 괜찮으나 지지의 싸움은 불과 같이 급하다.

干頭遇甲庚乙辛 謂之天戰 得地支順靜者無害. 地支寅申卯酉 謂之地戰 天干不能爲力 其勢速而凶. 蓋天主動 地主靜故也. 若天干氣戰 而得地支安靜 易於制化 故天戰猶是可也. 地支氣雜 天干雖順靜 難於制化 故地戰急如火也. 且天干宜動不宜靜 靜則愈專 地支宜靜不宜動 靜則有用 動則根拔. 必得合神有力 會神成局 息其動氣 或庫神收其動神. 謂動中助靜 以凶化吉.
천간에서 甲庚이 만나고 乙辛이 만나면 일컬어 천전이라고 하는데 지지가 순하고 고요하면 해로움이 없다. 지지에서 寅申과 卯酉가 만나면 일컬어 지전이라고 하는데 천간이 힘이 될 수 없으며 그 세력이 빠르고 흉하다. 대개 천간은 움직임이 주가 되고 지지는 고요함이 주가 되기 때문이다.
만약 천간의 氣가 싸워도 지지가 안정되었으면 制化하기가 쉬우므로 천간의 싸움은 오히려 괜찮다는 것이나 지지는 氣가 복잡하여 천간이 비록 고요하여도 制化하기가 어렵다. 그러므로 지지의 싸움은 불과 같이 급하다는 것이다.
또한 천간은 움직임이 마땅하고 고요하면 마땅하지 않은데 고요하면 점점 더

전일해지기 때문이고 지지는 마땅히 고요해야 하고 움직이면 마땅하지 않은데 고요하면 쓸 수 있으나 움직이면 뿌리가 뽑히기 때문이다. 반드시 유력한 合神을 만나거나 神이 모여 局을 이룸으로써 그 動하는 기운을 멈추게 하거나 혹은 庫神이 그 움직이는 神을 거두어야 한다. 소위 動하는 중에 고요하게 도우면 흉이 길이 된다.

如甲寅 庚申, 乙卯 辛酉, 丙寅 壬申, 丁卯 癸酉之類 天地交戰 雖有合神會神 亦不息其動氣 其勢速凶. 如謂兩不沖一 此謬言也. 如兩申逢一寅 縱使不沖 金多木少 亦能剋盡矣. 故天干論剋 地支言沖 沖則剋也. 至於用神伏藏 或用神被合 柱中無引用之神 反宜沖而動之 方能發用. 故合有宜不宜 沖亦有宜不宜也.

가령 甲寅과 庚申, 乙卯와 辛酉, 丙寅과 壬申, 丁卯와 癸酉 등은 천간과 지지가 싸우는데 비록 합신이나 회신이 있어도 그 동하는 기운이 멈추지 않아 그 세력이 빠르고 흉하다.

만약 두 개가 하나를 충할 수 없다고 말하면 이는 잘못된 말이다.

가령 두 개의 申이 하나의 寅을 만나면 설령 沖하지는 않더라도 金多木少하므로 역시 극하여 다 없앨 수 있다. 그러므로 천간은 극으로 논하고 지지는 충이라고 말하나 沖이 곧 克이다.

용신이 암장되고 혹은 용신이 합을 당하였으며 주중에 용신으로 쓸 만한 게 없으면 도리어 沖이 마땅하고 動해야 비로소 쓸 수 있다. 그러므로 합이 마땅하고 마땅하지 않음이 있으며 충도 역시 마땅하고 마땅하지 않음이 있다.

癸乙丁辛　甲癸壬辛庚己戊丁
酉卯未亥　寅丑子亥戌酉申未

丁火가 중춘에 태어나 지지에 木局이 온전하고 癸가 酉에 앉아 財가 약한 殺

을 생하고 殺이 印을 생하는 것 같으나 卯酉가 충을 만나 印局이 깨지고 천간은 乙辛이 교전하여 또 인성의 원신이 상하였으며 財殺의 방자함을 모르는 것이다. 辛運 壬子年에 이르러 또 다시 財殺을 만나니 범죄를 저질러 형을 살게 된다.

이후제

지지가 亥卯未 木局을 이루고 乙木이 투출하여 木이 왕한데 辛酉金이 癸亥水를 생하고 水가 다시 生木하여 濕木이 왕하므로 木多火熄의 형상이다. 따라서 火運이 吉運이나 만나지 못하고 辛運 壬子運은 金水가 왕하여 丁火 일간이 滅熄되며 수옥살이 刑이 되어 불길하다. 또한 酉金이 卯를 충하나 木强金缺이고 絶地의 辛金 역시 氣가 없으며 水를 생하므로 乙木을 해칠 수 없다.

癸辛乙己　庚己戊丁丙乙甲癸
酉酉卯卯　申未午巳辰卯寅丑

천간은 乙辛己癸이고 지지는 兩卯와 兩酉로 金은 날카롭고 木은 시들었으며 천지가 교전한다. 당령한 金이 도리어 己土의 생을 받으나 휴수된 木은 癸水가 生扶할 수 없다. 남방운 중에 왕한 火가 제살하므로 돈을 내고 출신하였으나 辰運에 이르러 生金하여 助殺하므로 마침내 나라의 법에 걸리고 말았다.

이후제

七殺이 왕하므로 化殺하는 癸水를 用하고 乙木이 酉月에 생하면 坎離宮에 富貴가 있다고 했으니 火運에 제살하며 온국하여 길하다.
辰運은 生殺하며 용신인 水가 입묘하는데 원국에 수옥살이 충동되어 불길하다.

壬壬壬甲　癸甲乙丙丁戊己庚
申寅午辰　卯辰巳午未申酉戌

壬水가 寅月에 생하여 년월에 비견이 투출하고 申에 앉아 생을 만나니 水勢가 근원에 통하고 또 초춘의 여린 木이 충을 만나 아름답지 않은 것 같으나 좌하의 午火가 춘한을 해소할 수 있어 木이 생을 만나고 金 또한 억제하며 時干의 甲木이 나타나 천간의 水가 갈 곳이 있어 더욱 묘하다. 運이 火地로 흘러 生化의 정이 있고 다투는 근심이 없어 무과에 합격하고 이름이 나는데 申運에 이르러 寅木을 兩冲하므로 사망하였다.

이후제

寅月 壬水가 病地로 氣弱이나 장생인 申金이 생하고 辰이 水庫이며 년월의 壬水비견이 도와 弱而不弱이라고 할 수 있다. 따라서 春旱을 제거하는 午火를 쓰게 되고 火運에 발전한다. 戊申運은 月柱를 天冲地冲하므로 불길하다.

壬壬壬辛　癸甲乙丙丁戊己庚
申寅申丑　卯辰巳午未申酉戌

천간에 세 개의 壬과 지지에 두 개의 申이 있고 초춘의 어린 木이 兩申의 협충을 감당하기 어렵다. 오행에 火가 없어 制化의 정이 적고 丑時습토가 生金하여 더욱 불만이며 氣는 탁하고 정신은 초췌한 상이 되었다. 초년 癸卯, 甲辰運에 木을 도우니 조상의 덕이 넉넉했으나 乙巳運에는 형충을 함께 만나 喪을 당하고 재산이 없어졌다. 丙午運에 비겁쟁재가 되어 천간에 化해줄 木이 없어 가정이 깨지고 사망하였다.

이후제

이 명조는 金水가 많아 신강하고 한습한데 제습하는 燥土가 없고 온국하는 火가 없으며 旺水를 洩하는 寅木이 완전히 破損되어 일간이 의지할 곳이 없다. 火運을 만나면 좋은데 凶한것은 火를 받아줄 木과 燥土가 없기 때문이다.

乙辛戊甲　庚己戊丁丙乙甲癸

亥巳申寅　辰卯寅丑子亥戌酉

천간에 乙辛과 甲戊가 있고 지지에 寅申과 巳亥가 있어 천지가 冲하여 아름답지 않은 것 같으나 천간의 乙辛은 관살혼잡을 제거하고 지지의 寅申은 방자한 살을 억제하여 기쁘다.

巳亥가 충을 만나 인성이 파괴되어 본래 기쁘지 않은데 입하 후 십일이 지나 戊土가 사령할 때이므로 亥水가 억제를 받고 巳火가 상하지 않아 기쁘다. 중년운이 木火로 흘러 인성과 일간을 도우므로 과거에 급제하고 군수가 되었다. 子運에 이르러 亥水를 도와 살을 생하고 인성을 파괴하므로 사망하였다.

이후제

戊土가 巳月에 祿으로 득령하여 신왕인 것 같으나 식상과 재관이 많아 도리어 旺而不旺하므로 火土運을 요한다. 그러나 運路가 不順하고 사주가 冲으로 모두 이루어져 굴곡이 많고 단명하다.

乙辛甲庚　庚己戊丁丙乙甲癸

亥巳子午　辰卯寅丑子亥戌酉

천간에 甲乙과 庚辛이 있고 지지에 巳亥와 子午가 있어 天地가 戰局이다. 局中에 火旺水衰한데 인성을 미상불 관살이 생하여 기쁘다. 庚辛이 巳午上에 있고 亥子가 멀어 정이 두텁지 못하고 극설교가라고 말할 수 있다. 아울러 運도 水地를 만나지 못하여 이상한 어려움을 겪게 되고 3명의 처와 4명의 자식을 극하였으며 丁丑運에 이르러 子水를 합거하며 晦火生金하니 한 가지도 이루지 못하고 죽었다.

이후제

巳月 甲木이 신약하고 관살이 혼잡하므로 化殺하는 水로써 용신을 삼는다. 그러나 상하좌우가 다투고 無情하여 下命이며 단명하다.

合有宜不宜 合多不爲奇.

합은 마땅한 것도 있고 마땅하지 않은 것도 있으며 합이 많으면 기이하지 않다.

合固美事. 然喜合而合之爲美 若忌合而合之 比冲愈凶. 何也 冲得合而靜之則易 合得冲而動之則難. 故喜神有能合而助之者 爲美. 如庚爲喜神 得乙合而助之者是也. 凶神有能合而去之者更美. 如甲爲凶神 得己合而去之者是也. 閑神凶神 有能合而化喜者. 如癸爲凶神 戊爲閑神 戊癸合而化火 爲喜神是也. 閑神忌神 有能合而化喜者. 如壬爲閑神 丁爲忌神 丁壬合而化木爲喜神是也. 如子午逢冲 喜神在午 得丑合之 寅申逢冲 喜神在寅 得亥合之 皆是宜也.

합은 참으로 아름다운 일이다. 그러나 합을 기뻐할 때 합하면 아름다운 것이고 만약 합을 꺼릴 때 합을 하면 충보다 더 흉하다.

왜냐하면 충이 합을 만나면 고요해지기 쉬우나 합이 충을 만나면 동하기가 어렵기 때문이다. 그러므로 희신이 합해서 도움이 되면 아름답다. 가령 庚이 희신일 때 乙이 합하여 돕는 것이다. 흉신이 합하여 제거되면 더욱 아름답다. 가령 甲이 흉신일 때 己가 합하여 제거하는 것이다.

한신과 흉신이 합하여 희신으로 화하는 것이 있다. 가령 癸가 흉신이고 戊가 한신인데 戊癸가 합하여 火로 化하여 희신이 되는 것이다. 한신과 기신이 합하여 희신으로 화하는 것이 있다.

가령 壬이 한신이고 丁이 기신인데 丁壬合이 木으로 化하여 희신이 되는 것이다. 만약 子午가 충을 만났는데 午가 희신이면 丑을 만나 子를 합하고 寅申이 충을 만났는데 寅이 희신이면 亥를 만나 합하는 것은 모두 마땅한 것이다.

如忌神得合而助之者 以己爲忌神 甲合之則爲助忌之合 以乙爲喜神 庚合之則爲戀凶之合. 有喜神閑神合化忌神者 以丙爲喜神 辛爲閑神 丙辛合化水爲忌神是也. 有閑神忌神合化凶神者 以壬爲閑神 丁爲忌神 丁壬合化木爲凶神

是也. 如卯酉逢冲 喜神在卯 得辰合之 化金仍剋木者. 巳亥逢冲 喜神在巳 得申合之 化水仍剋火者 皆是不宜也.
가령 기신이 합을 만나 기신을 돕는 것은 己가 기신일 때 甲이 己를 합하면 합하여 기신을 돕는 것이고 乙이 희신일 때 庚이 乙을 합하면 합하여 흉하게 변하는 것이다.
희신과 한신이 합하여 기신이 되는 것은 丙이 희신이고 辛이 한신일 때 丙辛이 합하여 化水하니 기신이 되는 것이다. 한신과 기신이 합하여 흉신이 되는 것은 壬이 한신이고 丁이 기신일 때 丁壬이 합하여 흉신인 木으로 변하는 것이다.
만약 卯酉가 충을 만나고 卯가 희신인데 辰을 만나 酉를 합하면 金으로 化하여 木을 극하는 것과 巳亥가 충을 만나고 巳가 희신인데 申을 만나 巳를 합하면 化水하여 火를 극하는 것이니 모두 마땅하지 않은 것이다.

大抵忌神合而化去之 喜神合而化來之. 若忌神合而不去 不足爲喜 喜神合而不來 不足爲美 反爲羈絆阻礙矣. 來與不來 卽化與不化也 宜審察之.
대저 기신은 합하여 제거되고 희신은 합하여 희신으로 化해야 한다. 만약 기신이 합하여 제거되지 않으면 기쁘지 않고 희신이 합하여 희신이 안되면 아름답지 않으며 도리어 얽어매므로 방해가 된다.
오는 것과 오지 않는 것은 化하는 것과 不化하는 것이니 마땅히 자세하게 살펴야 한다.

辛庚丙乙　己戊丁丙乙甲癸壬
亥寅子未　丑子亥戌酉申未午
丙子일주가 초춘에 생하여 火는 허하고 木은 어리므로 木이 용신이고 金이 기신이다. 아주 기쁜 것은 亥水가 金을 流通하고 寅과 합하며 生木하니 마땅하다. 時支의 未土는 乙木이 통근하여 억제하니 濁氣는 제거되고 淸氣만 남아 중화되고 순수하므로 위인이 관후하고 화평하다. 일생의 관직생활이 편안하였다.

이후제

초춘의 丙火가 金水가 많아 木을 쓰는 건 당연한데 비겁인 火가 없어 전체적으로 陽明한 기운이 부족하여 불만이다. 火運이 좋다.

戊庚壬辛　辛壬癸甲乙丙丁戊
子申寅丑　酉戌亥子丑寅卯辰

壬寅일주가 七月에 생하여 가을의 水가 근원에 통하고 인수가 중중하여 戊丑土가 金을 생하므로 制水하지 못한다.

土를 쓸 수 없으니 버리고 다만 水의 성질을 순하게 하는 寅木을 용신으로 한다. 癸運에 이르러 洩金生木하고 지지가 북방인 亥運에 들어가니 습기를 띠어 病인 丑土를 제거하고 또 寅木과 합을 하므로 과거에 급제하였으나 寅申冲으로 秀氣가 손상되어 벼슬이 낮았다. 甲子運에 水木이 구제하니 관직생활이 편안하고 乙運에 庚과 합하여 기신을 도우니 파직되었으며 丑運에 生金하므로 사망하였다.

이후제

金水가 많아 신왕하므로 戊土 칠살이 용신인데 희신인 火가 없고 戊土가 庚金을 생하여 도리어 용신이 이적행위를 한다. 火土運이 좋으나 運路가 不順하여 발전하기 어렵고 丑運은 旺氣가 入墓하므로 불길하다.

丁壬丙丁　辛庚己戊丁丙乙甲
亥寅午酉　丑子亥戌酉申未午

丙午일주가 寅月에 생하고 천간에 兩丁火가 나타나 신왕함을 알 수 있다. 壬

水가 亥에 통근하고 살인상생한다.

불만인 것은 丁壬과 寅亥가 木으로 변하여 꺼리는데 거리낌 없이 잔혹한 짓을 하는 겁재양인에 이르러 군겁쟁재가 된다. 초년 북방 金水運에 遺業이 풍성하였으나 戊戌運에 이르러 火局이 되니 金水가 모두 극을 당하여 없어지므로 집안이 망하고 사망하였다.

이후제

寅月 丙火가 신강하니 壬水칠살을 쓰는데 丁壬이 합반하여 용신이 역할을 못하므로 결점이다. 또한 生殺하는 酉金재성은 겁재와 양인을 만나 겁탈되므로 용신과 희신이 無力化되었다.

己甲戊丙　癸壬辛庚己戊丁丙
亥戌寅辰　酉申未午巳辰卯寅

戊土가 九月에 생하여 土가 사령하고 겁재와 인성이 함께 투출하여 일주가 과연 왕하다. 그러나 甲木이 進氣하고 지지에 장생과 록을 얻어 왕하며 또 辰이 木의 여기로 火를 洩하여 木을 배양한다. 억제하는 金이 없어 殺의 세력이 왕하나 甲己合으로 인하여 일주가 극을 받지 않는다. 더욱 묘하게 중년운이 土金으로 흐르니 殺을 制化하여 마땅하므로 名利가 함께 있었다.

이후제

戌月 戊土가 득령하고 丙火가 생하며 己辰土가 도와 신왕이 확실하다. 따라서 甲木이 소토하는 용신이고 亥水가 生木하며 윤습하는 희신이고 丙火는 秋涼을 해소하는 길신이며 寅木은 甲의 록이며 丙火의 장생지로 길신이다. 사주에 기신이 없어 좋은데 다만 甲己가 합반되어 최대의 결점이고 木運을 만나지 못하여 불만이다.

己甲戊丙　癸壬辛庚己戊丁丙
巳戌寅辰　酉申未午巳辰卯寅

이 사주는 앞의 사주와 亥字 하나만 바뀌었으나 土에 水의 윤습함이 없어 木을 배양할 수 없다. 甲己合이 적절하지 못하여 殺의 세력이 없고 겁재가 방자하다.

壬申運에 生化하여 말직은 얻었으나 급제는 못하였고 중년에 또 土金運을 만나니 처자식을 傷하게 하고 가업도 쇠락하였다.

巳運에 이르러 죽었으니 작은 차이가 천리만큼의 차이가 된다.

丁壬甲丙　辛庚己戊丁丙乙甲
未寅子寅　丑子亥戌酉申未午

甲木이 寅月寅時에 생하여 木이 여리고 氣가 허하므로 丙火가 한기를 해동하는 용신이다. 壬水가 丙을 극하는 것을 꺼리는데 丁壬이 합하고 化木하여 도리어 丙火를 생하므로 아주 기쁘다. 癸酉年은 본래 불길하나 己土運에 있어 癸水를 극할 수 있으므로 기쁘고 과거에 급제하였으며 戊運 卯年에 장원으로 급제하였으나 애석하게도 지지의 運이 좋지 않아 크게 쓰이지 못했다.

丁壬甲甲　辛庚己戊丁丙乙甲
亥寅戌子　丑子亥戌酉申未午

甲木이 寅月에 생하여 득시당령하였는데 만일 丁火를 쓰면 火를 壬水가 合去하고 戊土를 쓰면 寅亥가 합하여 戊을 극하므로 일생에 성패가 한두 번이 아니고 여러 가지로 고생이 많았다.

그래도 기쁜 것은 중년 運이 등지지 않아 배부르고 따뜻하게 입을 수 있었다.

합이 마땅한 자는 名利가 넉넉하나 합이 마땅치 않은 자는 온갖 고생과 실패를 하게 되는 것이다.

이후제

寅月 甲木이 時干에 甲比가 나타나 신왕인데 壬亥子水가 다시 旺木을 생하며 春寒을 북돋우니 水가 病이다. 따라서 戊土를 용신으로 쓰고 丁火를 희신으로 삼는데 丁火는 기신인 壬水를 合絆하는 功이 있으나 용신을 생하고 온국하는 희신의 역할을 못하여 불만이다. 결과적으로 體는 왕하나 用이 약하여 下命이며 火土運에 발전한다.

生方怕動庫宜開 敗地逢冲仔細推.

생지는 동하는 것이 두렵고 고는 열려야 마땅하며 패지의 충은 자세히 살펴야 한다.

舊說金水能冲木火 木火不能冲金水 此論天干則可 論地支則不可. 蓋地支之氣多不專 有他氣藏在內也 如逢他氣乘權得勢 卽木火亦豈不能冲金水乎. 生方怕動者 兩敗俱傷也. 假如寅申逢冲 申中庚金克寅中甲木 寅中丙火未嘗不克申中庚金 申中壬水克寅中丙火 寅中戊土未嘗不克申中壬水 戰克不靜故也. 庫宜開者 亦有宜不宜 詳下雜氣章. 敗地逢冲仔細推者 子午卯酉之專氣也 用金水則可冲 用木火則不可冲. 然亦須活看 不可執一. 倘用春夏之金水則金水之氣休囚 木火之勢旺相. 金水豈不反傷乎. 宜參究之.
옛말에 金水는 木火를 충할 수 있으나 木火는 金水를 충할 수 없다고 했는데 이 말은 천간에는 맞는 말이나 지지에는 맞지 않다. 대개 지지의 氣는 많고 전일하지 않으며 다른 氣가 안에 소장되어 있는데 만약 승권득세한 다른 氣를 만나면 木火 또한 어찌 金水를 충할 수 없겠는가.
생방은 動하는 것을 두려워한다는 것은 둘 다 패하고 모두 손상되기 때문이다. 가령 寅申이 충하면 申中庚金이 寅中甲木을 극하고 寅中丙火가 申中庚金을 극하며 申中壬水가 寅中丙火를 극하고 寅中戊土가 미상불 申中壬水를 극하게 되므로 싸우고 극하는 것이 고요하지 않은 연고이다.

庫는 열려야 마땅하다는 것은 또한 맞기도 하고 그렇지 않기도 한데 아래의 잡기장에 자세히 있다. 敗地가 충을 만나면 자세히 살펴야 한다는 것은 子午卯酉는 전일한 氣이므로 金水를 쓸 때는 충해도 되나 木火를 쓸 때는 충하면 안 된다. 그러나 또한 마땅히 살아있는 간명을 해야 하고 하나를 고집하면 안 된다. 만약 봄여름에 金水를 쓰면 金水의 氣는 休囚되고 木火의 세력이 왕상하니 金水가 도리어 傷하지 않겠는가. 마땅히 참고하여 연구해야 한다.

甲壬癸癸　　癸甲乙丙丁戊己庚
寅申巳亥　　酉戌亥子丑寅卯辰

가을의 水가 金이 당령하므로 근원에 통하여 水가 重重하다. 木은 囚이며 冲을 만나 쓰기에 부족하고 火는 비록 休이나 日支에 있고 게다가 가을 초에는 아직 꺼지지 않고 여기가 있으니 용신이 반드시 巳火에 있다. 巳亥가 冲을 만나고 군겁쟁재인 까닭에 연이어 3명의 처를 극하고 자식도 없었으며 運도 北方水地로 가니 재물은 깨지고 소모되었다. 戊寅, 己卯에 이르러 運이 東方으로 변하니 희신과 용신에 합당하므로 따뜻하게 입고 배부르게 먹을 수 있게 되어 의식이 넉넉해졌다. 庚運에 겁재를 생하고 상관을 억제하며 또 다시 酉年을 만나니 희신과 용신을 모두 해치므로 사망하였다.

이후제

癸水가 신왕하니 재성인 巳火를 써야 하나 亥水에 충파되고 비겁이 많아 洩하는 甲木상관을 쓴다. 그러나 寅申과 巳亥가 충으로 용신의 뿌리가 파손되었고 더구나 좌하 財星이 충파되었으니 온전한 가정을 이루기 어렵고 곤궁하다. 木火運을 要하나 運路 또한 不順하다.

癸癸甲壬　　壬辛庚己戊丁
巳亥寅申　　戌酉申未午巳

甲寅일주가 孟冬에 생하여 寒木이니 반드시 火를 써야 하는데 주중에 네 개의 旺水를 만나 거세게 흐르는 물을 막는데 정할 土가 없어 아름답지 않은 것 같으나 묘하게 寅亥合이 있어 巳火가 절처봉생하므로 이것이 발전할 수 있는 기틀이다.
그러나 初運이 西方金地로 體用이 손상되므로 풍상을 겪고 고생을 하였으며 매우 바쁘게 움직였으나 때를 만나지 못했다. 사십이 지나 運이 南方火土地로 바뀌어 용신을 도와 인성을 물리치고 재성으로 나아가니 매우 많은 재물을 모았으며 첩을 두고 연달아 네 명의 아들을 낳았다. 이로써 보건대 인성이 용신일 때 재성을 만나면 禍가 작지 않고 용신이 아닐 때 財를 취하면 발복이 큰 것을 알 수 있다.

이후제

인성과다가 病이니 재성인 土가 藥이나 土가 없어 洩하는 식상인 巳火에 의지한다. 그러나 巳亥상충으로 편인에게 탈식되었으며 또한 寅祿이 申에게 파손되어 일간의 의지처가 없는 형국이다.
土運은 制水하여 좋고 火運은 온국하여 길하며 木運은 旺水를 洩하여 기쁘고 金水運을 꺼린다.

辛丁戊戊　丙乙甲癸壬辛
卯酉子午　申未午巳辰卯

이것은 상관用印格으로 희신이 관성이다. 세속에서 土金상관은 관성을 꺼린다고 하지만 아니다. 卯酉가 冲하여 인성을 생조하는 神이 없어지고 子午가 冲하여 상관이 방자하게 되었다. 지지에 왕한 金이 水를 생하고 木火가 충극으로 인하여 이미 없어졌으니 천간의 火土가 허탈하여 공부를 마치지 못하였고 경영하는 것도 변변치 않았다. 그러나 水가 투간하지 않아 기쁘고 사람됨이 문장이 아름답고 풍류가 있었으며 서법에도 정교했다. 또 아울러 중년에 천간運이 金水로 흘러 뜻이 있으나 펴기 어려움을 면치 못했다. 무릇 상관패인에 희신과 용신이 木火인 者는 金水를 보는 것을 꺼린다.

이후제

酉月 戊土가 상관설기로 신약이니 丁火로써 용신을 삼고 卯木으로 희신을 삼는다. 그러나 丁火의 뿌리인 卯木과 午火가 충으로 파손되어 불만이고 상관견관이 一大缺點으로 학문과는 인연이 없다.

辛辛戊壬　庚己戊丁丙乙
未丑辰戌　子亥戌酉申未

이 명조는 지지에 四庫를 모두 갖춰 아름다운 것이 아니라 辛金이 吐秀하는 것이 기쁘다. 丑中의 原神이 투출하여 그 빼어남을 설기하고 또 木火가 잠복하고 보이지 않아 혼잡하지 않고 순수하며 淸하여 妙하다. 酉運에 이르러 辛金이 득지하니 향방에 급제하였으나 후에 運이 남방으로 흘러 木火가 並旺하니 용신인 辛金이 손상을 받으므로 과거를 통하여 벼슬길에 나아가려 했으나 임용되지 못하였다.

이후제

신왕한 戊土가 상관생재로 성격은 되었으나 丑月에 壬水까지 투간하여 한습하고 온국하는 火氣가 없으니 寒土에 불과하다. 兩辛金은 서로 埋金을 막아주므로 기쁘고 비록 土의 秀氣가 막힘없이 發洩되어 淸氣가 있으나 未中丁火가 丑未沖으로 파손되고 戌中丁火가 辰戌相沖으로 손상되며 火運을 만나지 못하여 불만이다.

戊壬辛己　癸甲乙丙丁戊
辰戌未丑　亥子丑寅卯辰

이것은 전국이 인성으로 가득하므로 土가 重하여 金埋되고 壬水용신이 손상되어 다 없어졌다. 未辰이 비록 乙木을 소장하고 있으나 冲이 없이 차용하려면 인출되는 運을 기다려야 하는데 丑戌에 冲破를 당하여 암장된 金이 보이지 않게 木을 베어 버리므로 처를 극하고 자식도 없었다. 이로써 보건대 四庫는 반드시 冲이 필요하다는 것은 한 가지 논리를 고집하는 것이다.
천간은 적절히 조합되어야 마땅하고 더구나 용신은 반드시 유력해야 하며 세운이 돕고 편고한 病이 없어야 한다.

支神只以冲爲重 刑與穿兮動不動.

지지는 오직 충이 중하고 형과 해는 동하기도 하고 동하지 않기도 한다.

地支逢冲 猶天干之相剋也 須視其强弱喜忌而論之. 至於四庫之冲 亦有宜不宜. 如三月之辰 乙木司令 逢戌冲 則戌中辛金亦能傷乙木 六月之未 丁火司令 逢丑冲 則丑中癸水亦能傷丁火. 按三月之乙 六月之丁 雖屬退氣 若屬司令 竟可爲用 冲則受傷 不足用矣. 所謂墓庫逢冲則發者 後人之謬論也. 墓者墳墓之意. 庫者木火金水收藏埋根之地.
지지가 충을 만나면 마치 천간의 상극과 같으므로 반드시 그 강약과 희기를 보고 충을 논해야 한다.
四庫의 충도 역시 마땅한 것과 그렇지 않은 것이 있다.
가령 3月의 辰이 乙木이 사령하는데 戌을 만나 충하면 戌中辛金이 乙木을 해칠 수 있고 6月의 未가 丁火가 사령하는데 丑을 만나 충하면 丑中癸水가 역시 丁火를 해칠 수 있다.
살펴보면 3月의 乙과 6月의 丁은 비록 退氣이나 만약 사령에 속하면 결국 쓸 수 있으나 충하면 손상을 받으므로 쓸 수 없다. 소위 묘고가 충을 만나면 發한다는 것은 후세사람들의 잘못된 이론이다. 墓란 분묘의 뜻이고 庫란 木火金水가 수장되는 埋根의 땅인 것이다.

如木火金水之天干 地支無寅卯巳午申酉亥子之祿旺 全賴辰戌丑未之身庫通根 逢冲則微根盡拔 未有冲動而强旺者也. 如不用司令 以土爲喜神 冲之有益無損 蓋土動則發生矣. 刑之義無所取. 如亥刑亥 辰刑辰 酉刑酉 午刑午 謂之自刑 本支見本支 是謂同氣 何以相刑. 子刑卯 卯刑子 是謂相生 何以相刑. 戌刑未 未刑丑 皆爲本氣 更不當刑. 寅刑巳 亦是相生 寅申旣冲 何必再刑. 穿卽害也. 六害由六合而來 冲我合神 故爲之害. 如子合丑而未冲 丑合子而午冲之類. 子未之害 無非相剋 丑午寅亥之害 乃是相生. 何以爲害. 總之刑且不足爲憑 害之義尤爲穿鑿 總以論生剋爲是. 至於破之義 非害卽刑也 尤屬不經 削之可也. (刑害之義詳命理尋源宜參閱之)

가령 木火金水의 천간이 지지에 寅卯巳午申酉亥子의 록왕이 없고 자신의 고인 辰戌丑未의 통근에 전적으로 의지하는데 충을 만나면 미약한 뿌리가 뽑혀서 다 없어지므로 충동해야 강왕해지는 것은 아니다. 만약 사령한 것을 용하지 않고 土가 희신이면 충하여 유익하고 손해는 없는데 대개 土는 動하면 발생하기 때문이다.

형은 올바른 도리를 취할 것이 없다. 가령 亥가 亥를 형하고 辰이 辰을 형하며 酉가 酉를 형하고 午가 午를 형하면 自刑이라고 하는데 本支가 本支를 만난 것이며 同氣인데 어찌 서로 형하는가.

子가 卯를 형하고 卯가 子를 형하나 이것은 상생인데 어찌 서로 형한다고 하는가. 戌이 未를 형하고 未가 丑을 형하나 모두 本氣가 되므로 형이라고 하는 것은 더욱 부당하다. 寅이 巳를 형하나 역시 상생이고 寅申은 이미 충인데 어찌하여 다시 형을 하겠는가.

천이란 害를 말한다. 六害는 육합에서 유래하였는데 내가 합하는 神을 충하므로 害가 된다. 가령 子가 丑을 합하는데 未가 충하고 丑이 子를 합하는데 午가 충하는 종류이다.

子未의 害는 상극에 지나지 않고 丑午나 寅亥의 害는 상생인데 어찌 害가 되는가. 총괄하면 刑은 이미 증빙하기에 부족하고 害의 의리는 더욱 이치에 맞지 않으므로 모두 생극으로 논하는 것이 옳다.
破의 이치는 害가 아니면 刑인데 더욱 조리가 없으므로 없애야 한다. (형해의 이치는 명리심원에 자세하게 있으니 참고하라)

丙辛壬癸　壬癸甲乙丙丁
子卯子卯　辰巳午未申酉
壬子일주가 지지에 兩양인을 만나고 천간에 癸辛이 투출하였으며 土가 없고 年干의 丙火가 絶地에 있으며 合辛하여 水가 된다.
卯가 旺한 월령으로 그 빼어난 기운을 설기하여 양인의 완강함을 化할 수 있어 기쁘고 秀氣流行하니 사람됨이 공손하고 예의가 있으며 화합하고 치우침이 없다. 甲運에 이르러 木의 원신이 나타나므로 과거에 급제하고 午運에 卯木이 洩水生火하니 乙未丙運까지 관직이 군수에 이르고 공직생활이 순탄하였다.
속인들은 子卯가 無禮之刑이고 또 상관양인이 刑을 만나 반드시 오만무례하고 흉악하다고 논한다.

辛乙庚丁　甲癸壬辛庚己
未未辰亥　午巳辰卯寅丑
庚辰일주가 季夏에 생하여 金이 進氣하고 土가 당권하였는데 丁火가 사령하여 기쁘다. 元神이 나타나서 용신이 되니 辛金겁재를 억제할 수 있다. 未는 火의 餘氣이고 辰은 木의 여기이니 財官이 모두 통근하여 有氣하다. 더욱 妙한 것은 亥水가 潤土하고 金을 다스리며 木을 기르니 사주가 결함이 없다. 運이 동남으로 가니 金水는 虛하고 木火는 충만하므로 일생에 凶하고 險함이 없다.

辰運午年에 財官印을 모두 生扶하여 향방에 급제하고 금당을 거쳐 사마에 이르렀으며 수명은 丑運에 이르렀다.

辛乙庚丁　甲癸壬辛庚己
丑未辰丑　午巳辰卯寅丑

이것은 앞의 명조와 대동소이하다. 財官 역시 통근하여 有氣하고 앞의 명조는 丁火가 사령하는데 이 명조는 己土가 사령하고 丑時가 되어 더욱 불만이다. 丁火가 꺼져 없어지니 年干의 辛金이 방자해지므로 未中木火의 약한 뿌리를 冲去하니 財官이 비록 있으나 없는 것과 같다. 初運 甲午年에 木火가 並旺하여 조상의 덕이 넉넉하였으나 癸巳에 이르러 丁을 극하고 丑을 껴안아 상관과 겁재가 旺하므로 喪을 당하고 재물은 모두 없어졌다.
壬辰運에 妻子가 모두 傷하고 가업은 탕진되어 남은 게 없었으며 삭발하고 중이 되었다. 속인들은 丑未가 冲하여 財官의 兩庫가 열리므로 名利가 모두 온전하다고 말한다.

이후제

지지가 丑未辰丑로 인성이 과다하여 재성인 乙木이 소토하는 용신인데 辛金에 충파되어 격을 이루지 못하였다. 할 수 없이 丁火를 쓰는데 희신인 乙木이 충파되고 丁火의 情이 土를 생하는데 있고 金을 극하는데 있지 않으며 더구나 丑未冲으로 未中丁乙이 모두 손상되어 불만이다.

暗冲暗合尤爲喜 我冲彼冲皆冲起.

암충과 암합은 더욱 기쁘고 내가 충하거나 저쪽에서 충하는 것이 모두 충기이다.

支中逢冲 固非美事 然八字缺陷者多 停勻者少. 木火旺 金水必乏矣 金水旺 木火必乏矣. 若旺而有餘者冲去之 衰而不足者會助之爲美. 如四柱無冲會之

神 得歲運暗來冲會 尤爲喜也. 蓋有病得良劑以生也. 然冲有彼我之分 會有去來之理 彼我者 不必分年時爲彼 日月爲我 亦不必分四柱爲我 歲運爲彼也.
지지가 충을 만나는 것은 참으로 아름다운 일이 아니나 팔자에 결함이 있는 자가 많고 알맞게 균형을 이룬 자는 적다.
木火가 旺하면 金水가 반드시 부족하고 金水가 旺하면 木火가 반드시 부족하다. 만약 旺하여 남음이 있으면 충하여 제거하고 衰하여 부족한 것은 회합하여 도와야 아름답다.
만약 사주에 충과 회합하는 神이 없는데 세운에서 충과 회합을 만나면 더욱 기쁘다. 대개 病이 있는데 좋은 藥을 얻으면 사는 것이다. 그러나 충은 彼我의 분별이 있고 회합에는 가고 오는 이치가 있으니 彼我는 구분할 필요 없이 年時가 저쪽이 되고 日月이 내가 된다. 또한 구분할 필요 없이 사주가 내가 되고 세운이 저쪽이 된다.

總之喜神是我 忌神爲彼可也. 如喜神是午 逢子冲 是彼冲我 喜與寅戌會爲吉. 喜神是子 逢午冲 是我冲彼 忌寅與戌會爲凶. 如喜神是子 有申 得辰會而來之爲吉 喜神是亥 有未 得卯會而去之則凶. 寧可我去冲彼 不可彼來冲我. 我去冲彼 謂之冲起 彼來冲我 謂之不起. 水火之冲會如此 餘可例推. (按有以暗冲暗會成格者 見下影響遙繫節)
총괄하여 희신이 내가 되고 기신이 저쪽이 된다. 가령 午가 희신인데 子의 충을 만나면 저쪽이 나를 충하는 것이고 寅戌과 회합하면 吉이 되므로 기쁘다. 子가 희신인데 午의 충을 만나면 내가 저쪽을 충하는 것이고 寅과 戌이 회합하면 흉이 되므로 꺼린다.
가령 子가 희신인데 申이 있고 辰을 만나 회합하여 오니 吉이 되고 亥가 희신인데 未가 있고 卯를 만나 회합하여 없어지면 흉이 된다.
차라리 내가 저쪽을 충해서 없애는 것은 괜찮으나 저쪽이 와서 나를 충하는 것은 불가하다.

내가 저쪽을 충하여 없애는 것을 冲起라고 말하고 저쪽이 나를 충하여 오는 것을 不起라고 한다.

水火의 충과 회합이 이러하니 나머지도 이와 같이 추리하면 된다.

(암충, 암회로서 격을 이룬 자가 있는데 아래의 영향요계절을 보라)

庚乙甲庚　丙丁戊己庚辛

戌酉寅午　戌亥子丑寅卯

兩庚이 투간하고 당령한 가을이다. 지지에 火局으로 비록 制殺하는 功이 있으나 극설이 함께 있다. 또 庚金의 날카로운 氣가 왕성할 때이므로 제살하여 권위가 되나 化殺하여 덕이 되는 것만 못하다. 化殺은 일주에게 유익하고 제살은 도리어 일주의 氣를 洩한다.

이런 이유로 추측하면 火局이 기쁘지 않고 도리어 火가 病이 된다. 그러므로 子運 辰年에 장원급제하였는데 子運에 火局을 충파하여 旺神인 午를 제거하고 庚金의 성정을 引通하여 일주의 氣를 돕기 때문이다. 辰年은 습토로 火氣를 설할 수 있고 子水와 껴안아 일주의 근원을 배양한다.

丁癸丁丙　壬辛庚己戊丁

巳丑卯午　子亥戌酉申未

丁火가 비록 丑月에 생하였으나 비겁이 중중하고 癸水가 退氣로 겁재를 억제하기에 無力하여 쓰기가 부족하다.

반드시 丑中辛金을 써야 하는데 丑土가 포장하고 겁재를 설기하여 생재하니 용신을 보좌하는 희신이다. 불만인 것은 卯木이 겁재를 생하고 탈식하는 것이 病으로 早年에 처자를 傷하게 되었다.

初年 壬子, 辛亥運은 巳午火를 冲하여 조상의 덕이 넉넉하였으나 庚戌運은

午火와 합하므로 모진 고생을 하고 재물은 다 없어졌다.
己酉에 이르러 金局을 이루고 病인 卯木을 冲하여 없애니 재물이 십여만이 되었는데 이것을 보면 기신을 충하거나 합하여 희신이 되면 발복이 적지 않고 희신을 충하거나 합하여 기신이 되면 禍가 가볍지 않으니 충과 합을 소홀히 하겠는가.

이후제

丑月 丁火가 신약하고 寒局이므로 본래 木火가 필요한데 丁巳年과 丙午時를 만나니 火가 너무 많고 또 卯木이 생하여 지나치게 신왕하며 寒局이 熱局으로 변하여 도리어 金水가 필요한 명조다. 또한 신왕살약하므로 殺을 돕는 金水運을 만나야 발전한다.

庚辛丙辛　壬癸甲乙丙丁
寅巳寅卯　午未申酉戌亥

丙火가 孟夏에 생하고 지지에 兩寅과 一卯가 있으며 巳火가 승권하고 寅中丙火가 나타났으며 천간에 비록 庚辛을 만났으나 모두 虛浮하고 無根하다.
초년 壬午, 癸未運에 水가 無根하나 金氣를 설할 수 있고 지지에 午未남방이 또 旺火를 도우니 財의 氣가 극설되어 이미 다 없어졌다. 물려받은 가업이 비록 풍요로웠으나 喪을 일찍 겪고 甲運은 申에 앉아 본래 큰 걱정은 없으나 年運이 木火로 흘러 또 처자식을 극하고 집안 살림도 처량했다. 申運에 이르러 病인 寅木을 冲하고 천간의 떠있는 재성이 통근하니 시든 새싹이 비를 만난 것과 같이 돌연히 흥하였다. 乙酉運까지 15년 동안 스스로 창업하여 물려받은 가업보다 수배나 더 이루었다. 申運은 역마가 財를 만나니 外地로 나가야 큰 이익이 있는데 경영하여 십여만 재물을 얻었다. 丙戌運 丙子年은 凶多吉少하므로 風疾을 얻어 일어나지 못하였는데 비겁쟁재하고 財가 절지에 있으며 子水가 剋火하기에 부족하고 도리어 寅卯木을 生하는 연고이다.

旺者冲衰衰者拔 衰神冲旺旺神發.

왕한 것이 쇠한 것을 충하면 쇠한 것은 뿌리가 뽑히고 쇠한 것이 왕한 것을 충하면 왕한 것은 발동한다.

十二支相沖 支中所藏 互相沖剋 在原局爲明沖 在歲運爲暗沖. 得令者冲衰則拔 失時者冲旺無傷. 冲之者有力 則能去之 去凶神則利 去吉神則不利. 冲之者無力 則反激之 激凶神則爲禍 激吉神雖不爲禍 亦不能獲福也. 如日主是午 或喜神是午 支中有寅卯巳未戌之類 遇子冲 謂衰神冲旺 無傷 日主是午 或喜神是午 支中有申酉亥子丑辰之類 遇子冲 謂旺者冲衰 則拔. 餘支皆然. 然以子午卯酉寅申巳亥八支爲重 辰戌丑未較輕. 如子午冲 子中癸水冲午中丁火 如午旺提綱 四柱無金而有木 則午能冲子. 卯酉冲 酉中辛金冲卯中乙木 如卯旺提綱 四柱有火而無土 則卯亦能冲酉. 寅冲申 寅中甲木丙火被申中庚金壬水所剋 然寅旺提綱 四柱有火 則寅亦能冲申矣. 巳亥冲 巳中丙火戊土被亥中甲木壬水所剋 然巳旺提綱 四柱有木 則巳亦能冲亥矣. 必先察其衰旺 四柱有無解救 或抑冲 或助冲 觀其大勢 究其喜忌 則吉凶自驗矣. 至於四庫兄弟之冲 其蓄藏之物 看其四柱干支 有無引出. 如四柱之干支 無所引出 司令之神又不關切 雖冲無害 合而得用亦爲喜. 原局與歲運 皆同此論.

12지지의 충은 지장간이 서로 충극하는 것인데 원국에 있으면 명충이 되고 세운에서 충하면 암충이 된다.

득령한 것이 쇠한 것을 충하면 쇠한 것은 뽑히는데 失時한 것이 왕한 것을 충하면 왕한 것은 傷함이 없다.

충하는 것이 유력하면 약한 것을 제거할 수 있는데 흉신을 제거하면 이롭고 길신을 제거하면 이롭지 못하다.

충하는 것이 無力하면 도리어 왕한 것을 자극하는데 흉신을 자극하면 禍가 되고 길신을 자극하면 비록 禍가 되지는 않으나 또한 福을 얻을 수는 없다.

가령 일주가 午이거나 희신이 午인데 지지에 寅卯巳未戌 등이 있으면 子의 충을 만나도 이른바 쇠한 것이 왕한 것을 충하는 것이므로 상함이 없고 일주가 午이거나 희신이 午인데 지지에 申酉亥子丑辰 등이 있고 子의 충을 만나면 왕한 것이 쇠한 것을 충하는 것이므로 쇠한 것이 뽑히게 된다.

나머지 지지도 모두 그렇다.

그러나 子午卯酉寅申巳亥의 여덟 자의 충은 重하고 辰戌丑未의 충은 비교적 輕하다. 가령 子午冲은 子中癸水가 午中丁火를 冲하는 것인데 만약 午가 왕한 월령이고 사주에 金이 없으며 木이 있으면 午가 子를 冲할 수 있다. 卯酉冲은 酉中辛金이 卯中乙木을 冲하는 것인데 가령 卯가 왕한 월령이고 사주에 火가 있고 土가 없으면 卯 역시 酉를 충할 수 있다.

寅申冲은 寅中甲木과 丙火가 申中庚金과 壬水에게 극을 당하는데 그러나 寅이 왕한 월령이고 사주에 火가 있으면 寅 역시 申을 충할 수 있다. 巳亥冲은 巳中丙火와 戊土가 亥中甲木과 壬水에게 극을 당하는데 그러나 巳가 왕한 월령이고 사주에 木이 있으면 巳 역시 亥를 충할 수 있다.

반드시 그 衰旺과 사주에 충을 해소하는 것의 有無와 또는 충을 억제하거나 충을 돕는 것의 有無를 먼저 살피고 그 대세를 보면서 희기를 연구하면 길흉을 자연히 증험하게 된다.

형제의 충인 四庫는 그 지장간이 사주간지에 인출됐는지의 유무를 봐야 한다. 만약 사주의 간지에 인출된 것이 없고 사령한 것과도 또한 전혀 관계가 없으면 비록 충해도 해가 없고 합하여 쓰임을 얻으면 역시 기쁘다. 원국과 세운이 모두 이와 같다.

戊辛丙癸　　壬癸甲乙丙丁

辰酉午巳　　戌亥子丑寅卯

이 명조는 재성이 당령하여 왕하고 더하여 年上에 식신이 生助하며 일간은 時

에 록을 만나 無根하지 않으므로 富家출신이다.

時에 癸水를 만나고 巳火는 失時하였으며 酉를 만나 金을 껴안는다. 오행에 木이 없고 온전히 午火의 幇身에 의지하니 癸水가 病임이 명확하다. 子運에 癸水가 득록하고 子辰이 水를 껴안아 酉金과 결당하여 午를 沖하는데 사주에 解救하는 神이 없다.

소위 왕자가 쇠한 것을 충하면 쇠자는 뽑히게 되므로 破家하고 죽었다. 만약 運이 東南木火地로 흘렀으면 어찌 名利가 兩全하지 않았겠는가.

庚壬丁癸　癸甲乙丙丁戊

寅午卯卯　未申酉戌亥子

재관이 無根하여 虛露하고 편인과 비견이 당권득세하니 빈천한 命이다. 앞의 사주는 身財가 並旺하였으나 도리어 破家하며 수명이 없었고 이 명조는 재관이 휴수되었으나 창업하고 수명도 있었으니 저것은 木이 없어 水의 沖을 만나 뽑힌 것이고 이것은 水가 火를 만나도 木이 있어 구할 수 있기 때문인 것이다.

甲申, 乙酉運에 이르러 庚金의 록왕이며 壬癸가 생을 만나고 또 寅卯木을 沖去한다. 이른바 衰神이 旺者를 沖하여 旺者가 발동하므로 갑자기 많은 재물이 생겼다.

命 좋은 것이 運 좋은 것만 못하다는 이 말은 믿을 만하다.

下

干支總論

陰陽順逆之說 洛書流行之用 其理信有之也 其法不可執一.

음양의 순역설은 낙서에서 유행하여 쓰고 있으며 그 이치를 믿을 만하나 그 방법 하나만 고집하면 안 된다.

陰陽順逆之說 其理出於洛書 然五行流行之用 不過陽主聚 以進爲退 陰主散 以退爲進. 若論命理 則不專以順逆論 須觀日主之衰旺 察生時之淺深 究四柱之用神 以論吉凶 則了然矣.

음양순역설은 그 이치가 낙서에서 나왔는데 그러나 오행의 유행에 쓰는 것은 양은 모이는 것을 주관하고 나아감으로서 물러나는 것을 삼으며 음은 흩어지는 것을 주관하고 물러남으로서 나아가는 것을 삼는다.

만약 명리를 논하면 순역론이 한결같지 않으므로 반드시 일주의 쇠왕을 보고 태어난 계절의 심천을 살펴서 사주의 용신을 탐구하여 길흉을 논해야 확연해진다.

至於長生沐浴等名 乃借假形容之辭 人之日主 不必生逢祿旺. 卽月令休囚 而年日時中得長生祿旺 便不爲弱 就使逢庫 亦爲有根. 時說投墓必冲者 俗書之

謬也. 古法只有四長生 從無子午卯酉爲陰長生之說. 水生木 申爲天關 亥爲天門 天一生水 卽生生不息. 故木皆生於亥. 午爲火旺之地 木至午發洩已盡 故木皆死於午. 言木而餘可類推矣.

장생 목욕 등의 이름은 임시로 빌려서 형용한 말이므로 사람의 일주가 록왕을 만나 태어날 필요는 없다. 즉 월령이 휴수라도 年日時 중에 장생이나 록왕을 만나면 弱이 되지 않고 설령 庫를 만나도 또한 유근한 것이 된다.

墓에 들어있을 때에는 충이 필요하다고 말하는 것은 속서의 오류다.

옛날 법칙에는 오직 四장생이 있을 뿐이고 지금까지 子午卯酉가 음의 장생이 된다는 말은 없다.

水가 木을 생하는 것은 申은 천관이 되고 亥는 천문이 되므로 天一이 水를 생하는데 곧 쉬지 않고 생하는 것이다. 그러므로 木은 모두 亥에서 생하는 것이다.

午는 火의 旺地가 되며 木이 午에 이르면 발설을 이미 다하게 되므로 木은 모두 午에서 死하는 것이다.

木을 말하였으니 나머지도 유추하면 된다.

夫五陽育於生方 盛於本方 斃於洩方 盡於剋方 於理爲順. 古人取格 丁遇酉以財論 乙遇午 己遇酉 辛遇子 癸遇卯 以食神論 俱不以生論. 乙遇亥 癸遇申以印論 俱不以死論 卽己遇寅藏之丙火 辛遇巳藏之戊土 亦以印論 不以死論. 由此觀之 陰陽同生同死可知也. 若執定陽順陰逆 而以陽生陰死陰生陽死論命 則太謬矣 故云其法不可執一也.

무릇 五陽은 生方에서 자라고 本方에서 왕성하며 洩方에서 죽고 克方에서 다 없어지는데 이치에 거스르지 않는다.

옛 사람들이 격을 취할 때 丁이 酉를 만나면 財로 논하고 乙이 午를 만나고 己가 酉를 만나며 辛이 子를 만나고 癸가 卯를 만나면 식신으로 논하였으며 모두

生으로 논하지 않았다.
乙이 亥를 만나고 癸가 申을 만나면 인성으로 논하고 모두 死로 논하지 않았으며 己가 寅中丙火를 만나고 辛이 巳中戊土를 만나면 역시 인성으로 논하고 死로 논하지 않았다.
이것으로 보면 음양이 同生同死하는 것을 알 수 있다. 만약 정해진 음양순역을 고집하여 陽生陰死나 陰生陽死로 명을 논하는 것은 큰 오류이므로 그 법 하나를 고집하는 것은 불가하다.

按陰陽者 正負也. 凡物必有兩端 甲端爲陽極 乙端爲陰極 中爲祿旺. 過旺則衰 陽極則陰生 陰極則陽生 循環無端. 順逆之理 始於八卦 故木生於亥 至午八位爲極.(參看命理尋源)
살펴보면 음양이란 양극과 음극이다. 무릇 만물은 반드시 양단이 있는데 甲은 양극이 되고 乙은 음극이 되며 가운데가 록왕이 된다. 왕을 지나면 쇠해지고 陽이 극에 이르면 陰이 생하며 陰이 극에 이르면 陽이 생하여 순환이 끝이 없다.
순역의 이치는 팔괘에서 비롯되었으므로 木은 亥에서 생하고 八位인 午에 이르면 극이 된다.(명리심원을 참조하라)

丙己乙丙　庚辛壬癸甲乙丙丁
子亥亥子　子丑寅卯辰巳午未
乙亥日元이 亥月에 생하였으나 천간에 兩丙火가 나타나 따뜻한 봄의 햇볕이라고 할 수 있으므로 추운 나무가 햇볕을 받아 맑고 순수하여 기쁘다. 애석한 것은 火土가 無根하고 水木이 太重하여 공부는 하였으나 과거에 급제하지 못하고 아울러 중년에 水木으로 흘러 生扶가 태과하며 局中에 火土가 모두 傷하였으므로 재물을 모으지 못하고 뜻을 펴지 못했다. 그러나 金이 없어 기쁘고 하는 일은 반드시 사람됨이 맑고 고결하다. 만약 年時가 乙木의 病地가 되고 月日이 死地가 된다면 어찌 休囚가 이미 극에 이르지 않았겠는가. 따라서 生扶하는 運이 마땅하나 지금 亥子水를 生으로 논하므로 다시 水木을 만나는 것이 마땅치 않은 것이다.

戊乙癸癸　丙丁戊己庚辛壬癸
午卯卯亥　辰巳午未申酉戌亥

봄의 水가 木이 많아 洩氣가 과다하고 金이 없어 亥時 비겁의 幇身에 전적으로 의지하는데 亥卯가 合局하고 또 戊土가 투출하여 극설을 함께 만나 불만이다. 戊午運이 되어 죽었는데 만약 속설을 근거로 하면 癸水가 兩長生에 앉고 時에 旺地를 만났는데 어찌 죽었는가. 또 식신으로 말하면 오래살고 처와 자식이 많아야 하며 식신이 生旺하면 財官보다 낫다고 하였으니 名利가 兩全하고 자식이 많으며 장수하는 격이어야 하지 않겠는가. 한마디로 음양생사의 說은 믿을 수 없다.

이후제

음양의 순역설은 12운성의 陰陽生死를 말하고 12운성은 오행의 氣가 변화하는 것을 뜻하며 사계절에 따른 오행의 衰旺에 따라 만물의 변화하는 모습을 보여준다.

陽이 生하는 곳에서 陰은 死하고 陽이 死하는 곳에서 陰은 生하며 陽은 순행하고 陰은 역행한다는 것이니 그 이치가 당연하나 음간은 적용하지 않고 양간을 따른다. 그 이유는 陽은 氣이고 陰은 質인데 만물이 변화하는 것은 氣의 변화이기 때문이다. 따라서 陰干은 陽干의 음양생사를 따라 적용하는 것이다.

이 명조는 癸水가 卯에 장생이나 生으로 논하지 않고 양간인 壬水를 따라 死로 논하며 식신이 되므로 신약으로 논해야 한다.

故天地順遂而精粹者昌 天地乖悖而混亂者亡. 不論有根無根 俱要天覆地載.

그러므로 천지가 순수하고 정수한 자는 번창하고 천지가 괴패하고 혼란한 자는 망한다. 유근과 무근을 논할 것 없이 하늘이 덮고 땅에 실리는 것이 중요하다.

取用干支之法 干以載之支爲切 支以覆之干爲切. 如喜甲乙而載以寅卯亥子則生旺 載以申酉則剋敗矣. 忌丙丁載以亥子則制伏 載以巳午寅卯則肆逞矣. 如喜寅卯而覆以甲乙壬癸則生旺 覆以庚辛則劫敗矣. 忌巳午而覆以壬癸則制伏 覆以丙丁甲乙則肆逞矣.

간지를 취하여 쓰는 법은 천간은 지지에 실리는 것이 중요하고 지지는 천간이 덮어주는 것이 절실하다.

가령 甲乙은 寅卯亥子에 실려야 생왕하여 기쁘고 申酉에 실리면 극을 당하여 패하며 丙丁이 亥子에 실리면 제복되므로 꺼리고 巳午寅卯에 실리면 왕성하다. 만약 寅卯를 甲乙壬癸가 덮어주면 생왕하여 기쁘고 庚辛이 덮으면 겁탈되어 패하며 巳午를 壬癸가 덮으면 제복되므로 꺼리고 丙丁甲乙이 덮어주면 왕성하다.

不特此也 干通於支 支逢生扶 則干之根堅 支逢沖剋 則干之根拔矣. 支受蔭於干 干逢生扶 則支之蔭盛 干逢剋制 則支之蔭衰矣. 凡命中四柱干支 有顯然吉神而不爲吉 確乎凶神而不爲凶者 皆是故也. 所以無論天干一氣 地支雙清 總要天覆地載.

이것뿐만 아니라 천간이 지지에 통근하고 지지가 생부를 만나면 천간의 뿌리가 견고하나 지지가 충극을 만나면 천간의 뿌리가 뽑히게 된다. 지지가 천간의 비호를 받고 천간이 생부를 만나면 지지의 음덕이 왕성하나 천간이 극제를 만나면 지지의 음덕이 쇠약하다. 무릇 명중의 사주간지에 길신이 확연하나 길하지 못하고 흉신이 확실하나 흉하지 않은 것은 모두 이런 연고이다.

까닭에 천간일기나 지지쌍청을 논할 것 없이 아무튼 천간이 덮어주고 지지가 실어주는 것이 중요하다.

己丁庚庚　丙乙甲癸壬辛庚己
亥卯申辰　寅丑子亥戌酉申未

庚金이 비록 봄철에 생하였으나 지지의 록왕에 앉고 時에 印比를 만나 官을 쓰기에 족하다. 官이 財鄕에 앉아 지지의 卯木재성에 실리고 또 亥水의 생부가 有情하여 丁火의 뿌리가 더욱 견고하다. 이른바 천지가 순수하고 정수한 자는 번창한다는 것 아닌가. 歲運에서 壬癸亥子를 만나도 천간에 己土인성이 있어 관성을 보호하고 지지에서 卯재성이 상관을 化하므로 평생 어려운 일이 없다. 일찍 과거에 급제하고 봉강에 이르렀다. 經에 이르기를 일주가 健旺해야 가장 좋고 용신은 손상되지 않아야 한다고 했는데 믿을 만한 말이다.

己丁庚甲　丙乙甲癸壬辛庚
酉卯辰申　寅丑子亥戌酉申

이것 역시 丁火관성이 용신이고 지지에 卯木재성에 실렸으니 앞의 명조와 대동소이하다. 다만 卯酉가 충을 만나 丁火의 뿌리가 극을 당하여 패하였고 지지 중에 水가 적어 재성이 극을 받으나 生이 없으며 비록 時에 甲木이 투출하였으나 申上에 있어 지지에 실리지 못하여 비록 있어도 없는 것과 같으므로 명망있는 가문출신이나 공부를 잇지 못하고 온갖 풍상을 겪었다.

戌運에 이르러 지지가 西方이 되니 궁핍함을 견디기 어려웠다.

이후제

卯月 庚金이 氣弱인데 酉申金과 己辰土가 生助하여 신왕이니 丁火가 용신이 되고 甲木이 희신이 된다. 다만 卯酉가 상충하여 불만인데 비록 상충하나 失

令한 酉金이 月令인 卯木을 어찌 이길 수 있겠는가? 단지 충동하여 손상될 뿐이고 또한 火運을 만나지 못하여 발전하기 어려울 따름이다.

庚壬辛癸　癸甲乙丙丁戊己庚
申午酉巳　未申酉戌亥子丑寅

庚辛壬癸가 金水雙淸이고 지지에 申酉巳午가 단련하는 功이 있으니 午火가 眞神으로 용신이라고 할 수 있다. 이치상 당연히 名利가 모두 온전해야 하나 木이 없는 것이 애석하다. 金이 비록 失令하였으나 무리가 많고 火가 비록 當令하였으나 보좌함이 없으며 더욱 싫은 것은 壬癸가 덮고 있으며 庚辛이 바싹 달라붙어 生하는 것이다. 그리고 申中에 또 長生하여 壬水가 제멋대로 날뛰니 비록 巳火가 午를 도우나 유감스럽게도 巳酉가 金을 껴안으므로 午火의 세력이 외롭다. 그러므로 申酉運에 이상하게 망가지고 낭비하였으며 丙戌運中에 용신을 도우니 아주 좋은 인연을 만났으나 亥運에 壬水가 득록하고 癸水가 旺이 되니 火氣가 극을 당하여 모두 없어지므로 가정도 깨지고 사망하였다.

庚壬辛甲　癸甲乙丙丁戊己
申午酉午　未申酉戌亥子丑

이것 역시 午中丁火 殺을 쓰는데 壬水가 위에서 덮고 있고 庚辛金이 가까이서 生하고 있으나 기쁜 것은 午時가 돕고 妙하게 다시 甲木이 덮고 있어 火가 왕성하다. 또 壬水가 甲木을 보니 生을 탐하여 火를 극하지 않으니 사주가 相生의 도리가 있고 爭克의 기세가 없다. 과거에 급제하고 관찰사에 이르렀으니 앞의 명조와 다만 앞뒤로 한 시간이 바뀌었으나 큰 차이가 있다. 이른바 털끝 차이가 나중에는 크게 차이나는 것이다.

天全一氣 不可使地德莫之載.

천간이 온전히 하나의 기로 되어 있어도 지지에서 실어주지 않으면 안 된다.

天全一氣者 天干四甲四乙四丙四丁四戊四己四庚四辛四壬四癸皆是也 地支不載者 地支與天干無生化也. 非特四甲四乙而遇申酉爲不載 卽全受克於地支 或反克地支 或天干不顧地支 或地支不顧天干 皆爲不載也. 如四乙酉者受克於地支也 四辛卯者 反克地支也 必須地支之氣上升 天干之氣下降 則流通生化 而不至於偏枯. 又得歲運安頓 非富亦貴矣. 如無升降之情 反有冲克之勢 皆爲偏枯而貧賤矣. 宜細究之.

천간이 온전히 하나의 氣라는 것은 천간이 4甲 4乙 4丙 4丁 4戊 4己 4庚 4辛 4壬 4癸를 말하고 지지에 실리지 못했다는 것은 지지와 천간이 生化가 없는 것이다. 네 개의 甲과 네 개의 乙이 申酉를 만나 실리지 못한 것뿐만 아니라 완전히 지지에 극을 받거나 반대로 지지를 극하거나 또는 천간이 지지를 돌보지 않거나 지지가 천간을 돌보지 않는 것은 모두 실리지 못한 것이다.

가령 네 개의 乙酉는 지지에서 극을 받고 네 개의 辛卯는 반대로 지지를 극하므로 반드시 지지의 氣는 상승하고 천간의 氣는 하강해야 유통되고 生化되어 편고에 이르지 않고 또 편안한 세운을 만나면 富하지 않으면 貴하게 된다. 만일 상승하고 하강함이 없으면 반대로 세력이 충극하므로 모두 편고되어 빈천하다.

자세히 연구해야 마땅하다.

甲甲甲甲　乙丙丁戊己庚辛壬

申戌寅戌　亥子丑寅卯辰巳午

年支 申金이 일주 寅木을 冲去하고 게다가 승권한 戌土가 중첩하여 金을 생하여 殺을 도우니 지지가 천간을 돌보지 않는 것이다. 무릇 四甲에 一寅으로

강왕한 것 같으나 秋木이 휴수되고 祿이 冲去되어 그 뿌리가 이미 뽑혔으니 旺이 되지 못하므로 寅卯亥子運 中에 의식이 꽤 풍요로웠다. 마침내 庚辰運이 되어 殺의 원신이 투출하니 네 자식을 모두 상하게 하였으며 가정도 깨지고 사망하였다. 천간에 많은 것은 지지가 重한 것만 못하다는 이치가 확실히 그렇지 않은가.

이후제

戌月 甲木이 寅祿에 앉고 세 개의 甲比가 도우니 失令하였으나 不弱이다. 따라서 申金이 무성한 가지를 剪定하여 길신인데 칠살을 련금하고 담금질하는 水火가 없어 貴命이 못된다. 火는 秋涼을 해소하며 칠살을 련금하고 水는 潤根하며 칠살을 담금질하는 길신이다. 庚辰運은 月柱와 時柱를 天冲地冲하여 불길하다.

戊戊戊戊　己庚辛壬癸甲乙丙
子午戌午　未申酉戌亥子丑寅

滿局이 火土로 子가 衰하고 午가 旺하니 冲하여 午가 發하므로 더욱 더 맹렬해진다. 한 방울의 水는 천간이 덮어주지 못하여 말라버리고 초년 己未에 여러 가지로 외롭고 고달팠으나 庚申, 辛酉運에 이르러 戊土를 引通하니 뜻밖의 좋은 인연을 만나 처를 얻고 자식을 낳았다. 사업하여 가정도 이루었으나 결국 壬戌에 이르러 水가 통근하지 못하고 火局을 이루니 火災를 당하여 다섯 식구가 모두 죽었다.
만일 천간에 庚辛이 하나라도 투출하였거나 지지에 申酉가 하나라도 있었으면 어찌 이와 같이 끝났겠는가.

戊戊戊戊　己庚辛壬癸甲乙丙
申午子午　未申酉戌亥子丑寅

이것은 앞의 명조와 단지 申字 하나만 바뀐 것 밖에 없다. 그러나 천간의 氣가 하강하고 지지에 水源이 있어 午火가 비록 맹렬하나 결국 申金을 傷하게 할 수 없으므로 金용신이 분명하다.

게다가 病을 제거하는 子水 희신이 있으므로 申運에 이르러 戊辰年 巳月에 입학하여 九月에 과거급제하였다. 아마도 年運에서 辰을 만나 水局을 이뤄 묘한데 애석하게도 장래의 壬戌運中에 천간에서 群比爭財가 되고 지지는 火局을 이루니 좋다고 볼 수 없다.

이후제

앞의 명조와 같이 午月 戊土가 조열하므로 子水가 해열하는 용신이고 申金이 洩土하여 生水하는 희신이다. 다만 體는 旺한데 用이 弱하여 불만이므로 金水運에 발전하고 火土木運에 쇠퇴한다.

辛辛辛辛　庚己戊丁丙乙甲癸

卯卯卯卯　寅丑子亥戌酉申未

이 명조는 四木이 당권하고 四金이 절지에 있으니 비록 지지를 극한다고 하지만 실은 극하는 힘이 없다. 만일 극할 수 있었다면 財를 쓸 수 있고 만약 財를 쓸 수 있었다면 어찌 이루는 게 없겠는가. 그가 태어나고 수년간 부모가 모두 죽고 도사의 제자가 되었는데 己丑, 戊子運에 인성이 生扶하니 衣食은 부족함이 없었으나 丁亥에 이르러 生木克金하므로 그 스승이 죽고 하는 일이 쇠퇴하였으며 여자와 도박으로 모두 탕진하고 죽었다.

이후제

무릇 천간은 지지에 실려야 하고 지지는 천간이 덮어줘야 하는데 이 명조는 천간이 지지에 실리지 못하고 신약재왕하며 천간과 지지가 상극하므로 흉하다.

地全三物 不可使天道莫之容.

지지가 온전하게 삼물이면 천간이 받아들이지 않으면 안 된다.

地全三物者 支得寅卯辰巳午未申酉戌亥子丑之方是也. 如寅卯辰日主是木 要天干火多 日主是火 要天干金旺 日主是金 要天干土重. 大凡支全三物 其勢旺盛 如旺神在提綱 天干必須順其氣勢 洩之可也 如旺神在別支 天干制之有力 制之可也.

지전삼물이란 지지에 寅卯辰 巳午未 申酉戌 亥子丑의 방합을 만나는 것이다. 가령 寅卯辰이고 일주가 木이면 천간에 火가 많은 것을 요하고 일주가 火면 천간에 金이 왕한 것을 요하며 일주가 金이면 천간에 土가 많은 것을 요한다. 무릇 지전삼물은 그 세력이 왕성하므로 만약 왕신이 제강이면 천간이 반드시 그 기세를 따라 설기해야 하고 만약 왕신이 다른 지지에 있고 천간의 억제가 유력하면 억제해도 된다.

何以旺神在提綱只宜洩而不宜制. 夫旺神在提綱者 必制神之絶地 如强制之不得其性 反激而肆逞矣. 旺神者 木方提綱得寅卯是也. 制神者 庚辛金也 寅卯乃庚辛之絶地也. 如辰在提綱 四柱干支又有庚辛之助 方可制矣. 所謂循其氣勢 調劑得宜 斯爲全美. 木方如此 餘可例推.

왜 왕신이 제강에 있으면 오직 洩해야 마땅하고 억제하면 마땅하지 않은가. 무릇 왕신이 제강에 있으면 반드시 억제하는 神은 절지에 있으므로 만약 억지로 억제하면 그 성질을 억제할 수 없고 도리어 자극하여 방자해지기 때문이다.

왕신이란 木이 방합이고 제강이 寅卯를 만난 것이며 制神이란 庚辛金인데 寅卯가 庚辛의 절지가 되는 것이다. 만약 辰이 제강이고 사주간지에 또 庚辛의 도움이 있으면 억제해도 된다. 이른바 그 기세에 따라 적절하게 조절하여 마땅함을 얻으면 이것이 완전한 아름다움이다. 木의 방합이 이와 같으니 나머지도 이와 같이 추리해라.

辛庚甲丙　己戊丁丙乙甲癸壬
卯寅辰寅　丑子亥戌酉申未午

寅卯辰 동방이고 寅時이니 극왕하다. 年月의 兩金이 절지에 있고 旺神이 제강에 있으니 휴수된 金이 극하기 어려운데 丙火가 是에 또 투출하여 木火가 同心으로 강한 무리에 대적하는 세력이 적으므로 세력이 적은 庚辛을 제거해야 하는 형세다.

일찍 土運으로 흘러 生金하니 고생했는데 서울로 가서 판사부에 들어가 丙戌運에 이르러 광동에서 분발하여 軍에 공을 세워 지현벼슬에 올랐다. 기쁘게도 庚辛을 극해서 없애는 아름다움인데 酉運에 이르러 庚辛이 득지하므로 사망하고 말았다.

이후제

寅月 甲木이 건록으로 신왕하고 지지가 寅卯辰東方으로 旺木인데 絶地의 無根한 金으로 斫木하는 것은 木强金缺이므로 쓰지 않고 火를 써서 설기하는 것이 세력을 거스르지 않으므로 上策이 된다. 또한 春木은 火가 寒氣를 제거하고 온국하는 尊神이다.

酉運은 旺木을 沖動하고 用神이 死하므로 凶하다.

庚庚甲丁　辛壬癸甲乙丙丁戊
寅辰寅卯　巳午未申酉戌亥子

이것은 寅卯辰 동방인데 旺神이 제강이 아니고 辰土가 울타리에 속하므로 庚金이 실렸으니 木을 극할 수 있는 역량이 있다. 丁火가 비록 투간하였으나 庚金의 敵이 아니므로 殺을 쓰는 것이 분명하다. 甲申運에 이르러 庚金이 록왕이 되어 寅木을 冲하니 과거에 급제하고 벼슬이 군수에 이르렀으나 丙運에 이르러 제살하므로 벼슬에서 내려와 고향으로 돌아갔다.

이후제

寅月의 甲木은 木氣가 여리고 寒氣가 未盡하여 金을 쓰지 않고 火를 쓰나 辰月은 木氣가 단단하고 五陽이 進氣하므로 金을 쓸 수 있다. 또한 지지가 비록 寅卯辰 東方을 이루어 木氣가 더욱 왕성해지나 辰月이므로 合化하지 않고 戊土가 司令하니 金을 써서 斫木할 수 있다. 따라서 庚金이 용신이고 丁火는 庚金을 련금하며 온국하는 길신이다. 그러나 丙戌運을 만나니 月柱를 天冲地冲하며 庚金을 破克하므로 불길하다.

陽乘陽位陽氣昌 最要行程安頓.

양이 양의 자리를 타고 양기가 번창하면 행운이 안돈되는 것이 가장 필요하다.

子寅辰午申戌爲陽支 須分陽寒陽暖而論也 西北爲寒 東南爲暖. 如若申子戌全 爲西北之陽寒 最要行運卯巳未東南之陰暖是也. 如寅辰午全 爲東南之陽暖 最要行運酉亥丑西北之陰寒是也.

子寅辰午申戌이 陽支인데 모름지기 陽暖陽寒으로 나누어 논해야 하는데 서북은 차고 동남은 따뜻하다.

가령 申子戌은 모두 서북의 陽寒이니 행운이 卯巳未 동남의 陰暖으로 흐르는 것이 가장 필요하고 寅辰午는 모두 동남으로 陽暖이니 행운이 酉亥丑 서북의 陰寒으로 흐르는 것이 가장 필요하다.

此擧大局而論 若遇日主之用神喜神 或木或火或土是東南之陽暖. 歲運亦宜配西北之陰水陰木陰火 方能生助喜神用神而歡如酬醉. 若歲運遇西北之陽水陽木陽火 則爲孤陽不生 縱使生助喜神 亦難切當 不過平坦而免崎嶇也. 陽暖

之局如此 陽寒之局亦如此論. 所謂陽盛光昌剛健之勢 須配以陰盛包含柔順之地是也. 若不深心研究 孰能探其精微而得其要訣乎.

이것은 전반적인 형세를 들어 논한 것인데 만약 일주의 용신과 희신이 木이나 火나 土면 이것이 동남의 陽暖이다. 세운은 역시 서북의 陰水 陰木 陰火를 만나야 마땅하고 비로소 희신과 용신을 생조할 수 있으며 반갑게 응대하는 것과 같다.

만약 세운을 서북의 陽水 陽木 陽火를 만나면 陽은 홀로 생할 수 없고 설령 희신을 생조하더라도 역시 사리에 들어맞는다고 하기는 어려우며 험난함을 면한 평탄함에 불과하다.

陽暖의 局이 이와 같으니 陽寒의 局 역시 이와 같이 논한다.

이른바 陽은 기운이 왕성하고 강건한 세력이므로 반드시 유순함을 머금은 陰이 왕성한 운을 만나야 한다.

만약 마음 깊이 연구하지 않으면 어찌 깊고 오묘한 비밀을 찾을 수 있으며 그 요결을 얻을 수 있겠는가.

癸丙丙庚　乙甲癸壬辛庚己戊
巳辰午寅　卯寅丑子亥戌酉申

이것은 동남의 따뜻한 陽이고 천간이 金水가 無根한 것 같으나 月支의 辰土가 火를 설하고 水를 저장하며 生金하여 기쁘다.

뿔에 걸린 庚金이 生을 만나니 庚金을 쓸 수 있고 癸水는 庚金의 희신이다.

初運 甲寅乙卯는 金이 絶하고 火를 生하며 水를 설하니 외롭고 고생스러움을 견디기 어려웠으나 癸丑북방의 음습한 運에 이르러 金水가 통근하고 巳丑이 金을 껴안아 더욱 좋으니 밖으로 나가는 좋은 인연을 만나 갑자기 수십억을 벌었는데 陽暖함이 차가움을 만난 배합의 아름다움이다.

이후제

丙火가 신왕하므로 癸水정관으로 용신을 삼고 庚金으로 희신을 삼는데 辰土가 水庫로써 火氣를 洩하여 生金하는 要點이 된다. 그러므로 辰土를 破하는 戌運이 大凶하고 할 수 있다.

戊乙丙庚　丙丁戊己庚辛壬癸
寅丑寅寅　寅卯辰巳午未申酉

丙寅일주가 비록 三寅을 만났으나 丑土가 승권하여 아주 기쁘고 재성의 庫가 되니 만약 運이 西北土金으로 흘렀으면 재물이 반드시 전조보다 우월하나 애석하게도 東南木火地로 흘러 물려받은 가업은 망해 없어지고 여러 곳을 바쁘게 돌아다녔으나 좋은 인연을 만나지 못하였다. 겁재가 局을 이루는 午運에 이르러 광동에서 죽었는데 한 가지도 이룬 게 없으니 運이 아니었다.

이후제

丑月 丙火가 火土상관으로 신약하고 嚴冬이나 年日時支의 寅木이 생하여 도리어 신왕하고 상관생재로 格을 이룬다. 다만 인성이 과다하여 病이 되니 재성인 庚金이 용신이 되고 土金運을 원한다.

陰乘陰位陰氣盛 還須道路光亨.

음이 음의 자리를 타고 음기가 왕성하면 반드시 운이 밝게 빛나는 곳으로 가는 것이 가장 필요하다.

丑卯巳未酉亥爲陰支 須分陰寒陰暖而論. 承上文西北爲寒 東南爲暖. 假如亥酉丑全 爲西北之陰寒 最要行運遇東南寅辰午之陽暖是也. 如卯巳未全 爲東南之陰暖 最要行運遇申戌子西北之陽寒是也.

丑卯巳未酉亥는 陰支인데 모름지기 陰寒과 陰暖으로 나누어 논해야 한다. 윗

글을 받아 서북은 차고 동남은 따뜻하다.
가령 亥酉丑은 모두 서북의 陰寒이니 행운이 동남인 寅辰午의 陽暖을 만나는 것이 가장 필요하고 가령 卯巳未는 모두 동남의 陰暖이므로 서북의 陽寒인 申戌子의 운을 만나는 것이 가장 필요하다.

此擧大局而論 若日主之用神喜神 或金或水或土 是西北之陰寒 歲運亦宜配東南之陽金陽火陽土 方能助用神喜神而福力彌强. 若歲運遇東南之陰金陰火陰土 則爲純陰不育 難獲厚福 不過和平而無災咎也. 陰寒之局如此論 陰暖之局亦如此論. 所謂陰順包含柔順之氣 須配以陽順光昌剛健之地者是也.
이것은 전체적인 형세를 들어 논한 것인데 만약 일주의 용신이나 희신이 金이나 水나 土면 서북의 陰寒이므로 세운은 동남의 陽金 陽火 陽土를 만나야 마땅하고 비로소 용신이나 희신을 도울 수 있으며 복을 누리는 힘이 한층 더 강하다. 만약 세운을 동남의 陰金 陰火 陰土를 만나면 純陰이 되어 生育할 수 없으므로 두터운 복을 누리기 어렵고 재앙과 허물은 아니나 화평에 불과하다. 陰寒의 형세를 이와 같이 논하니 陰暖의 형세도 또한 이와 같이 논한다. 소위 陰은 순하고 유순한 氣에 싸여 있으므로 모름지기 강건한 陽으로 운이 흘러야 한다.

丙己乙壬　庚辛壬癸甲乙丙丁
子亥酉午　子丑寅卯辰巳午未
이것은 서북의 陰寒인 酉亥子를 모두 갖추어 寒木이 더욱 햇빛을 만나야 마땅하므로 丙火가 용신인데 壬水가 丙이다. 그러나 壬水가 멀리 떨어져 있고 일주와 가까이 붙어있어 일주는 본래 쇠약하여 生을 기뻐하고 또 己土가 투간하여 버팀목이 될 수 있으며 게다가 천간에 水木火土로 각각 오행이 나누어 상생하여 有情하니 기쁘다. 地支의 午火는 칠살을 거세게 억제하고 년월의

火土가 祿旺으로 통근하며 行運이 동남의 陽暖으로 흐르니 더욱 기쁘다. 사주가 유정할 뿐만 아니라 行運이 순조로우니 일찍이 과거에 급제하고 벼슬이 봉강에 이르렀는데 모두 음양배합의 아름다움이다.

이후제

亥子水를 酉金이 生하고 壬水가 투간하니 寒水가 왕하여 病이다. 인성이 病이니 응당 재성인 己土가 용신이 되고 온국하며 生土하는 丙火가 희신이 되고 午火는 己土와 丙火의 통근처로 要點이 된다.

己丙乙壬　乙甲癸壬辛庚己戊
亥子丑午　亥戌酉申未午巳辰

이것은 전조와 오직 酉한자만 바뀌었을 뿐이다. 속론으로 치면 酉가 丑으로 바뀌어 더욱 아름답다고 하는데 酉는 나를 극하는 칠살이고 丑은 내가 극하여 상하게 하는 財이며 또 水를 제지할 수 있으니 어찌 妙하지 않겠는가. 그러나 丑은 습토로 火를 설하고 水를 제지할 수 없음을 모르는 것이다. 酉는 비록 칠살이나 午火가 강력하게 극하며 火를 설하는 原神이 아니다.

앞의 명조는 丙火가 년에 있고 壬水가 멀리 떨어져 있으며 또한 己土가 막고 있으나 이것은 丙火가 월에 있어 壬水와 가깝고 己土가 힘이 될 수 없으며 子水 또한 가까이에서 午火를 상충하여 핍박하고 게다가 運이 서북의 陰寒으로 흐른다. 丙火를 돕는 것이 하나도 없으니 乙木이 어찌 발생할 수 있겠는가. 十干의 体象을 말할 때 허습한 곳에 있으면 말을 타고 있어도 근심이라고 한 말은 틀린 말이 아니다. 까닭에 書齋에 뜻을 꺾고 씻은 듯이 가난하였으며 처를 극하고 자식이 없었다. 壬申運에 이르러 丙火를 극하므로 사망하였는데 이른바 陰乘陰位에 陰氣가 盛한 것이다.

이후제

이 명조는 지지가 亥子丑北方을 이루고 壬水가 투간하니 己土가 制水하는 용신이고 丙火가 生土하며 온국하는 희신이다. 그러나 寒水가 범람하여 己土는 쓸려나가고 丙火는 壬水에 破克되며 己土와 丙火의 보루인 午火마저 횡류에 破損되고 運마저 金水로 흐르니 성공이 막연하다.

地生天者 天衰怕冲.

지지가 천간을 생하는 것은 천간이 쇠약하면 충을 두려워한다.

地生天者 如甲子丙寅丁卯己巳戊午壬申癸酉乙亥庚辰辛丑是也. 日主生於不得令之月 柱中又少幇扶 用其身印 冲則根拔 生機絶矣. 爲禍最重. 若日主得時當令 或年時皆逢祿旺 或天干比劫重疊 或官星衰弱 反忌印綬之洩 則不怕冲破矣. 總之看日主之氣勢 旺相者喜冲 休囚者怕冲. 雖以日主而論 歲運冲亦然.

지지가 천간을 생하는 것은 甲子 丙寅 丁卯 己巳 戊午 壬申 癸酉 乙亥 庚辰 辛丑이다. 일주가 득령하지 못한 월에 생하고 주중에 또 돕는 것이 적으면 그 일주의 인수를 쓰는데 충하면 뿌리가 뽑혀 생기가 단절되므로 禍가 매우 중하게 된다.

만약 일주가 득시하고 당령하였거나 혹은 年時가 모두 록왕이거나 혹은 천간에 비겁이 중첩되었거나 혹은 관성이 쇠약하면 도리어 인수의 설기를 꺼리므로 충파를 두려워하지 않는다. 한마디로 일주의 기세를 봐서 왕상하면 충을 기뻐하고 휴수되었으면 충을 두려워한다. 비록 일주로 논하나 세운의 충도 역시 그렇다.

甲戊丙丙　己庚辛壬癸甲乙丙
寅辰寅申　巳午未申酉戌亥子

좌하에 인수가 있고 계춘에 생하여 인수의 氣가 넉넉한데 또 년에 甲寅을 만나니 태과하다. 土가 비록 당령하였으나 木이 더욱 견고한데 寅申이 冲을 만나 기쁘고 재성이 용신이 된다.

다만 비겁이 蓋頭되어 불만이고 冲이 되어 無力하다. 早年에 運이 南方으로 흐르니 시작하는 일마다 실패하였으나 壬申, 癸酉 이십년에 이르러 寅木을 冲하는 것을 돕고 비겁을 극하여 제거하니 사업을 창업하고 가정을 일으켰다. 이것을 印을 버리고 財를 取한다고 말한다.

壬甲丙丙　乙丙丁戊己庚辛壬
申辰寅申　巳午未申酉戌亥子

이것은 좌하에 인수가 있고 또한 계춘이니 인수가 남음이 없다고 할 수 없다. 년간의 壬水칠살은 인성을 생하여 유정하니 겁날 것이 없는데 불만인 것은 兩申이 寅을 冲하여 木의 뿌리가 뽑히는 것이나 다시 壬水가 金을 洩하여 生木하므로 기쁘다.

運이 丙午로 흘러 겁재가 申財를 제거하므로 공부도 하고 양식도 넉넉해졌으며 등과도 하였다. 丁未運에는 壬水를 合去하여 과거에 세 번이나 낙방하였고 戊申運에 壬水를 제거하며 寅木을 三申이 冲하니 길에서 사망하였다. 이 명조는 壬水가 甲木의 元神이므로 절대로 손상되는 것은 불가하다. 壬水가 손상되면 甲木이 반드시 외롭게 되므로 하나의 殺이 印을 쓰는 者는 制殺을 매우 꺼린다.

天合地者 地旺宜靜.

천간과 지지가 합인 것은 지지가 왕하고 고요해야 마땅하다.

十干之合 乃陰陽相配者也. 五陽合五陰爲財 五陰合五陽爲官. 所以必合. 尙有陰旺不從陽 陽旺不從陰 雖合不化. 有爭合妒合分合之別. 若露干合支中暗干

則隨局無所不合 無所不分爭妒忌矣. 要知天合地三字須活看輕看 重在地旺宜靜四字. 夫地旺者 天必衰也 喜靜者 四支無冲克之物 有生助之神也. 天干衰而無助 地支旺而有生 天干必懷忻合之意.

십간의 합은 음양이 서로 짝이 되는 것이다. 五陽은 재성이 되는 五陰과 합하고 五陰은 관성이 되는 五陽과 합한다. 까닭에 반드시 합하는 것이다. 오히려 陰이 왕하면 陽을 따르지 않고 陽이 왕해도 陰을 따르지 않으므로 비록 합하나 化하지 않는다.

쟁합과 투합이 있으니 합을 나누어 구별해야 한다.

만약 드러난 천간과 지장간이 합하는 것은 局에 따라서 합하지 않는 바가 없고 쟁합과 투합을 나누지 않아도 꺼릴게 없다.

요컨대 천간과 지지가 합하는 것은 마땅히 융통성 있게 보고 가볍게 보는 것을 알아야 하며 중요한 것은 지지가 왕하고 고요해야 마땅하다는데 있다. 무릇 지지가 왕하면 천간이 반드시 쇠하니 고요한 것을 기뻐하므로 四支에 충극이 없어야 하며 생조하는 神이 있어야 한다. 천간이 쇠한데 도움이 없고 지지가 왕한데 생함이 있으면 천간은 반드시 합을 기쁘게 여긴다.

若得地支元神透出 緣上天下地升降有情 此合似從之意也. 合財似從財 合官似從官 非十干合化之理也. 所以靜則居安 尙堪保守 動則履危 難以支持. 然可言合者 只有戊子辛巳丁亥壬午四日耳. 若甲午日則午必先丁而後己 己土豈能專權而合甲. 己亥日 亥必先壬而後甲 甲豈能出而合己. 癸巳日 巳必先丙而後戊 戊豈能越佔而合癸. 此三日不論. 至於十干應合而化 則爲化格 另有作用 解在化格節.

만약 지지의 원신이 투출하였으면 위로는 천간과 아래로는 지지에 오르고 내리는 정이 있어 이 합은 從하는 것과 같다.

財를 합하면 종재와 같고 官을 합하면 종관과 같은데 십간이 合化하는 이치가 아니다. 고요하면 편안하므로 오히려 보존하여 지킬 수 있고 動하면 위태로워 지탱하기가 어려운 까닭이다.

그러나 합이라고 말할 수 있는 것은 단지 戊子 辛巳 丁亥 壬午日 네 개 뿐이다. 만약 甲午日이면 午는 반드시 丁이 먼저고 己가 뒤이니 己土가 어찌 甲과 합할 권한이 있겠는가. 己亥日이면 亥는 반드시 壬이 먼저이고 뒤에 甲이니 甲이 어찌 己와 합한다고 나설 수 있겠는가. 癸巳日이면 巳는 반드시 丙이 먼저고 후에 戊가 있으니 戊가 어찌 분수를 벗어나 癸와 합할 수 있겠는가. 그러므로 이 三日은 논하지 않는다. 십간이 응당 합하여 化에 이르면 化格이 되고 그밖에 작용하는 것에 대한 풀이는 化格節에 있다.

按露干合支中暗藏 雖不可據爲定論 然其喜忌 亦不可不知. 玆附錄於下. 天元喜地元有祿 甲己喜四季 乙庚喜申酉 丙辛喜亥子 丁壬喜寅卯 戊癸喜巳午.

살펴보면 드러난 천간이 지장간과 합하는 것은 비록 정론이라고 할 수 없으나 또한 그 희기를 모르면 안 된다. 이에 아래에 덧붙여 기록한다. 천간은 지지에 록이 있으면 기뻐하는데 甲己는 辰戌丑未를 기뻐하고 乙庚은 申酉를 기뻐하며 丙辛은 亥子를 기뻐하고 丁壬은 寅卯를 기뻐하며 戊癸는 巳午를 기뻐한다.

地元喜天元有合. 子丑喜戊(子丑支藏癸合戊) 寅喜己(寅支藏甲合己) 卯辰喜庚(卯辰支藏乙合庚) 巳喜辛癸(巳支藏丙戊合辛癸) 午未喜甲壬(午未支藏丁己合甲壬) 申喜乙(申支藏庚合乙) 酉戌喜丙(酉戌支藏辛合丙) 亥喜丁(亥支藏壬合丁).

지지는 합이 되는 천간을 기뻐한다.

子丑은 戊를 기뻐하고(子丑의 지장간 癸가 戊를 합하므로)

寅은 己를 기뻐하며(寅中甲과 己가 합하므로)

卯辰은 庚을 기뻐하고(卯辰의 지장간 乙과 庚이 합하므로)
巳는 辛癸를 기뻐하며(巳中丙戊가 辛癸와 합하므로)
午未는 甲壬을 기뻐하고(午未의 지장간 丁己와 甲壬이 합하므로)
申은 乙을 기뻐하며(申中庚과 乙이 합하므로)
酉戌은 丙을 기뻐하고(酉戌의 지장간 申이 丙과 합하므로)
亥는 丁을 기뻐한다(亥中壬이 丁과 합하기 때문이다).

地元忌天元相克. 子丑怕己 寅怕庚 卯辰怕辛 巳怕甲壬 午未怕乙癸 申怕丙 酉戌怕丁 亥怕戊.

지지는 상극하는 천간을 꺼린다.
子丑은 己를 무서워하고(子丑中癸를 己가 극하므로)
寅은 庚을 두려워하며(寅中甲을 庚이 극하므로)
卯辰은 辛을 두려워하고(卯辰中乙을 辛이 극하므로)
巳는 甲壬을 두려워하며(巳中丙을 壬이 극하고 戊를 甲이 극하므로)
午未는 乙癸를 두려워하고(午中丁을 癸가 극하고 未中己를 乙이 극하므로)
申은 丙을 두려워하며(申中庚을 丙이 극하므로)
酉戌은 丁을 두려워하고(酉戌中辛을 丁이 극하므로)
亥는 戊를 두려워한다(亥中壬을 戊가 극하기 때문이다).

五行眞氣往來 如辛亥得丁巳 巳中藏丙合辛 亥中藏壬合丁. 又如丁巳得癸亥 巳中戊合癸 亥中壬合丁. 是爲眞氣往來. 丙申與乙酉 戊午與壬子 丁巳與辛亥 庚寅與己卯. 均可類推. 若四柱眞氣交互 爲大貴之格 卽日時交互 亦爲貴氣所聚也. 凡命下生上曰助氣 主一生自亨其福 上生下曰盜氣 主一生依人作嫁. 上克下曰順 主有威權 下剋上曰逆 主多沈滯 死絶尤緊. 生旺愈慢.

오행의 眞氣가 왕래하는 것이 있는데 가령 辛亥가 丁巳를 만나면 巳中丙이

辛과 합하고 亥中壬이 丁과 합한다. 또 가령 丁巳가 癸亥를 만나면 巳中戊가 癸와 합하고 亥中壬이 丁과 합하는데 이것이 진기왕래가 된다. 丙申과 乙酉 戊午와 壬子 丁巳와 辛亥 庚寅과 己卯도 모두 유사하게 추리할 수 있다.
만약 사주에 진기가 교차하면 아주 귀한 격인데 일시가 교호하면 역시 귀한 기운이 모인 것이다.
무릇 지지가 천간을 생하면 助氣라 하며 일생동안 그 복을 누리게 되고 천간이 지지를 생하면 盜氣라 하며 일생동안 남을 의지하여 일하게 된다.
천간이 지지를 극하면 順이라 하고 권위가 있으며 지지가 천간을 극하면 逆이라 하고 침체되는 일이 많으며 지위가 오르지 못한다.
사절이면 더욱 심하고 생왕이면 더더욱 느리다.

己辛壬乙　　庚己戊丁丙乙甲
巳未午巳　　午巳辰卯寅丑子

지지가 남방으로 승권하고 병령하여 지지가 극왕하다. 火炎土燥하므로 金이 여리고 단단하지 않아 水를 생하기 어려워 천간이 극히 쇠약하다. 그러므로 일간의 情이 辛金에 있지 않고 그 의향이 반드시 午中丁火가 합하여 從하는데 있다. 己巳, 戊辰運은 金을 생하고 火를 설하므로 고생하고 丁卯, 丙寅運에 木火가 병왕하니 辛金을 극하여 없애므로 사업을 경영하여 큰돈을 벌었다.

이후제

壬水가 未月에 생하여 休囚가 극에 이르고 지지가 巳午未 南方으로 財가 왕하여 신약이나 壬水가 未에 進氣이고 己土가 火氣를 洩하여 辛金을 생하니 辛金이 용신이다. 이 명조는 火氣를 洩하여 生金하는 己土에 정신이 있다.

己丙丁庚　　乙甲癸壬辛庚己戊
丑子亥子　　亥戌酉申未午巳辰

이 명조는 지지가 북방으로 극왕하고 천간의 火가 허한데 生扶하는 木이 없고 또 습토가 火를 어둡게 하므로 천간이 극히 쇠약하다. 사람들이 모두 살중신경으로 논하여 제살방신하는 火土運을 취하는데 지지에 관성이 승왕하고 또 官이 方으로 모였으며 천간에 인성이 없고 己土가 丙丁의 氣를 설하므로 천지가 합하여 從官이 되는 것을 모르는 것이다. 甲戌運에 生火克水하므로 모진 고생을 하고 가업도 이미 다 없어졌고 壬申,癸酉運에 丙火를 극하고 재관을 도와 일으키니 많은 재물을 벌었으나 未運 丙子年에 화재를 만나 절반을 잃었다.

사람들이 모두 火土의 방신을 취하여 午未運이 아름답다고 하나 비겁이 탈재하여 도리어 대흉함을 모르는 것이다. 戊寅年에 金이 絶하고 火가 생이며 또 亥水를 합거하므로 季夏에 죽었다.

이후제

지지가 북방으로 비록 寒水가 범람하나 천간에 水가 투간하지 않고 庚金은 丙火가 극하여 다행이다. 미약하나 丑에 통근한 己土가 制水하는 용신이고 丙火가 生土하고 온국하는 희신이다. 火土運을 원한다.

甲申戊寅 眞爲殺印相生 癸丑庚寅 也坐兩神興旺.

甲申과 戊寅은 참된 살인상생이고 癸丑과 庚寅은 좌하의 殺과 印이 흥왕하다.

兩神者 殺印也. 支坐殺印 非止此四日 如乙丑辛未壬戌之類 亦是兩神 不過將此數日爲題. 用殺則扶之 不用則抑之. 須觀四柱氣勢 日主衰旺之別. 如身强殺淺 則以財星滋殺 身殺兩停 則以食神制殺 殺强身弱 則以印綬化殺. 論局中殺重身輕者 非貧卽夭 制殺太過者 雖學無成. 論行運 殺旺復行殺地者 立見凶災 制殺再行制鄕者 必遭窮乏. 書云格格推詳 以殺爲重 又云有殺只論殺 無殺方論用 殺其可忽好.

兩神은 殺과 印이다. 좌하에 殺印이 있는 것이 이 四日만은 아니고 乙丑 辛未 壬戌 등도 역시 殺印이 있으나 이 며칠만을 언급한 것에 불과하다. 殺을 쓰면 殺을 도와야 하고 쓰지 않으면 억제해야 한다. 모름지기 사주의 기세를 보고 일주의 왕쇠를 구별해야 한다.

만일 신강살천이면 재성으로 殺을 도와야 하고 신살양정이면 식신으로 制殺해야 하며 살강신약이면 인성으로 化殺해야 한다.

局중에 살중신경한 자는 가난하지 않으면 요사하고 제살태과한 자는 비록 배워도 이룰 수가 없는 것으로 논한다. 行運을 논하면 殺旺한 자가 다시 殺地로 가면 곧 흉한 재난을 만나게 되고 制殺된 자가 다시 制殺地로 가면 반드시 궁핍하게 된다.

書에 格을 논하고 格을 자세히 살피는 것은 殺로서 重함을 삼고 또 殺이 있으면 오직 殺을 논하고 殺이 없으면 비로소 용신을 논한다고 했으니 어찌 殺을 소홀이 하겠는가.

壬己甲甲　庚辛壬癸甲乙丙丁
午酉申子　戌亥子丑寅卯辰巳

甲申일주가 八月에 생하여 관살이 당권하였는데 午火가 절박하게 酉金을 억제하고 子水가 申金을 化하여 기쁘다.

소위 去官留殺이고 살인상생인데 木은 시들고 金이 왕성하니 인성이 용신이다. 과거에 급제하여 관찰사가 되었다.

이후제

金旺節 甲木이니 先丙後癸하여 旺金을 억제하며 온국하는 火를 取用하고 旺金을 洩하여 生身하는 水도 길신이다. 그러나 申子가 合水하고 壬水가 투간하니 水勢가 태왕하여 불만이며 己土는 午火에 有根하여 木根을 배양하고 水勢를 막아주는 功이 있고 時上의 甲木은 허로한 일주를 도우며 旺水를 나

누어 흡수해주는 功이 있다. 무릇 秋木은 水勢가 왕성함을 꺼리므로 더 이상의 水運은 불길하고 火를 기뻐하는데 火가 있어야 결실을 맺을 수 있기 때문이다.
따라서 午火가 보물같은 존재이므로 木火運이 기쁘다.

壬己甲甲　庚辛壬癸甲乙丙丁
辰酉申子　戊亥子丑寅卯辰巳

이것은 전조와 오직 辰字만 바뀌었는데 속론으로 하면 전조는 制官留殺이고 이것은 合官留殺이니 공명과 벼슬길의 높고 낮음이 없다고 하지만 천연지간의 차이가 있음을 모르는 것이다. 무릇 억제하는 것은 극하여 없애는 것이고 합하는 것은 없애는 것이 있고 없애지 못하는 것이 있다.
가령 辰土가 化金으로 殺이 되어 없어지는데 酉金이 官이므로 化金하여 殺이 무리를 짓는 것이다. 이로 인하여 淸중에 濁함을 띠게 되고 또 財가 病이 되니 공명에 실패하고 갖은 고생을 말하기 어려웠다. 단지 亥運에 生을 만나 말직을 하나 잡을 수 있었고 壬子대운에 만약 木運을 만났다면 가을 과거시험에 합격할 것이나 癸丑대운은 子인성을 합거하므로 길이 막히니 흉은 있고 길함이 없다. 甲寅運에 申에 충파를 당하니 죽고 말았다.

이후제

秋木이 金水가 태왕하고 火가 없어 寒士에 불과한데 행운에서도 火를 만나지 못하여 發身하기 어렵고 甲寅運은 일간의 氣가 막히고 流行하지 못하여 불길하다.

上下貴乎情和.

천간과 지지가 중요하게 여기는 것은 정이 화합하는 것이다.

上下情和者 互相衛護 干支不反背者也. 如官衰傷旺 財星得局 官旺財多 比劫得局 殺重用印忌財者 財臨劫地 身强殺淺喜財者 財坐食鄕 財輕劫重 有官而官星制劫 無官而食傷化劫 皆謂有情. 如官衰遇傷 財星不現 官旺無印 財星得局 殺重用印忌財者 財坐食位 身旺殺輕喜財者 財坐劫地 財輕劫重 無食傷而官失令 有食傷而印當權. 皆爲不和.

상하의 情이 화합한다는 것은 서로 지키고 보호하며 간지가 배반하지 않는 것이다. 가령 관성이 쇠하고 상관이 왕한데 재성이 局을 이루었거나 관성이 왕하고 재성이 많은데 비겁이 局을 이루었으며 殺이 重하여 인성을 쓰므로 재성을 꺼리는데 財가 겁재지에 있고 신강살천하여 財를 기뻐하는데 財가 식신지에 있으며 財가 가볍고 겁재가 重할 때 官이 있고 관성이 겁재를 억제하거나 官이 없고 식상이 겁재를 化하는 것은 모두 유정하다고 말한다.

가령 官이 쇠약하고 상관을 만났는데 재성이 없거나, 관왕한데 인성이 없고 재성이 局을 이루었거나, 殺이 重하여 인성을 쓰므로 財를 꺼리는데 財가 식신에 앉았거나, 신강살경하여 財를 기뻐하는데 財가 겁재에 앉았거나, 財는 가볍고 겁재가 重한데 식상이 없고 官이 실령하였거나, 식상은 있는데 인성이 당권하였으면 모두 화합하지 못한 것이다.

己癸丙庚　壬辛庚己戊丁丙乙
巳酉寅寅　申未午巳辰卯寅丑

일주가 兩장생에 앉고 年支에 또 록왕을 만나니 官을 쓰기에 족하나 癸水관성이 바싹 붙은 己土에 해침을 당하는데 官이 財地에 있어 기쁘고 더욱 묘한 것은 巳酉가 金을 껴안아 己土가 이미 설기되고 관성의 뿌리가 견고한 것이다. 까닭에 일생 흉하고 험함을 당하지 않았으며 名利가 모두 온전하였다.

이후제

酉月 丙火는 死地로 석양에 지는 노을이니 氣弱하고 일간의 祿인 巳火는 巳

酉合金하여 도리어 金氣가 강해지며 일간의 장생인 寅木은 秋木이니 休囚로 氣弱하고 게다가 투간한 庚金의 극을 받아 生身하는 힘이 부족하다. 따라서 신약이므로 寅木을 用하고 木火運을 원한다. 또한 癸水정관이 己土상관에게 상관견관되었으나 신약하므로 해롭지 않다.

癸癸丙甲　　壬辛庚己戊丁丙乙
亥亥辰午　　戌酉申未午巳辰卯

이 명조는 관살이 승왕하여 두려우나 午時를 만나 制殺하는 식신을 생하고 時干에 甲이 투출하여 洩水生火하니 기쁘다. 旺한 殺이 절반은 인성으로 化하고 衰木이 兩장생을 만나니 木根이 더욱 더 견고해지므로 上下의 氣가 화합하는 것이 거짓이 아니다. 자수성가하여 많은 재물을 모았다.

甲庚乙丙　　辛壬癸甲乙丙丁戊
寅午卯子　　未申酉戌亥子丑寅

專祿일주를 時支 子水가 생하고 年干의 甲木이 록왕에 앉으니 庚金을 취용하나 火가 旺하고 土가 없으며 火地에 앉았으므로 丙火를 취용하는데 子가 午火를 冲去하므로 설령 火를 취용하더라도 편안하고 안정된 運이 없으므로 한번 패하니 재와 같았고 乙亥運에 이르러 水木이 함께 오니 마침내 거지가 되었다.

이후제

午月 乙木이 신약하고 丙火가 투간하여 조열하다. 甲寅年을 만나고 卯祿에 앉으니 弱而反旺이나 조열함이 病이니 子水를 써서 해열하고 庚金이 生水하는 희신이 된다. 그러나 金水가 無力하여 불만이고 金水運을 원한다.

乙己乙壬　　戊丁丙乙甲癸壬辛

丑卯亥午　寅丑子亥戌酉申未

己土財가 丑에 통근하고 午에 득록하여 身財가 함께 旺한 것 같으나 己土財는 비견에 겁탈되어 없어지고 丑土財는 卯木에 극을 당하여 파손된 것을 모르는 것이다. 午火식신은 亥水가 극하고 壬水가 蓋頭되어 따르거나 化함이 없으니 소위 上下가 無情한 것이다.

초년에 戊寅, 丁丑運에 재성이 生助를 만나니 유산이 꽤 풍족했으나 丙子運에 이르러 午火가 충거되니 패하여 모두 없어졌다.

乙亥運에 妻子를 모두 팔아먹고 삭발하고 중이 되었으나 또한 계율을 지키지 않아 굶어서 얼어 죽고 말았다.

이 양 명조를 합쳐서 보면 上下가 情和하고 不和한 것이 부귀빈천에 큰 차이가 있음을 징험하는 것이다.

이후제

卯月 乙木이 건록으로 신왕인데 다시 壬亥水가 생하고 乙比가 도와 신왕이 지나치다. 春木이니 火로써 洩하고 溫局하는 용신을 삼는다. 그러나 火가 투간하지 못하고 미약하여 불만이다.

左右貴乎氣協.

좌우는 氣가 협력하는 것이 소중하다.

左右氣協者 制化得宜 左右生扶 不雜亂者也. 如殺旺身弱 有陽刃合之 或印綬化之 身旺殺弱 有財星生之 或官星助之 身殺兩旺 有食神制之 或傷官敵之. 此爲氣協.

좌우의 氣가 협력하는 것은 制化가 마땅함을 얻은 것이고 좌우가 生扶하며 어지럽게 혼잡되지 않은 것이다. 가령 신약살왕한데 양인이 살을 합하거나 혹은 인성이 化殺하는 것이고 신왕살약한데 재성이 殺을 생하거나 혹은 관성이 살을 도우며 신왕살왕한데 식신이 殺을 억제하거나 혹은 상관이 살에 대적하는 것이다. 이것이 氣가 협력하는 것이다.

若身弱而殺有財滋 則殺爲累矣 身旺而劫將官合 則官已忘矣. 總之日主所喜之神 必要貼身透露 喜殺而殺與財親 忌殺而殺逢食制 喜印而印居官後 忌印而印讓財先. 喜財而遇食傷 忌財而遭比劫. 日主所喜之神 得閑神相助 不爭不妒. 所忌之神 被閑神制伏 不肆不逞 此謂和協. 宜細究之.

만약 신약한데 殺을 財가 도우면 殺이 부담이 되고 신왕한데 겁재가 官을 합하면 官이 이미 역할을 잊게 된다.

한마디로 일간에게 희신이면 일간과 가까이 나타나는 것이 필요하고 殺이 희신이면 殺이 財와 가까이 있어야 하며 殺이 기신이면 식신의 억제가 있어야 하고 印이 희신이면 印이 관성 뒤에 있어야 하며 印이 기신이면 印이 재성 앞에 있어야 한다. 재성이 희신이면 식상을 만나야 하고 재성이 기신이면 비겁을 만나야 한다.

일주가 기뻐하는 신이면 한신의 상조를 얻어야 하고 다투지 않고 시기하지 않아야 한다. 기신이면 한신에게 제복당하여 방자하게 날뛰지 않아야 하고 이것을 화합하고 협력한다고 말한다. 마땅히 자세하게 연구해야 한다.

壬丙庚庚　丁戊己庚辛壬癸甲
申午午辰　未申酉戌亥子丑寅

丙火칠살이 비록 旺하나 壬水의 뿌리 역시 견고하고 일주는 비견이 도우며 습토가 생하니 身殺兩停이다. 壬水를 써서 制殺하니 천간이 협력하고 辰土가 지지에서 협력하는 것이다. 한편으로 克하고 한편으로 化하니 유정하다고 할 수 있다. 運이 金水地에 이르러 벼슬이 봉강에 이르렀다.

壬丙庚戊　丁戊己庚辛壬癸甲
午午申寅　未申酉戌亥子丑寅

이 명조는 전조와 같이 볼 때 대동소이하다. 게다가 일지가 록왕이며 壬水 역시 긴박하게 制殺한다. 무엇 때문에 전조는 名利를 모두 거두고 이 명조는 평생 동안 피어나지 못했는가.

전조는 壬水가 申의 生地를 만나 제살하는 유리한 형세가 있고 이 명조는 壬水가 午의 絶地에 앉아 殺을 대적하는 힘이 없다.

전조는 時干에서 비겁이 일간을 돕고 또 生水하는데 이 명조는 時上의 편인이 水를 克하고 水를 생하지 못하므로 소위 좌우가 화합하고 협력하지 못하는 것이다.

이후제

식신이 제살하는 것은 전조와 이 명조가 같으나 전조는 辰土가 火氣를 洩하여 生身하고 身旺殺旺하며 식신이 制殺하므로 貴命인데 이 명조는 일간의 의지처인 申金이 寅과 상충하여 손상되니 신약하고 식신이 制殺하므로 일간이 盜氣되어 貴命이 되지 못하는 것이다. 한마디로 신왕살왕에 制殺하면 권위로 貴命이나 신약일때 制殺은 日干이 洩氣되어 貴命이 못된다.

始其所始 終其所終 福壽富貴 永乎無窮.

시작할 곳에서 시작하고 끝날 곳에서 끝나면 복수부귀가 영원히 무궁하다.

始終之理 要干支流通 四柱生化不息之謂也. 必須接續連珠 五行俱足. 卽多缺乏 或有合化之情 互相護衛 純粹可觀. 所喜者逢生得地 所忌者受克無根 閑神不黨忌物 忌物合化爲功 四柱干支一無棄物 縱有傷梟劫刃 亦來輔格助用. 喜用有情 日元得氣 未有不富貴福壽者也.

처음과 끝의 이치는 간지가 흘러 통하는 것이 중요한데 사주의 生化가 쉬지 않는 것을 말한다. 반드시 구슬을 꿰듯 이어지고 오행을 모두 갖추는 것이 필요하다. 만일 결핍된 것이 많거나 合化의 情이 있어서 서로 호위해주면 순수함이 볼만하다.

희신이 생을 만나 得地하고 기신이 극을 받아 無根하며 한신이 기신과 결당하지 않고 기신이 合化하여 功이 되어서 사주간지가 버릴 것이 하나도 없으면 설령 상관 편인 겁재 양인이 있어도 격을 보좌하고 용신을 돕게 된다.

희신과 용신이 有情하고 일주가 得氣하면 부귀복수가 아닐 수 없다.

壬甲丁己　乙丙丁戊己庚辛壬

寅辰亥酉　巳午未申酉戌亥子

年干의 壬水가 시작이 되고 日支의 亥水가 끝이 된다. 官이 印을 생하고 印이 生身하며 식신이 秀氣하여 財를 덮고 官이 財의 생을 만나니 상관이 비록 당령하였으나 인성의 억제가 有情하고 年月이 등지지 않았으며 日時가 투기하지 않으니 처음과 끝을 얻었다.

貴는 극품에 이르고 富는 백만금을 이루었으며 자손은 아름답고 수명은 팔순에 이르렀다.

戊庚癸乙　辛壬癸甲乙丙丁戊

戌申亥卯　酉戌亥子丑寅卯辰

이 명조는 土生金, 金生水, 水生木으로 干支가 함께 흐르니 상생의 도리가 올바르고 쟁합이나 투합의 경향이 없다. 戌에 재성이 庫가 되고 官이 淸하고 印이 바르며 식신이 수기하며 생을 만나니 향방출신으로 황당에 이르렀고 一妻二妾에 자식이 13명이나 되었으며 과거에 연달아 급제하였고 백만금의 부자였으며 수명은 구순을 지났다.

甲丙己辛　丁戊己庚辛壬癸
子寅巳未　卯辰巳午未申酉

이 명조는 천간이 木生火 火生土, 土生金이고 지지는 水生木, 木生火, 火生土, 土生金이며 또한 지지가 천간을 생한다.

지지부터 年支 子水가 寅木을 생하는 것이 처음이 되고 時干의 辛金에 이르러 끝이 된다. 천간 역시 年支 子가 甲木을 생하는 것이 처음이 되고 時干의 辛金에 이르러 끝이 된다. 天地가 함께 흐르니 이른바 처음인 곳에서 시작하고 끝나는 곳에서 마치는 것이 된다. 과거에 급제하고 벼슬이 높았으며 부부가 행복했으며 자손도 번창하여 과거급제가 끊이지 않았고 수명은 구순에 이르렀다.

제2편

2

형상격국 形象格局
체용정신 體用精神
사주총론 四柱總論 (運歲附)

上

形象格局

1. 形象

兩氣合而成象 象不可破也.

두 개의 기가 합하여 象을 이루면 그 象을 깨면 안 된다.

兩氣雙淸 非獨木火二形也. 如土金金水水木木火火土 各半相生五局. 及木土土水水火火金金木 各半相敵五局. 皆是也. 相生要我生 秀氣流行 相剋要我克 日主不傷. 相生必欲平分 無取稍多稍寡 相剋務須均敵 切忌偏重偏輕. 若用金水 則火土不宜夾雜 如取水木 則土金不可交爭. 木火成象者 最怕金水破局 水火得濟者 尤忌土來止水 格旣如此 取運亦倣此而行.

두 개의 氣가 쌍청한 것은 오직 木火의 두 형상만이 아니다.

가령 土金 金水 水木 木火 火土가 각각 절반이 상생하는 5개의 국과 木土 土水 水火 火金 金木이 각각 절반이 서로 대적하는 5개의 국이 있는데 모두 이것이다.

상생하는 것은 내가 생하는 것이 중요한데 수기유행이 되고 상극하는 것은 내가 극하는 것이 중요한데 일주가 傷하지 않기 때문이다.

상생은 반드시 균등하게 나뉘어야 하고 한쪽이 조금 많거나 조금 적어도 취할 수 없으며 상극은 반드시 대적하는 힘이 균등해야 하고 무겁게 치우치거나 가볍게 치우치는 것을 절대로 꺼린다.
만약 金水를 쓰는데 火土가 섞이면 마땅하지 않고 가령 水木을 취하면 土金이 다투면 안 된다. 木火가 象을 이룬 것은 金水가 局을 깨는 것이 가장 무섭고 水火가 기제를 이룬 것은 土가 와서 水를 제지하는 것을 더욱 꺼린다.
格이 이미 이와 같으면 運도 이와 같이 취하고 흘러야 한다.

一路澄淸 必位高而祿重 中途混亂 恐職奪而家傾. 故此格最難全美 而看法貴在至精. 若生而復生 乃是流通之妙 倘克而遇化 亦爲和合之情. 或謂理僅兩神 似嫌狹小 不知格分十種. 儘費推評.
한 종류로 맑고 깨끗하면 반드시 고관이며 재물이 풍족하나 중도에 혼란하면 직위를 잃고 집안이 기울까 두렵다.
그러므로 이격은 완전하게 아름답기가 매우 어렵고 보는 방법의 중요함이 지극히 정밀한 것에 있다. 만약 생하고 다시 생하면 이것은 유통의 妙이고 만약 극이 化를 만나면 또한 화합의 情이 된다.
혹자는 이치가 겨우 두 개의 神에 있으므로 협소하여 불만인 것처럼 말하는데 格이 10종류로 나뉘는 것을 모르는 것이다.
다만 헤아려 평하는 것이 번거로울 뿐이다.

兩神成象格

水木相生格 水木各占二干二支 又名水木淸奇. 木火相生格 木火各占二干二支 又木火交輝或靑赤父子. 火土相生格 火土各占二干二支 又名火土夾雜. 土金相生格 土金各占二干二支. 金水相生格 金水各占二干二支 又名金白水淸.
水木상생격은 水와 木이 각각 두 개의 천간과 두 개의 지지를 차지하고 또한 수목청기라고도 한다.
木火상생격은 木과 火가 각각 두 개의 천간과 두 개의 지지를 차지하고 또한 목화교휘 혹은 청적부자라고도 한다.
火土상생격은 火와 土가 각각 두 개의 천간과 두 개의 지지를 차지하고 또한 화토협잡이라고도 한다.
土金상생격은 土와 金이 각각 두 개의 천간과 두 개의 지지를 차지한다.
金水상생격은 金과 水가 각각 두 개의 천간과 두 개의 지지를 차지하고 또한 금백수청이라고도 한다.

木土相成格 木土各占二干二支. 土水相成格 土水各占二干二支 又名土局潤下. 水火相成格 水火各占二干二支 又名既濟未濟. 火金相成格 火金各占二干二支 又名火金鑄印. 金木相成格 金木各占二干二支
木土상성격은 木과 土가 각각 두 개의 천간과 두 개의 지지를 차지한다.
土水상성격은 土와 水가 각각 두 개의 천간과 두 개의 지지를 차지하고 또한 토국윤하라고도 한다.
水火상성격은 水와 火가 각각 두 개의 천간과 두 개의 지지를 차지하고 또한 기제나 미제라고도 한다.
火金상성격은 火와 金이 각각 두 개의 천간과 두 개의 지지를 차지하고 또한 화금주인이라고도 한다.
金木상성격은 金과 木이 각각 두 개의 천간과 두 개의 지지를 차지한다.

甲丁甲丁　戊己庚辛壬癸甲乙
午卯午卯　辰巳午未申酉戌亥
이 명조는 木火가 각각 반으로 양기성상이다. 丁火상관을 수기하는 용신으로 취하고 사주에 金水가 전혀 없어 순수함이 볼만하다. 巳運은 丁火가 임관하니 과거에 합격하고 한원에 고관이었으나 庚運은 관성이 混局하니 직위가 강등되었다.

무릇 남방의 金은 오히려 세력의 부족함이 있으나 앞으로 다가올 서방의 水運에 재앙이 없다고 말하기 어렵다.

이후제

卯月 甲木이 時支의 卯와 年干의 甲이 도와 신왕인데 兩丁과 兩午火가 洩하여 木火상관으로 격이 아주 淸하여 貴命이다.

그러나 濕氣가 전혀 없어 春旱을 해소하지 못하므로 富가 부족하고 木根을 자양하지 못하여 鏡中美人이 될까 걱정이다.

丁乙丁乙　甲癸壬辛庚己戊丁

卯巳卯巳　辰卯寅丑子亥戌酉

이것 역시 木火가 각각 半으로 兩氣成象인데 앞의 상관과 비할 바가 아니다.

일주인 火가 여름에 태어나고 木은 火의 세력을 따르니 염상격이 되므로 金을 보면 마땅하지 않다. 寅運에 火가 生助를 만나니 절강성의 순무가 되었으나 辛運 水年에 이르러 木火가 모두 손상되므로 禍를 면할 수 없었다.

이른바 二人同心이니 따라야 하고 거스르는 것은 안 된다.

丙戊丙戊　己庚辛壬癸甲乙

午戌午戌　亥子丑寅卯辰巳

이것은 火土가 각각 반으로 양기성상을 이루었으니 戊土식신이 수기하는 용신이 된다. 辛丑運에 습토가 晦火하며 수기유행하니 과거에 급제하고 壬運壬年에 회시에 참석하여 도성에서 죽었는데 아마도 水가 丙火를 격돌하여 불이 꺼졌기 때문이다. 가령 兩戌이 兩辰으로 바뀌었으면 조열하지 않아 설령 水運을 만났어도 대흉하지는 않았을 것이다.

戊辛戊辛　壬癸甲乙丙丁戊己
戌酉戌酉　戌亥子丑寅卯辰巳

이것은 土金이 각각 반으로 양기성상이니 辛金상관을 취용하고 북방운을 만나니 수기유행되어 기쁘다. 소년에 과거에 합격하고 벼슬은 황당에 이르렀는데 丙運에 辛金용신을 破하므로 죽고 말았다. 무릇 양기성상은 일주가 식신이나 상관을 생하는 것이 중요한데 뛰어난 재능이 수기되어 부귀하게 되는 것을 말하므로 秀氣가 부족한 자가 局을 깨는 運을 만나면 禍를 면하지 못한다.
가령 金水나 水木의 인수격은 秀氣를 취할 수 없으므로 부귀하지 못함을 여러 차례 검증하였다.

戊癸戊癸　甲乙丙丁戊己庚辛
戌亥戌亥　子丑寅卯辰巳午未

이것은 水土가 각각 반으로 양기성상인데 燥土가 통근하고 재성이 有氣하여 기쁘다. 그러나 기세가 점점 차가워지므로 丙寅運에 이르러 寒土가 陽氣를 만나 과거에 합격하였다. 더욱 妙한 것은 亥中甲木이 暗生하니 벼슬이 군수에 이르고 벼슬길도 순탄하였다.

癸己癸己　戊丁丙乙甲癸壬
亥未亥未　午巳辰卯寅丑子

이것은 土水가 상극하며 양기성상인데 殺을 억제함이 없으니 일주가 손상을 받는다. 초년 火土運에 칠살을 生助하니 밝은 달과 맑은 바람을 누구와 함께 하겠는가. 산은 높고 물은 흐르는데 함께 할 사람을 잃었다. 乙卯로 바뀌어 運이 동방으로 변하면서 제살하여 권위가 되므로 기이한 인연을 만나 현령이 되었다.
이런 연유를 보건대 生하는 局은 반드시 식신이 아름답고 인성으로 된 局은 秀氣가 없으면 아름다움이 부족하며 재성으로 된 局은 身財가 균등하게 대적해야 하고 일주의 本氣가 상함이 없어야 한다. 또한 안돈되어 좋은 運을 만나는 것이 중요하고 일단 局을 깨는 運을 만나면 禍가 발생하게 된다.

五氣聚而成形 形不可害也.

다섯 개의 氣가 모여 형을 이루면 형을 해치면 안 된다.

木之成形 食傷洩氣 水以生之 官殺交加 火以行之 印綬重疊 土以培之 財輕劫重 金以成之. 成形於得用之地 庶無偏枯之病 何患名利不遂乎. 擧木而論五行皆可成形 亦倣此而推. 若四柱無成 成之於歲運 又無成處 則終身碌碌凶多吉少 有志難伸矣.

木이 형을 이루면 식상이 설기하고 水로 생해야 하며 관살이 교가하면 火로 유행해야 하며 인성이 중첩되면 土로써 배양해야 하고 財가 가볍고 겁재가 重하면 金이 다스려야 한다.

形을 이룬 것이 용신의 地를 만나고 편고의 病이 없으면 어찌 名利를 이루지 못할 것을 근심하겠는가. 木을 들어 논하였는데 오행이 形을 이루면 모두 이와 같이 추측한다.

만약 사주가 形을 이루지 못했으면 세운에서 이루어야 하고 다시 形을 이루는 運이 없으면 종신토록 고생해야 하며 凶多吉少하고 뜻이 있어도 펴기 어렵다.

壬壬甲戊　　癸甲乙丙丁戊己庚
戌子子辰　　丑寅卯辰巳午未申

이 명조는 水勢가 창광하므로 오로지 戊土가 旺水를 다스리는 버팀목의 功이 있어 물에 뜨는 지경에 이르지는 않고 戊土 역시 戌土에 의지하여 뿌리가 견고하다. 만약 辰이 있고 戌이 없으면 辰은 습토이니 水를 만나면 씻겨나가므로 戊土가 뿌리를 의지할 수 없어 虛해진다. 뿌리가 없는 土가 어찌 온갖 하천의 근원을 제지할 수 있겠는가. 그러므로 이명조의 귀중한 것은 戊燥土이다. 다만 寒木이니 丙火를 만나 따뜻하게만 한다면 木이 꽃을 피울 수 있다. 까닭에 運이 남방 火旺地에 이르니 수만금의 재물을 얻고 異路로 이름을 얻었다.

戊乙甲辛　丙丁戊己庚辛壬癸
寅卯辰未　辰巳午未申酉戌亥
이 명조는 지지가 동방으로 劫刃이 왕성하여 방자한데 일점 미약한 金이 다스리기가 부족하므로 공부를 계속하지 못하였다. 초년 火土運에 生化의 情이 있어 재물이 넉넉하였고 庚申, 辛酉에 이르러 辛金이 득지하니 과거를 거치지 않고 공명을 이루었으며 벼슬이 주목에 이르렀으나 癸運에 金을 洩하여 木을 生하니 죽었다.

癸乙甲乙　甲癸壬辛庚己戊
未卯戌亥　寅丑子亥戌酉申
이 명조는 주중에 未土가 깊이 감추어져 있고 戌土에 앉으니 재래취아로 아름답다고 하겠다. 다만 사주에 金이 없어 다스리지 못하고 火가 없어 유행하지 못하며 다시 亥時가 되니 癸水가 통근하여 겁재를 생하고 亥卯未가 완전히 갖추어져 劫刃이 날뛰는 것을 돕는다. 그 평생 運을 살펴보면 또한 형세를 이룰 수 있는 곳이 없으니 가업은 없어지고 처를 극하고 자식도 없었다. 이런 이유로 추리해보면 命의 소중함이 運에 있으니 運을 어찌 소홀히 할 수 있겠는가. 속담에 이르기를 사람이 구름을 해칠만한 용기와 뜻이 있어도 運이 없으면 이룰 수 없다고 했다.

獨象喜行化地 而化神要昌(獨象卽一行得氣)

하나의 象이 化地로 행해면 기쁘고 化神은 번성한 것이 중요하다. (독상은 곧 일

행득기이다)

一者爲獨 權在一人 曲直炎上之類是也. 化者 食傷也 局中化神昌旺 歲運行化神之地 名利皆遂也. 八字五行全備 固爲合宜 而獨象乘權 亦主光亨.
하나란 獨이니 권한이 한 사람에게 있고 곡직이나 염상의 류이다.
化는 식상이고 局中에 化神이 왕성하고 세운이 化神地로 흐르면 名利가 모두 이루어진다. 팔자가 오행을 모두 갖추는 것이 참으로 마땅하나 독상도 승권하면 역시 형통하다.

甲乙日地支或局或方全 不雜金 爲曲直印壽格.(寅卯辰爲方亥卯未爲局)
丙丁日地支或方或局全 不雜水 爲炎上格.(巳午未爲方寅午戌爲局)
戊己日地支辰戌丑未 不雜木 爲稼穡格. 庚辛日地支或方或局全. 不雜火. 爲從革格.(申酉戌爲方巳酉丑爲局) 壬癸日地支或方或局全 不雜土 爲潤下格.(亥子丑爲方申子辰爲局)
甲乙日의 지지가 局이나 方이 온전하고 金이 섞이지 않으면 곡직인수격이 된다. (寅卯辰이 方이 되고 亥卯未가 局이 된다)
丙丁日의 지지가 方이나 局이 온전하고 水가 섞이지 않으면 염상격이 된다. (巳午未가 方이 되고 寅午戌이 局이 된다)
戊己日의 지지가 辰戌丑未이고 木이 섞이지 않으면 가색격이 된다.
庚辛日의 지지가 方이나 局이 온전하고 火가 섞이지 않으면 종혁격이 된다. (申酉戌이 方이 되고 巳酉丑이 局이 된다)
壬癸日의 지지가 方이나 局이 온전하고 土가 섞이지 않으면 윤하격이 된다. (亥子丑이 方이 되고 申子辰이 局이 된다)

此五者皆從一方之秀氣 不同六格之常情. 必要得時當令 遇旺逢生. 但體質過

於自强 須以引通爲妙. 而氣勢必有所關. 務須審察其情.
이 다섯 가지는 모두 일방의 秀氣를 따르는 것으로 六格의 일반적인 이치와는 같지 않다. 반드시 득시당령하고 旺을 만나고 生을 만나는 것이 필요하다. 다만 체질이 지나치게 강하므로 반드시 인통함으로써 묘하게 되는데 기세에 관계가 것이니 반드시 그 정황을 자세히 살펴야 한다.

如木局 見土運 斯雖財神資養 先要四柱有食有傷 庶無分爭之慮. 見火運 謂英華秀發 須看原局有財無印 方免反克之殃 名利可遂. 見金運 謂破局 凶多吉少 見水運 局中無火 謂生助强神 亦主光亨. 故舊有從强之說.(見下從局) 再行生旺爲佳. 若四柱先有食傷 必主凶禍臨身. 如原局微伏破神 須運有合冲之妙. 若本主失時得局 要運遇生旺之鄕 亦主功名小就. 苟行運偶逢克地 獨象立見凶災 若局有食傷反克之能 方無大害.
가령 木局이 土運을 만나면 이것이 비록 재신으로 자양하나 먼저 사주에 식신이나 상관이 있어야 비겁쟁재의 염려가 없다.
火運을 만나면 아름다운 秀氣를 發한다고 말하는데 반드시 원국에 財가 있고 인성이 없어야 도리어 극을 당하는 재앙을 면하고 名利를 이룰 수 있다. 金運을 만나면 破局이니 凶多吉少하다.
水運을 만나면 局中에 火가 없어야 강한 神을 生助하니 역시 기세가 순조롭다. 그러므로 옛날에 종강을 말할 때(이하 종국) 다시 生旺地로 유행해야 아름답다고 말했다.
만약 사주에 먼저 식상이 있으면 반드시 몸에 凶禍가 생긴다.
만일 원국에 격을 破하는 것이 미약하게 잠복해 있으면 반드시 運에서 합하고 충해야 妙하다. 만약 일주가 실시하고 局을 만났으면 生旺地의 運을 만나는 것이 필요한데 역시 공명을 작게 이룰 수 있다. 만약 運이 克地를 만나면 獨象은 흉한 재앙을 만나게 되고 만약 局에 식상이 있으면 反克하므로 큰 害는 없다.

總之干乃領袖之神 陽氣爲强 陰氣爲弱. 支乃會格之物 方力較重 局力較輕. 獨象雖美 只怕運途破局 合象雖雜 卻喜制化成功.

한마디로 천간은 우두머리이며 陽氣는 강하고 陰氣는 약하다.

地支가 모여서 격이 되는데 方의 힘이 비교적 重하고 局의 힘이 비교적 輕하다. 獨象이 비록 아름다우나 단지 破局하는 運이 무섭고 合하는 象은 비록 잡스러우나 도리어 制化의 功을 이루므로 기쁘다.

甲丁甲丙　戊己庚辛壬癸甲
寅卯辰寅　辰巳午未申酉戌

지지가 寅卯辰 東方一氣를 갖추고 化神인 丙丁이 있어 발설이 뛰어나게 우수하고 곡직인수격을 이루었다. 소년에 과거에 급제하고 일찍 벼슬길에 올랐다. 運이 財地로 행할 때 식상이 비겁을 化하는 功이 있고 金運으로 행할 때는 또 다시 丙丁이 극할 수 있다. 壬運에 秀氣가 손상되어 파국이 되니 벼슬에서 내려와 낙향하여 죽었다.

己丁戊己　丙乙甲癸壬辛庚
未丑子未　子亥戌酉申未午

천간의 戊己가 丁을 만나고 지지에 丑未가 重重한데 子丑이 土로 化하니 참되다. 格이 이미 가색을 이루었는데 부족한 것은 丑中辛金이 인출되지 않고 또 局中에 丁火를 3개 만나 辛金이 보이지 않게 傷하니 生化의 妙를 얻지 못하는 것이다.

까닭에 자식을 얻기 어렵고 만약 천간에 庚辛이 하나 투출하고 지지에 申酉가 하나 암장되었으면 틀림없이 자식이 많았을 것이다.

이후제

丑月 戊土가 전국이 土로 비록 가색을 이루었으나 엄동설한이니 丁火가 용신

이 된다. 이때의 子丑合은 土로 化하는데 이것을 合化라고 한다. 행운은 火土運을 원하고 木運은 대흉하며 水運도 꺼린다.

丙甲丙乙　乙丙丁戊己庚辛
寅午戌未　未申酉戌亥子丑

지지가 온전한 火局이니 木從火勢하므로 염상격을 이루었는데 애석하게 木旺하여 土를 극하므로 秀氣가 손상되어 학문을 이루기 어렵다. 무과출신으로 벼슬이 부장에 이르렀고 申酉運에는 戌未가 化하므로 흉함이 없고 亥運은 다행히 寅과 합하고 未를 만나니 벼슬이 낮아지는 것에 불과하였으나 庚子運으로 바뀌어 천간에 식상이 있고 지지에 충격을 만나니 軍中에서 사망하였다.

이후제

양인월 丙火가 寅午戌火局을 이루고 甲乙木이 生火하여 극신왕하고 조열하다. 金水濕土運을 만나야 발전하는데 子運은 午火를 충격하여 旺火가 폭발하므로 대흉하다. 木火土가 雜出하여 從하지 못한다.

庚乙庚庚　丙丁戊己庚辛壬癸
申酉戌辰　戌亥子丑寅卯辰巳

천간이 乙庚合化하고 지지에 申酉戌이 온전하여 종혁격을 이루었으나 애석하게도 水가 없어 숙살의 氣가 지나치게 예리하다. 학문을 하는데 불리할 뿐만 아니라 天壽를 다할 수 없다.
군 출신으로 참장에 이르렀으나 寅運에 陳中에서 사망하였는데 원국에 식상이 없는 연고이며 또한 寅戌이 껴안아 旺金을 범하였기 때문이다.

壬辛癸壬　壬癸甲乙丙丁戊
子亥丑子　子丑寅卯辰巳午

지지가 亥子丑이며 천간에 癸辛이 투출하여 윤하격을 이루고 행운이 등지지 않아 다행이다. 일찍 학문을 이루고 甲寅運에 秀氣가 유행하니 과거에 급제하였으며 乙卯運에는 벼슬길이 평탄하여 현령을 거쳐 주목이 되었다. 丙運은 원국에 식상의 化함이 없으므로 말미암아 군겁쟁재가 되니 사망하였다.

全象喜行財地 而財神要旺.

전상은 財地로 행하는 것이 기쁘고 財神은 왕성함을 요한다.

三者爲全 日主喜神用神是也. 傷官生財 官印相生 財官並見 皆全也. 傷官生財 日主旺相 最宜財運 倘四柱比劫多見 財星被劫 官運必佳 傷官運更美. 須觀局中意向爲定.

三者가 온전하다는 것은 일주와 희신과 용신이다. 상관생재나 관인상생이나 재관이 함께 있는 것이 모두 全이다.

상관생재는 일주가 왕상하면 재성운이 가장 마땅하고 만약 사주에 비겁이 많으면 재성이 겁탈당하니 관운이 반드시 아름다우며 상관운은 더욱 아름답다. 마땅히 局中의 형세를 보고 정해야 한다.

日主旺 傷官輕 有印綬 喜財而不喜官. 日主旺 財神輕 有比劫 喜官而不喜財. 財官並見 日主旺相 喜財而不喜官. 官印相生 日主休囚 喜印綬而不喜比劫. 大凡論命 不可執一 須察全局之意向 日主之喜忌爲的.

일주가 왕하고 상관이 輕한데 인수가 있으면 財를 기뻐하고 官을 기뻐하지 않는다. 일주가 왕하고 財가 輕한데 비겁이 있으면 官을 기뻐하고 財를 기뻐하지 않는다. 재관이 함께 있고 일주가 왕상하면 財를 기뻐하고 官을 기뻐하지 않는다. 관인상생하는데 일주가 휴수되었으면 인성을 기뻐하고 비겁을 기뻐하지 않는다.

무릇 命을 논하는데 한 가지만을 고집하는 것은 안 되고 반드시 전국의 형세를 살펴서 일주의 희기에 적합해야 한다.

戊丙丁甲　丁戊己庚辛壬癸
申辰卯辰　巳午未申酉戌亥
丁卯일주가 季春에 태어나 상관생재가 되었는데 木이 盛하고 土가 虛하여 불만이다. 학문을 이루기 어려우나 다행히 상관이 겁재를 化하므로 丙火로 하여금 爭財의 뜻이 없게 되었다. 그러므로 庚申, 辛酉運에 이르러 이어받은 선대의 사업이 비록 보잘 것 없었으나 규모를 제법 크게 만들고 재산도 十餘萬에 이르렀다.

己辛丙丁　庚己戊丁丙乙甲
巳未午酉　午巳辰卯寅丑子
火가 여름에 태어나고 지지에 南方으로 旺함이 극에 이르러 火土상관생재격인데 불만인 것은 丁火 羊刃이 투간하고 局中에 습기가 全無하여 劫刃이 방자하게 날뛰는 것이다.
조업을 지키지 못하였고 부모도 일찍 사망하였으며 幼年에 외롭고 고생스러웠다. 중년에도 굶주림과 추위에 시달렸는데 六旬前에는 運이 東南木火地로 흘렀으므로 처와 재물, 자식과 녹봉을 하나도 이룬 게 없었다. 丑運에 이르러 北方습토가 晦火生金하고 金局하므로 그때부터 기회를 만나 사업을 하여 재물을 모으고 칠순에 이르러 또 첩을 사들이고 연달아 二子를 낳았다.
甲子, 癸亥 北方水地에 數萬의 재물을 벌었으며 수명은 九旬에 이르렀다. 그 運이 있으면 반드시 그 福을 얻는다는 말이 있는데 믿을 수 있는 말이다.

形全者宜損其有餘 形缺者宜補其不足.

形이 온전한 자는 그 남는 것을 덜어내야 마땅하고 形이 결핍된 자는 그 부족함을 보완해야 마땅하다.

形全宜損 形缺宜補之說 卽子平旺則宜洩宜傷 衰則喜幇喜助之謂也. 命書萬卷 不外此二句 讀之直捷痛快 顯然明白. 究之深奧異常 此中作用 實有至理. 庸俗祗知旺用洩傷 衰用幇助而不細別 以致吉凶顚倒 宜忌淆亂也. 要知此四字須分用. 通變在一宜字.
형이 온전하면 덜어내야 마땅하고 형이 결핍된 것은 보충해줘야 마땅하다는 말은 즉 子平에서 왕하면 설하거나 손상해야 마땅하고 쇠하면 도와줘야 기쁘다는 말이다.
모든 命書에 이 두 문구 외에 없는데 읽으면 통쾌하고 드러남이 명백하다. 보통과는 다른 깊고 오묘한 이치를 연구하면 이중에 작용하는 지극한 이치가 있다.
평범하고 저속한 것은 단지 왕하면 설하거나 손상하는 것을 쓰는 것으로 알고 쇠하면 돕는 것을 쓰며 자세하게 분별하지 않아 길흉이 전도되고 마땅함과 꺼리는 것이 혼란에 이르는 것이다.
이 네 字를 반드시 분별하여 쓸 줄 아는 것이 중요하고 통변하는데 하나의 마땅한 字가 있다.

宜洩則洩之爲妙 宜傷則傷之有功. 洩者食傷也 傷者官殺也 均是旺也. 或洩之有害 而傷之有利 或洩之有利 而傷之有害 所以洩傷兩字 宜分別用之也. 宜幇則幇之爲功 宜助則助之爲佳. 幇者比刼也 助者印綬也 均是衰也. 或幇之則凶 而助之者吉 或幇之則吉 而助之則凶 所以幇助二字 亦宜分別用之也.
洩이 마땅하면 洩해야 묘하고 손상하는 것이 마땅할 때는 손상해야 功이 있다. 洩하는 것은 식상이고 손상하는 것은 관살이며 모두 왕한 것이다. 혹 洩하는 것이 해롭고 손상하는 것이 이롭거나 혹은 洩하는 것이 이롭고 손상하는 것이 해로울 때가 있으므로 洩과 傷 두 字를 분별해서 써야 마땅하다.

幇이 마땅하면 幇해야 功이 되고 助가 마땅하면 助해야 아름답다. 幇은 비겁이고 助는 인성이며 모두 쇠한 것이다.

幇이 흉하고 助하는 것이 길하며 혹은 幇이 길하고 助가 흉할 때가 있으므로 幇과 助 두 字도 역시 분별해서 써야 마땅하다.

如日主旺相 柱中財官無氣 洩之則官星有損 傷則去比劫之有餘 補官星之不足 所謂傷之有利 而洩之有害也. 日主旺相 柱中財官不見 滿局比劫 傷之則激而有害 不若洩之以順其氣勢 所謂傷之有害 而洩之有利也. 日主衰弱 柱中財星重疊 印綬助之反壞 幇者去財星之有餘 補日主之不足 所以幇之則吉 而助之則凶也. 日主衰弱 柱中官殺交加 滿盤殺勢 幇之恐反克無情 不若助之以化其强暴 所以幇之則凶 而助之則吉也. 此補前人所未發之言也.

가령 일주가 旺相하고 주중에 재관이 無氣할 때는 洩하면 관성이 훼손되고 손상하면 비겁을 제거하며 관성의 부족함을 보충해주니 소위 손상하는 것이 이롭고 洩하는 것이 해롭다.

일주가 旺相하고 주중에 재관이 없으며 滿局이 비겁일 때 손상하면 격돌하여 해로우므로 설하여 그 기세를 순하게 하는 것만 못하니 소위 손상하는 것이 해롭고 설하는 것이 이롭다.

일주가 쇠약하고 주중에 재성이 중첩되었으면 인성이 돕는 것은 도리어 인성이 파괴되니 幇하는 것이 재성을 제거하며 일주의 부족한 것을 보충해주므로 幇이 길하고 助하는 것이 흉하다.

일주가 쇠약하고 주중에 관살이 교가되어 만반이 殺의 세력이면 幇하는 것은 도리어 극을 당하여 무정하므로 助하여 그 강폭함을 化하는 것만 못하다. 까닭에 方이 흉하고 助하는 것이 길하다. 이것을 앞사람이 말한 바가 없어 보탠다.

至於木生寅卯辰月 火生巳午未月 爲形全 亦偏論也. 如木生寅卯辰月 干透庚辛 支藏申酉 莫非仍作全形而損之乎. 火生巳午未月 干透壬癸 支藏亥子 莫非仍作全形而損之乎. 土生於寅卯辰月爲形缺 干丙丁而支巳午 莫非仍作缺形而補之乎. 金生於巳午未月 干戊己而支申酉 莫非亦作缺形而補之乎. 凡此須究其旺中變弱 弱中變旺之理 不可執一而論. 是以實似所當損者 而損之反有害 實似所當補者 而補之反無功. 須詳察焉.

木이 寅卯辰月에 생하고 火가 巳午未月에 생하면 形이 온전하다는 것은 역시 치우친 논리다. 가령 木이 寅卯辰月에 생하고 천간에 庚辛이 투출하였으며 지지에 申酉가 암장되었는데 온전한 형이 만들어진 것이 틀림없다고 덜어내야 하는가. 火가 巳午未月에 생하고 천간에 壬癸가 투출하였으며 지지에 亥子가 암장되었는데 온전한 형이 만들어진 것이 틀림없다고 덜어내야 하는가.

土가 寅卯辰月에 생하면 形缺이 되고 천간에 丙丁이 있으며 지지에 巳午가 있는데 形缺이 만들어진 것이 틀림없다고 도와줘야 하는가.

金이 巳午未月에 생하면 천간에 戊己가 있고 지지에 申酉가 있어도 역시 形缺이 틀림없다고 보충해줘야 하는가.

무릇 이와 같이 그 旺中에 弱으로 변하고 弱中에 旺으로 변하는 이치를 반드시 연구해야하고 하나의 이론만 고집하면 안 된다. 그러므로 실제로 덜어내야 마땅할 것 같으나 덜어내면 도리어 害가 되고 당연히 도와야 할 것 같으나 돕는 것이 도리어 功이 안 되는 것이 있다. 반드시 자세히 살펴야 한다.

丁庚庚甲　己戊丁丙乙甲癸
丑戌子申　酉申未午巳辰卯

秋金은 예리한데 관성이 허탈하여 억제할 수 없고 재성이 絶地에 있으니 어느 겨를에 관성을 생하겠는가.
초년 土金運에 모진 고생을 당하지 않은 것이 없었으나 丁未, 丙午運에 관성을 도와 일어나니 가업을 새롭게 세우고 乙巳運에도 晚年이 여유로웠다. 이른바 억제하여 功이 있는 사주다.

戊壬庚乙　癸甲乙丙丁戊己庚
申戌申酉　亥子丑寅卯辰巳午
乙庚合化하고 관성이 보이지 않으며 지지가 西方이고 또 祿旺에 앉으니 권세가 一人에게 있는 것으로 그 강한 세력을 따라야 한다. 비록 壬水가 있으나 戊土가 가까이에서 극하므로 그 殺氣를 引通하여 洩할 수 없다.
초년 癸亥, 甲子運에 그 기세에 順하니 재물이 마음먹은 대로 순조롭게 되었으나 丙寅運에 이르러 그 旺神과 부딪치니 한번 실패로 재가 되었고 의식이 어려워 스스로 목매 자살하였다. 이른바 洩하면 유익하고 억제하면 해로운 경우다.

庚辛丙乙　壬癸甲乙丙丁戊
申巳辰未　午未申酉戌亥子
이 명조를 속론하면 丙火가 건록인 巳月에 생하여 財가 용신이라고 할 것이나 庚辛이 중첩되고 뿌리가 깊으며 하나뿐인 인수가 손상되어 身弱함을 알 수 있다.
運이 甲申, 乙酉에 이르러 金이 득지하고 木이 無根하니 이상하게 고생하였으나 丙戌丁運에 가업을 일으키고 명성을 떨쳤다. 이 재다신약은 소위 비겁으로 도와야 功이 있는 것이다.

壬癸丙壬　甲乙丙丁戊己庚
子丑午辰　寅卯辰巳午未申

滿局이 관살이고 일주가 허약한데 비록 식상이 함께 있어도 辰丑이 모두 습토로 水를 저장할 수는 있으나 水를 저지할 수는 없다.
초년 甲寅, 乙卯運에 化殺生身하므로 일찍이 국립학교에서 공부하였으며 재물도 여유로웠으나 丙辰運으로 바뀌자 幇身할 수 없을 뿐만 아니라 도리어 관살의 극을 당하여 처를 해치고 자식을 구타했으며 가업도 없어졌다. 申年에 殺局이 되어 죽었는데 이른바 인성으로 도와야 길하고 비겁으로 도우면 도리어 해로운 경우다.

壬壬甲庚　癸甲乙丙丁戊己
辰寅寅午　卯辰巳午未申酉

이 명조는 속론으로 身强殺淺으로 논하여 庚金을 용신으로 취하고 春木이 金을 만나 틀림없이 동량지기가 되니 공부를 하면 반드시 성공한다고 권할 것인데 運이 三旬이 지나도록 이루는 것 없이 공부만 할뿐 아니라 또한 가업도 점차로 기울었다.
내가 추측해보니 兩寅에 앉아 승권당령하였으며 兩壬이 투간하여 旺神을 生助하는데 年支의 辰土가 水庫이며 木의 여기로 水를 저장하여 木을 기를 수는 있으나 金을 생할 수 없으니 일점 庚金이 휴수가 이미 극에 이르렀고 또한 午火가 대적하며 壬水가 洩하므로 用할 수 없을 뿐만 아니라 도리어 生水하는 病이 있다.
무릇 극도로 왕한 것은 설이 마땅하고 극이 마땅치 않으니 그 기세에 順해야 그 성질을 거스르지 않아 마땅하다.
午火를 用하니 장차 運이 火地에 이르러 비록 富를 추구하는 것이 명예를 추구하는 것만 못하지만 정당하게 富를 구하기 위해서는 명예를 버리고 利益를 취해야 하므로 선비의 공부를 포기하였다. 丙午運에 이르러 病인 庚金을 극하여 없애니 십년이 못되어 十餘 萬金의 재물을 모았으니 庚金이 病인 것이 분명하다.

癸甲癸辛　癸壬辛庚己戊丁
酉子亥酉　亥戌酉申未午巳

이 명조는 旺水가 金을 만나 그 세력이 넘쳐흐르는데 일점 甲木이 生氣없이 떠돌아 秀氣를 설하기 어려우니 그 흐름을 저지하기보다 도리어 물이 근심이 되므로 그 흐름에 順하는 것만 못하다.

초년 癸亥運에 그 旺神을 도우니 부모의 덕이 넉넉했으나 壬戌運으로 바뀌어 水가 통근하지 못하고 그 기세를 거스르니 고통과 고생을 겪었다. 辛酉, 庚申運에 종업원과 재물이 함께 왕성해졌으나 己未, 戊午運에 그 성질을 거스르니 반평생 쌓아온 사업이 다 없어지고 처와 자식을 못살게 굴고 의지할 곳 없이 외롭고 고통스러웠다. 이것은 곤륜의 물인바 順해야 하고 거스르지 않아야 한다.

이후제

癸水가 건록으로 기세가 좋은데 나머지 柱에 金水가 많아 極旺하므로 洩하는 甲木이 용신이다. 또한 엄동설한이니 木火運을 만나야 秀氣하며 寒冷한 국세를 온국하여 길하고 金運은 甲木을 극하며 旺水를 생하여 꺼리고 土運은 生金하여 甲木에 不利하므로 꺼리며 水運도 이미 왕한 水를 도우므로 좋은 운이 아니다.

2. 方局

方是方兮局是局 方要得方莫混局.

방은 방이고 국은 국이다. 방은 방을 얻어야 하고 국이 섞이지 않아야 한다.

十二支寅卯辰東方 巳午未南方 申酉戌西方 亥子丑北方 此之爲方. 寅午戌火局 申子辰水局 亥卯未木局 巳酉丑金局 此之爲局. 凡三字全爲成方 二字不取. 以力量言 寅卯辰全 較勝於亥卯未也. 戊日遇寅月 見三字俱以殺論. 遇卯月 見三字俱以官論 己日反是. 遇辰月 視寅卯之勢 較量輕重 以分官殺. 其餘倣此.

12支는 寅卯辰이 東方이고 巳午未는 南方이며 申酉戌은 西方이고 亥子丑은 北方인데 이것이 方이 된다. 寅午戌은 火局이고 申子辰은 水局이며 亥卯未는 木局이고 巳酉丑은 金局인데 이것이 局이 된다. 무릇 세 字가 온전해야 方을 이루게 되고 두 字는 취하지 않는다.

역량은 寅卯辰이 온전하면 비교적 亥卯未보다 낫다고 말한다.

戊日이 寅月을 만나고 寅卯辰이 갖춰지면 殺로 논하고 卯月을 만나고 寅卯辰이 갖춰지면 官으로 논하며 己日은 그 반대가 된다. 辰月을 만나면 寅卯의 세력을 보고 경중을 비교하여 관살을 구분한다. 나머지도 이와 같다.

所言方局莫混之理 亦不盡然. 如木方而見亥字 爲生旺之神 見未字爲我克之財 又是木盤根之理 有何不可. 卽用三合木局 豈有所損累耶. 至於作用 則局之用多 而方之用狹 不以論方而別生穿鑿也.

방과 국이 섞이지 말아야 하는 이치를 말하는 것은 다 그렇지는 않다. 가령 木方이 亥字를 보면 생왕한 神이 되고 未字를 보면 내가 극하는 財가 되며 또 木이 뿌리를 서리는데 어찌 안 되겠는가.

즉 삼합 木局을 쓰는데 어찌 훼손하고 누가 되겠는가.

작용에 이르러서도 局은 쓰임이 많고 方은 쓰임이 협소한 것뿐이니 方을 논하면서 이치에 맞지 않는 말을 억지로 만드는 것이 아니겠는가.

甲丁戊己　戊己庚辛壬癸甲
寅卯辰未　辰巳午未申酉戌

木方을 갖추고 未字가 섞였는데 그러나 未字가 없으면 일주가 허탈하고 또 천간에 甲木이 나타나 殺로 작용하고 官으로 작용하지 않으니 반드시 未字가 필요하다. 未字에 일주의 氣가 관통하여 身殺의 세력이 균형을 이루므로 名利가 모두 빛나고 과거에서 우수한 성적을 거두었으며 벼슬이 최고에 이르렀다. 方과 局이 섞여도 害가 없다는 것을 알 수 있다.

丙庚乙丁　辛壬癸甲乙丙丁
辰寅卯亥　卯辰巳午未申酉

지지에 동방을 이루고 火가 木을 秀氣하는데 丙火가 濁氣인 庚金을 가까이에서 극하므로 매우 기쁘고 初春의 木은 연약하므로 亥時의 생조가 필요하다. 위인이 풍류가 있고 인품이 맑으며 학문이 깊었다. 癸巳運에 水가 木을 생하고 火가 득록하니 부현의 학교에 입학하고 과거에 급제하였으며 甲運에 예부에 이름을 올렸다.

午運에 寅과 火를 껴안으니 등림에서 중요한 자리에 오르고 현명한 재상이었으나 丙申에 이르러 火가 無根하고 金이 득지하여 東方秀氣가 파손되니 낙직하였는데 만약 亥水의 化殺이 없었다면 어찌 대흉을 면할 수 있었겠는가.

局混方兮有純疵 行運喜南還喜北.

국에 방이 섞이면 순수함에 흠이 있고 행운은 남방이 기쁘며 북방으로 돌아가도 기쁘다.

地支有三位相合成局者 皆取生旺墓一氣始終也.(見上) 柱中遇三支合勢 吉凶之力較大 亦有取二支者. 然以旺支爲主 或亥卯或卯未皆可取 亥未次之.
지지에 三位가 합하여 局을 이루는 것이 있는데 모두 生旺墓의 氣를 취하여 시작과 끝이 된다. 주중에 三支가 만나 세력을 합하면 길흉의 힘이 비교적 크고 또한 二支를 취하기도 한다. 그러나 旺支로써 주를 삼으며 亥卯나 혹은 卯未도 모두 취할 수 있고 亥未는 그 다음이다.

凡會忌冲 如亥卯未木局 雜一酉丑字於其中 而又與所冲之神緊貼 是爲破局. 雖冲字雜於其中 而不緊貼 或冲字處於其外而緊貼 則會局與損局兼論. 其二支會局者 以相貼爲妙 逢冲則破. 他字間之 亦遙隔無力 須天干領出可用. 至於局混方有純疵之說 與方要得方莫混局相似 究其理亦無所害. 見寅字是謂同氣 見辰字是謂餘氣 又是東方濕土 能生助木神 又何損累耶.
무릇 회국은 충을 꺼리는데 가령 亥卯未 木局에 酉丑字 하나가 그중에 섞이고 또 충하는 字와 가까이 붙어있으면 局이 깨진다.
비록 충하는 字가 그중에 섞여 있어도 가까이 붙어있지 않고 혹은 충하는 字가 다른 곳에 있거나 붙어있으면 회국과 損局을 함께 논한다.
二支가 모여 局이 된 것은 서로 붙어있어야 묘하고 충을 만나면 깨진다. 다른 字가 사이에 있으면 멀리 떨어져 無力하니 마땅히 천간에 局을 이루는 오행이 나타나야 쓸 수 있다.
局에 方이 섞이면 순수하지 못하다는 말은 方은 方을 원하고 局이 섞이면 안 된다는 말과 비슷한데 그 이치를 연구해보면 또한 해로운 것이 없다. 寅字를 만나면 同氣가 되고 辰자를 보면 여기이며 또 동방의 濕土이고 木을 生助할 수 있는데 어찌 손해를 끼치고 부담이 되겠는가.

行運南北之分 須看局中意向爲是. 如木局 日主是甲乙 四柱純木 不雜別字 運行南方 謂秀氣流行 則純 運行北方 謂之生助强神 無疵. 或干支有火吐秀 運行南方 名利裕如 運行北方 凶災立見. 木論如此 餘可類推.

행운을 남북으로 나누고 반드시 국중의 정황을 보는 것이 옳다.

가령 木局이 일주가 甲乙이고 사주가 순전히 木이며 다른 字가 섞이지 않고 運이 남방으로 행하면 秀氣가 流行하므로 順하고 運이 북방으로 흐르면 강한 神을 생조하므로 흠이 없다.

혹 干支에 火의 吐秀가 있고 運이 남방으로 흐르면 名利가 여유로우나 運이 북방으로 흐르면 흉한 재앙을 보게 된다.

木을 이와 같이 논하니 나머지도 미루어 짐작할 수 있다.

甲乙乙癸　丙丁戊己庚辛壬
寅亥卯未　子丑寅卯辰巳午

木局을 갖추고 寅字가 섞여 있으나 사주에 金이 없어 그 세력이 從强이니 일방으로 秀氣를 얻었다. 소년에 과거에 급제하고 庚辰, 辛巳運에 비록 癸水의 化함이 있으나 체벌을 당하고 실의에 빠져 권세를 잃고 어정거렸다. 六旬이 지나 壬午, 癸未運에 현서에서 사마가 되고 관찰사가 되었으니 돛을 올리고 바다로 나가는 것과 같은데 누가 막을 수 있겠는가. 이로 볼 때 종강의 木局은 水木火 運이 모두 이롭고 오직 서방金運은 극하고 破하므로 꺼리는 것이다.

甲丁乙丁　戊己庚辛壬癸甲乙
寅卯未亥　辰巳午未申酉戌亥

이것 역시 木局에 寅字 하나가 섞여 있으니 秀氣하는 丁火상관을 취하고 전조와 같이 종강으로 논하지 않는다.

巳運에 이르러 丁火가 臨官하니 과거에 급제하고 庚午, 辛未運에 남방金敗

地이니 体用(세력과 용신)에 상함이 없으므로 벼슬길이 순탄하였으나 壬申運에 木火가 모두 傷하여 破局이 되니 軍中에서 사망하였다. 전조는 종강이므로 水火가 모두 이로우나 이 명조는 木火상관으로 金水가 해롭다.
이렇게 兩 명조를 볼 때 局에 方이 섞여도 거리낄게 없다.

若然方局一齊來 須要干頭無反覆.

만약 방과 국이 다 같이 오면 반드시 천간에서 배반하는 것이 없어야 한다.

方局齊來者 承上文方混局 局混方之謂也. 如寅卯辰兼亥未 亥卯未兼寅辰 巳午未兼寅戌 寅午戌兼巳未 申酉戌兼巳丑 巳酉丑兼申戌 亥子丑兼申辰 申子辰兼丑亥之類是也.
方과 局이 함께 온다는 것은 윗글에서 方에 局이 섞이거나 局에 方이 혼잡된 것을 말한다. 가령 寅卯辰에 亥未가 있고 亥卯未에 寅辰이 있으며 巳午未에 寅戌이 있거나 寅午戌에 巳未가 있으며 申酉戌에 巳丑이 있거나 巳酉丑에 申戌이 있고 亥子丑에 申辰이 있거나 申子辰에 丑亥가 있는 류이다.

干頭無反覆者 方局齊來 其氣旺盛 要天干順其氣勢爲妙. 若日主是木 地支寅卯辰 而再見亥未 或地支亥卯未 而再逢寅辰 旺之極矣 非金所能克也 須要天干有火 洩其菁英 不見金水 則干頭無反覆 然後行土運 乃爲全順得序而不悖矣.
간두에 반복된 것이 없어야 한다는 것은 方局이 함께 오면 그 氣가 왕성하므로 천간이 그 기세를 따라야 묘하게 된다는 것이다.
만약 일주가 木이고 지지가 寅卯辰이며 다시 亥未가 있거나 혹은 지지가 亥卯未이고 다시 寅辰을 만나면 旺함이 지극하여 金이 극할 수 있는 것이 아니므로 반드시 천간에 火가 있어 그 왕성한 세력을 洩해야 하고 金水를 보지 않으면 간두에 도리어 배반함이 없는 것이며 그런 연후에 土運으로 행하면 질서를 얻어 順함이 온전하게 되고 어그러짐이 없다.

如天干無火而有水 謂之從强 行水運順其旺神最美 行金運金生水 水仍生木逢凶有解. 苟有火而見水 或無火而見金 此謂干頭反覆. 如得運程安頓遇土則可止其逆水 遇火則可去其微金 亦不失爲吉耳. 如日干是土 別干得火 相生之誼 亦不反覆. 見金以寡敵衆 見水生助强神 則反覆矣. 所以制之以威 不若化之以德. 則其流行全順矣. 餘倣此.

만약 천간에 火가 없고 水가 있으면 종강이라 말하고 水運으로 가면 그 旺神을 따르는 것이니 매우 아름다우며 金運으로 가면 金이 水를 생하고 水가 木을 생하므로 흉함을 만났으나 해소된다.

만약 火가 있는데 水를 만나거나 혹은 火가 없는데 金을 만나면 이것이 간두반복이다. 만약 運이 안돈되는 土를 만나면 그 거스르는 水를 제지할 수 있고 火를 만나면 그 미약한 金을 제거할 수 있으므로 또한 손실이 없고 길하다.

가령 일간이 土이고 다른 천간에 火를 만나면 상생하여 마땅하므로 역시 반복이 아니다. 金을 만나면 적은 것으로 무리를 대적하는 것이고 水를 만나면 强神을 생조하는 것이니 도리어 뒤집히는 것이다. 그러므로 위력으로 억제하는 것은 덕으로 化하는 것만 못하다. 그런즉 그 흐름에 온전히 따르는 것이다. 나머지도 이와 같다.

甲丁乙癸　戊己庚辛壬癸
寅卯亥未　辰巳午未申酉

이 사주는 방국이 함께 있는데 月干에 丁火가 홀로 투출하여 發洩이 뛰어나니 어찌 妙하지 않은가. 그러나 유감스럽게도 時干에 癸水가 나타나 亥에 통근하고 丁火의 秀氣를 심하게 손상하니 간두반복이라고 한다. 그러므로 초시에 합격했음에도 불구하고 더 이상 진전할 수 없었으며 가난하고 자식도 없었다. 만약 가령 癸水가 火나 土로 바뀌었으면 名利를 모두 이루었을 것이다.

丁甲甲乙　癸壬辛庚己戊
卯辰寅亥　卯寅丑子亥戌

이것 역시 방국이 함께 오고 간두에 水가 없으며 丁火가 수기유행하고 행운이 어그러짐이 심하지 않아 향방에 들고 벼슬이 주목에 이르렀다. 자식도 많고 재물도 풍성하였으며 타고난 성품이 인자하고 품행도 단정하였다. 수명은 팔순을 넘겼으며 부부가 서로 존중하고 사랑하였다. 소위 木은 仁이고 仁者는 장수한다고 하였는데 격국이 곡직인수격이니 이 말을 믿을 수 있다. 이로써 이 두 명조를 보면 干頭反覆된 者와 온전함을 따라 질서를 얻은 者가 큰 차이가 있다.

成方干透一元神 生地庫地皆非福.

방을 이루고 천간에 원신 하나가 나타나면 생지나 고지나 모두 복이 안 된다.

成方干透元神者 日主卽方之氣也. 如木方 日主是木 火方 日主是火 卽爲元神透出也. 生地庫地非福者 身旺不宜再助也. 然亦要看其氣勢 不可一例而論.

方을 이루고 천간에 원신이 나타난 것은 일주가 곧 方의 氣라는 것이다. 가령 木方이면 일주가 木이고 火方이면 일주가 火이니 곧 원신이 투출한 것이 된다. 生地와 庫地가 福이 안 되는 것은 신왕한데 다시 돕는 것은 마땅치 않기 때문이다. 그러나 그 기세를 보는 것이 또한 중요하고 한 가지로 논하는 것은 불가하다.

成方透元神 旺可知矣 固不宜再行生地庫地以幫方也. 倘年月時干 不雜財官 又有劫印 謂之從强 則生地庫地 亦能發福 如逢純一火運 眞謂秀氣流行 名利皆遂. 如年月時干 財官無氣 再行生地庫地之運 不但不能發福 而且刑耗多端. 此屢試屢驗 故誌之.

方을 이루고 원신이 투출하면 신왕함을 알 수 있는데 다시 生地나 庫地로 가는 것은 方을 돕는 것이니 참으로 마땅치 않다.

만약 年月時干에 재관이 섞이지 않고 또 겁재나 인성이 있으면 이른바 종강이니 生地나 庫地로 가면 발복할 수 있고 만일 純一한 火運을 만나면 참된 수기유행이니 名利를 모두 이룬다.

만약 年月時干의 재관이 無氣하고 다시 生地나 庫地의 運으로 가면 발복할 수 없을 뿐만 아니라 어렵고 고생스런 일이 많다.

이것은 여러 번 시험해보고 누차 증험한 것이므로 기록한다.

戊甲甲丁　乙丙丁戊己庚辛壬
寅寅辰卯　卯辰巳午未申酉戌

방을 이루고 原神이 천간에 투간했으며 金水가 섞이지 않고 時干의 丁火가 秀氣하니 순수함이 볼만하다. 초중년운이 火土로 흐르니 향방에 합격하여 고을의 수령이 되었으나 애석하게 木이 많아 火가 치열해지니 丁火가 설하기에 부족하므로 庚申運에 이르러 禍를 면하지 못하였다. 이 명조가 만일 丙寅時였다면 틀림없이 장원급제를 하고 벼슬길이 빛났을 것이며 庚申運에도 丙火가 대적하기에 충분하여 대흉에 이르지는 않았을 것이다.

癸丙甲丙　乙甲癸壬辛庚己
卯辰辰寅　卯寅丑子亥戌酉

이 명조는 재성이 왕한 월령이고 丙火식신이 생조하니 당연히 재성이 용신이고 丙火가 희신이며 癸水가 기신이고 신왕하니 財를 쓴다. 물려받은 재산이 십여만이었으나 중년 水運에 이르러 한번 패하니 재가 되었고 辛亥運에 이르러 火는 절지가 되고 木을 생하며 水가 旺地가 되니 굶어서 얼어 죽었다. 이것을 보면 방이나 국을 논할 것 없이 반드시 재관의 세력을 먼저 살펴야 한다. 만약 財가 월령으로 旺하면 財로 用하고 官이 재성의 도움을 얻으면 官으로 用한다. 가령 財가 월지에 통근하지 못하고 官이 왕한 재성의 생조가 없으면 반드시 적은 것을 버리고 무리를 따라야 한다. 나머지도 이와 같다.

이후제

辰月 甲木이 得時하고 卯寅에 록왕이며 東方을 이뤄 신왕하므로 丙火가 왕한 木을 洩하며 春寒을 제거하는 용신이고 癸水는 봄 가뭄을 해소하는 藥神이나 月日에 辰水庫가 쌍으로 있어 더 이상의 水運를 만나면 안 되고 火運에 발전한다.

成局干透一官星 左邊右邊空碌碌.

국을 이루고 천간에 하나의 관성이 투출하였는데 좌변이나 우변에 관성을 도와주는 것이 없으면 보잘 것이 없다.

如地支會木局 日主元神透出 別干見辛之官 庚之殺 虛脫無氣. 卽餘干有土 土亦休囚 難以生金 須地支有一申酉丑字爲美. 若無申酉丑 反加之寅辰字 則木勢愈盛 金勢愈衰矣 故碌碌終身. 名利無成也. 若得歲運去其官星 亦可發達 必要柱中先見食傷 然後歲運去淨官殺之根 名利遂矣. 木局如此 餘局倣此論之可也.

만약 지지가 木局이고 일주의 원신이 투출하였는데 다른 천간에 辛관성이나 庚칠살이 있으면 허탈하고 무기하다. 나머지 천간에 土가 있어도 土 역시 휴수되어 生金하기가 어려우니 반드시 지지에 申酉丑字 중에 하나가 있어야 아름답다. 만약 申酉丑이 없고 도리어 寅辰字가 있으면 木의 세력은 더욱 왕성해지고 金의 세력은 더욱 쇠약해지므로 평생토록 고생이 많고 名利를 이룰 수 없다.

만약 그 관성을 제거하는 세운을 만나면 또한 발달할 수 있으나 반드시 주중에 먼저 식상이 있고 그런 연후에 세운이 관살의 뿌리를 깨끗하게 제거하면 名利를 이룬다.

木局이 이러하니 나머지 局도 이와 같이 논하면 된다.

辛辛乙丁　庚己戊丁丙乙甲
未卯未亥　寅丑子亥戌酉申

乙木이 득령하고 亥卯未 木局이 온전하여 木의 세력이 왕성하고 金氣가 허탈한데 時에 丁火가 투출하여 아주 기쁘다.

제살하는 용신이 되므로 초년에 運이 土金으로 行하니 분주하게 고생하였으나 기회를 만나지 못하고 丁亥運에 이르러 生木制殺하므로 軍에서 현좌가 되었고 丙戌運 중에 丁을 돕고 辛을 극하므로 현령에 올랐다. 이것이 소위 强衆而敵寡 勢在去其寡로 강한 세력을 적은 것이 대적하면 세력은 그 적은 것을 제거하는 데 있다. 殺이 旺할때만 억제하는 것으로 유추하는 것이 아니다.

酉運에 이르러 殺이 祿旺을 만나 木局을 충파하므로 사망하였다.

이후제

卯月 乙木이 신왕한데 辛金은 絶地일 뿐만 아니라 지지가 亥卯未木局으로 旺木을 억제하기가 어려우므로 辛金칠살을 버리고 洩하는 丁火를 쓰며 火運을 원한다. 또한 春木은 본래 金을 꺼리고 火를 기뻐한다.

庚己乙癸　庚辛壬癸甲乙
寅卯亥未　辰巳午未申酉

이 명조는 본문에서 국을 이루고 관성이 투간하였는데 좌우가 모두 허하다는 것과 합치된다. 사주에 情이라고는 하나도 없다.

財를 쓰려고 하나 財가 木局에 겁탈되고 官을 쓰려고 하나 絶地에 있어 용신이 의지할 곳이 없다. 사람의 뜻이 한결같지 않고 마음은 변덕스러우며 가업을 망가뜨렸다. 책을 읽고 의학을 배웠으나 성취한 것이 하나도 없을 뿐만 아니라 재산은 흩어지고 사람들이 떠나가자 머리를 깎고 중이 되었다.

辛辛乙戊　庚己戊丁丙乙
未卯未寅　寅丑子亥戌酉

乙木이 득령하고 비록 완전한 합은 없으나 寅時가 亥에 비하여 역량이 몇 배가 낫다. 전체의 형상을 보면 局中에 三土兩金으로 財가 生하여 殺이 旺한 것 같으나 卯가 旺한 월령임을 모르는 것이다. 지장간 중에 모두 木의 뿌리가 旺하고 金의 生地가 아니므로 初年 土金運에 제후가 운영하는 학교에 들어가 장학금도 받고 가업도 풍요로웠으나 丁亥運에 제살하며 회국하니 처자식을 못살게 굴고 망가져 정상적이지 않더니 죄를 짓고 이름도 바꾸더니 우울증으로 죽었다.

3. 八格(正官 偏官 正財 偏財 正印 偏印 食神 傷官是也)

財官印綬分偏正 兼論食傷八格定.

재와 관과 인성은 정편으로 나누고 식신 상관과 함께 팔격으로 정한다.

八格者 命中之正理也. 先看月令所得何支 次看天干透出何神. 更究司令以定眞假 然後取用以分清濁. 此實依經順理. 若月逢祿刃 無格可取 須審日主之喜忌 另尋別支透出天干者 借以爲用. 正者必兼五行之常理也 變者必從五行之氣勢也.

팔격은 명리의 바른 이치이다. 먼저 월령이 어느 지지를 얻었는지를 보고 다음에 천간에 어떤 神이 투출했는지 본다. 다시 사령을 살펴서 眞假를 정한 연후에 용신을 취하고 청탁을 나눈다. 이것이 변하지 않는 원칙에 의한 참된 순리이다. 만약 月에 록이나 양인을 만났으면 취할 수 있는 격이 없으니 반드시 일주의 희기를 살펴서 별도의 지지에서 천간에 투출한 것을 따로 찾아 격으로 쓸 수 있다.

정격은 반드시 오행의 일반적인 이치를 겸하고 변격은 반드시 오행의 기세를 따른다.

1) 正格

官印 財官 殺印 財殺 食神制殺 食神生財 傷官佩印 傷官生財

관인 재관 살인 재살 식신제살 식신생재 상관패인 상관생재

按孤官不貴. 必取財印以爲輔. 孤財不富. 必用官印以爲佐. 故有逢官看印. 以財爲引. 及逢財看傷食等說. 印綬食傷皆然. 卽使用神專一. 亦必須運行輔佐之地. 方得生氣流動也.

官이 외로우면 귀할 수 없으니 반드시 財印이 도와야 하고 財가 외로우면 富할 수 없으므로 반드시 官印이 보좌해야 한다.
그러므로 官을 만나고 印을 보면 財가 도와야 하며 財를 만나면 식상을 봐야 한다는 등의 說은 인수와 식상도 모두 그러하다.
용신이 한결 같게 하려면 반드시 運이 보좌하는 곳으로 행해야 생기가 흘러 움직임을 얻게 된다.

2) 變格

從財 從官殺 從食傷(卽從兒格) 從旺 從强 從氣 從勢
一行得氣(卽曲直潤下炎上從革稼穡五格)
兩氣成形(兩神成象相生相成十格)
종재 종관살 종식상(종아격) 종왕 종강 종기 종세
일행득기(곡직 윤하 염상 종혁 가색 五格)
양기성형(양신 성상 상생 상성 十格)

其餘外格多端 不從五行正理 盡屬謬談. 至於蘭台妙選所定一切奇格異局 納音諸法 尤屬不經 不待辨而知其謬也. 更有吉凶神殺 往往全無應驗. 千金賦云 吉凶神殺之多端 何如生剋制化之一理. 一言以蔽之矣. 按影響遙繫 名爲外格 實非格也 不過干支生成特異之點 爲天地靈秀所鍾而已. 如天干一氣 地支連茹 等是. 夫格局者 五氣聚而成形 自成一種形象 生剋制化 各有一定法則 而雜格則不然.
나머지 외격도 많은데 오행의 바른 이치를 따르지 않으니 모두 잘못된 이야기에 속한다. 난태묘선에 이르면 일체의 奇格과 異局과 납음에 관한 모든 법을 정한 것이 더욱 원칙이 없으니 따질 필요가 없이 그 오류를 알 수 있고 더욱 길흉신살에 있어서는 맞는 바가 전혀 없다. 천금부에 이르길 길흉신살이 다단하나 어찌 생극제화의 하나의 이치와 같을 수 있겠는가라고 했는데 한마디 말로 그 뜻을 다 말한 것이다.

살펴보면 영향요계는 이름은 외격이지만 실은 格이 아니고 간지가 생성하는 특이한 점에 불과하며 천간과 지지의 뛰어나고 빼어난 것일 뿐이다. 가령 천간일기나 지지연여 등이다. 무릇 격국은 한 가지 종류로 형상을 이룬 것부터 五氣가 모여서 形을 이룬 것까지 생극제화가 각각 일정한 법칙이 있으나 잡격은 그렇지 않다.

書云 大凡貴命 合二三格局 取之左右逢源. 不可以格多爲雜云云 若成形象 豈能兼取二三. 自相矛盾 又古歌云 諸般貴氣雖合格 六格大綱難去得. 更看向背運進行 不可一途而取則. 足見雖合貴氣 仍須依照才官印食取用. 然則所謂貴氣者 豈能依以爲據 名之爲格. 不免淆亂眼目. 但吉者助吉 凶者解凶 亦非盡無可取. 而夾拱冲會 尤能增無形之助力. 玆特集合稍有依據者 名之曰雜格一覽 附於卷末 以供參考 於特爲一名人之造而錫以佳名. 如諸書所列者 不勝其搜集 一概從略.

서에서 이르길 무릇 귀한 명은 두세 개의 격국을 합하고 좌우에 근원을 만나 그것을 취한다고 했다. 격이 많으면 잡스러워 안 된다고 운운하는데 만약 형상을 이루었으면 어찌 두세 개를 겸하여 취할 수 있겠는가. 스스로 모순이고 또 옛날 가사에 이르길 여러 가지 귀한 기운은 비록 격을 합해도 六格의 중심 내용을 버리고 얻기가 어렵다고 했다. 다시 운이 진행하는 향배를 봐야 하고 한 가지를 취하는 것은 안 된다.

비록 귀기를 합한 것을 충분히 알 수 있어도 반드시 재관인식에 견주어보고 취용해야 한다. 그런즉 소위 貴氣라는 것이 어찌 격이 되는 이름으로써 근거라고 생각하여 기댈 수 있겠는가.

혼란해지는 안목을 면하지 못한다. 다만 길한 것은 길함을 도와야 하고 흉한 것은 흉함을 해소해야 하며 또한 모두 제거하지 않으면 취할 수 없다. 특히 협공이나 충과 회합은 형태가 없이 돕는 힘을 더욱 증가시킬 수 있다.
이에 작은 근거가 있는 것을 특별히 모아서 잡격일람이라는 이름으로 권말에 덧붙여 참고할 수 있게 제공하였으며 특히 일일이 이름난 한 사람의 명조에도 아름다운 이름을 붙였다.
가령 모든 책에 열거된 자를 찾고 모으는 것은 다하지 못하였으나 하나의 개념을 대략 좇았다.

庚癸乙癸　甲乙丙丁戊己庚辛
辰未未未　申酉戌亥子丑寅卯
이 명조는 3개의 未에 통근하여 오히려 氣가 남음이 있고 천간에 투출한 兩癸가 三伏에 寒氣를 생하고 일간을 生扶하며 水庫인 辰에 통근하였다. 관성이 홀로 드러나 淸한데 癸水가 潤土하고 金을 기르니 生化가 어그러지지 않았으며 旺한 財가 官을 생하므로 순수하게 중화되었다. 과거에 급제하고 벼슬은 번얼에 이르렀으며 관직생활도 편안하였다.

己壬丁丙　辛庚己戊丁丙乙甲
丑申未午　未午巳辰卯寅丑子
이 명조의 大勢를 보면 앞의 명조보다 관성이 淸한데 어찌 앞의 명조는 부귀하고 이 명조는 곤궁하였는가. 이 명조는 인성이 없고 壬水가 가까이에서 극하는 것을 모르는 것이다.
午未가 비록 여기이며 록왕이나 丑中에 水를 저장하여 午未를 보이지 않게 손상하고 壬水가 生을 만났으며 또 丙火를 손상한다. 더욱 불만인 것은 己土가 투출하였으나 水를 억제할 수는 없고 도리어 火를 洩하는 것이다.
아울러 중년에 土를 만나 또 火를 설기하니 극설교가로 인하여 공명을 이루지 못하고 재물은 다 잃었으며 처와 자식도 고생을 면할 수 없었다. 자세히 연구해보면 다 己丑 두자가 우환이다. 다행히 격국이 바르고 기상이 치우치지 않아 木火運에 이르면 비록 그 전에는 억눌렸으나 반드시 분발하여 뜻을 이룰 것이다.

癸乙丙辛　甲癸壬辛庚己戊
未卯午卯　寅丑子亥戌酉申

이것은 官淸印正格으로 未卯가 木을 껴안아 象이 순수하여 기쁘다. 그러므로 사람의 품격이 뛰어나고 재주가 탁월하였으며 문장이 高山北斗와 같았으며 품행은 맑고 티가 없었다.

애석하게도 인성이 지나치게 重하여 관성이 설기되니 神(체)은 남음이 있으나 精(용)이 부족하므로 권세를 잃고 빈둥거리게 되었다. 설령 구름을 뚫고 하늘을 날수 있는 뜻이 있어도 뜻을 이루기 어려웠으나 格이 바르고 局이 淸하며 재성이 합을 만나 기쁘다.

비록 큰 재주가 작게 쓰였으나 궁극적으로는 名利가 모두 온전하였고 벼슬길도 맑았으며 인재를 교육하여 이름을 떨쳤다.

이후제

신왕하므로 癸水관성이 용신이고 辛金재성이 희신인데 癸水와 辛金이 멀어 도움이 안 될 뿐만 아니라 둘 다 지지에 실리지 못하였으며 癸水는 乙木인성을 생하여 이롭지 않고 辛金은 일간과 합하여 無情하다. 그러나 행운이 水金으로 흘러 다행이다.

辛丙癸壬　乙甲癸壬辛庚己戊
卯申卯戌　未午巳辰卯寅丑子

이것은 인수격이니 申金이 용신이 되고 丙火가 病이며 壬水가 藥이 되므로 중화되어 순수하다. 秋水通源으로 運이 癸巳에 이르러 金水가 生助를 만나니 과거에 급제하고 壬辰運에 藥과 病이 서로 구제하므로 군수가 되었다. 辛卯, 庚寅에 이르러 金이 개두하여 寅卯木이 火를 生하나 인성을 파괴할 수 없으므로 名利가 兩全하였다.

이후제

申月 癸水가 당령하고 辛金과 壬水가 일간을 생조하여 신왕하므로 克洩耗를 기뻐한다. 따라서 克하는 戊土정관을 써야 하나 투간하지 못하였을 뿐만 아니라 卯戌이 합하여 버리고 耗하는 丙火재성을 써야 하나 辛이 합하고 壬이 破克하여 無情하므로 쓰지 않고 洩하는 卯木을 쓰나 財官이 분명치 않아 下命이다. 水木火運이 다 좋다.

辛丙癸甲　　乙甲癸壬辛庚己戊
卯申卯寅　　未午巳辰卯寅丑子

이것 역시 申金을 用하니 丙火가 病이 되고 전조와 다만 寅字 하나만 바뀌었다. 病은 있는데 藥이 없을 뿐만 아니라 病神을 生助하니 전조는 名利가 양전하였으나 이 명조는 문장이 출중하나 쓰지 못하고 허송세월만 하였다. 寅申이 떨어졌지만 충하고 卯木이 도우니 인수가 도리어 손상되어 더욱 불만이다. 木이 旺하여 金이 손상되고 또 월건이 육친의 자리이므로 부인과 이별하고 재물이 흩어짐을 면치 못하였다. 다만 壬運에 이르러 방신하며 病을 제거하니 재물이 좀 나아졌고 辛卯,庚寅 東方運에 金이 無根하니 나아가 일을 이룩하지 못하였으며 가업도 소강상태에 불과했다. 그러나 格이 바르고 局이 참되며 인성이 사령하므로 마음은 활달하고 시문을 짓는 재주가 자랑할 만 하였다.
오직 가을 태양이 月에 투출하여 (용신인 金을 극하는 것이) 불만으로 구슬이 바다에 빠지는 것을 면하기 어려운데 운명이 아닌 것이 없으니 그것을 받아들이는 것이 순리이다.

이후제

申月 癸水가 秋水通源으로 當旺하나 년일의 卯에 앉고 甲寅時를 만나 식상의 洩氣가 심하므로 식상이 病이다. 그러므로 인성이 식상을 억제하는 용신이 되고 재성이 忌神이 되는데 다행히 丙辛이 합하여 有情하고 土金水運에 발전한다.

由此數造觀之 格局不可執一論也 不拘財官印綬等格 與日主無二 旺則宜抑衰則宜扶 印旺洩官 宜財星 印衰逢財宜比劫. 此不易之法也.
이렇게 여러 개의 명조를 보면 격국을 한 가지 논리로 고집하는 것은 안 되며 재관인수 등의 격에 얽매이지 않아야 하고 일주와 둘이 아니므로 왕하면 억제해야 마땅하고 쇠하면 도와야 마땅하다. 인성이 왕하고 官을 洩하면 재성이 마땅하고 인성이 쇠한데 재성을 만나면 비겁이 마땅하다. 이것은 바뀔 수 없는 법이다.

看命捷訣

用之官星不可傷 不用官星儘可傷 用之財星不可劫 不用財星儘可劫.
用之印綬不可壞 不用印綬儘可壞 用之食神不可奪 不用食神儘可奪.
用之七殺不可制 制殺太過反爲凶. 身殺兩停宜制殺 殺重身輕宜化殺.
身強殺淺宜生殺 羊刃重重喜食傷 若逢官殺亦生殃. 財多身弱宜劫刃
劫重財輕喜食神.
용신이 관성이면 손상하면 안 되고 관성을 쓰지 않으면 될 수 있는 대로 손상해야 하며 용신이 재성이면 겁탈하면 안 되고 재성을 쓰지 않으면 될 수 있는 대로 겁탈해야 한다.
용신이 인성이면 파괴하면 안 되고 인성을 쓰지 않으면 될 수 있는 대로 파괴해야 하며 용신이 식신이면 탈식하면 안 되고 식신을 쓰지 않으면 될 수 있는

대로 탈식해야 한다.
용신이 칠살이면 억제하면 안 되고 제살태과하면 도리어 흉하다.
일주와 칠살의 세력이 비슷하면 제살해야 마땅하고 살중신경이면 화살해야 마땅하다. 신강살천이면 殺을 생해야 마땅하고 양인이 중중하면 식상을 기뻐하며 만약 관살을 만나면 재앙이 생긴다. 재다신약이면 겁재와 양인이 마땅하고 겁재가 重하고 財가 輕하면 식신을 기뻐한다.

官旺身衰宜印地 官衰印旺利財鄕. 莫道梟神無用處 殺多食重最爲良. 勿謂陽刃是凶物 財多黨殺亦爲貞. 此是子平眞要訣 後之學者細推尋. 看命衰旺强弱之理最難. 旺者 日干生當令之時 又見比劫印綬 謂之旺. 若只當令 無劫印生扶 仍作衰論. 强者 日干當令 四柱皆劫印 謂之强. 弱者 日干逢休囚 柱中無劫印 謂之弱 四柱有劫印 謂之衰. 日干雖不當令 而四柱劫印重 亦作旺論. 必須審察的確 旺者宜克 强者宜洩 衰者宜扶 弱者宜抑. 此不易之法也.(參看論體用衰旺節)
官이 旺하고 身이 衰하면 인성운이 마땅하고 官이 衰하고 印이 旺하면 재성운이 이롭다. 효신은 쓸 곳이 없다고 하지마라 살이 많거나 식신이 중하면 가장 좋은 것이 된다.
양인은 흉물이라고 말하지 마라 財가 많거나 殺이 무리를 지었으면 역시 충성스럽고 올바르다. 이것이 자평의 참된 요결이니 후학들은 자세하게 탐구하라.
간명은 쇠왕강약의 이치가 가장 어렵다.
왕한 것은 일간이 당령한 때에 생하고 또 비겁이나 인성을 만나면 旺이라고 한다. 만약 단지 당령은 하였으나 겁인의 生扶가 없으면 衰한 것으로 논한다.
强한 것은 일간이 당령하고 사주가 모두 겁인이면 强이라고 한다. 弱한 것은 일간이 휴수를 만나고 주중에 劫印이 없으면 弱이라 하고 사주에 劫印이 있으면 衰라고 한다.

일간이 비록 당령하지 못했으나 사주에 刦印이 중하면 역시 旺으로 논한다. 반드시 확실하게 자세히 살펴서 旺한 것은 극해야 마땅하고 强한 것은 설해야 마땅하며 衰한 것은 도와야 마땅하고 弱한 것은 억제해야 마땅하다. 이것은 변하지 않는 법칙이다.

影響遙繫旣爲虛 雜氣財官不可拘.

영향요계는 허한 것이고 잡기재관에 구애되면 안 된다.

影響遙繫 卽暗冲暗合等格. 夫冲者散也 合者化也 何能爲我所用乎. 至於雜氣財官 亦是畫蛇添足. 夫戊之在辰戌 己之在丑未 乃本氣用事 非墓也. 乙辛之在辰戌 癸丁之在丑未 乃本方餘氣 亦非墓也. 特辰中之癸 戌中之丁 丑中之辛 未中之乙 乃誠墓耳. 故生於四季 如用辰戌之戊 丑未之己 猶如用餘八支之本氣 如用辰戌中之乙辛 丑未中之癸丁 猶之用餘八支之所藏. 皆不待刑冲而得力也. 惟用辰戌中之癸丁 丑未中之乙辛 慮其閉藏, 當求其透出. 天干苟得透出 亦不待刑冲而後得力也. 不能透出. 乃講刑冲. 然墓神强旺 遇刑則動 遇冲則發 是爲開庫 墓神衰弱 遇刑則敗 遇冲則拔 是爲克倒. 若土則本無刑冲. 更不待言矣.

영향요계는 암충이나 암합 등의 격이다. 무릇 충은 흩어지는 것이고 합은 변화하는 것인데 어찌 나를 위해 쓸 수 있겠는가.

잡기재관도 역시 뱀을 그리는데 발을 그리는 것과 같다.

무릇 戊가 辰戌에 있고 己가 丑未에 있으면 本氣가 세력을 행사하는 것이고 墓가 아니며 乙辛이 辰戌에 있고 癸丁이 丑未에 있으면 本氣의 여기인 것이고 역시 墓가 아니다.

특별히 辰中의 癸와 戌中의 丁과 丑中의 辛과 未中의 乙이 진짜 墓일 뿐이다. 그러므로 四季에 태어나 만약 辰戌이 戊를 쓰고 丑未가 己를 쓰면 마치 나머지 여덟 지지가 本氣를 쓰는 것과 같고 만약 辰戌中의 乙辛이나 丑未중의 癸丁을 쓰는 것은 마치 나머지 여덟 지지가 장간을 쓰는 것과 같다. 모두 형충할 필요 없이 힘을 얻은 것이다. 그러나 辰戌中의 癸丁과 丑未中의 辛乙을 쓰는 것은 장간에 막혀있다고 생각하니 당연히 투출되기를 구하는데 천간에 만약 투출되어 있으면 역시 형충한 후에 힘을 얻을 필요가 없고 투출할 수 없으면 형충을 논한다.

그러나 墓神이 강왕할 때 刑을 만나면 動하고 충을 만나면 發하는데 이것이 開庫가 되고 墓神이 쇠약할 때 刑을 만나면 敗하고 충을 만나면 뽑히는데 이것은 극하여 뒤집히는 것이다.

만약 土이면 본래 형충이 없으니 다시 말할 필요가 없다.

命者 五行之理也 格者 五行之正也 論命取格. 須究五行正理 徹底根源 則窮通壽夭 自不爽矣. 大凡格局眞實而純粹者 百無一二 破壞而雜亂者 十有八九 無格可取 無用可尋者甚多. 格正用眞 行運不悖 名利自如 格破用損 謂之有病 憂多樂少. 倘行運得所 去其破損之物 扶其喜用之神 譬如人染沈疴 得良劑以生也 不貴亦富. 無格可用者 尋其用神 若用神有力 行運安頓 亦可以創業興家 無格可取 無用可尋 只可看其大勢與日主之所向 運途能補其所喜 去其所忌 雖碌碌營生 可免飢寒之患. 若行運又無可取 則不貧亦賤 若格正用眞 行運五行反悖 一生有志難伸.

명은 오행의 이치이고 격은 오행의 올바름이니 격을 취하여 명을 논한다. 반드시 오행의 바른 이치를 연구해야 하는데 근원에 철저하면 궁통요수가 자연히 어긋나지 않는다.

무릇 격국이 진실하고 순수한 자는 백에 하나둘도 없고 파괴되고 잡란한 자는 십에 여덟아홉이 있으며 취할 수 있는 격이 없고 찾을 수 있는 용신이 없는 자도 매우 많다.

격이 바르고 용신이 참되며 행운이 어긋나지 않으면 名利가 저절로 넉넉하고 격이 깨지고 용신이 손상되면 病이 있는 것이니 근심이 많고 즐거움이 적다. 만약 행운이 마땅함을 얻어 그 파손하는 것을 제거하고 희용신을 도우면 고질병에 걸린 사람이 좋은 약을 만남으로써 사는 것과 같으니 명예가 없으면 재물이 있다.
쓸 수 있는 격이 없는 자는 용신을 찾아서 만약 용신이 유력하고 행운이 안돈되면 역시 창업하여 가정을 일으킬 수 있으나 취할 수 있는 격이 없고 찾을 수 있는 용신도 없으면 단지 그 대세와 일주가 향하는 바를 보고 운이 그 기뻐하는 것을 돕고 그 꺼리는 것을 제거할 수 있으면 비록 보잘 것 없이 살지라도 춥고 배고픈 걱정은 면할 수 있다.
만약 행운마저 또 취할 게 없으면 가난하지 않으면 천하고 만약 격이 바르고 용신이 참되어도 행운의 오행이 반대로 어긋나면 일생동안 뜻이 있어도 펴기 어렵다.

己庚丙甲　己戊丁丙乙甲癸壬
巳午午午　巳辰卯寅丑子亥戌

이 명조는 속론으로 하면 丙午日이 지지에 세 개의 午가 온전하고 사주에 한 방울의 水도 전혀 없으며 중년에 또 水運이 없어 반드시 비천록마가 되므로 名利가 함께 빛난다고 할 것이나 午中己土와 巳中庚金이 년월 兩干에 원신으로 투출하여 火土傷官生財格임을 모르는 것이다.
초년 己巳, 戊辰에 洩火生金하므로 유업이 자못 풍족했고 丁卯, 丙寅運에 용신과 희신인 土金이 모두 손상되므로 연달아 화재를 당하였고 또 兩妻와 네 자식을 극했으며 가업도 파산했다. 乙丑運에 이르러 북방습토가 火晦生金하고 또 合化하여 有情하니 경영하여 이익을 보았고 처를 얻어 자식을 낳았으며 집안에 이름을 날렸다. 甲子, 癸亥 水地運에 潤土養金하니 수만금을 벌었는데 만약 비천록마로 논하면 水運을 大忌해야 한다.

丁癸乙己　壬辛庚己戊丁丙
丑卯卯卯　寅丑子亥戌酉申

乙卯일주가 卯月 卯時에 생하여 극왕한데 丁火가 홀로 그 정수를 洩하여 發하니 매우 기쁘나 애석하게도 癸水가 丁을 극하여 秀氣를 해치는데 時干의 己土가 절지에 있어 그 癸水를 제거할 수 없다. 때문에 공부를 계속하지 못하였고 初中年運에 水木地를 만나 고생이 많았으며 가업도 점차 줄었다. 戊戌丁運에 사업이 잘 되어 많은 돈을 벌었는데 만약 비천록마로 논한다면 戊戌運에 당연히 大破했을 것이다.

이후제

비천록마는 정관과 정재를 虛冲하여 쓰는 것이다. 그러나 이 명조는 卯가 酉를 虛冲한다는 것인데 酉는 정관이 아니므로 본래 비천록마로 논할 수 없다. 다만 신왕하여 식신이 洩하는 용신인데 식신인 丁火가 癸水에 破克되어 격을 이루지 못한 사주인 것이다.

丁癸甲甲　壬辛庚己戊丁丙乙
未丑辰戌　子亥戌酉申未午巳

이 명조는 지지에 모든 四庫가 冲을 만나 저속되게 논하여 잡기재관격이라고 하는 것은 丑未가 冲을 만나 관성이 傷할 뿐 아니라 庫의 뿌리도 제거되는 것을 모르는 것이다.

辰은 甲木의 여기이니 역시 일주의 뿌리가 지지에 서리는데 戌이 冲하여 미약한 뿌리가 손상을 받으므로 더욱 불만이다.

재다신약이고 또 다시 旺土가 冲하여 점점 더 旺해지니 癸水가 반드시 손상된다.

初年 壬子, 癸亥運에 水旺하므로 부모의 음덕이 많았으나 庚戌運에 財殺이 함께 旺하니 부모를 모두 잃고 처자식을 못살게 굴었다. 己酉, 戊申運에 土가 천간에 개두하여 金이 水를 生할 수 없으므로 가업도 다 없어지고 자식도 없이 죽고 말았다.

이후제

木일주가 土가 많아 신약하고 丑月에 생하여 춥다. 時上 甲木비견이 소토하며 일간을 돕는 용신이고 癸水는 甲木을 생하는 功이 있으나 寒氣를 증가시키는 過도 있다. 丁火는 추위를 제거하는 藥神인데 癸水와 상충하여 無用이다. 木運이 소토하며 일간을 도와 가장 좋고 火運은 조후하는 功이 있으나 土를 생하여 꺼리며 水運은 生木하나 寒氣를 북돋아 불길하며 土金運은 도움이 전혀 안 되고 흉할 뿐이다.

丁癸甲辛　　壬辛庚己戊丁丙乙
亥丑子未　　子亥戌酉申未午巳

甲子일주가 丑月에 생하고 지지가 북방이며 천간에 辛癸가 있어 官印의 原神이 드러나 丁火를 극하여 없애는데 丑未의 克이 요원하고 또 水勢가 乘權하여 丑을 冲할 수 없다.

바른 中和의 象을 얻었으므로 土金水運에 모두 生化의 情을 만나니 일찍이 학당에서 공부하고 향시에 합격했으나 단지 격국이 淸寒하여 벼슬길은 현달하지 못하고 반궁에서 인재를 교육하였으며 따뜻한 봄날에는 행단에서 예악을 가르쳤다. 墓庫는 冲해야 발한다는 것이 오류임을 알 수 있다.

이후제

亥子丑 北方으로 寒水가 범람하여 未土재성이 용신인데 旺水를 제지하기에 미약하고 丁火가 生土하며 온국하는 희신이나 癸水에 충극되어 쓸 수 없으니 火土運을 동시에 만나야 발전할 수 있다.

4. 官殺

官殺相混宜細論 殺有可混不可混.

관살이 혼잡되면 마땅히 자세하게 논해야 한다. 살이 혼잡해도 되는 경우가 있고 혼잡하면 안 되는 경우가 있다.

殺卽官也 身旺者以殺爲官 官卽殺也 身弱者以官爲殺. 日主甚强 雖無制不爲殺困 正官相雜 但無根亦隨殺行. 去官不過兩端 用食用傷皆可 合殺總爲美事 合來合去宜淸. 獨殺乘權 無制伏. 職居淸要 衆殺有制 主通根 身掌權衡. 殺生印而印生身 龍墀高步 身任財而財滋殺 雁塔題名. 若殺重而身輕 非貧卽夭 苟殺微而制過 雖學無成.

殺이 官인 것은 신왕한 자는 殺로써 官을 삼고 官이 殺인 것은 신약한 자는 官으로 殺을 삼는다.

일주가 매우 강하면 비록 억제함이 없어도 살이 위험하지 않고 정관이 혼잡해도 다만 無根하면 역시 살이 행하는 것을 따라야 한다. 官을 제거하는 것은 兩端에 불과한데 식상을 쓰든 상관을 쓰든 모두 좋고 合殺은 대체적으로 아름다운 일이니 合來하거나 合去하면 마땅히 청하게 된다.

獨殺이 승권하고 制伏이 없으면 청빈한 관리로 요직에 있게 되고 衆殺이 制함이 있고 일주가 통근하였으면 권력을 쥐게 된다.

살이 인을 생하고 인이 생신하면 벼슬이 높고 身이 財를 감당할 수 있으며 財가 殺을 도우면 과거에 급제하게 된다. 만약 살중신경하면 비빈즉요하고 만약 살이 미약한데 억제가 지나치면 비록 학문을 해도 이룰 수 없다.

在四柱總宜降伏 休云年逢勿制. 以一位取權貴 何必時上尊稱. 制殺爲吉 全憑調劑之功 借殺爲權 妙有中和之理. 但見殺臨衰主 究竟必傾家 勿謂局得吉

神 遂許顯達. 書云格格推詳 以殺爲重. 是以究之宜切. 用之宜精.
殺이 사주에 있으면 반드시 제압하여 굴복시키는 것이 마땅하니 년에서 만나면 억제하지 말라고 하지 마라. 하나로서 권세를 취하는데 하필이면 時上을 존칭하는가.
제살해야 길하다는 것은 오로지 조절하는 功이고 殺에 기대여 권력이 된다는 것은 묘한 중화의 이치가 있는 것이다.
다만 殺을 만나고 일주가 쇠약하면 결국 반드시 가세가 기울게 되니 원국에서 길신을 만나 현달하였다고 말하지 마라.
서에 이르길 格을 자세히 추론하는데 殺로써 重함을 삼는다고 했다. 그러므로 그것을 탐구함이 정성스러워야 마땅하고 그것을 쓰는 것은 정밀해야 마땅하다.

殺有可混不可混之理. 如天干甲丙戊庚壬爲殺 地支卯午丑未酉子 乃殺之旺地 非混也 天干乙丁己辛癸爲官 地支寅巳辰戌申亥 乃官之旺地 非混也. 如干甲乙支寅 干丙丁支巳 干戊己支辰戌 干庚辛支申 干壬癸支亥 以官混殺 宜乎去官 如干甲乙支卯 干丙丁支午 干戊己支丑未 干庚辛支酉 干壬癸支子 以殺混官 宜乎去殺.
殺이 혼잡해도 되고 혼잡하면 안 되는 이치가 있다.
가령 천간의 甲丙戊庚壬이 殺이면 지지의 卯午丑未酉子는 殺의 旺地가 되므로 혼잡이 아니고 천간의 乙丁己辛癸가 官이면 지지의 寅巳辰戌申亥는 官의 旺地이므로 혼잡이 아니다.
가령 천간에 甲乙이 있고 지지에 寅이 있거나 천간에 丙丁이 있고 지지에 巳가 있거나 천간에 戊己가 있고 지지에 辰戌이 있거나 천간에 庚辛이 있고 지지에 申이 있거나 천간에 壬癸가 있고 지지에 亥가 있으면 官이 殺에 혼잡된 것이니 官을 제거해야 마땅하다.

가령 천간에 甲乙이 있고 지지에 卯가 있거나 천간에 丙丁이 있고 지지에 午가 있거나 천간에 戊己가 있고 지지에 丑未가 있거나 천간에 庚辛이 있고 지지에 酉가 있거나 천간에 壬癸가 있고 지지에 子가 있으면 殺이 官에 혼잡된 것이니 殺을 제거하는 것이 마땅하다.

年月兩干透一殺 年月支中有財 時遇官星無根 此官從殺勢 非混也 年月兩干透一官 年月支中有財 時遇殺星無根 此殺從官勢 非混也. 勢在於官 官得祿依官之殺. 年干助殺 爲混也. 勢在於殺 殺得祿 依殺之官 年干助官 爲混也. 敗財合殺 比肩敵殺 官可混也 比肩合官 劫財攩官 殺可混也. 一官而印綬重逢 官星洩氣 殺助之 非混也. 一殺而食傷並見 制殺太過 官助之 非混也. 若官殺並透無根 四柱劫印重逢 不但喜混 尙宜財星助官殺也. 總之日主旺相 可混也. 日主休囚 不可混也. 令將殺分六等 詳列於後.

년월 양간에 殺이 하나 나타나고 년월지 중에 財가 있으며 時에 관을 만났으나 無根하면 이것은 官이 殺의 세력을 따르는 것이니 혼잡이 아니고 년월 양간에 官이 하나 나타나고 년월지 중에 財가 있으며 時에 살을 만났으나 無根하면 이것은 殺이 官의 세력을 따르는 것이니 혼잡이 아니다.

세력이 官에 있고 官이 득록하면 관에 의지하는 살인데 년간이 殺을 도우면 혼잡이 된다. 세력이 殺에 있고 殺이 득록하면 殺에 의지하는 관인데 년간이 官을 도우면 혼잡이 된다.

겁재가 합살하거나 비견이 殺을 대적하면 官이 혼잡해도 되고 비견이 합관하거나 겁재가 官과 대적하면 殺이 혼잡해도 된다. 하나의 官이 인성을 거듭 만나면 관성이 설기되므로 殺이 관을 도와야 하고 혼잡이 아니다. 하나의 殺이 식상을 함께 만나면 제살태과되므로 官이 살을 도와야 하고 혼잡이 아니다.

만약 관살이 함께 나타나고 無根하며 사주에 劫印을 거듭 만나면 혼잡을 기뻐할 뿐만 아니라 오히려 재성이 관살을 도와야 마땅하다. 한마디로 일주가 旺相

하면 혼잡해도 되고 일주가 休囚되었으면 혼잡이 불가하다. 이제 殺을 여섯 등분하여 뒤에 자세하게 나열한다.

1) 財滋弱殺格

己丙庚庚　乙甲癸壬辛庚己戊
酉寅申辰　丑子亥戌酉申未午

이 명조를 속되게 논하면 春金이 실령하고 왕한 財가 殺을 생하며 殺이 장생에 앉았으니 일주를 돕고 殺을 억제하는 것이 필요하다고 하겠지만 春金이 비록 당령하지 못했으나 지지에 兩祿旺을 만나고 또 辰時를 만나 印比가 도우니 弱이 旺으로 변하는 것을 모르는 것이다. 소위 木이 여리고 金이 단단하여 만약 丙火가 없으면 寅木이 존재하기가 어렵고 만약 寅木이 없으면 丙火가 無根하므로 財를 써서 殺을 돕는 것이 필요하다. 木火兩字가 하나라도 없으면 안 된다. 甲運에 학교에 들어가고 子運에 會水하여 生木하니 녹봉을 받게 되었으며 癸運은 當頭한 己土가 있어 허물이 없었다. 亥運은 寅과 合하며 丙火가 절처봉생하니 과거에 급제하였고 壬戌運은 지지가 西方이 되어 木火가 모두 傷하므로 벼슬길이 막히고 형벌을 당했으며 辛酉運에 劫刃이 날뛰니 죽고 말았다.

이 명조는 애석하게도 運이 西北金水로 흘렀는데 만약 東南木火로 유행했으면 자연히 과거급제하고 벼슬길도 빛났을 것이다.

丙庚庚辛　辛壬癸甲乙丙丁戊
申寅申巳　卯辰巳午未申酉戌

이 명조는 천간에 庚辛이 세 개가 투출하고 지지에 兩祿旺에 앉았다. 丙火가 비록 巳火에 득록하였으나 유감스럽게도 원신인 庚辛이 투출하여 火의 祿이 아니라 金의 장생이므로 財를 써서 殺을 도와야 하는 것이 분명하다. 辰運은

木의 여기이니 학교에 들어가 공부하였고 巳運은 火가 祿旺이니 과거에 급제하였으며 甲午, 乙未運은 木火가 모두 旺하므로 벼슬이 안찰사에 이르렀다. 만약 八字만 본다면 이 명조가 전조에 미치지 못하지만 다만 전조는 運이 西北으로 흘렀고 이 명조는 運이 東南으로 흘렀으니 부귀가 비록 격국에서 정해졌으나 窮通은 전적으로 運에 있기 때문에 命좋은 것이 運좋은 것만 못하다는 말을 믿을 만하다.

2) 殺重用印格

戊甲戊甲　乙丙丁戊己庚辛壬
子寅午寅　卯辰巳午未申酉戌

戊土가 寅月 寅時에 생하여 土衰木盛한데 좌하에 午火가 寅을 껴안아 일주를 생하므로 有情하여 아주 기쁘다. 이른바 重殺猖狂에 一仁可化인데 子水가 寅木을 생하고 午火와 冲하지 않으니 그 情이 협력하고 그 관계가 통한다. 더욱 좋은 것은 運이 南方으로 흐르므로 일찍 과거에 급제하고 관직에 나아가 이름을 떨쳤다.

己丙戊甲　乙甲癸壬辛庚己戊
亥寅子寅　丑子亥戌酉申未午

이 명조의 격국을 보면 이것은 인성이 장생에 앉고 전조는 인성이 재성의 冲을 만나 전조보다 나은 것 같으나 전조는 좌하에 인수가 있고 兩寅木 칠살을 모두 껴안아 생하므로 일주가 확실하게 견고하지만 이것은 일주가 財에 앉아 도리어 殺을 생하니 이적행위를 하고 겸하여 運도 西北으로 흐르는 것을 모르는 것이다.

戊午年에 향방에 들고 己丑年에 진사가 되었는데 이 兩年은 비겁이 방신하고 재성을 冲去하는 妙함이 있기 때문이다. 壬運에 丙을 극하여 인성이 파괴되니 부친상을 당하고 화재를 만났다.

戊運에 寅을 껴안아 비록 작지만 생색낼 수 있었으나 역시 春月秋花였으며 다가오는 辛酉運中에 木多金缺이며 洩土生水하고 丙火를 합거하니 재앙을 어찌 면할 수 있겠는가.

戊庚甲甲　辛壬癸甲乙丙丁戊
辰申子子　酉戌亥子丑寅卯辰

이 명조는 木은 시들고 金은 예리한데 厚土가 生金하는 것이 원래 두렵다. 그러나 지지가 全水局으로 그 숙살의 氣를 化하여 生化하니 有情하다. 癸亥運에 이르러 과거에 급제하고 일찍 벼슬길에 나가게 되었다. 丙寅, 丁卯運은 制化하므로 모두 마땅하여 벼슬이 봉강에 이르고 관운도 평탄하였으며 평생 굴곡이 없었다.

이후제

秋節 甲木이 庚殺이 투간하여 殺旺한데 子水가 化殺하므로 貴는 足하나 制金하며 온국하는 火가 없어 富가 부족하다. 또한 申子辰 水局으로 甲木은 虛浮하고 全局이 陰濁하므로 木火土運을 만나야 발전하는데 運마저 不順하여 평생이 곤궁하나 丙寅運부터 길운이다.

戊丙庚丙　丁戊己庚辛壬癸甲
午辰寅戌　巳午未申酉戌亥子

이 명조는 천간에 兩殺이 투간하고 지지가 全殺局인데 기쁜 것은 戊土 原神이 투출하여 化殺하기에 충분한 것이다. 寅木이 본래 인성을 파괴하려고 하나 會火하여 도리어 土를 배양하는 근원이 되어 공교롭게도 재배하므로 더욱 기쁘다.

己未運에 이르러 과거에 급제하고 庚申, 辛酉運은 방신하니 有情하고 관직에서 이름을 떨쳤으며 조상을 빛내고 자손을 유복하게 했다.

이후제

지지에 寅午戌 火局을 이루고 月時干에 兩丙이 투출하니 불천지인데 辰土가 습토로 火氣를 설하여 일간을 생하나 이미 칠살이 과다하여 偏枯의 흠을 면하기 어렵다. 따라서 크게 발전하기는 어려우나 濕土運과 金運을 만나면 火氣를 설하고 일간을 도와 발전한다.

癸癸丁癸　壬辛庚己戊丁丙乙
亥亥卯卯　戌酉申未午巳辰卯

이 명조는 천간에 세 개의 癸가 투간하고 지지에 兩亥를 만나 승권병령하였으나 기쁜 것은 金이 없고 兩印이 木局을 껴안아 生化하여 어그러지지 않아 淸하고 순수하다. 庚申,辛酉運에 功名을 잃고 빈둥거렸으며 형벌과 모진 고생을 하였으나 己未運에 이르러 천간은 제살하고 지지는 會印하니 功名이 쌓였으며 戊午, 丁巳丙運에 벼슬이 관찰사에 이르고 名利가 모두 빛났다.

이후제

陰火가 관살이 과다한데 식상의 제살도 없고 비겁의 도움도 없으며 인성이 化殺하는데 물에 젖은 나무에 火熄되는 형상으로 단명하며 아무것도 이룰 수 없는 형국이다. 다행히 己未運부터 南方火地로 流行하여 제살하며 동시에 일간을 도우니 陰地가 陽地가 될 뿐이다.

3) 食神制殺格

戊戊壬甲　己庚辛壬癸甲乙丙
辰午辰辰　未申酉戌亥子丑寅

이 명조는 사주가 모두 殺인데 고장인 세 개의 辰에 앉아 통근하여 기쁘고 金이 없으며 時에 나타난 식신이 제살하고 辰이 木의 여기인 것이 妙하다. 이른바 一將當關으로 흉한 무리가 스스로 굴복하는 모양이다. 癸亥運에 이르러 식신이 生을 만나고 일주가 득록하므로 과거에 급제하고 甲運에 벼슬은 현령이 되었으나 子運에 衰神이 旺者를 沖하므로 죽고 말았다.

이후제

午月 壬水가 失時하여 氣勢가 미약하고 년일시의 辰水庫에 의지한다. 년월의 戊土칠살이 일간을 위협하므로 甲木을 制殺하는 용신으로 삼는다. 辰土에 有根하나 미약하고 午火는 旺土를 생하는 허물이 있으나 지지가 습하여 木根이 부패하는 것을 방지해주는 길신이다. 甲子運이 흉한 것은 월주를 天克地冲하고 용신이 敗地이며 午火를 沖破하므로 용신인 甲木의 뿌리가 부패하기 때문이다.

庚庚甲丙　　辛壬癸甲乙丙丁戊
申辰戌寅　　巳午未申酉戌亥子

이 명조는 甲木이 辰에 앉아 비록 여기가 있으나 庚金이 並透하고 통근하여 斫伐하는데 寅時에 록왕으로 아주 기쁘고 丙火가 홀로 투간하여 제살하며 일간을 도우니 더욱 묘하다. 午運에 暗會하여 火局하므로 과거에 합격하고 甲申, 乙酉運에 殺이 록왕을 만나니 갖은 고생이 많았으나 丙戌運에 이르러 지현에 선발되었다.

壬壬丙戊　　癸甲乙丙丁戊己庚
子子戌戌　　丑寅卯辰巳午未申

이 명조는 年月에 兩壬子를 만나 殺의 세력이 미쳐 날뛰는데 다행히 日時의 戌에 앉아 庫에 통근하였고 戊土가 투출하여 旺水를 제지하기에 족하므로 더욱 묘하며 運이 東南으로 흘러 殺을 억제하고 일주를 도와 더욱 부럽다. 乙卯運에 이르러 水는 절지가 되고 火가 생을 만나니 과거에 합격하고 계수나무꽃

향기 지나 살구꽃향기가 이어지듯 군수가 되었다.

壬丙庚丙　丁戊己庚辛壬癸甲
申午午戌　未申酉戌亥子丑寅

이 명조는 兩殺이 旺을 만나 당권하여 두려운데 年干의 壬水가 申을 만나 제살하기에 족하므로 다행이고 木이 없어 水를 洩하지 않고 火를 돕는 것이 없어 더욱 묘하다. 申運에 金水가 득지하니 벼슬길에 들었고 酉運에 지지가 西方이 되니 일찍이 예부에 발탁되는 명예가 있었다. 뒤의 金水運은 체용이 모두 마땅하므로 군수가 되었다.

4) 合官留殺格

癸戊丙壬　丁丙乙甲癸壬辛庚
丑午午辰　巳辰卯寅丑子亥戌

이 명조는 火가 왕성한 여름에 태어나 극왕하므로 戊癸가 합하여 化火하는 것을 꺼리고 도리어 壬水가 庫에 통근하여 기쁘다.

더욱 妙한 것은 年支의 丑에 앉아 火를 洩하여 養金하기에 충분하며 水를 저장하고 있으므로 癸水가 이에 통근하니 비록 合하나 化하지 않고 탐생망극으로 壬水를 克하지 않게 되니 도리어 기쁘다. 그러므로 乙卯, 甲寅運에 土를 克하여 水를 보호하니 벼슬이 올랐으며 癸丑運에 이르러 주목이 되었고 壬子運에 황당에 오르며 名利가 넉넉했다.

癸戊丙壬　丁丙乙甲癸壬辛庚
巳午午辰　巳辰卯寅丑子亥戌

이 명조도 火旺한 여름에 태어나 전조와 다만 丑字 하나만 바뀌었으나 천연의 격차가 있다. 丑은 북방의 濕土로 맹렬한 丙火를 설하고 午火의 화염을 거두며 또 金水를 저장하였으나 巳는 남방의 旺火이고 癸의 絶地가 되니 한 수레의 땔나무에 붙은 불에 한 잔의 물과 같으므로 관살혼잡이 기쁘고 합관류살의 그 淸함이 기쁘지 않다. 전조는 戊癸合이 不化하나 이 명조는 반드시 合化하므로 殺을 돕지 못할 뿐만 아니라 化火하여 겁재가 되니 도리어 양인이 미쳐 날뛰는 것을 돕는다. 巳中庚金을 인출하여 도울 수가 없으니 壬水가 비록 庫에 통근하였으나 전체적으로 金의 도움이 없어 生氣가 없는 象이다. 게다가 運이 사십년간 木火로 흘러 겁재와 양인을 생조하므로 부모형제와 헤어지고 사업은 뜬 구름과 같았는데 卯運에 이르러 壬水가 絶地가 되고 羊刃이 生을 만나니 가산은 탕진되고 집안이 기울었으니 命이 아닌 것이 없다. 命이 이와 같으니 순리대로 받아들일 뿐이다(임철초의 사주).

이후제

丙火가 雙양인에 앉고 巳祿이 도와 극왕하여 壬水칠살이 용신인데 生水하는 金재성이 없어 身旺殺弱에 濁格이다.
辰은 습토로 洩火하고 水庫로써 壬水의 통근처이니 그 功이 크며 金水運을 만나야 발전하는데 중년이후 金水로 흘러 다행이다.
또한 戊癸合은 戊土가 壬水의 破克을 막아주므로 역시 有情合이다.

戊癸丙壬　甲乙丙丁戊己庚辛
申亥午辰　子丑寅卯辰巳午未

이 명조는 일주가 비록 羊刃에 앉았으나 亥月에 생하여 필경 휴수되었고 木이 없으며 壬癸가 함께 투간하여 지지에 生旺을 만나 각각 문호를 세웠다(세력을 형성했다). 癸水가 合去되어 혼잡에 이르지 않아 기쁘고 運이 東南木火地로 흘러 더욱 좋다. 향방출신으로 자달을 하사받는 총애를 입었으며 黃堂에서 보좌하게 되었다.

戊癸丙壬　甲乙丙丁戊己庚辛
午亥戌辰　子丑寅卯辰巳午未

丙戌일주가 辰時에 태어나 庫의 뿌리가 冲去되고 壬癸가 함께 투간하였으나 戊가 癸를 합하여 거관류살되어 기쁘다. 더욱 기쁜 것은 年에서 양인의 도움을 만나니 火는 虛하나 기세가 있고 金이 없어 더욱 妙하며 전조보다 조금 더 낫다. 과거에 합격한 출신으로 삼공의 지위에 오르고 순선의 벼슬과 요직을 지냈다.

壬丁丁癸　戊己庚辛壬癸甲乙
申未未卯　申酉戌亥子丑寅卯

이 명조는 日月이 모두 丁未이고 時의 殺이 無根한데 壬水관성이 殺을 도와 기쁘나 合이 마땅치 않다. 다행히 壬水가 申에 앉아 合이 不化하므로 申金을 用한다. 運이 西北金水로 흘러 관살을 도와 일으키니 더욱 묘하다. 향방출신으로 벼슬이 계속 올라 현령을 거쳐 사마에 올랐고 황당에 이르렀다.

이후제

未月 丁火는 火氣가 왕하고 또 卯未가 合木하여 生身하니 일간의 氣勢가 부족하지 않다. 다만 未月은 火氣는 쇠퇴하나 熱氣는 왕할 때이니 癸水가 해열하는 용신이 되고 申金이 生水하는 희신이 된다.

(合殺留官附)

甲己戊乙　庚辛壬癸甲乙丙丁
辰巳辰卯　午未申酉戌亥子丑

戊土가 巳月에 生하여 일주가 아닌 게 아니라 旺하다. 그러나 지지에 兩辰이 있어 木의 여기 역시 충분한데 합살류관하고 관성이 祿에 앉아 기쁘다. 運이 生化하고 어그러지지 않아 더욱 妙하니 일찍 벼슬길에 올라 전적과 지제고,

시종과 전선 등을 맡았다.

丙辛庚丁　壬癸甲乙丙丁戊己
辰卯申丑　辰巳午未申酉戌亥

이 명조는 春金이 비록 당령하지 못했으나 祿에 앉고 인성을 만나 弱中에 旺으로 변하여 기쁘다. 丙辛이 合하여 丁火가 홀로 淸하고 去殺하였을 뿐만 아니라 겁재도 제거되어 겁탈도 없어졌으니 재성이 官을 生扶하는데 運이 東南木火로 흘러 더욱 묘하므로 일찍 과거에 급제하고 사람들의 귀감이 되었으며 예조의 인재가 되였다.

丙辛乙庚　壬癸甲乙丙丁戊己
辰卯亥辰　辰巳午未申酉戌亥

乙亥일주가 좌하에 생을 만나고 월령이 祿으로 財를 쓰기에 충분하다. 丙辛이 합하여 弱한 金을 제거하고 乙庚合은 木이 旺하여 從하지 않는다. 향방출신으로 丙申,丁酉運에 이르러 火가 개두되어 벼슬하기가 어려웠으나 마침내 西方金地에 이르니 역시 현령이 되어 화원에서 노래를 부르게 하며 서운했던 감정을 풀 수 있었다.

癸戊壬己　丁丙乙甲癸壬辛庚
亥午午酉　巳辰卯寅丑子亥戌

이 명조는 旺한 殺이 재성을 만났는데 癸水가 합하여 기쁘고 癸水가 旺을 만나 合하여 不化하므로 戊土가 있어도 壬水를 대항하지 않아 妙하다. 合하여 化하면 火로 변하여 生土하므로 無情하게 된다. 이로써 헤아려보면 運이 東方木地로 흐를 때는 일찍 청운의 뜻을 이루고 運이 北方水地로 갈 때 재성을 제거하여 인성을 보호하므로 관청에서 일하였다.

5) 官殺混雜格

壬壬丙癸　癸甲乙丙丁戊己庚
辰子寅巳　丑寅卯辰巳午未申

이 명조는 壬水가 당권하고 관살이 중첩했는데 일주가 장생에 앉아 매우 기쁘다. 寅이 洩水하여 化殺生身할 수 있고 時에 록왕을 만나니 관살을 대적하기에 충분한데 金이 없어 더욱 묘하며 인성이 용신이니 殺의 세력이 비록 강하나 두렵지 않다.

丙辰에 이르러 일주를 돕고 또 己巳年을 만나 혼잡한 官을 제거하니 예부에 들어갔으며 이름 있는 고을의 재상으로 나갔다.

甲乙己丁　丙丁戊己庚辛壬癸
子亥巳卯　子丑寅卯辰巳午未

이 명조는 관성이 장생을 만나고 殺이 록왕을 만났으며 巳亥가 비록 冲하여 인성이 파괴되나 卯木이 生火하여 기쁘다. 寅運은 亥와 합하고 化木하여 인성을 生하니 과거에 합격하고 庚辰, 辛巳運은 官을 억제하고 殺을 化하므로 큰 고을의 수령으로 나갔으며 名利가 兩全하였다.

丙丁庚戊　戊己庚辛壬癸甲乙
辰酉午寅　戌亥子丑寅卯辰巳

이 명조는 殺이 生을 만나고 官이 득록하였는데 秋金이 秉令하여 기쁘고 辰土가 洩火生金하여 中和의 象을 잃지 않아 더욱 좋다. 또한 運이 北方水地로 흘러 기쁘고 庚子運에 官의 뿌리를 冲하여 제거하니 과거에 급제하고 辛丑, 壬寅運에 현령이 되어 솜씨 있게 일을 처리하며 잘 다스렸다.

이후제

酉月 庚金은 양인으로 乘旺하고 辰酉가 合金하며 戊土가 生身하니 신왕하

다. 또한 丙丁이 투간하고 午에 록왕이며 寅午가 合火하니 신왕관왕하다. 따라서 식상이 제살해야 上命인데 당령한 일간을 인성이 化殺하여 불만이다. 왕한 일간을 洩하며 制殺하는 食傷運에 발전한다.

戊己壬辛　庚辛壬癸甲乙丙丁
午未申亥　申酉戌亥子丑寅卯

이 명조는 관살이 당령하여 병왕하였는데 다행히 일주가 장생에 앉고 時에 록왕을 만나 무리를 이룬 관살에 대적하기에 충분하고 좌하의 인성이 財殺의 氣를 引通한다. 運이 西北金水로 흐르니 소년에 과거급제하고 창고를 관리하는데 경륜이 있었으며 문장이 아름다워 사람들의 추앙을 받았다. 세금을 걷는데 백성을 편안하게 하였으며 대대로 내려가며 문장이 빛났다.

官殺混雜者 富貴甚多. 總之官殺當令者 必要坐下印綬 則其殺官之氣流通 生化有情 或氣貫生時 亦足以扶身敵殺. 若不氣貫生時 又不坐下印綬 不貧亦賤. 如殺官不當令者 不作此論也.

관살이 혼잡한 자가 부귀한 경우가 매우 많은데 한마디로 말하면 관살이 당령한 자는 좌하에 인수가 필요하다. 좌하의 인성이 관살의 氣를 유통하여 生化有情하거나 혹은 氣가 生時를 관통하면 역시 일주를 도와 殺을 대적할 수 있다. 만약 氣가 生時를 관통하지 않고 또 좌하에 인수가 아니면 빈곤하지 않으면 賤하다.

만약 관살이 당령하지 않은 자는 이렇게 논하지 않는다.

6) 制殺太過格

辛戊丙己　丁丙乙甲癸壬辛庚
卯戌辰亥　酉申未午巳辰卯寅

時에 하나의 殺을 만났는데 네 개의 식상이 억제한다. 年支의 卯木은 개두한 辛金에 극을 당하고 게다가 秋木이니 본래 소토하기에 부족하므로 亥中甲木에 의지하여 殺을 보호한다. 乙未運에 이르러 木局을 이루니 예부에 들어갔고 한원에서 명성이 높았다. 甲午運에 木이 午에서 死하고 己가 甲을 合하여 化土하므로 부친상을 당하고 己巳年에 또 亥水를 冲去하므로 사망하였다.

辛戊丙壬　丁丙乙甲癸壬辛庚
卯戌辰辰　酉申未午巳辰卯寅
이것 역시 하나의 殺이 네 개의 식신에 억제를 당하는데 앞의 명조에 미치지 못하는 것은 亥卯의 會局이 없는 것이다.
비록 일찍 반궁에 들어가 공부하였으나 과거에 합격하지 못하고 돈을 내고 벼슬을 하였는데 역시 신통하지 않았다.
時에 殺이 투간하여 甲午運에 化土의 염려가 없어 기쁘다. 그러므로 여러 가지로 고생은 하였으나 자기 몸에는 허물이 없었다.

이후제

戊月 丙火가 많은 식신에 洩氣되어 신약하므로 식신이 病이 된다. 그러므로 인성인 卯木이 용신인데 辛金에 억제를 당하고 氣弱하여 소토하기에 力不足이며 壬水가 희신인데 木이 멀어 生木하지 못하고 일간을 겁박하는 忌神으로 변했다. 그러나 戊土가 다시 制殺하니 희신이 기신이 되고 기신이 다시 길신이 되므로 局勢가 어지럽다. 천간으로는 木運이 좋고 지지로는 水木運이 좋다.

壬丙丙壬　丁戊己庚辛壬癸甲
辰午午辰　未申酉戌亥子丑寅
兩殺이 네 개의 식상에 억제를 당하고 인성이 비록 나타나지 않았으나 殺은 투간하고 식신은 암장되었으며 庫에 통근하여 기쁘다. 전체적으로 여름의 火

는 당권하고 水는 金의 生이 없는데 酉運에 이르러 辰土를 合去하고 生殺하므로 과거에 합격하여 중서성에 들어갔으며 庚運에 벼슬이 계속 올라 軍의 기밀을 감독하게 되었으나 戌運에 조토가 壬水의 뿌리인 辰土를 충동하고 또 戊辰年을 만나 戊土가 투출하여 壬水를 억제하므로 사망하였다.

甲戊壬壬 己庚辛壬癸甲乙丙
寅辰辰寅 巳午未申酉戌亥子

이 명조는 다섯 개의 殺을 만나 극을 당하는데 土가 비록 당권하였으나 木 역시 웅장하다. 일주가 兩辰庫에 앉고 또 비견의 도움을 만나 다행인데 壬申運에 이르러 일주가 生을 만나고 寅木을 冲去하므로 과거에 급제하고 癸酉運까지 이십년간 현령을 거쳐 황당에 이르렀으며 名利가 넉넉했다.

庚戊戊庚 己庚辛壬癸甲乙丙
申寅寅申 卯辰巳午未申酉戌

이것은 兩殺이 네 개의 억제를 만났으나 다행히 春木이 득시병령하여 극을 당해도 모두 없어지지는 않는다.
午運에 이르러 부족한 土를 돕고 넉넉한 金을 제거하니 과거에 급제하고 현령이 되었다. 甲申運에 이르러 또 식신의 억제를 만나니 軍中에서 사망하였다.

按與其制殺太過 不若官殺混雜之美也 何也. 蓋制殺太過 殺旣傷殘 再行制殺之運 克洩交加 九死一生. 官殺混雜 只要日主坐旺 印綬不傷 運程安頓 未有不富貴者也. 如日主休囚 財星壞印 卽使獨殺純清. 一官不混 往往憂多樂少志屈難伸. 學者宜審焉.
제살태과에 대하여 살펴보면 관살혼잡의 아름다움만 못한 것은 무엇 때문인가. 대개 제살태과는 殺이 이미 손상되었는데 다시 제살하는 運으로 가면 克

洩이 겹치므로 구사일생이 되는 것이다. 관살혼잡은 다만 일주가 왕하고 인수가 상함이 없으며 運이 안돈되면 부귀하지 않은 자가 없다.

만약 일주가 휴수되고 재성이 인성을 파괴하면 獨殺이 淸하고 관이 혼잡하지 않아도 근심이 많고 즐거움이 적으며 뜻을 펴기 어려운 것을 흔히 볼 수 있다. 배우는 자는 마땅히 살펴야 한다.

5. 傷官

傷官見官最難辨 官有可見不可見.

상관견관을 분별하는 것은 매우 어렵고 관을 만나도 괜찮은 경우가 있으며 만나면 안 되는 경우가 있다.

傷官者 竊命主之元神 旣非良善 傷日干之貴氣. 更肆縱橫 然善惡無常 但須駕馭 而英華發越 多主聰明. 若見官之可否 須就原局以權衡 其間作用 種種不同 不可執一而論也.

상관이란 일주의 원신을 훔치므로 선량하지 않을 뿐더러 일간의 貴氣를 해친다. 또한 거침없이 제멋대로이며 선악의 일정함이 없으나 다만 제어가 되면 아름다운 색채가 빼어나며 총명함이 뛰어나다.

見官의 可否에 관해서는 반드시 원국의 형세에 따라 그 사이에서 작용하는데 종종 그렇지 않을 때가 있으니 한 가지를 고집하고 논하면 안 된다.

有傷官用印 傷官用財 傷官用劫 傷官用傷 傷官用官之不同. 若傷官用財 日主旺 傷官亦旺 宜用財. 有比劫則可見官 無比劫 有印綬 不可見官. 日主弱 傷官旺 宜用印 可見官 不可見財. 日主弱 傷官旺 無印綬 宜用比劫 喜見劫印 忌見財官. 日主旺 無財官 宜用傷官 喜見財傷 忌見官印. 日主旺 比劫多 財星衰 傷官輕 宜用官 喜見財官. 忌見傷印.

상관이 인성을 쓰고 상관이 재를 쓰며 상관이 겁재를 쓰고 상관이 상관을 쓰며 상관이 관성을 쓰는 것이 같지 않다.

만약 상관이 재성을 쓰면 일주가 旺하고 상관도 역시 旺해야 재를 쓰는 것이 마땅한데 비겁이 있으면 관을 봐도 좋고 비겁이 없고 인성이 있으면 관을 보면 안 된다.

일주가 弱하고 상관이 旺하면 인성을 쓰는 것이 마땅한데 관을 보면 좋고 재성을 만나면 안 된다. 일주가 弱하고 상관이 旺하며 인성이 없으면 비겁을 쓰는 것이 마땅한데 겁재와 인성을 보면 기뻐하고 재관을 보면 꺼린다.
일주가 旺하고 재관이 없으면 상관을 쓰는 것이 마땅한데 재성과 상관을 보면 기뻐하나 관성과 인성을 보면 꺼린다. 일주가 旺하고 비겁이 많으며 재성이 衰하고 상관이 輕하면 관성을 쓰는 것이 마땅한데 財와 官을 보면 기뻐하고 상관과 인성을 보면 꺼린다.

所謂傷官見官 爲禍百端者 皆日主衰弱 用比劫幇身 見官則比劫受克 所以有禍. 若局中有印 見官不但無禍 而且有福也. 傷官用印. 局內無財 運行印旺身旺之鄕 未有不顯貴者也 運行財旺傷旺之鄕 未有不貧賤者也. 傷官用財 財星得氣 運逢財旺傷旺之鄕 未有不富厚者也 運行印旺劫旺之地 未有不貧乏者也. 傷官用劫 運逢印旺 必貴 傷官用官 運行財旺必富. 傷官用傷 運遇財傷 富而且貴. 不過官有高卑 財分厚薄耳. 宜細推之.
이른바 상관이 관성을 보면 여러 가지로 禍가 되는 것은 모두 일주가 쇠약하여 비겁을 써서 幇身하는 경우에 관성을 보면 비겁이 극을 받으므로 禍가 생기는 것이다.
만약 局中에 인성이 있으면 관을 만나도 禍가 없을 뿐만 아니라 또한 福이 된다.
상관이 인성을 쓰고 원국에 財가 없으며 運이 인성이 旺하거나 신왕한 곳으로 가면 귀함이 드러나지 않는 자가 없고 運이 財旺하고 상관이 旺한 곳으로 흐르면 빈천하지 않는 자가 없다.
상관이 재를 쓰는데 재성이 득기하고 運이 財旺하거나 상관이 旺한 곳으로 흐르면 富厚하지 않은 자가 없고 인성이 旺하거나 겁재가 旺한 곳으로 運이 흐르면 가난하지 않은 자가 없다.

상관이 겁재를 쓰는데 인성이 旺한 運을 만나면 반드시 귀하고 상관이 관성을 쓰는데 財旺한 運으로 가면 반드시 富하다.
상관이 상관을 쓰는데 운이 재성이나 상관을 만나면 富하고 또 귀하다. 관성은 높고 낮음에 불과하고 재성은 두텁고 박함을 구분하는 것에 불과할 뿐이다. 자세하게 추론해야 마땅하다.

1) 傷官用印格

己辛丙己　庚己戊丁丙乙甲癸
丑未寅丑　午巳辰卯寅丑子亥

火土상관이 중첩하였는데 다행히 季夏에 火氣가 남아있고 또 일주가 장생에 앉아 寅中甲木이 용신이 된다. 丁卯運에 이르러 辛金을 극하여 제거하고 丑土가 파괴되니 소위 有病得藥으로 과거에 급제하고 丙寅運에 체용이 모두 마땅하므로 벼슬이 황당에 이르렀다.

이후제

식상이 많아 傷官佩印으로 인성이 용신인데 희신인 관성이 없어 불만이다. 다행인 것은 원국에 火가 없고 丑土의 濕氣가 있어 寅木을 쓸 수 있는 것이다. 水木運이 좋다.

辛丁戊辛　丙乙甲癸壬辛庚己
酉酉午酉　申未午巳辰卯寅丑

土金상관이 중첩됐는데 다행히 사주에 재성이 없어 기상이 순수하고 淸하다. 초년 木火運에 체용이 모두 마땅하니 과거에 급제하여 소년에 중서성에 들어갔으나 癸巳, 壬辰運에 生金克火하므로 일생의 지조와 절개를 어디에 하소연하겠는가. 半生의 노력이 가엾을 뿐이다.

壬壬庚己　癸甲乙丙丁戊己庚
戊子辰卯　丑寅卯辰巳午未申

金水상관이 당령하였는데 다행히 年支에 따뜻한 戌土가 세찬 물살 속에서 버팀목으로 충분하다. 時上의 卯木재성이 破印하는 病이 되니 초년 水木運에 학문을 잇지 못하였으며 삼십이 지나 火土運을 만나니 과거시험을 통하지 않고 벼슬길에 올라 주목에 이르렀다. 午運에 衰神이 旺者를 冲하니 탄핵을 받아 귀양을 가게 되었다.

丙癸乙丙　甲乙丙丁戊己庚辛
辰巳丑子　午未申酉戌亥子丑

木火상관인데 인성이 지지의 록에 통근하여 격국이 아름답다. 비록 재성이 괴인하는 것이 불만이나 辰丑이 모두 습토로 水를 저장하고 火를 洩하는데 애석하게도 運에 水가 없으므로 일개 寒儒가 되고 말았다. 申運에 이르러 火는 絶地가 되고 水는 長生하니 이름이 반궁에 올랐으나 그 후 아홉 번이나 과거에 낙방하였다.

2) 傷官用財格

丙戊丁乙　己庚辛壬癸甲乙丙
申戌卯巳　亥子丑寅卯辰巳午

火土상관이나 劫印이 중첩하여 신왕함을 알 수 있고 따라서 申金재성이 용신이니 물려받은 재산이 본래 풍족했고 辛丑, 壬寅運에 사업으로 많은 재물을 벌었으나 寅運에 이르러 金이 絶地가 되고 겁재가 장생을 만났으며 또 寅申이 沖破하니 소위 旺者가 衰者를 冲하면 衰者의 뿌리가 뽑히게 되므로 사망하였다.

癸乙壬乙　甲癸壬辛庚己戊丁
亥卯申巳　寅丑子亥戌酉申未

水木상관인데 일주가 장생에 앉고 年支가 록왕이니 일주가 약하지 않아 巳火財를 쓰기에 충분하다. 불만인 것은 중년運이 金水로 반평생을 번잡하고 쓸데없이 바쁘게 고생하고 풍상을 겪었으며 여러 가지 형상으로 기복이 심했다. 戌運에 이르러 亥水겁재를 억제하며 卯木과 합하여 재성으로 변하니 갑자기 수만금을 벌었으나 酉運에 이르러 상관을 충파하고 劫印을 생조하니 사망하였다.

戊辛戊丁　壬癸甲乙丙丁戊己
子酉午巳　戌亥子丑寅卯辰巳

土金상관이나 일주가 록왕에 앉고 劫印을 거듭 만났는데 일점 재성이 秋水通源으로 子는 酉의 生에 의지하고 酉는 子의 보호에 기댄다. 遺業이 있어 편안하였으며 甲子, 乙丑運 20년간 制化가 모두 마땅하므로 스스로 창업하여 수만의 재물을 모았으나 丙寅運에 이르러 火土를 생조하고 金水를 극설하므로 사망하였다.

壬辛辛庚　壬癸甲乙丙丁戊己
申亥酉寅　子丑寅卯辰巳午未

金水상관인데 비겁이 旺하여 비록 寅木財를 用하나 亥水가 洩金生木하니 비겁의 쟁탈이 없어 기쁘다. 또 亥水가 있어 申의 冲을 해소하는데 만약 亥水가 없으면 일생동안 기복이 많으니 편안함이 없고 이룬 것은 그림속의 떡과 같이 되었을 것이므로 亥水가 生財하는 福神인 것이다. 甲寅, 乙卯運에 자수성가하여 재물을 모아 부자가 되었으나 뒤의 火運에는 다투고 극하여 안정되지 않을뿐더러 재성을 설기하니 생색낼 일이 없었다. 巳運에 이르러 寅申巳亥가

冲하고 또 겁재가 生을 만나니 사망하였다.

3) 傷官用劫格

癸辛戊己　庚己戊丁丙乙甲癸
亥酉申未　申未午巳辰卯寅丑

土金상관이 재성이 太重하여 학문의 뜻을 이루지 못하게 되었으나 다행히 未時겁재가 통근하여 용신이 되니 기쁘다. 더욱 妙하게 運이 火土로 흘러 돈을 기부하고 벼슬을 얻어 현좌가 되었다. 丁巳, 丙辰運에 이르러 왕한 인성이 用事하니 벼슬이 주목에 이르고 재물도 풍족하였으나 乙卯運에 충극하여 안정되지 못하고 파직되어 고향으로 돌아갔다.

己癸戊庚　壬辛庚己戊丁丙乙
未酉戌申　申未午巳辰卯寅丑

土金상관이 지지가 서방으로 金氣가 太重하고 겁재가 용신이다. 當頭한 癸水를 극하여 학문의 뜻을 계속할 수 있어 기쁘고 더욱 妙하게 南方火地로 흐르니 과거에 합격하여 현령을 거쳐 주목이 되고 이어서 황당에 이르렀다. 일생이 凶이 吉로 변하고 벼슬길에도 파란이 없었다.

癸甲癸甲　癸壬辛庚己戊丁丙
亥寅亥寅　丑子亥戌酉申未午

水木상관이고 재성이 없으므로 공부를 계속할 수 있어 기쁜데 地支의 寅亥가 木으로 변하여 불만이다. 상관이 太重하여 청운의 뜻을 이루기 어렵고 辛運에 반궁에 들고 亥運에 국비를 받는 장학생이 되었으며 庚戌運에 돈을 기부하고 벼슬을 얻었다. 己酉, 戊申 20년은 土金의 生化가 어그러지지 않아 벼슬이 별가에 이르고 재물도 풍족하였다.

戊己丙己　庚辛壬癸甲乙丙丁
申未戌丑　申酉戌亥子丑寅卯
사주가 상관으로 이루어져 만약 丑月이나 戌月에 태어났다면 종아격이 되어 名利를 모두 이루었을 것이나 未月에 태어나 火의 餘氣가 있으므로 반드시 未中丁火가 용신이 된다. 애석하게도 運이 西北金水地로 흘러 조업을 패하게 되었고 癸亥運에 이르러 궁핍하고 즐거움이 없으니 머리를 깎고 중이 되었다.

戊庚己癸　辛壬癸甲乙丙丁戊
辰申酉酉　酉戌亥子丑寅卯辰
역시 土金상관이 겁재를 쓰는데 辰이 습토로 金을 生하며 水를 껴안아 일주를 돕기에 부족하여 불만이다. 運이 西北金水地로 흘러 더욱 불만인데 한번 패하니 재와 같이 되었고 가정도 이루지 못했다.

以上五造 皆是用劫 何前三造名利兩全 此兩造一事無成 因運無幇助之故耳. 由此推之 非人之無能 實運使然. 富貴貧賤在命 窮通在運 無可勉强也.
위의 다섯 명조는 모두 겁재를 쓰는데 어찌하여 앞의 세 명조는 명리가 양전하였고 이 두 개의 명조는 하나도 이루지 못하였는가. 運이 돕지 못한 연고이다. 이런 이유로 헤아리면 사람이 無能한 것이 아니라 실은 運이 그렇게 만드는 것이다. 부귀빈천은 命에 있고 궁통은 運에 있으니 억지로 할 수 없다.

4) 傷官用傷官格

庚己壬庚　庚辛壬癸甲乙丙丁
辰卯辰子　辰巳午未申酉戌亥
壬水가 卯月에 生하여 水木상관격인데 천간의 己土가 절지에 있고 지지의 兩辰은 餘氣이며 한편으로 生金하고 한편으로는 水를 껴안고 또 兩庚이 투출하였으니 辰土가 制水를 할 수 없을 뿐만 아니라 生金하여 水를 도우므로 반드시 木이 용신이 되고 소위 一神이 용신이나 이 象은 가볍지 않다. 초년 庚辰, 辛巳運은 金의 旺地로 공명을 이루지 못하고 壬午運에 이르러 상관이 財를 생하여 制金하므로 과거에 급제하였다. 癸未運은 生木하며 木을 껴안고 甲申運은 지지가 全水局이 되어 木이 生助를 만나니 벼슬이 연달아 올라 영윤에서 사마가 되고 황당에 이르렀으며 관찰에서 번얼이 되었다. 酉運에 卯木을 충파하니 낙직하였으니 이른바 용신을 손상하는 것은 不可하다는 것은 믿을 만한 말이다.

이후제

신왕이면 억제하는 己土를 쓰거나 洩하는 卯木을 쓰거나 재성인 火가 있어야 하고 만약 신약이면 인성인 庚金을 쓰고 己土가 生金하는 희신이 된다. 卯月 壬水가 休囚로 氣弱이나 천간의 兩庚金이 생하고 子水 양인이 도우며 또한 子辰이 半水局하여 일간을 도와 신약이 아니므로 絶地의 己土를 버리고 洩하는 卯木을 쓴다. 재성이 없어 格이 濁하고 木火運이 좋다.

乙戊癸癸　丁丙乙甲癸壬辛庚
酉寅酉丑　丑子亥戌酉申未午

癸水가 寅月에 생하여 水木상관인데 지지에 인성이 並旺하고 酉丑이 金을 껴안아 반드시 寅木이 용신이 되고 재능이 많다. 乙亥運에 木이 生旺을 만나니 과거에 급제하고 甲戌, 癸運에 현령이 되었으나 酉運에 지지가 三酉가 되므로 木이 여리고 金이 많아 낙직하였다. 전조와 이 명조는 모두 火가 없어 有病無藥인 연고인데 만약 火가 있었으면 비록 金運으로 흘러도 크게 걱정이 없었을 것이다.

이후제

寅月 癸水가 失令으로 신약인데 兩酉金이 생하고 時上 癸水가 도와 신왕이다. 따라서 寅에 長生인 戊土를 取用한다. 그러나 生土하고 온국하는 火가 없

어 불만이고 평생 火를 만나지 못하여 발전이 어렵다.

己庚甲丁　己戊丁丙乙甲癸壬
卯午寅卯　巳辰卯寅丑子亥戌

甲木이 午月에 생하여 木火상관인데 년월 兩干의 土金이 無根하여 쓸 수 없고 지지에 兩卯와 寅이 있어 일주가 强旺하므로 반드시 丁火가 용신이 된다. 그러므로 사람이 임기응변이 뛰어나다. 丁卯運에 과거에 합격하여 현령이 되었으며 丙寅運에 庚金을 극하여 없애므로 재물도 풍족했으나 乙丑運에 庚을 합하고 晦火生金하니 낙직하였다.

이후제

午月 甲木이 兩卯와 寅祿에 앉아 신왕인데 庚金은 無根하여 버리고 丁火를 써서 설하나 조열한 국세를 윤습하는 濕氣가 없어 불만이다. 전체적으로 火를 洩하는 己土에 사주의 정신이 있다고 할 수 있는데 乙丑運은 乙木이 己土를 破克하므로 흉하다.

丙乙丙乙　丙丁戊己庚辛壬癸
子未辰未　申酉戌亥子丑寅卯

丙日 未月이 火土상관인데 사주에 金이 없어 자수가 말라버리므로 未土가 용신이다. 다만 乙木이 並透하여 뿌리가 깊은 것이 불만이니 功名을 이루기 어렵다. 초년 丙申, 丁酉運은 乙木을 制化하므로 財가 적합하여 기쁘고 戊戌십년은 평화롭고 나날이 흥성하였으며 己運은 土가 無根하고 木이 극하므로 형벌을 당하고 재물은 소모되었다. 亥運을 만나 木이 生을 얻고 火가 겁탈을 만나니 악질에 걸려 사망하였다.

이후제

未月은 熱氣가 왕성하고 丙火가 未中丁火에 有根하며 년간의 丙火가 돕고

兩乙木이 生助하니 신왕하다. 따라서 子水정관을 써야 하는데 生水하는 재성인 金이 없고 未土상관에 破克되어 흉하다.
신왕으로 보든 조후로 보든 재성인 金이 없어 格이 濁하고 상관견관으로 정관인 子水가 破損되어 불만이다. 金水運을 원한다.

5) 傷官用官格

壬己戊乙　庚辛壬癸甲乙丙丁
戌酉戌卯　戌亥子丑寅卯辰巳
酉月戊土가 土金상관이고 지지에 兩戌이 燥하며 또 두터운데 妙하게 년간의 壬水가 있어 潤土洩金하고 生木하므로 官을 쓰기에 충분하다. 亥運에 財官이 모두 生扶를 만나니 功名을 이루고 壬子運에 일찍 벼슬에 나아가는 영광이 있었다. 癸丑運에 지지가 金局을 껴안아 억제함이 重重하였으나 甲寅, 乙卯運 이십년은 벼슬이 시랑에 이르렀다.

庚己壬己　庚辛壬癸甲乙丙丁
午卯申酉　辰巳午未申酉戌亥
壬水가 卯月에 생하여 水木상관인데 官印이 통근하여 기쁘고 년지에 財를 만나 상관을 制化하여 己土가 生旺하므로 官을 쓰기에 충분하다. 巳運은 관성이 旺地이니 수재들이 입학하는 부현의 학교에 들어가고 과거에 급제하였다. 壬午, 癸未運은 南方火地이니 이름난 지역의 수령이 되었고 이어 주목이 되었으나 甲申, 乙酉運에 金이 득지하고 木이 강해지니 비록 관직에서 물러나 은거하였으나 독서를 즐기며 편안하였다.

辛辛壬己　庚己戊丁丙乙甲癸
未卯辰酉　寅丑子亥戌酉申未

壬水가 卯月에 태어나 水木상관인데 천간에 兩辛이 있고 지지의 辰酉가 水의 원천을 더한다. 官의 뿌리가 견고하므로 반드시 己土관성이 용신이 된다. 己丑運에 학교에 들어가 장학생이 되고 戊子運에 비록 과거에는 합격하지 못했으나 가업은 날로 번성하였다. 丁運은 역시 별로 큰 근심이 없었고 亥運에 이르러 木局이 되니 상관이 방자하게 날뛰므로 형벌을 당하고 재물이 없어졌으며 사망하였다.

이후제

卯月 壬水가 사지로 氣弱하므로 酉金에 통근한 辛金인성이 용신이고 己土관성이 生金하는 희신이다. 그러나 辰酉가 合金하여 印星이 많아 불만이고 비견이 없어 日干이 虛하며 格이 濁하다. 丁運은 辛金용신을 극하고 亥水는 亥卯未木局을 이루어 酉金을 겁박하므로 불길하다.

癸己丙癸　戊丁丙乙甲癸壬辛
酉未午巳　午巳辰卯寅丑子亥

丙午일주가 지지가 南方으로 未土가 秉令하여 火土상관이다. 암장된 財가 겁탈을 당하는데 官이 없으면 財가 존재할 수 없고 財가 없으면 官 역시 無根하다. 하물며 火焰土燥하므로 並透한 관성이 용신이 된다. 火土運에 이르러 재물은 없어지고 형벌과 喪을 당했으며 乙卯, 甲寅運에 비록 生火하나 상관을 억제하여 官을 보호하므로 재물을 크게 얻었고 돈을 내고 관직에 나아갔다.
癸丑, 壬子運에 좌이에서 현령이 되었고 名利가 兩全하였다.

6) 假傷官格

戊戊丁乙　己庚辛壬癸甲乙丙
申午巳巳　未申酉戌亥子丑寅

火土상관인데 일주가 極旺하므로 상관의 發洩이 빼어나 기쁘고 재성이 용신이 되어 더욱 妙하다. 庚申, 辛酉運에 소년으로 창업하여 十餘萬의 재물을 벌었고 壬戌運에 다행히 水가 통근하지 못하여 비록 형벌과 재물의 손실은 있었으나 큰 근심은 없었다. 癸亥運에 이르러 맹렬한 火를 충격하고 財를 洩하므로 사망하였다.

壬辛壬癸　壬癸甲乙丙丁戊己
子亥子卯　子丑寅卯辰巳午未
여섯 개의 水가 乘權하여 그 세력이 범람하는데 오로지 卯木의 그 빼어난 洩氣에 의지한다. 초년 水運은 木을 生助하니 평안하며 허물이 없었고 甲寅, 乙卯運은 용신이 마땅함을 얻으니 학교에 들어가 장학생이 되었으며 식구와 재물이 함께 늘었다. 丙辰運에 群比爭財가 되니 세 자식 중 둘을 잃고 부부가 모두 죽었다.

壬壬壬癸　癸甲乙丙丁戊己庚
辰子子卯　丑寅卯辰巳午未申
천간이 모두 水이고 지지에 旺刃을 만났는데 卯辰의 빼어난 秀氣가 기쁘다. 일찍 학문을 이루었으나 木의 元神이 투출하지 못하여 과거에 합격하지 못하였고 運이 火地로 흘러 더욱 불만이다. 오히려 短命이 두려운데 丙運 庚午年에 水火가 交戰하므로 사망하였다.

戊丙戊辛　丁戊己庚辛壬癸甲
午辰辰酉　巳午未申酉戌亥子
火土가 중첩하였는데 酉時로 상관이 투출하여 그 빼어난 설기가 기쁘다. 三十前에는 火土運을 만나 학문을 게을리 하였으나 庚申運을 만나니 벼슬길에 올라 辛酉, 壬戌, 癸亥까지 사십년간 체용이 마땅하므로 서랑에서 어사가 되었고 번얼을 거쳐 봉강에 올랐으며 벼슬길에 파란이 없었다.

乙辛戊丙　庚己戊丁丙乙甲癸
酉巳午辰　辰卯寅丑子亥戌酉
火土가 당권하고 乙木이 無根하므로 辛金이 용신이 된다.
辛丑年에 학교에 들어갔으며 後의 運이 마땅치 않으므로 과거에 여러 번 실패하였으나 丑運에 이르러 金局하니 과거에 급제하고 丙子, 乙亥運에 지지의 水는 본래 火를 제거하나 천간의 木火가 화합하지 않으므로 권세를 잃고 빈둥거리며 벼슬을 할 수 없었다.

丁乙戊丙　甲癸壬辛庚己戊丁
酉巳午辰　辰卯寅丑子亥戌酉
이것은 前造와 辛字하나만 바뀌었는데 팔자가 전조에 미치지 못하나 運은 전조보다 도리어 낫고 역시 辛金이 용신이며 官印으로 論하지 않는다. 辛丑運 丁丑年에 濕土가 晦火하여 生金하고 또 金局이 되므로 과거에 급제하고 한림에 들어갔는데 아마도 대운과 세운이 모두 마땅하였기 때문이었을 것이다.

丁丙己辛　乙甲癸壬辛庚己戊
丑午酉未　巳辰卯寅丑子亥戌
이 명조는 土가 무성한 여름이고 金은 절지이나 火가 生하며 사주에 水木이 全無하다. 金이 투간하고 통근하여 매우 기쁘나 애석하게도 運이 東方으로 흐르니 生火하여 克金하는 것이다.
권세를 잃고 빈둥거릴 뿐만 아니라 재물도 줄었으나 辛丑運으로 바뀌고 戊辰年을 만나 晦火生金하니 식신이 겁재를 만나 기쁘고 과거에 급제하였으며 명리가 넉넉하였다.

6. 從象

從得眞者只論從 從神又有吉和凶

종은 참된 것을 얻어야 오직 종으로 논하고 종신은 또한 길과 흉이 있다.

從象不一 非專論財官而已也. 日主孤立無氣 四柱無生扶之意 滿局官星 謂之從官 滿局財星 謂之從財. 如日主是金 財神是木 生於春令 又有水生 謂之太過. 喜火以行之. 生於夏令 火旺洩氣 喜水以生之. 生於冬令 水多木泛 喜土以培之 火以暖之 則吉 反是則凶. 所謂從神又有吉和凶也. 尙有從旺從强從氣從勢之理 比從財官更爲重要. 宜審察焉.

종상은 하나가 아니고 오로지 재관만을 논하는 것이 아니다.

일주가 고립되어 無氣하고 사주에 生扶하는 기운이 없으며 滿局이 관성이면 從官이라 하고 만국이 재성이면 從財라고 한다.

가령 일주가 金이면 財神이 木인데 봄에 태어나고 또 水의 生이 있으면 그것을 일컬어 태과라 하고 火運으로 행해야 기쁘다.

여름에 태어나고 旺火가 설기하면 水로 生해야 기쁘고 겨울에 태어나고 水가 많아 木이 물에 뜨면 土로 배양해야 기쁘고 火로 온난해야 길하며 이와 반대면 흉하다.

이른바 종하는 神은 또한 길과 흉이 있는 것이다.

오히려 종왕 종강 종기 종세의 이치가 있고 종재관에 비하여 더욱 중요하다.

자세하게 살펴야 마땅하다.

1) 從旺

四柱皆比劫 無官殺之制 有印綬之生 旺之極者 從其旺神也 要行比劫印綬則吉. 如局中印輕 行傷食亦佳 官殺運謂之犯旺 凶禍立至 遇財星 羣劫爭財 九

死一生.
사주가 모두 비겁이고 관살의 억제가 없으며 인수의 생이 있으면 왕함이 극에 이른 것이니 그 왕한 신을 좇아야 하고 행운이 비겁이나 인수면 길하다. 만약 局中에 인성이 가벼우면 식상으로 행해야 역시 아름답고 관살運은 旺神을 범하는 것이니 凶禍가 생기며 재성을 만나면 군겁쟁재가 되므로 구사일생이다.

2) 從强

四柱印綬重重 比劫疊疊 日主又當令 絶無一毫財星官殺之氣 謂二人同心 强之極矣. 可順而不可逆也 則純行比劫運則吉 印綬運亦佳 食傷運有印綬冲克必凶 財官運爲觸怒旺神 大凶. 按從旺從强與獨象及兩神成象格中之相成格相似.
사주에 인수가 중중하고 비겁이 첩첩이며 일주가 또 당령했는데 재성과 관살의 氣가 조금도 없으면 二人同心이라 일컬으며 강함이 극에 이른 것이다. 따라야 하고 거스르면 안 되므로 순행하는 비겁運은 길하고 인수運도 역시 아름다우며 식상運은 인수가 충극하므로 반드시 흉하고 재관運은 旺神을 범하여 노하게 하므로 대흉하다. 살펴보건대 종왕 종강은 독상과 더불어 양신성상격 중에 상성격과 비슷하다.

3) 從氣

不論財官印綬食傷之類 如氣勢在木火 要行木火運 氣勢在金水 要行金水運 反此則凶. 按卽從財官從兒格.
재관 인수 식상 등을 논할 것 없이 만약 氣勢가 木火에 있으면 木火運을 요하고 氣勢가 金水에 있으면 金水運을 요하며 이와 반대면 흉하다. 살펴보면 종재관과 종아격이다.

4) 從勢

日主無根 四柱財官食傷並旺 不分强弱 又無劫印生扶 日主又不能從一神而去. 惟有和解之可也. 視其財官食傷之中 何者獨旺 則從旺者之勢. 如三者均停 不分强弱 須行財運以和之. 引通食傷之氣 助其財官之勢 則吉. 行官殺運次之 行食傷運又次之. 如行比劫印綬. 必凶無疑.

일주가 無根하고 사주가 재관과 식상이 함께 왕하여 강약을 분별할 수 없고 또 비겁이나 인성의 生扶가 없으며 일주가 또 하나의 神을 따라갈 수 없으면 오로지 화해하여야 한다. 재관이나 식상 중에 어느 것이 유독 旺한지를 보고 旺者의 세력을 따른다.

만약 三者가 균등하여 강약을 분별할 수 없으면 반드시 財運으로 행하여 화해해야 한다. 식상의 氣를 引通하여 재관의 세력을 도와야 길하고 관살運은 다음이며 식상運은 또 그 다음이다. 만약 비겁이나 인수運으로 가면 반드시 의심할 것 없이 흉하다.

戊丙乙丙　丁戊己庚辛壬癸甲
戌辰未戌　巳午未申酉戌亥子

乙木이 계춘에 생하여 未에 뿌리를 서리고 辰에 여기가 있으니 마치 재다신약인 것 같으나 사주가 모두 재성이니 그 세력을 좇아야 한다. 春土는 氣가 허한데 丙火를 만나 實해지고 또 火는 木을 秀氣하고 土는 火를 秀氣하니 三者가 온전하다. 洩하는 金이 없고 흩어지게 하는 水가 없으며 運이 남방火地로 흘러 수기유행되어 더욱 기쁘다. 그러므로 과거에 급제하고 이름은 안탑에 올랐으며 장원을 하였다.

이후제

乙木이 辰에 여기로 得時하고 未에 庫藏으로 有根하여 從하지 않는다. 그러나 辰中 乙木은 辰戌상충으로 파손되고 未中 乙木은 戌未刑으로 손상되어 일간의 통근처가 모두 파손되므로 從한다.

壬壬庚戊 癸甲乙丙丁戊己庚
寅寅寅寅 卯辰巳午未申酉戌

庚金이 맹춘에 생하고 四支가 모두 寅이니 戊土가 설사 생이라 하더라도 죽은 것이고 年月에 兩壬이 투출하여 庚金을 引通해서 여린 木을 生扶하므로 기쁘고 종재한다.

역시 수기유행하는 東南으로 運이 흐르니 더욱 기쁘고 生化가 어그러지지 않았으며 木 또한 무성함이 설기를 얻었으므로 일찍 과거에 급제하고 벼슬이 황당에 이르렀다.

이후제

庚金이 寅에 絶地로 無氣하나 戊土인성이 寅에 生地로 有氣하여 從하지 않고 재다신약이며 戊土의 生扶에 기대어 火土運을 기다린다.

丙庚壬乙 辛壬癸甲乙丙丁戊
寅寅午巳 卯辰巳午未申酉戌

壬水가 맹춘에 생하여 木은 당령하고 火는 생을 만났으며 일점 庚金이 絶地에 직면하니 丙火가 단련할 힘이 있으므로 종재진격이다. 水生木, 木生火로 秀氣流行하니 과거에 급제하고 벼슬이 시랑에 이르렀다.

이후제

寅月 壬水가 실령한 庚金에 의지하여 극신약하고 그나마 庚金이 丙火에 극을 당하여 從해야 할 것 같으나 乙庚이 合金하고 寅月에 木氣가 많으며 木火金이 잡란하여 從財하지 못하고 金水運을 기다려야 한다.

凡從財格 必要食傷吐秀 不但功名顯達 而且一生無大起倒凶災. 蓋從財最忌

比劫運 若柱中有食傷 則能化比劫而生財 所以爲妙. 若無食傷吐秀 書香難就 一逢比劫 無生化之情 必有起倒刑傷也.

무릇 종재격은 식상의 吐秀가 필요한데 공명을 이루는 것뿐만 아니라 일생 큰 굴곡과 흉한 재앙이 없다.

대개 종재격은 비겁運을 매우 꺼리는데 만약 주중에 식상이 있으면 비겁을 化하여 生財할 수 있으므로 妙하다. 만약 식상의 吐秀가 없으면 학문을 이루기 어렵고 하나라도 비겁을 만나면 生化의 情이 없으니 반드시 성공과 실패를 겪고 형벌과 근심이 있다.

丁壬庚丙　辛庚己戊丁丙乙甲
卯寅午戌　丑子亥戌酉申未午

庚金이 寅月에 생하고 지지가 火局으로 財가 旺한 殺을 생하며 일점 生扶의 뜻이 없다. 월간 壬水가 丁壬合하여 木이 되고 또 火의 세력을 좇으니 모두가 殺의 무리를 좇으므로 종상이 참되다. 향방출신으로 지현이 되었고 酉運에 부모의 喪을 당하고 丙運에 벼슬이 연달아 올랐으나 申運에 잘못을 저질러 낙직하였다.

이후제

寅月 庚金이 극신약하여 從할 것 같으나 壬水가 있고 월령이 木이며 卯木까지 있어 從殺할 수 없다. 따라서 신약하고 壬水가 제살하는 용신이나 합반되고 財殺이 왕한 명조이나 運이 初年 辛丑부터 丙申까지 그리 나쁘지 않아 다행이다.

辛辛乙乙　庚己戊丁丙乙甲癸
巳丑酉酉　子亥戌酉申未午巳

乙木이 계동에 생하고 지지가 金局인데 천간에 兩辛이 투출하여 종살진격이다. 戊戌運에 과거에 급제하고 한원에 들어갔으며 丁酉, 丙申運에 火는 絶地이고 金이 득지하니 벼슬이 연달아 올랐으나 乙未運에 金局을 충파하고 木이 통근하므로 사망하였다.

癸乙甲乙　甲癸壬辛庚己戊丁
卯卯寅亥　寅丑子亥戌酉申未

甲木이 중춘에 생하고 지지에 旺인 兩卯와 祿인 寅과 생인 亥를 만났으며 천간에 乙이 돕고 인성인 癸를 만나 極旺하므로 그 旺神을 從한다. 초년 甲運에 학교에 들어갔고 癸丑은 북방습토로 역시 水로 논하니 과거에 급제하였으며 壬子運은 인성이 돌보고 辛亥運은 金이 통근하지 못하고 지지에 생왕을 만나니 벼슬이 황당에 이르렀다. 庚戌運이 되면서 土金이 並旺하여 旺神과 부딪치므로 흉함을 면키 어려웠다.

丙甲丙甲　乙丙丁戊己庚辛壬
午午午午　未申酉戌亥子丑寅

丙이 중하에 생하고 사주가 모두 양인이며 천간에 甲丙이 투출하여 강왕함이 극에 이르렀으니 따라야 하고 거스르면 안 된다.

초년 乙未運에 일찍 학교에 들어가고 丙運에 등과했으며 申運에는 큰 병으로 위험했다. 丁運에 과거에 급제하였고 酉運에는 부모喪을 당했으며 戊戌己運에는 벼슬길이 평탄했으나 亥運에 旺神을 범하니 軍中에서 사망하였다.

이후제

이 명조는 火旺하고 다른 오행이 없으며 지지에 木이 없고 火多木焚으로 木氣가 모두 火氣로 化하므로 從勢하는 것이 마땅하다. 또한 飛天祿馬格이기도 하다.

癸癸庚丁　壬辛庚己戊丁丙乙
酉亥申亥　戌酉申未午巳辰卯

庚金이 맹동에 생하여 水勢가 당권한데 金이 록왕을 만나고 시간의 丁火가 無根하며 局中의 기세가 金水이니 역시 金水를 從하므로 丁은 도리어 病이 된다.

초년 壬運에 丁火를 제거하니 즐거움이 넉넉하였고 戌運에 학교에 들어갔으나 거듭해서 喪을 당하였는데 戌土가 制水하기 때문이다. 辛酉, 庚申運에 과거에 급제하고 벼슬은 금당이 되었으며 己未運에 남방으로 바뀌어 火土가 함께 오니 잘못을 저질러 낙직하였고 戊午運에 파모가 더욱 많았으며 사망하였다.

이후제

金水상관격이니 金運은 일간을 生助하여 좋고 水運은 順勢로 좋으며 木運은 秀氣하여 좋다. 그러나 火運은 金을 극하여 불길하고 土運은 水를 극하여 꺼린다.

丙壬癸甲　癸甲乙丙丁戊己庚
戌辰巳寅　巳午未申酉戌亥子

癸水가 계춘에 생하고 柱中에 재관과 상관이 三者가 並旺한데 인성이 암장되어 無氣하며 일주가 휴수되고 無根한데 관성이 당령하므로 반드시 관성의 세력을 從해야 하고 좌하 재성이 상관의 氣를 引通하여 기쁘다. 甲午運에 이르러 戌과 火局을 이뤄 관성을 생하니 앞길이 상승하여 乙未運에 벼슬길에 나섰고 辛酉運은 丙丁이 개두하였기 때문에 벼슬길이 평탄하였다. 戊戌運에 벼슬이 관찰에 이르렀으나 亥運에 일주를 도우며 巳火를 冲去하므로 사망하였는데 이른바 極弱한 것을 도우면 안 되는 것이다.

이후제

癸水가 太弱하여 從해야 하나 辰水庫에 통근하고 壬水가 도우며 木火土가 雜出하여 從하지 못한다. 제살하는 甲寅木이 용신이고 火를 억압하며 生木하고 幇身하는 壬水가 희신이다. 己亥運은 貴人을 파손하며 일주를 천충지충하므로 불길하다.

癸乙丙丙　甲癸壬辛庚己戊丁
酉丑申申　子亥戌酉申未午巳

丙火가 丑月에 생하고 申에 직면하니 쇠약하여 불꽃이 없는데 酉丑이 金을 껴안아 월간의 乙木은 無根하여 시들고 말라버렸다. 관성은 財에 앉고 상관이 財로 변하여 金水의 세력이 되었다. 癸亥運中에 입반하여 과거에 급제하고 辛酉, 庚申運에 인성을 제거하고 生官하므로 현령을 거쳐 주목이 되었으며 재물도 풍족하였다. 己未運은 남방燥土인 상관이 겁재를 도우므로 사망하였다.

이후제

丑月 丙火가 춥고 지지가 모두 金재성으로 신약하나 時上의 丙비견이 制金하고 溫局하며 幇身하니 一神三用이고 乙木이 官印相生하는 길신이다. 비록 지지에 無根하나 丙비견과 乙인성이 도와 從하지 못하고 더구나 陽中의 陽인 丙火이니 더욱 從하기 어렵다.

己未運은 用神을 洩하여 生金하므로 불길하다.

7. 化象

化得眞者只論化 化神還有幾般話.

화상은 참됨을 얻어야 오직 화로 논한다. 화신은 그럼에도 불구하고 몇 가지의 이야기가 있다.

合化之原 見於內經素問. 皇帝問五運之始 岐伯引太史冊文曰 始於戊己之分 戊己者 奎壁角軫 天地之門戶也. 天門在戌亥之間 奎壁之分 地戶在辰巳之間 角軫之分. 凡陰陽皆始於辰 五運起於角軫者 亦始於辰也.

합화의 원리는 내경 소문에서 볼 수 있다. 황제가 오운의 시작을 물으니 기백이 태사책문을 인용하여 대답하기를 戊己가 나뉘는데서 시작하고 戊己는 규벽과 각진으로 천지의 門戶라고 했다.

천문은 戌亥의 사이에 있고 규벽이 나뉘며 地戶는 辰巳의 사이에 있으며 각진이 나뉜다. 무릇 음양은 모두 辰에서 시작하고 五運이 각진에서 일어나는 것이나 역시 辰에서 시작한다.

甲己之歲 戊己黅天之氣 經於角軫 故爲土運. 乙庚之歲 庚辛素天之氣, 經於角軫 爲金運. 丙辛歲 壬癸玄天之氣 經於角軫 爲水運. 丁壬歲 甲乙蒼天之氣 經於角軫 爲木運. 戊癸歲 丙丁丹天之氣 經於角軫 爲火運. 此化氣之原也.

甲己年에는 戊己의 금천의 기운이 각진을 지나므로 土運이 되고

乙庚年에는 庚辛의 소천의 기운이 각진을 지나므로 金運이 되며

丙辛年에는 壬癸의 현천의 기운이 각진을 지나므로 水運이 된다.

丁壬年에는 甲乙의 창천의 기운이 각진을 지나므로 木運이 되고

戊癸年에는 丙丁의 단천의 기운이 각진을 지나므로 火運이 된다.

이것이 化氣의 원리다.

又洛書以五居中 一得五爲六 故甲與己合 二得五爲七 故乙與庚合 三得五爲八 故丙與辛合 四得五爲九 故丁與壬合 五得五爲十 故戊與癸合. 合則. 化亦必得五土而後成 五土者 辰也. 洛書九宮 五爲土居中 故合必得辰而後化.
또한 낙서에 五가 중앙에 있으니 一이 五를 얻어 六이 되므로 甲과 己가 합하고 二가 五를 얻어 七이 되므로 乙이 庚과 합하며 三이 五를 만나 八이 되므로 丙과 辛이 합한다.
四가 五를 얻어 九가 되므로 丁과 壬이 합하고 五가 五를 얻어 十이 되므로 戊와 癸가 합한다.
합한 즉 化하고 化 역시 반드시 五土를 얻은 후에 이루어지는데 五土란 辰이다. 낙서의 구궁에 五가 중앙에 있는 土가 되므로 합은 반드시 辰을 얻은 후에 化한다.

且十干之合 至五辰之位 化氣之元神發露 故甲己起甲子 至五位逢戊辰而化土. 乙庚起丙子 至五位逢庚辰而化金 丙辛起戊子 至五位逢壬辰而化水 丁壬起庚子 至五位逢甲辰而化木 戊癸起壬子 至五位逢丙辰而化火. 此合化之眞源. 卽上文陰陽始辰, 五運起角軫之義也. 近人只知逢龍而化 妄生穿鑿. 至爲可笑.(參閱命理尋源)
또 十干의 합은 다섯 번째인 辰의 자리에 이르러 化氣의 원신이 드러난다. 그러므로 甲己는 甲子에서 시작하여 다섯 번째의 자리에 이르러 戊辰을 만나 化土하는 것이다. 乙庚은 丙子에서 시작하여 다섯 번째에 이르러 庚辰을 만나 化金하는 것이며 丙辛은 戊子에서 시작하여 다섯 번째에 이르러 壬辰을 만나야 化水하는 것이다.
丁壬은 庚子에서 시작하여 다섯 번째에 이르러 甲辰을 만나야 化木하는 것이고 戊癸는 壬子에서 시작하여 다섯 번째에 이르러 丙辰을 만나야 化火하는 것이다. 이것이 합화의 참된 근원이다.

즉 윗글에서 음양의 시작이 辰이라는 것은 五運이 각진에서 시작한다는 뜻이다. 요즘 사람들이 오직 용을 만나야만 化한다고 알고 제멋대로 이치에 맞지 않는 말을 하니 지극히 가소롭다. (명리심원참조)

化象作用 亦須究其衰旺 審其虛實 察其喜忌 則吉凶有驗 否泰了然 非可專取生旺 執一而論也. 如化神旺而有餘 宜洩化神之神爲用 化神衰而不足 宜生助化神之神爲用. 如甲己化土 生於未戌月 土燥而旺 干透丙丁 支藏巳午 謂之有餘 再行火土之運 則太過而不吉也 須從其意向. 柱中有水 要行金運 柱中有金 要行水運 無金無水 土勢太旺 必要金以洩之 火土過燥 要帶水之金運以潤之. 生於丑辰月 土濕爲弱 火雖有而虛 水本無而實. 或干支雜以金水 謂之不足 亦須從其意向. 柱中有金 要行火運 柱中有水 要行土運 金水並見 過於虛濕 要帶火之土運以實之 助起化神爲吉也.

화상의 작용 또한 반드시 그 쇠왕을 연구하고 그 허실을 분석하며 그 희기를 살피면 길흉을 경험할 수 있고 행과 불행이 분명하므로 오로지 생왕을 취하여 하나를 고집하고 논하는 것은 맞지 않다.

만약 化神이 旺하여 유여하면 마땅히 化神을 설하는 것이 용신이고 化神이 衰하여 부족하면 마땅히 化神을 생조하는 것이 용신이 된다.

가령 甲己化土가 未戌月에 생하고 土가 燥하며 旺한데 천간에 丙丁이 투출하고 지장간에 巳午가 있으면 유여라고 하며 다시 火土運으로 가면 태과하여 불길하니 반드시 그 의향을 따라야 한다. 주중에 水가 있으면 金運을 원하고 주중에 金이 있으면 水運을 원하며 金水가 없고 土의 세력이 태왕하면 金의 설기가 필요하고 火土가 過燥하면 水를 머금은 金運의 윤습을 원한다.

辰丑月에 생하고 土가 습하며 약하면 설령 火가 있어도 虛하니 水가 본래 없어야 실하다. 혹은 干支에 金水가 혼잡하면 부족이라고 하며 반드시 그 의향을 따라야 한다. 주중에 金이 있으면 火運을 원하고 주중에 水가 있으면 土運

을 원하며 金水를 함께 보면 지나치게 虛濕하므로 火를 머금은 土運이 實하게 해야 化神을 도와 길하다.

至於爭合妒合之說 乃謬論也. 旣合而化 如貞婦配義夫 從一而終 不生二心. 見戊己是彼之同類 遇甲乙是我之本氣 有相讓之誼. 合而不化 勉强之意 必非佳耦. 見戊己多而起爭妒之風 遇甲乙衆而更强弱之性 甲己之合如此. 餘可類推

쟁합이나 투합의 설은 잘못된 이론이다. 이미 합하여 化하면 정숙한 아내가 의로운 지아비와 짝한 것과 같아 하나를 좇아 끝까지 따르는 것이니 두 마음이 생길 수 없다. 戊己를 보면 이는 저쪽과 동류이고 甲乙을 만나면 이는 나의 本氣이니 서로 양보하는 우정이 있다. 合하나 不化하는 것은 억지를 부리는 뜻이니 반드시 아름다운 짝이 아니다. 戊己를 많이 보면 쟁투의 기세가 생기고 많은 甲乙을 만나면 강약의 성정이 한층 더해진다. 甲己의 합이 이와 같으니 나머지도 추측할 수 있다.

乙甲甲己　癸壬辛庚己戊丁丙
丑申辰巳　未午巳辰卯寅丑子

년월 양간의 甲乙이 당령한 申金을 만나고 丑中辛金이 억제하니 쟁투의 모습이 일어나지 않으므로 時干의 己土가 旺에 임하여 일주와 친절하게 합한다. 합이 참되니 眞化이나 당령한 秋金에 설기되어 부족한데 午運에 이르러 化神을 도와 향방에 들고 辛巳運은 金火가 함께 旺하므로 진사에 급제하였으며 한림원에 들어가고 벼슬이 황당에 이르렀다. 庚辰運은 乙을 합하고 비겁을 制化하니 벼슬이 번얼에 이르렀다.

이후제

월령이 金旺節이고 더구나 年月干에 비겁인 甲乙이 있어 甲己가 合化할 수 없다. 따라서 신약으로 論해야 마땅하고 金을 단련하는 火가 용신이며 木이 生火하는 희신이 된다.
그러나 火가 투간하지 못하고 生木하는 水가 없어 下命이다.
본래 秋木은 火로써 왕한 金을 단련하며 온국하는 용신을 삼고 水로써 왕한 金을 기르며 生身하는 길신으로 삼는다. 土는 왕한 金을 다시 생하므로 꺼리는데 약한 土는 木根을 자양하므로 해롭지 않다.

戊壬甲己　癸甲乙丙丁戊己庚
辰戌辰巳　亥子丑寅卯辰巳午
甲木이 늦가을에 생하여 승권한 旺土가 壬水를 克去하고 또 비겁이 없으니 合神이 더욱 참되며 化氣가 유여한데 애석하게도 運이 東北水木地로 흐르니 공명과 벼슬길이 前造에 미치지 못한다.
丑運 丁酉年에 이르러 暗會金局하여 化神을 설하고 吐秀하므로 등과하고 戊戌年에 장원급제하였으며 벼슬이 주목에 이르렀다.

己丁壬甲　丙乙甲癸壬辛庚己
卯卯午辰　寅丑子亥戌酉申未
壬水가 仲春에 생하여 化象이 참되고 甲木의 원신이 투로하여 매우 기쁘다.
化氣가 유여하므로 설이 마땅한데 化神이 좌하의 午火가 吐秀하여 기쁘고 午는 辰土를 생하므로 秀氣가 流行한다.
소년에 과거에 급제하여 한원에 이름이 높았으나 애석하게도 運이 水旺地로 흘러 벼슬이 높지 못하였고 현령으로 마쳤다.

이후제

卯月 壬水가 木旺하여 丁壬合化할 듯하나 木火土가 잡출하여 合化格이 되지 못한다. 壬水가 辰에 통근하여 신약으로 논하고 金水運을 기다린다.

己丁壬癸　丙乙甲癸壬辛庚己
卯卯午卯　寅丑子亥戌酉申未

이것은 전조와 卯字 하나만 바뀌었을 뿐인데 化象이 더욱 참되고 化神이 더욱 유여하다. 時干의 癸水가 비겁쟁재하여 불만인데 년간의 己土가 멀고 無根하여 癸水를 제거할 수 없고 午火가 유행할 수 없으니 이 癸水가 참으로 성공을 방해하는 자다. 비록 향방에 들었으나 벼슬을 하지 못했다.

이후제

壬水가 卯月이 비록 木旺하나 癸水가 丁을 충극하여 합을 방해하고 木이 투간하지 못하였으며 木火土가 雜亂하여 丁壬이 合化하지 못하고 신약으로 논한다. 金水運을 원하는데 평생 運이 金水로 흘러 다행이다.

丙戊癸壬　己庚辛壬癸甲乙丙
戌戌巳戌　亥子丑寅卯辰巳午

癸水가 戌月에 태어나 丙火가 투출하여 통근하니 化火가 참되다. 時에 투출한 壬水가 丙火를 克하여 불만이다. 다만 향방에 들었다가 卯運에 이르러 壬水가 絶地가 되니 지현에 올랐고 세 번이나 역임하였으나 승진하지 못하였는데 壬水가 奪財하는 연고이다.

이후제

戌이 비록 火庫이나 戊土가 투간하여 司令하고 壬水를 극하며 土가 盛多하여 종살격이 되고 戊癸化格은 아니다. 따라서 火土運은 길하고 金水木運은 불길한데 평생 운이 어긋나 있다.

8. 假從

眞從之象有幾人 假從亦可發其身.

참된 종상을 가진 사람이 얼마나 있겠는가. 가종 역시 발전할 수 있다.

假從者 日元根淺力薄 局中雖有劫印 亦自顧不暇 其象不一. 非專論財官 與眞從大同小異. 四柱財官 得時當令 日主虛弱無氣 雖有比劫印綬 而柱中食神生財 財仍破印 或有官星制劫 則日主無從依靠. 只得依財官之勢 財之勢旺則從財 官之勢旺則從官.
가종은 일주의 뿌리가 얕고 힘이 박하며 국중에 비록 겁인이 있어도 또한 자신을 돌보기에도 겨를이 없는 것으로 그 상이 하나가 아니다. 오로지 재관을 논하는 것이 아니며 진종과 대동소이하다.
사주에 재관이 득시당령하여 일주가 허약무기하고 비록 비겁이나 인수가 있어도 주중에 식신이 생재하고 財가 파인하거나 관성이 制劫하면 일주가 의지하고 따를 게 없어 오직 재관의 세력에 의지하는 수밖에 없으므로 財의 세력이 왕하면 從財하고 官의 세력이 旺하면 從官한다.

從財 行食傷財旺之地 從官 行財官之鄕 亦能興發 看其意向 配其行運爲是. 假從之象 只要行運安頓 假行眞運 亦可取富貴 何謂眞運. 如從財 有比劫分爭 行官殺運必貴 行食傷運必富. 有印綬暗生 要行財運 有官殺洩財之氣 要行食傷運. 如從官殺有比劫幇身 逢官運而名高 有食傷破官 行財運而祿重 有印綬洩官 要財運以破印. 謂假行眞運 不貴亦富 反此者凶 或趨勢忘義 心術不端耳. 若能歲運不悖 抑假扶眞 縱使身出寒微 亦能崛起家聲 所爲必正矣. 此乃源濁流淸之象. 宜深究之.
종재가 식상이나 財旺地로 運이 행하거나 종관이 財官地로 運이 흐르면 역시 흉할 수 있는데 그 의향을 봐서 행운이 배합되어야 옳다. 가종의 상은 오직 행운의 안돈이 중요하고 가종이 眞運으로 흐르면 역시 부귀를 취할 수 있는데 무엇을 眞運이라 하는가.

만약 종재가 비겁의 분쟁이 있으면 관살運으로 행해야 반드시 귀하게 되고 식상運으로 행하면 반드시 부하게 된다.

인수의 暗生이 있으면 財運을 요하고 관살이 財의 氣를 洩하면 식상運을 요한다. 만약 從官殺하고 비겁이 일주를 돕는데 官運을 만나면 명예가 높고 식상이 官을 파괴할 때 財運으로 가면 재물이 많아지며 인수가 官을 洩하면 財運이 破印하기를 요한다.

이것을 가종이 眞運으로 행하는 것이라고 하며 귀하지 않으면 또한 부하고 이것이 반대면 흉하며 혹은 세력을 좇아 의로움을 잊거나 심술이 단정하지 않다. 만약 세운이 어그러지지 않으며 假를 억제하고 眞을 도우면 설령 출신이 寒微할지라도 가문의 명성을 일으켜 세우고 하는 일은 반드시 바르다. 이것은 원래 濁하나 흐르며 맑아진 象이니 마땅히 깊이 연구해야 한다.

癸乙己癸　甲癸壬辛庚己戊丁
巳卯亥酉　寅丑子亥戌酉申未

春土가 허탈한데 殺의 세력이 당권하고 財가 지지에 旺을 만났으며 巳亥가 冲하여 종살격을 이루었다. 卯酉로 殺을 冲하고 巳酉가 半會金局하므로 진종이 되지 못하며 따라서 가난하고 변변치 못한 집안에서 태어났다. 亥水가 가운데서 막고 있어 묘하고 근원은 탁하나 運에서 청하게 되었으므로 가문의 명성을 일으켜 세웠으며 무리에서 훨씬 뛰어났다. 일찍 반수에 들었고 壬子運中에 과거에 합격하고 벼슬이 중서성에서 황당에 이르고 관찰사에 뽑혔다. 辛亥運에 金虛水實하니 상생이 어긋나지 않아 벼슬길이 평탄하였고 장래에 庚戌運은 土金이 並旺하여 水木이 모두 傷하므로 의외의 풍파를 면하지 못할까 두렵다.

이후제

卯月 己土가 신약하나 木火水金이 雜出하여 從할 수 없으므로 신약으로 논하고 巳火에 의지한다. 따라서 己土의 旺地인 巳火가 化殺하는 용신이고 火土運을 원한다.

丁壬丙壬　辛庚己戊丁丙乙甲
丑寅申辰　丑子亥戌酉申未午

丙火가 初春에 생하여 火는 허하고 木은 여린데 여린 木이 金을 만나 바싹 달라붙어 상충하니 뿌리가 뽑혀 없어지고 申金은 또 辰土의 生扶를 얻어 殺의 세력이 점점 더 旺해지므로 종살격이 된다. 재성을 쓰니 더욱 妙하고 年支의 丑土가 生金會火하므로 官家출신으로 일찍 과거에 급제하고 運이 서북金水로 달리니 벼슬이 관찰사에 이르렀다. 비록 土運을 만났으나 金이 火하므로 어려운 일이 없었다.

이후제

寅月 丙火가 長生으로 신왕한데 재관이 지나치게 旺하고 丑辰습토가 陽光을 洩하여 生金하니 신왕이라고 할 수 없다. 丁이 壬을 합하여 다행이고 다시 木火運을 요한다. 寅申相沖이 비록 兩敗俱傷이나 월령인 寅木의 뿌리가 뽑혀 없어지지 않으므로 종살격이 될 수 없다.

乙己戊癸　戊丁丙乙甲癸壬辛
卯卯辰亥　寅丑子亥戌酉申未

戊土가 중춘에 생하여 木이 당권하고 좌하 辰土는 水를 저장하여 木을 기르며 사주에 金氣가 전혀 없고 또 亥時를 만나니 水旺生木하는데 또한 火로 生火함이 없으므로 종관격을 취하고 신약으로 논하지 않는다.

비록 과거출신은 아니나 運이 丙子, 乙亥로 가니 연달아 벼슬이 올라 봉강에 이르렀으나 癸酉運에 이르러 낙직하고 사망하였다.

이후제

비록 財官이 旺하나 辰에 有根하고 己土가 도와 신약으로 논하고 火土運을 기뻐하는데 甲戌運은 甲己가 합해서 土가 되고 戌運은 火庫로 아주 좋다. 봄의 戊土는 火를 가장 좋아하고 火가 반드시 필요하기 때문이다.

乙己戊癸　戊丁丙乙甲癸壬辛
亥卯辰亥　寅丑子亥戌酉申未

이것은 전조와 年支의 亥字 하나만 바뀌었을 뿐인데 전조는 乙木이 록에 앉았으므로 벼슬길에 오를 수 있었고 이 명조는 관살혼잡이나 다행히 亥卯가 회합하여 비록 貴는 못해도 富하다.

丙子運에 빈둥거림이 극에 달했는데 전조는 子運에 兩卯와 刑하지 않았으나 이것은 子卯相刑이다. 乙亥運은 점입가경이고 甲戌運은 한 성에서 최고부자가 되었으며 癸酉運은 己土가 癸를 극하고 卯酉가 다시 상충하여 종격이 깨지니 禍를 면하기 어려웠다.

전조는 兩卯인데도 면할 수 없었는데 더군다나 또 癸酉年을 만나 끊임없이 월령을 冲하는구나.

이후제

역시 신약으로 논하고 火土運을 원하는데 甲戌運이 가장 좋은 것은 甲은 己土와 합하여 化土하므로 己土가 乙木의 극을 면하고 戌은 火庫로 春寒을 해소하며 일간이 강력한 세력을 얻으므로 財를 취할 수 있기 때문이다.

己辛壬乙　庚己戊丁丙乙甲癸
卯未午巳　午巳辰卯寅丑子亥

壬水가 계하에 태어나 지지가 남방이고 財는 官의 세력을 따르고 乙卯상관은

財를 따르니 官을 파괴하지 않는다.

局中에 관성이 당령하여 종관격을 취하는데 月干의 辛金이 투출하여 無根하므로 가종이 된다. 생원출신으로 丁卯, 丙寅運에 재관을 생조하고 辛金을 극하여 없애니 벼슬이 봉강에 이르렀다.

이후제

지지가 巳午未 南方으로 從財할듯하나 木火土金이 잡출하고 己土가 洩火하며 辛金을 생하므로 종하지 못한다. 따라서 生身하는 辛金으로 용신을 삼고 生金하는 己土로써 희신으로 삼는다. 또한 未月에 局勢가 조열하니 반드시 金水運에 발전한다.

丁壬辛庚　乙甲癸壬辛庚己戊
卯寅亥寅　丑子亥戌酉申未午

辛金이 맹춘에 태어나 천간의 丙丁庚辛이 음양상극하고 또 金은 絶地이고 火가 장생한다. 지지에 寅木이 당령하고 日時에 寅亥合木하므로 종살격을 취한다. 運이 水地로 흘러 生木助火하니 흉한 곳이 하나도 없어 연달아 과거에 급제하고 현령에서 군수가 되었으며 세 아들을 두었는데 모두가 뛰어나고 훌륭하였다.

이후제

년월의 丁壬이 合化하고 寅亥가 合木하여 全局이 재성이므로 종재격이 될 수는 있으나 寅木이 殺의 長生地이므로 종살격이 된다는 것은 논리의 飛躍이다. 이 명조는 壬水를 取用하여 制殺하고 庚金이 生水하며 幫身하는 희신이 된다. 傷官이 生財하여 格은 淸하나 身弱이 걱정이다.

癸乙己丁　甲癸壬辛庚己戊丁
亥卯未卯　寅丑子亥戌酉申未

己土가 중춘에 태어나 春木이 당령하고 회국하였는데 時干의 丁火가 年上의 癸水에게 극을 당하여 제거되고 未土가 또 木局하므로 不得不 종살한다. 과거출신으로 벼슬이 관찰에 이르렀다.

이후제

身弱殺旺하나 丁火가 未土에 有根하여 化殺하는 용신이다.

年干의 癸水가 時干의 丁火를 너무 멀어 극할 수는 없고 다만 木多火熄의 염려가 있을 뿐이다. 火運에 발전한다.

9. 假化

假化之人亦多貴 異姓孤兒能出類.

가화인 사람도 또한 귀한 사람이 많은데 성이 다르거나 고아들 중에서도 뛰어날 수 있다.

假化之局 其象不一. 有合神眞 而日主孤弱者 有化神有餘 而日帶根苗者. 有合神不眞 而日主無根者. 有化神不足 而日主無氣者. 有旣合化神 而日主得劫印生扶者. 有旣合化神 而閑神來傷化氣者. 故假化比眞化尤難. 更宜細究庶得假化之機. 如甲己之合 生於丑戌月合神雖眞 而日主孤弱無助 不能不化. 但秋冬氣翕而寒 又有金氣暗洩 歲運必須逢火 去其寒濕之氣 則中氣和暖矣. 生於辰未之月 化神雖有餘 而辰乃木之餘氣 未是通根身庫 木未嘗無根 但春夏氣闢而暖 又有水木藏根 歲運必須土金之地 去其木之根苗 則無分爭矣.
가화의 局은 그 象이 하나가 아니다. 合神이 참되나 일주가 외롭고 약한 것과 化神이 유여하나 일주가 뿌리나 싹을 띤 것이 있고 合神이 참되지 않으나 일주가 無根한 것과 化神이 부족하나 일주가 無氣한 것이 있다. 이미 化神을 합하였는데 일주가 비겁이나 인성의 生扶를 만난 것도 있고 이미 化神을 합하였는데 한신이 와서 化氣를 해치는 것이 있다. 그러므로 假化가 眞化에 비하여 더욱 어렵다. 더욱 자세히 연구해야 마땅하고 가화의 기밀을 얻을 수 있다.
가령 甲己合은 丑戌月에 태어나면 合神이 비록 참될지라도 일주가 외롭고 약하여 도와주는 것이 없으면 化하지 않을 수 없다.
단 秋冬이니 氣가 닫히고 차가우며 또 金氣가 보이지 않게 설하므로 세운에서 반드시 火를 만나 한습한 기운을 제거해야 기가 화합하고 따뜻하여 좋다. 辰未月에 생하면 化神이 비록 유여하나 辰은 木의 여기이고 未는 자신의 고장에 통근하므로 木이 결코 無根하다고 할 수 없다. 다만 春夏의 氣가 열리고 따뜻하며 또 장간에 水木이 있으므로 세운이 반드시 土金地로 가야 木의 뿌리와 싹을 제거하여 분쟁이 없다.

如乙庚之合 日主是木 生於夏令 合神雖不眞 而日主洩氣無根 土燥又不能生金 歲運必須帶水之土 則能洩火養金矣. 生於冬令 金逢洩氣而不足 木不納水而無氣. 縱有土而凍 不能生金止水 歲運必須帶火之土 則解凍而氣和 金得生而不寒矣. 如丁壬之合 日主是丁 生於春令 壬水無根 必從丁合. 不知木旺自能生火 則丁火反不從壬化木. 或有比劫之助 歲運必須逢水 則火受制而木得成矣.

만약 乙庚合은 일주가 木이고 여름에 태어나면 合神이 비록 참되지 못하나 일주가 설기되고 無根하다. 土가 燥하여 生金할 수 없으면 세운이 반드시 水를 머금은 土를 만나야 火를 설하여 生金할 수 있다. 겨울에 태어나면 金이 설기되어 부족하고 木은 水를 받아들이지 못하여 氣가 없다. 설령 土가 있어도 얼어서 生金과 水를 제지할 수 없으니 세운은 반드시 火를 머금은 土를 만나면 解凍하여 氣가 화합하므로 金이 生을 얻고 차지 않다.

만약 丁壬合은 일주가 丁이고 봄에 태어나면 壬水가 無根하므로 반드시 丁을 따라 합하는데 木이 왕하면 스스로 火를 생할 수 있으므로 丁火가 도리어 壬을 따라 化木하지 못한다.

그렇지 않으면 비겁의 도움이 있고 세운이 반드시 水를 만나면 火가 억제를 받아 化木이 이루어진다.

如丙辛之合 日主是火 生於冬令 重重金水 旣合且化. 嫌其柱中有土 暗來損我化神. 濕土雖不能止水 而水究竟混雜不淸 歲運必須逢金土 則氣流行而生水 化神自眞矣. 如是配合 以假成眞 亦能名利雙全 光前裕後也. 總之格象非眞 未免幼遭孤苦 早見蹭蹬. 否則 其人執傲遲疑. 倘歲運不能抑假扶眞 一生

作事迍邅 名利無成也.

만약 丙辛合이 일주가 火이고 겨울에 태어났으며 金水가 重重하면 이미 合하고 또 化한 것인데 주중에 土가 있으면 보이지 않게 化神을 손상하므로 꺼린다. 습토는 비록 水를 제지할 수 없더라도 水가 결국 혼잡하고 청하지 못하므로 세운은 반드시 金을 만나야 氣가 流行하고 生水하므로 化神이 자연히 참되게 된다.

만약 이렇게 배합이 되면 가화가 참됨을 이루게 되는 것이니 역시 名利가 모두 온전하고 조상을 빛내고 후손을 부유하게 할 수 있다.

한마디로 말해서 격의 형상이 참되지 않으면 어려서 외로움과 고생을 면하지 못하고 일찍 좌절을 겪게 된다. 그렇지 않으면 사람됨이 고집스럽고 오만하며 아둔하고 의심이 많다. 만일 세운이 가화를 억제하고 참됨을 도울 수 없으면 일생동안 하는 일은 좌절당하고 名利를 이룰 수 없다.

己甲甲己　癸壬辛庚己戊丁丙

卯戌子巳　酉申未午巳辰卯寅

천간에 兩甲이 兩己를 만나 각자 짝을 짓고 지지에 卯戌이 합하여 비록 火로 변하여 生土할 수는 없으나 도리어 분쟁의 뜻은 없다. 비록 이것이 가화나 도리어 有情하고 어긋나지 않았다.

未運에 子水를 破하니 향방에 들고 庚午, 己巳運에 化神을 生助하므로 벼슬이 금당이 되었다.

이후제

甲이 己를 만났으나 卯양인이 있고 子水가 生木하므로 일간이 太弱하지 않아 合化하지 못하고 合일뿐이므로 신강신약으로 논한다.

한마디로 일간이 太弱해야 從하든 合化하든 할 수 있는 것이다. 巳火는 늦가을의 寒氣를 제거하는 길신이고 子水는 木根을 윤습하는 길신이며 卯木은 일간의 뿌리로 길신인데 다만 合이 많아 불만이다.
木弱하니 水木運이 좋고 火土運은 꺼리며 金運은 深秋老木을 전정하므로 길하다.

甲丙甲己　丁戊己庚辛壬癸甲
子子申巳　丑寅卯辰巳午未申
甲木이 仲冬에 생하고 인수가 당권하니 본시 살인상생인데 그러나 좌하가 절지로 극히 虛하나 水의 생을 받지 못하고 己土를 만나 합을 탐한다. 합신이 비록 참되나 실령하여 반드시 丙火의 생에 의지하여 차고 얼어붙은 氣를 해동한다. 旺水가 병령하여 꺼리는데 火 역시 허탈하여 化神을 生扶할 수 없다.
가화이며 불청하니 인품이 단정하지 못하고 庚辰運 甲午年에 이르러 克木生土하므로 향방에 들었으나 벼슬을 하지 못했다.

이후제

子月은 寒水가 왕하므로 비록 甲己가 合이나 合일뿐 合化하지 못하고 仲冬甲木이 한습하니 조후하는 丙火를 取用하고 년간의 甲比가 洩水生火하는 희신이 된다. 木火運을 원한다.
己土는 丙火를 설하여 꺼리나 木根을 滋養하는 功도 있고 巳火는 丙火의 祿으로 길신이며 申金은 巳火를 합반하고 寒水를 生하므로 기신이다. 다만 從하는 세력이나 合化하여 변하는 세력은 반드시 월령을 득해야 한다.

甲丁甲己　戊己庚辛壬癸甲乙
寅丑戌巳　寅卯辰巳午未申酉
甲木이 丑月에 생하여 己土가 통근하여 왕하고 년지의 祿比는 丁火를 만나 상생의 情이 있어 쟁투의 기세가 없다. 비록 가화이나 도리어 유정하고 어긋나지 않아 庚辰運에 이르러 과거에 급제하고 辛巳, 壬午運에 남방火地로 화신을 생조하므로 벼슬이 황당에 이르렀다.

이후제

從하거나 合化한다는 것은 일주가 의지할 곳 없이 太弱하여 자신을 버리고 강한 세력을 좇아 순응하는 것인데 그때마침 일주와 合이 되는 글자가 月干이나 時干에 있으면 合化가 되는 것이다.
이 명조는 甲木이 丑月에 태어나 실령했으나 년주가 甲寅으로 木의 세력이 旺하여 合化하지 못하고 단지 合일뿐이며 丁火를 取用하여 조후하는 용신으로 삼고 甲木비견을 疏土하며 生火하는 희신으로 삼는다. 木火運에 발전한다.

甲辛癸戊　壬癸甲乙丙丁戊己
寅未亥午　申酉戌亥子丑寅卯

癸水가 未月에 생하고 木火가 병왕한데 월간의 辛金이 無氣하여 生水할 수 없어 일주가 비록 旺支에 있으나 火土에게 핍박을 받고 시간의 戊土 合神이 참되며 또 旺하므로 일주가 합하지 않을 수 없다. 初運 壬申, 癸酉運은 金水가 병왕하니 외롭고 고생스러움을 견디기 어려웠으나 甲戌運에 이르러 지지가 火局하니 밖으로 나가서 좋은 인연을 만나 뜻밖의 성공을 하였고 乙亥運은 水가 木의 설기를 만나고 지지에 회국하니 異路로 명성을 얻었으며 재물도 풍족하였다. 丙子運으로 바뀌자 火가 통근하지 못하므로 잘못을 저질러 낙직하고 壬子年에 이르러 죽었다.

이후제

역시 戊癸가 합이나 未月에 합화하지 못하므로 辛金이 용신이고 亥水비겁은 虛한 일간을 돕는 길신이다. 土金運을 원하는데 丙子運이 흉한 것은 丙이 용신인 辛金을 합반하고 子는 용신이 死하기 때문이다.

甲丁壬辛　戊己庚辛壬癸甲乙
辰卯辰亥　辰巳午未申酉戌亥

壬水가 중춘에 생하고 時에 祿과 印을 만났으나 化神이 당령하고 또 년간에 元神이 투출하였으며 時干의 辛金이 무근하고 절지에 있어 丁火가 극하기에 충분하여 辛金이 生水할 수 없으므로 亥水가 壬의 祿旺이 아니고 甲의 장생이 된다. 이에 일간이 어쩔 수 없이 합하여 化한다. 運이 남방 火地로 가니 반궁에 들어 국비로 공부하고 과거에 급제하였으나 壬申, 癸酉에 이르러 金水가 破局하니 벼슬에 나가지 못할 뿐만 아니라 모진 고생을 하였는데 化局이 손상을 당하면 禍가 매우 重한 것이다.

이후제

壬水가 비록 卯月에 태어나 실령하였으나 辛金이 生扶하고 亥水祿이 도우며 水庫인 兩辰土에 앉아 재성을 감당할 수 있을 뿐만 아니라 丁壬合化格이 되지 못한다. 봄에 火가 온국하며 秀氣하므로 도리어 火運이 좋고 金運도 生身하므로 길하다.

按此等假化格局最多 若作身弱用印則誤矣.

살펴보면 이런 가화격국이 매우 많은데 만약 신약으로 보고 인성을 쓰면 잘못이다.

10. 順局

一出門來只見兒 吾兒成氣構門閭. 從兒不管身强弱 只要吾兒又遇兒.

문을 한번 나서니 오직 아이만 보이고 내 아이가 기를 이루므로 문호를 세울 수 있다. 종아는 신강 신약과는 관계없고 단지 내 아이가 다시 아이를 만나는 것을 원한다.

順者 我生之也 只見兒者 食傷多也 構門閭者 月建逢食傷也. 月爲門戶 必要食傷在提綱也 不論身强弱者 四柱雖有比劫 仍去生助食傷也 吾兒又得兒者 必要局中有財 以成生育之意也.

순은 내가 생하는 것이고 오직 아이만 보인다는 것은 식상이 많은 것이며 문호를 세운다는 것은 월건이 식상을 만난 것이다.

月이 門戶가 되니 반드시 식상이 제강에 있어야 하고 신강신약을 논하지 않는 것은 사주에 비록 비겁이 있어도 식상을 생조하여 없어지기 때문이며 내 아이가 다시 아이를 만난다는 것은 반드시 국중에 재성이 있는 것이니 生育의 뜻을 이루는 것이다.

如己身碌碌庸庸 無作無爲 得子孫昌盛 振起家聲. 又要運行財地 兒又生孫 可享兒孫之福矣 故爲順局. 從兒與從財官不同也 然食傷生財 轉成生育 秀氣流行 名利皆遂. 故以食傷爲子 財卽是孫 孫不能克祖 可以安享榮華. 如見官星 謂孫又生兒. 則曾祖必受其傷 故見官殺必爲己害. 如見印綬 是我之父 父能生我 我自有爲 焉能容子. 子必遭殃 無生育之意 其禍立至. 是以從兒格最忌印運 次忌官運 官能洩財 又能克日主. 而食傷又與官星不和 忘生育之意 起爭戰之風 不傷人丁 則散財矣.

가령 자신은 보잘 것 없고 변변치 않아 되는 것도 없고 하는 것이 없어도 자손이 창성하여 가문의 명성을 떨치고 일어난다.

또 運이 財地로 행하기를 원하는데 아이가 다시 손자를 생하니 아이와 손자의 복이 형통하게 되고 그러므로 순국이 된다.

종아는 종재 종관과는 같지 않다. 그러나 식상생재하여 生育을 이루고 秀氣가 流行하므로 名利를 모두 이룬다. 그러므로 식상으로 자식을 삼고 財가 곧 손자이며 손자는 할아버지를 극할 수 없으므로 편안함과 영화를 누릴 수 있다.

만약 관성을 보면 손자가 또 아이를 생한 것이라고 말한다. 그런즉 증조부는 반드시 손상을 받게 되므로 관살을 보면 반드시 자신에게 害가 된다. 만약 인성을 보면 나의 부모이고 부모는 나를 생할 수 있으며 내가 있는 것이니 어찌 자식을 허용할 수 있겠는가.

자식은 반드시 재앙을 만나게 되고 生育의 뜻이 없으니 禍에 이른다.

그러므로 종아격은 인성운을 가장 꺼리고 다음으로 官運을 꺼리는데 官은 財를 설기하고 또 일주를 극하기 때문이다.

그리고 식상은 다시 관성과 不和하며 生育의 마음을 잊고 다투는 기세가 생기니 사람을 해치지 않으면 재물을 잃는다.

丁壬癸丙　辛庚己戊丁丙乙甲
卯寅卯辰　丑子亥戌酉申未午

癸水가 맹춘에 태어나 지지가 寅卯辰 동방일기로 水木종아격을 이루었으니 時干의 丙火가 용신이 되고 이른바 아우생아이다.

다만 病이 되는 壬水가 불만인데 丁火가 合木하여 도리어 丙火를 생하니 기쁘다. 변하여 생육의 뜻이 있으므로 일찍 과거에 급제하고 한원에 들었으며 벼슬이 봉강에 이르렀다. 申運에 木火가 절지가 되므로 사망하였다.

丁癸癸丙　壬辛庚己戊丁丙乙
巳卯卯辰　寅丑子亥戌酉申未

癸水가 중춘에 생하여 旺木이 승권하고 사주에 金이 없으니 역시 水木종아격이다. 寅運에 지지가 동방이 되므로 甲戌年에 입반하고 丙子年에 향방에 들었으나 전조에 미치지 못하는 것은 월간의 癸水가 爭財하는데 억제나 합이 없기 때문이다. 기쁜 것은 재성의 세력이 있어 벼슬길이 형통하였다.

이후제

癸水가 卯月에 태어나고 인성인 金이 없어 신약이나 천간에 木이 없고 財가 많아 從하지 못한다. 辰水庫에 통근하고 月干의 癸水비견에 의지하여 金水運을 기다린다.

己丁丙戊　丙乙甲癸壬辛庚己
未丑戌戌　子亥戌酉申未午巳

丙火가 季冬에 태어나고 만국이 모두 土이니 火土종아격을 이루고 丑中辛金 재성이 용신이 된다. 지장간에 있는 한 개의 元氣가 되는데 불만인 것은 투출한 丁火가 未戌에 통근하여 기신의 뿌리가 깊고 重한 것이다. 높은 벼슬을 하지 못하였다. 묘한 것은 運中에 癸酉, 壬申이 용신과 희신에 알맞게 와서 벼슬길이 순탄하였다.

이후제

丑月 丙火가 신약하고 비록 土가 많으나 火庫인 兩戌土에 앉고 未에 有根하며 더구나 丁火겁재가 도우니 從하지 못하고 신약으로 논한다. 오직 木運이 소토하고 生火하므로 좋고 水運은 꺼리나 旺土가 막아주므로 크게 장애가 없으며 金運은 旺土를 洩하여 오히려 길하고 火運은 다시 旺土를 도와 이득이 없다.

己辛丙戊　庚己戊丁丙乙甲癸
未未戌戌　午巳辰卯寅丑子亥

丙火가 季夏에 태어나고 만국이 모두 土이니 종아격이고 이른바 아우생아다. 크게 보면 전조보다 나은데 공명부귀가 도리어 미치지 못하는 것은 무슨 이유인가? 전조는 金이 비록 나타나지 않았으나 丑에 축장되어 있고 三冬의 습토로 晦火養金할 수 있는데 이것은 辛金이 드러났으나 여름에 금이 녹고 뿌리가 견고하지 못하며 未戌의 丁火가 당권하였으니 소위 흉물이 깊이 감추어져 있다.

運이 동남木火地로 흘러 불만이고 비록 향방에는 들었으나 종신토록 훈장이 없었다.

이후제

丙火일간이 月令과 未戌土에 모두 통근하여 從하지 못할 뿐만 아니라 局勢가 燥하여 金水運을 만나야 발전할 수 있는데 문제는 조열하여 木을 쓸 수 없으므로 신약을 면할 수 없다는 것이다. 旺土를 洩하는 辛金에 의지한다. 만약 木을 쓰려면 水木이 함께 와야 한다.

丁丁甲丙　丙乙甲癸壬辛庚己
巳未午寅　午巳辰卯寅丑子亥

季夏에 태어난 甲午일주가 지지에 巳午未남방이고 천간에 兩丁一丙이 투간하여 火의 세력이 승권하므로 결국 木火종아격인데 불만인 것은 火가 지나치게 조열하므로 공명이 감소하였다.

巳運에는 관리등용시험에 응시했고 甲辰運은 습토로 晦火하였으나 壬運에 맹렬한 火와 격돌하고 寅을 도와 爭財하니 죽고 말았다.

이후제

甲木이 未에 墓庫이고 時에 寅祿을 만나니 비록 지지가 巳午未 남방이며 전국이 火가 많으나 從하지 못하고 木焚飛灰의 형상이며 국세가 過燥한 것으로 논한다. 따라서 水運은 旺火를 격발하므로 도리어 大凶하고 木火運은 불길하며 金運은 旺한 食傷에 破克되어 불길하고 오직 濕土運이 火氣를 洩하며 木根을 윤습하므로 가장 좋다.

甲丁甲丙　戊己庚辛壬癸甲乙
午丑午寅　寅卯辰巳午未申酉

甲木이 季冬에 생하고 火가 虛하나 다행히 통근하여 기세가 있으므로 종아격을 취한다. 木이 비록 진기이고 또 祿比의 방신을 만났으나 소위 종아는 신강약을 논하지 않는다. 전조는 지나치게 조열하였으나 이것은 습토가 燥를 만나 地潤天和로 生育이 어그러지지 않아 과거에 급제하고 벼슬이 시랑에 이르렀다.

이후제

월령이 丑濕土이며 비견인 甲寅木이 도와 從할 수 없고 엄동설한에 온국하는 火가 필요하나 木火가 旺하여 도리어 金水가 필요한 명조이다. 추운 겨울에 더운 방에 앉아있는 모양으로 逆조후가 필요하므로 金水濕土運을 원한다.

辛辛戊壬　庚己戊丁丙乙甲癸
丑丑申子　子亥戌酉申未午巳

戊土가 季冬에 생하고 辛金이 並透하여 통근하였으며 좌하에 申金이니 壬水가 왕하고 生地를 만나 순수함이 볼만하다.

일찍 반수에 들고 亥運에 이르러 북방이 되니 과거에 급제하였다. 戊戌運이 되자 통근한 燥土가 壬水를 제거하고 丙寅年에 壬水의 뿌리인 申金을 충하여 제거하니 체용이 모두 傷하므로 죽고 말았다.

이후제

丑月 戊土가 한습하고 一點의 火氣가 없어 生機가 전혀 없으므로 한습을 제거하는 火土運을 만나야 凍土에 生氣가 돌고 발전의 기틀이 된다. 戊戌運 丙寅年이 溫氣로 좋으나 한습이 지나치면 和暖處라도 反爲不祥이라고 하였으며 또한 오행 중에 土가 한습을 가장 꺼린다고 하였다.

庚庚戊辛　辛壬癸甲乙丙丁戊
子辰申酉　巳午未申酉戌亥子

이 명조는 土가 季春에 태어나고 局中에 庚辛이 겹겹이 쌓여 종아격을 취한다. 지지에 財局이 되어 생육의 情이 있어 기쁘고 전조와 대동소이하다. 이것은 中年運이 土金으로 흘러 재성을 생조하므로 과거에 급제하고 벼슬이 군수에 이르렀으나 전조는 벼슬도 못하고 죽었는데 실제로 運이 등졌기 때문이다.

이후제

辰月은 戊土가 司令하므로 從하지 못하고 식상이 왕하여 신약으로 논하며 火土運을 원한다. 다만 지나치게 설기가 심하여 신약하므로 土薄寡信일 뿐이다.

壬辛辛壬　壬癸甲乙丙丁戊己
寅亥亥辰　子丑寅卯辰巳午未

辛金이 맹동에 태어나 壬水가 당권하고 財가 생왕을 만났으며 金水가 모두 잠기니 종아격을 취한다. 책은 한눈에 여러 줄을 읽었으며 甲寅運에 이르러 과거에 오르고 乙卯運에 서랑에서 황당에 이르렀다. 丙辰運에 관인이 함께 오고 또 丙戌年을 만나니 인수가 상관을 파하므로 죽고 말았다.

이후제

辛金이 비록 水가 왕하나 辰土가 生助하고 月上의 비견이 도와 從하지 않고 신약으로 논한다. 특히 辛金은 水旺한 것을 좋아하므로 비겁인 金運을 원하고 土運은 왕한 상관을 破하여 濁水가 되므로 得보다 失이 많으며 寅木은 旺水를 洩하므로 길신이다. 丙運은 비견인 辛金을 合絆하고 辰運은 旺氣가 入墓하여 흉하다.

壬辛辛辛　壬癸甲乙丙丁戊己
子亥卯卯　子丑寅卯辰巳午未

辛金이 맹동에 태어나 水勢가 당권한데 비록 천간에 세 개의 辛金이 투출하였으나 지지가 절지이니 종아격을 취한다. 책을 읽으면 암송하였으니 일찍 반궁에 들었고 甲寅運에 관리등용시험을 치러 현령이 되었다. 乙卯運은 벼슬길이 순탄하였으나 丙辰運에 잘못되었고 戊年에 이르러 旺土가 克水하므로 죽고 말았다.

이후제

역시 月時의 비견에 의지하여 신약으로 논한다. 辛金이 상관득록하여 총명함이 빼어나다. 木運은 旺한 水를 설하여 길하고 丙運은 일간의 의지처인 비견을 합반하고 辰運은 旺氣가 入墓하여 불길하다.

凡從兒格 行運不背逢財者 未有不富貴者也 且秀氣流行 人必聰明出類 學問精醇.

무릇 종아격은 行運이 등지지 않고 財를 만난 자는 부귀하지 않은 자가 없고 또 秀氣流行하면 사람이 반드시 총명하며 무리에서 뛰어나고 학문이 정교하고 깊다.

11. 反局

君賴臣生理最微.

임금이 신하의 생에 의지하는 이치가 매우 오묘하다.

君賴臣生者 印綬太旺之意也 此就日主而論. 如日主是木爲君 局中之土爲臣 四柱重逢壬癸亥子 水勢泛濫 木氣反虛 不但不能生木 抑且木亦不能納受其水 木必浮泛矣. 必須用土止水 則木可託根 而水方能生木 木亦能受其水矣. 破其印而就財 犯上之意 故名爲反局也. 雖就日主而言 四柱亦同此論. 如水是官星 木是印綬 水太旺亦能浮木 須見土則木能洩水 以成反生之妙 所以理最微也. 火土金水 皆同此論.
임금이 신하에 생에 의지한다는 것은 인성이 태왕하다는 뜻이고 이것은 곧 일주를 논하는 것이다. 가령 일주가 木이고 임금이 되면 局中에 土가 신하가 되는데 사주에 壬癸亥子를 거듭 만나 水勢가 범람하면 木氣가 도리어 허하여 生木을 할 수 없을 뿐만 아니라 게다가 木 역시 水를 받아들일 수 없으므로 木은 틀림없이 물에 뜨게 된다. 반드시 土를 써서 水를 저지해야 木이 뿌리를 내리고 水는 비로소 生木할 수 있으며 木 또한 水를 받아들일 수 있다. 印을 破하는 것이 곧 財이니 임금의 뜻을 범하는 것이므로 반국이라고 한다. 비록 일주에 대하여 말하는 것이나 사주 또한 이와 같이 논한다. 만약 水가 관성이면 木이 인수인데 水가 태왕하면 浮木할 수 있으므로 반드시 土를 만나면 木이 洩水할 수 있게 되어 도리어 生의 妙를 이루게 되니 이치가 매우 오묘하다. 火土金水도 모두 이와 같이 논한다.

壬壬甲戊　癸甲乙丙丁戊己庚
辰子寅辰　丑寅卯辰巳午未申

甲木이 중동에 생하여 비록 일주가 록에 앉아 물에 뜨지는 않으나 水勢가 태왕하다. 辰土가 비록 水를 저장하고 있으나 戊土가 투간하고 辰이 木의 여기이니 制水하고 뿌리를 내리기에 충분하다. 이른바 임금이 신하에 의지하여 생하는 것으로 일찍 과거에 합격하고 한원에 이름이 높았으며 火土運으로 가니 록과 지위가 헤아릴 수 없이 좋다.

이후제

甲木이 子月에 生하고 子辰이 半水局하며 子에 羊刃인 壬水가 년월에 투간하여 寒水가 범람하므로 制水하는 戊土가 용신인데 온국하며 生土하는 火가 없어 좋은 격이 못된다. 다만 중년이후 火土運을 만나 발전할 뿐이다.

壬壬甲戊　　癸甲乙丙丁戊己庚
戊子子辰　　丑寅卯辰巳午未申

甲木이 중동에 태어나 전조는 寅에 앉아 실하였으나 이것은 子가 생하여 허하다. 그러나 년지에 火를 머금은 土가 있어 기쁘고 辰土와 역량을 비교하면 훨씬 우세하며 戊土의 뿌리가 견고하므로 일주의 허함을 보완하기에 충분하다. 行運 또한 같아 공명 역시 같았는데 벼슬이 상서에 이르렀다.

己戊辛己　　丁丙乙甲癸壬辛庚
巳辰酉亥　　卯寅丑子亥戌酉申

辛이 辰月에 생하고 土가 비록 중첩이나 春土는 결국 氣가 트이고 느슨하다. 여기이며 亥中甲木이 생을 만나고 辰酉가 선회하여 상생하니 도리어 木의 근원을 돕는다. 멀리 巳火를 冲하여 戊己土를 생하지 못하게 하니 역시 군뢰신생이다. 木의 원신이 透露하지 못하여 학문으로 나아가지 못하였으나 生化가 어긋나지 않고 또 東北의 運을 만나 武職에서 뛰어날 수 있었다.

이후제

인성이 과다하여 土多金埋의 象인데 制土하는 木財가 없어 불만이나 酉金비겁에 앉아 埋金을 면하고 신왕이 된다. 따라서 신왕한 일간을 洩하는 亥水상관을 취용하고 水木運에 발전한다.

戊丁己庚　戊己庚辛壬癸甲乙
午巳卯午　午未申酉戌亥子丑

己土가 맹하에 태어나 국중에 인성이 당령하여 火旺土焦하고 또 木은 타버린다. 庚子年에 이르러 과거에 급제하였는데 金을 대동한 水가 火의 맹렬함을 억제하기에 충분하고 燥土를 윤습하기 때문이다. 높은 벼슬을 하지 못하고 벼슬길에 실패한 것은 국중에 水가 없는 연고이다.

兒能生母洩天機.

아이가 어미를 생할 수 있다는 것은 천기를 누설하는 것이다.

兒能生母之理 須分時候而論也. 如木生冬令 寒而且凋 逢金水必凍 不特金能克木 而水亦能克木也. 必須火以克金 解水之凍 木得陽和而發生矣. 火遭水克 生於春初冬盡 木嫩火虛 非但火忌水 而木亦忌水. 必須土來止水 培木之精神. 則火得生而木亦榮矣.

土遇木傷 生於春末冬初 木堅土虛 縱有火不能生濕土 必須用金伐木. 則火有焰而土得生矣. 金逢火煉 生於春末夏初 木旺火盛 必須水來克火 又能滋木潤土 而金得生矣. 水因土塞 生於秋冬 金多水弱 土入坤方而能塞水 必須木以疏土. 則水勢通達而無阻隔矣.

成母子相依之情 爲兒能生母也. 若木生夏秋 火生秋冬 金生冬春 水生春夏 乃休囚之位 自無餘氣 焉能用生我之神 以制克我之神哉. 雖就日主而論 四柱

之神. 皆同此論.
아이가 어미를 생할 수 있는 이치는 반드시 계절의 절기를 나누어 논해야 한다. 가령 木이 겨울에 태어나면 춥고 시들었으니 金水를 만나면 틀림없이 얼게 되므로 金이 木을 극할 수 있는 것뿐만 아니라 水 또한 木을 극할 수 있는 것이다. 반드시 火로 金을 극하고 언 물을 녹여야 木이 온난함을 얻어 살아난다.
火가 水의 극을 만나고 초봄이나 겨울 끝에 태어나면 木은 여리고 火는 虛하므로 火가 水를 꺼릴 뿐만 아니라 木 또한 水를 꺼린다. 반드시 土가 와서 水를 저지하고 木의 정신을 배양해야 火는 生을 얻고 木 또한 영화롭다.
土가 木의 해침을 만나고 春末이나 겨울 초에 태어나면 木은 견고하고 土는 虛하므로 설령 火가 있어도 습토를 生할 수 없으므로 반드시 金이 木을 극해야 火는 기세가 있고 土는 生을 얻는다.
金이 火의 단련을 만났는데 春末이나 여름 초에 태어났으면 木은 旺하고 火는 盛하므로 반드시 水가 와야 火를 극하고 또한 木을 生하며 土를 적실 수 있으므로 金이 生을 얻는다.
水가 土에 막히고 秋冬에 태어났으면 金多水弱한데 土가 坤方에 들어가면 水가 막히게 되므로 반드시 木으로 소토해야 水의 기세가 통달하며 막히고 서로 통하지 못함이 없다. 모자가 서로 의지하는 정을 이루면 아이가 어미를 생할 수 있는 것이다. 만약 木이 夏秋에 생하고 火가 秋冬에 생하였으며 金이 冬春에 생하고 水가 春夏에 생하였으면 休囚가 되므로 자연히 氣가 없는데 어찌 나를 생하는 神으로써 나를 극하는 것을 억제할 수 있겠는가. 비록 일주에 관하여 논하였으나 사주의 神은 모두 이와 같이 논한다.

甲丙甲庚　丁戊己庚辛壬癸甲
申寅申午　卯辰巳午未申酉戌
初春의 木이 여린데 兩申이 寅록을 雙沖하고 또 時에 庚金이 투출하여 木은 여리고 金은 견고하므로 오로지 생을 만나고 旺을 만난 丙火에 의지한다. 더욱 묘한 것은 오행에 水가 없는 것이고 이른바 아이가 어미를 구하는 것으로 庚申金이 甲木을 傷하지 못하게 한다. 巳運에 이르러 丙火가 祿地가 되니 향방에 들고 庚午運에 과거에 급제하였으며 辛未運에 현령이 되었다.
한마디로 불만인 것은 庚金이 개두하여 벼슬이 오를 수 없는 것이고 壬申運에 벼슬길이 좌절될 뿐만 아니라 죽을까 두렵다.

甲丙乙丙　丁戊己庚辛壬癸甲
申子酉戌　丑寅卯辰巳午未申
乙木이 중동에 생하여 비록 生해주는 것을 만났으나 결국 겨울에 시들고 무성할 수 없으며 또한 지지가 서방이니 財殺이 제멋대로 날 뛴다. 丙火가 並透하여 金이 차지 않고 추운 木이 볕을 받아 기쁘니 兒能救母다. 위인의 성정이 불의를 보면 참지 못하였고 비록 경영을 하였지만 규모가 평범하지 않았으며 십여 만금을 벌었다. 공부에 이롭지 않은 것은 戊土가 殺을 생하고 인성을 파괴하기 때문이다.

丙乙壬甲　丙丁戊己庚辛壬癸
辰未辰辰　申酉戌亥子丑寅卯
壬水가 계하에 태어나 휴수지인데 세 개의 辰을 만나 고장에 통근하여 기쁘다. 辰土는 水를 저장하여 木을 기를 수 있는데 甲乙이 並透하고 통근하여 制土하니 兒能救母다.
丙火가 洩木生土하는 것이 조금 불만으로 功名이 초시합격에 불과하였다. 묘하게 晩年運이 東北水木地로 흐르니 돈을 내고 출사하여 벼슬이 번얼에 이르렀다.

癸乙己辛　甲癸壬辛庚己戊丁
卯卯卯未　寅丑子亥戌酉申未

己土가 중춘에 태어나 네 개의 殺이 당령하니 日元이 극도로 허탈하다. 그럼에도 불구하고 습토가 生木할 수 있어 木盛함을 근심하지 않으므로 기쁘다. 만약 戊土였다면 틀림없이 손상되었을 것이고 未土에 통근함이 남음이 있어 辛金이 제살하는 용신으로 충분하므로 兒能救母다. 癸酉年에 이르러 辛金이 득록하니 향방에 들고 庚戌運에 출사하여 현령이 되었다. 불만스러운 것은 년간의 癸水가 生木洩金하는 것인데 벼슬이 높지 못하였고 주머니도 씻은 것과 같아 맑고 고결한 관리였으며 인품은 단아하였다.

母慈滅子關頭異.

모자멸자는 중요한 지점이 다르다.

母慈滅子之理 與君賴臣生之意相似也 細究之 均是印旺. 其關頭異者 君賴臣生局中 印綬雖旺 柱中財星有氣 可以用財破印也 母慈滅子 縱有財星而無氣 未可以財星破印 只得順母之性 助其子也. 歲運仍行比劫之地 庶母慈而子安 一見財星食傷之類 逆母之性 無生育之意. 災咎必不免矣.

모자멸자의 이치는 군뢰신생의 뜻과 비슷한데 자세히 살펴보면 모두 인성이 旺한 것이다. 그 중요한 지경이 다른 것은 군뢰신생은 局中에 인수가 비록 旺해도 주중에 재성이 有氣하여 財를 써서 破印할 수 있는 것이고 모자멸자는 설령 재성이 있어도 無氣하여 재성을 써서 破印할 수 없는 것이니 오직 어미의 성질을 순하게 해야 그 자식을 도울 수 있다. 세운이 비겁지로 행하면 어미가 자애롭고 자식도 편안한데 재성이나 식상의 종류를 하나라도 보면 어미의 성질을 거스르게 되어 生育의 뜻이 없으므로 재앙과 허물을 면할 수 없다.

癸甲丁甲　癸壬辛庚己戊丁丙
卯寅卯辰　丑子亥戌酉申未午

이 명조는 속세에서 소위 살인상생이라고 말하며 身强殺淺하니 金水運에 名利를 모두 거둘 수 있다고 하는데 癸水의 氣가 甲木으로 다 없어진 것을 모르는 것이다. 지지가 寅卯辰이 온전하여 木多火熄으로 모자멸자이다. 초년 癸丑, 壬子運에 生木하고 克火하므로 모진 고생을 하였고 辛亥, 庚戌, 己酉, 戊申運은 土가 旺金을 생하여 旺神인 木을 범하므로 고생하고 몸 둘 곳이 없었다.
그러므로 육순 전에는 하나도 이룬 게 없었으나 丁未運에 日元을 도와 일으키고 어미의 성질을 순하게 하므로 좋은 기회을 만나 처를 얻고 자식 둘을 낳았다. 丙午運까지 이십년간 수만금을 벌었으며 수명은 구순을 넘겼다.

戊丙辛戊　丁戊己庚辛壬癸甲
戌辰丑戌　巳午未申酉戌亥子

辛金이 계춘에 생하고 사주가 모두 土이며 丙火관성은 土에게 설기되어 없어졌다. 土가 重하여 金埋되니 모다멸자다.
初運 火土運에 고생이 많았고 하는 일없이 방탕하였으니 남는 게 없었다. 庚申運이 되면서 일원을 도와 일으키고 어미의 성질을 순하게 하니 크게 좋은 기회를 만났으며 辛酉運까지 辰丑과 껴안으니 돈을 내고 출사하였다. 壬戌運에 土가 또 득지하므로 잘못되어 낙직하였다.

丙戊辛戊　己庚辛壬癸甲乙丙
戌戌丑戌　亥子丑寅卯辰巳午

이것은 전조와 戊字 하나만 바뀌었는데 初運 己亥, 庚子, 辛丑 金水運에 潤土養金하니 부귀출신으로 辛運에 벼슬을 돈으로 살 수 있었고 壬運에 水木이 함께 오니 어미의 성질을 범하였다.

土가 重한데 木을 만나 반드시 위태로우나 무리하게 출사하였고 죄를 저질러 낙직하고 말았다.

壬壬甲壬　癸甲乙丙丁戊己庚
子寅子申　卯辰巳午未申酉戌
이것을 속론하면 木이 맹춘에 생하고 時에 獨殺이 淸하니 명예가 높고 록이 重하다고 할 것이나 春初에 木이 여리고 氣 또한 차게 응결되어 水를 받아들일 수 없으며 時支의 申金이 壬水의 生地이며 또 자신이 水를 껴안아 모다멸자임을 모르는 것이다.
애석하게도 運이 木의 도움이 없고 火運을 만나 水와 싸우니 오히려 名利를 이루지 못할까 두렵다.
初運 癸卯, 甲辰運은 동방木地로 어미를 따라 자식을 도우니 조상의 덕이 좋았으나 乙巳로 바뀌면서 運이 남방으로 변하여 부모가 함께 사망하였으며 재물은 흩어지고 사람들은 떠나갔다. 丙午運에 水火가 교전하니 가업은 모두 파하여 없어지고 사망하였다.

이후제

寅月 甲木이 건록인데 寒水가 왕하여 木의 정신이 損傷된다.
溫土로 制水하고 火로 온국하며 生土해야 木의 정신을 회복할 수 있으므로 火土가 함께 오거나 木火가 같이 와야 難局을 면한다. 丙午運은 純火로 旺水와 격돌하여 불길하다.

夫健何爲又怕妻.

남편이 튼튼한데 어찌 처를 무서워하는가.

木是夫也 土是妻也 木旺土多 無金不怕. 一見庚申辛酉字 土生金 金克木 是

爲夫健怕妻也. 歲運逢金 亦同此論. 如甲寅乙卯日元 是爲夫健 四柱多土 局內又有金 或甲日寅月乙日卯月 年時土多 干透庚辛之金 所謂夫健怕妻. 如木無氣而土重 卽不見金 夫衰妻旺 亦是怕妻. 五行俱同此論.

木이 남편이고 土는 처인데 木이 旺해도 土가 많으면 金이 없어도 두렵지 않다. 庚申辛酉字를 하나라도 보면 土가 生金하여 金이 木을 극하므로 이것이 남편이 튼튼해도 처를 무서워하는 것이다.

세운에서 金을 만나도 또한 이와 같이 논한다.

가령 甲寅 乙卯日主면 이것이 夫健인데 사주에 土가 많고 局內에 또 金이 있거나 甲日 寅月이나 乙日 卯月이 年時에 土가 많고 천간에 庚辛金이 나타났으면 이른바 夫健怕妻라고 한다.

만약 木이 無氣하고 土가 重하면 金을 만나지 않아도 夫衰妻旺으로 역시 처를 무서워한다. 오행을 모두 이와 같이 논한다.

其有水生土者 制火之烈 火生水者 敵金之寒 水生金者 潤土之燥 火生木者 解水之凍. 火旺逢燥土而水竭 火能克水矣 土燥遇金重而木折 土能克木矣 金重見水泛而火熄 金能克火矣 水旺得木盛而土滲 水能克土矣 木衆逢火烈而金鎔 木能克金矣. 此皆五行顚倒之深機 故謂反局 學者宜細詳元妙之理. 命學之微奧 其盡洩於此矣.

水가 土를 생할 수 있다는 것은 火의 맹렬함을 억제하는 것이고

火가 水를 생할 수 있다는 것은 金의 차가움에 대항하는 것이며

水가 金을 생할 수 있다는 것은 土의 건조함을 적셔주는 것이고

火가 木을 생할 수 있다는 것은 水가 언 것을 녹여주는 것이다.

火가 왕하고 燥한 土를 만나면 水가 말라 버리니 火가 水를 극할 수 있는 것이고

土가 조하고 重한 金을 만나면 木이 부러지므로 土가 木을 극할 수 있는 것

이며

金이 중하고 넘치는 水를 보면 火가 꺼지므로 金이 火를 극할 수 있는 것이고

水가 왕하고 盛한 木을 만나면 土가 오싹해지므로 水가 土를 극할 수 있는 것이며

木이 무리지어 맹렬한 火를 만나면 金이 녹으므로 木이 金을 극할 수 있는 것이다.

이것이 모두 오행이 전도되는 깊은 기틀이므로 反局이라고 하니 배우는 자는 으뜸되는 오묘한 이치를 자세하게 살펴야 마땅하다. 명학의 정교하고 오묘함을 이렇게 다 발설한다.

己戊甲辛　丁丙乙甲癸壬辛庚
亥辰寅未　卯寅丑子亥戌酉申

甲寅일주가 계춘에 태어나고 사주에 土가 많은데 時干에 辛金이 투출하여 金이 木을 克하니 부건파처라고 말한다.

初運이 木火로 土金을 제거하니 일찍 반수에 들었고 연달아 과거에 급제하였다. 甲子, 癸亥는 인성이 旺하고 生을 만나 일원이 財官을 감당하기에 충분하므로 벼슬이 올랐다.

己戊甲辛　丁丙乙甲癸壬辛庚
巳辰子未　卯寅丑子亥戌酉申

甲木이 계춘에 생하여 木의 여기가 있고 좌하에 인수가 있어 中和의 象이다. 재성이 중첩하고 당령하였으며 時에 관성이 나타나 旺土가 生金하니 부건파처이다. 初運이 木火로 土金을 제거하니 早年에 입반하여 과거에 급제하였으나 벼슬이 높지 못한 것은 土가 病인 연고이다. 전조는 亥가 있고 또 지지에 坐祿으로 이것보다 더욱 튼튼한데 이것은 子未가 相害하며 壞印하고 전조는

寅이 制土하여 인성을 보호할 수 있는 것이다.

乙辛丁庚　庚己戊丁丙乙甲癸
亥巳巳戌　辰卯寅丑子亥戌酉

丁巳일원이 맹하에 生하였는데 月時에 庚辛이 나타나고 지지에 또 생조를 만났으며 巳亥冲하여 火를 제거하고 金이 보존되니 부건파처다. 運이 동방 木地로 흘러 인성을 돕고 일주를 생하니 기쁘고 장원급제를 하였으며 벼슬길에 파란이 없었으나 子運에 兩巳가 억제를 받으니 사망하였다.

이후제

丁火가 월일의 巳에 乘旺하고 戌이 火庫로 有根하며 乙木이 생하여 신왕하므로 亥水가 억제하는 용신이고 庚辛金이 生水하는 희신이다. 따라서 부건파처가 아니나 亥水가 巳亥상충으로 용신이 이미 손상되었고 丙子運을 만나니 丙은 辛을 합반하며 庚을 극하여 희신이 無力化되고 게다가 子에 金이 死하므로 불길한 것이다.

癸甲戊癸　癸壬辛庚己戊丁丙
亥子戌丑　亥戌酉申未午巳辰

戊戌일원이 子月亥年에 生하였는데 月에 나타난 甲木이 生을 만나 水生木, 木克土로 부건파처다. 좌하의 戌이 燥土이며 장간에 丁火인수가 있어 매우 기쁘고 財가 비록 旺하나 인성을 파괴할 수 없으니 소위 元機가 암장되어 존재하는 것이다.

단지 지지가 북방으로 財의 세력이 太旺하여 불만인데 사물이 極에 이르면 반드시 되돌아오기 마련이므로 비록 지위가 방백에 이르렀으나 재물은 넉넉지 못하였다.

癸癸戊甲　壬辛庚己戊丁丙乙
亥亥午寅　戌酉申未午巳辰卯

戊午일원이 亥月亥年에 生하고 時에 甲寅을 만나 殺旺하여 財殺이 제멋대로 날뛰니 부건파처다. 애석하게도 드러난 인성을 재성이 破印하기에 충분하므로 학문을 이루기가 어려운데 다행히 寅이 午인성을 껴안아 克處에서 生을 만났다. 인성이 化殺하니 武職에서 뛰어났다.

夫健怕妻之理 重在一健字. 如日主不健 爲財多身弱 終身困苦矣. 健而怕妻 怕而不怕 運遇生旺扶身之地 自然出人頭地也.

부건파처의 이론은 중요함이 健자 하나에 있다. 만약 일주가 튼튼하지 못하면 재다신약이 되므로 종신토록 곤고하다.

튼튼하나 처를 무서워하는 것은 무서우나 무서워하지 않는 것이며 生旺地나 일주를 돕는 運을 만나면 자연히 출중하게 된다.

君不可抗也 貴乎損上以益下.

임금에게 대항할 수 없고 귀함은 위를 덜어서 아래에 보태는 것이다.

君不可抗者 無犯上之理也 損上者 洩上也 非克制也 上洩則下受益矣. 如以甲乙日主爲君. 滿局皆木 內只有一二土氣 君旺盛而臣衰極矣 惟有順君之性火以行之. 火行則木洩 土得生扶. 爲損上以益下 則上不亢君 下得安臣矣. 若以金衛之 則抗君矣. 且木盛能令金自缺 君仍不能抗 反觸其怒 而臣更洩氣 不但無益而有害也 豈能上安下全乎.

임금에게 대항할 수 없다는 것은 위를 범하는 이치가 없는 것이고 위를 덜어 낸다는 것은 위를 설하는 것이고 극제하는 것이 아니며 위를 설하여 아래에 보태주는 것이다.

가령 甲乙일주로써 임금을 삼는데 滿局이 모두 木이고 사주 내에 단지 한 두 개의 土氣가 있으면 임금은 왕성하고 신하는 극도로 쇠약한 것이니 오직 임금의 성질을 순하게 하는 火로 행해야 한다. 火로 行하면 木은 설기되고 土는 生扶를 얻는다.

위를 덜어서 아래를 보태주면 위로는 임금과 맞서지 않고 아래로는 신하가 편안함을 얻는다. 만약 金으로 지키면 임금에게 대항하는 것이다. 또한 木이 왕성하고 司令하면 金은 자연히 이지러지므로 임금에게 대항할 수 없으며 도리어 그 기세를 범하여 격노하게 되고 신하는 더욱 설기되므로 無益할 뿐만 아니라 해로우니 어찌 위가 편안하고 아래가 온전할 수 있겠는가.

甲丙甲乙　丁戊己庚辛壬癸甲
戌寅戌亥　卯辰巳午未申酉戌

甲이 寅月에 生하고 또 亥의 生을 만났으며 비겁이 돕는데 년일지의 戌土가 허약하니 君盛臣衰이다. 月에 丙火가 나타나 임금의 성질을 순하게 하고 戌土가 寅을 껴안아 生을 얻으니 위는 편안하고 아래는 온전하므로 아주 기쁘다. 己巳運에 火土가 並旺하니 과거에 연달아 합격하고 庚午, 辛未運은 火가 득지하고 金이 무근하며 또 丙火가 빛을 되찾으니 庚辛이 임금에게 대항할 수 없다. 午未가 충분하게 신하를 도우니 벼슬이 번얼에 이르렀고 壬申運에 寅을 冲하고 丙을 克하니 임금의 성질을 거스르므로 사망하였다.

甲甲甲乙　乙丙丁戊己庚辛壬
子戌寅亥　亥子丑寅卯辰巳午

甲寅일원이 계추에 태어나 土旺用事하니 봄의 허한 土와는 비교할 수 없으므로 이 戌土 하나가 전조의 兩戌과 견주기에 충분하다. 亥時에 태어나고 또 천간이 모두 木이니 임금은 왕성하고 신하는 쇠약하다. 불만스러운 것은 局中에

火가 없고 運이 火로 행하지 않아 군비쟁재로 신하를 돕지 못하니 위는 불안하고 아래는 온전하기 어렵다. 초운은 북방으로 水旺하니 임금의 세력을 도우므로 고생을 하고 조업도 보존하지 못했으며 丁丑運에 火土가 함께 오니 가업을 작게 이루었다. 戊寅, 己卯運에 土가 무근하고 木이 旺地에 있어 거듭하여 화재를 만났으며 이상하게 좌절을 겪고 처를 해치고 자식을 때리더니 卯運에 이르러 사망하였다.

臣不可過也 貴乎損下以益上.

신하는 지나칠 수 없고 귀함은 아래를 덜어 위를 보태주는 것이다.

臣不可過 須化之以德也 庶臣順而君安矣. 如甲乙日主 滿局皆木 內只一二金氣 臣盛而君衰極矣. 若金運制臣 是以衰勢而行威令 必有抗上之意 必須帶火之土運 木見火而相生 臣心順矣 金逢土而得益 君心安矣. 若水木並旺 不見火土 當存君之子 一路行水木之運 亦可安君. 若木火並旺 則宜順臣之心 一路行火運 亦可安君. 所謂臣順而性順. 君衰而仁慈 亦上安而下全. 若純用土金以激之 非安上全下之意也.

신하는 지나칠 수 없고 반드시 덕으로써 化해야 하며 오직 신하가 따라야 임금이 편안하다. 만약 甲乙일주가 滿局이 모두 木이고 사주 내에 단지 한 두개의 金氣가 있으면 신하는 왕성하고 임금은 지극히 쇠약한 것이 된다. 만약 金運이 신하를 억제하면 이것은 쇠약한 세력이 위엄 있게 명령을 하는 것이니 반드시 임금에게 대항하는 뜻이 있으므로 火를 대동한 土運이 필요하고 木이 火를 만나 상생해야 신하의 마음이 따르게 되고 金은 土를 만나 보탬을 얻게 되므로 임금의 마음도 편안해진다.

만약 水木이 나란히 왕하고 火土를 만나지 못하면 당연히 임금의 자식이 존재하므로 하나같이 水木運으로 행해야 역시 임금을 편안하게 할 수 있다.

만약 木火가 나란히 왕하면 신하의 마음을 따라야 마땅하고 하나같이 火運으로 행해야 역시 임금을 편안하게 할 수 있다.
소위 신하가 따르고 성질이 순하면 임금이 쇠약하나 인자하므로 역시 위는 편안하고 아래는 온전하다. 만약 순전히 土金을 써서 격돌하면 위를 편안하게 하고 아래를 온전하게 하는 뜻이 아니다.

戊甲甲庚　乙丙丁戊己庚辛壬
寅寅寅午　卯辰巳午未申酉戌
甲寅일원이 년월이 모두 寅으로 만반이 木이고 庚金이 無根하니 신하는 왕성하고 임금은 극히 쇠약하다. 午時가 木의 성질을 유통하므로 戊土가 약하나 有根하여 신하의 마음을 순하게 하여 기쁘다. 또 丙辰, 丁巳, 戊午, 己未運은 土를 대동한 火이니 生化가 어긋나지 않아 신하는 순하고 임금은 편안하므로 일찍 과갑에 올라 벼슬이 시랑에 이르렀으나 庚申運은 신하를 다스릴 수 없으므로 사망하였다.

이후제

신왕하므로 時上의 庚金칠살을 用해야 하나 寅에 絶地며 午에 극을 받아 無力하므로 버리고 旺木을 洩하는 午火를 용신으로 한다. 春木이니 火運이 최길하고 子水運은 午火를 충하므로 불길하며 金運은 꺼리는데 庚申運은 월주와 일주를 천충지충하므로 불길하다. 또한 버린 七殺을 다시 만나면 輕하면 재난이고 重하면 사망이라고 했다.

癸乙甲辛　甲癸壬辛庚己戊丁
卯卯寅未　寅丑子亥戌酉申未
甲寅일원이 년월에 모두 卯이고 또 乙癸가 나타났으며 未는 남방 燥土이며 木의 고장이니 生金하지 못하므로 임금인 辛金이 할 수 있는 게 없다. 당연히 임금의 자식인 癸水가 用이 되고 甲寅, 癸丑運을 만나 유산이 풍족했으며 壬子, 辛亥運에 名利가 모두 뛰어났으나 庚戌運에 土金이 並旺하여 신하를 용인할 수 없으므로 죄를 저질러 낙직하였으며 재산을 잃고 자식을 극하더니 사망하였다.

이후제

木旺하여 辛金을 써야 하나 無氣하여 쓸 수 없고 未土는 木庫이니 木氣를 따르며 癸水는 봄 가뭄을 해소하는 藥神이다. 종왕격에 辛金이 있어 破格으로 보는 것이 타당하다.

春木이니 火運이 가장 좋고 水木運은 旺木의 氣勢를 거스리지 않아 길하고 土金運은 旺木의 氣勢를 거스리므로 흉하다.

戊戊戊甲　己庚辛壬癸甲乙丙

午午午寅　未申酉戌亥子丑寅

이 명조는 세 개의 戊午를 만나고 時의 殺이 비록 록에 앉았으나 局中에 水가 없고 火土가 조열하여 신은 왕성하나 임금은 쇠약하다. 또 寅午가 껴안아 木이 火의 세력을 좇으니 변하여 일주를 生하므로 임금의 은혜가 비록 重하나 일주의 의향은 도리어 甲木을 마음에 두지 않는다. 運이 서방 金地로 가니 공명을 떨치고 자기를 생각하는 마음은 매우 重하였으나 임금의 은혜는 염두에 두지 않았다.

運이 水旺地를 만나고 또 임금의 자식을 보존할 수 없으므로 잘못을 저질러 낙직하였다.

이후제

戊土가 조열하여 甲木을 쓰지 못하고 金水運을 要하는데 金運과 濕土運은 열기를 차감하므로 좋으나 子水運은 旺火와 격돌하여 불길하다. 그러므로 조열함도 지나치면 안 되고 한습함도 지나치면 안 되는 이치이다.

甲丙己己　丁戊己庚辛壬癸甲
寅子酉巳　丑寅卯辰巳午未申

己酉일원이 중동에 생하고 甲寅관성이 록에 앉았으며 子水재성이 당령하여 왕한 財가 官을 생하는데 時에 인수를 만나니 이것이 君臣兩旺이다. 더욱 묘한 것은 월간에 丙火가 나타나 寒土가 햇볕을 받고 일주를 생하니 임금의 은혜가 중하므로 일찍 과갑에 들고 한원에서 이름이 높았다. 좌하 酉金이 巳를 껴안아 火가 생하고 金을 보호하며 水를 기르고 일주의 역량이 財를 다스리기에 충분하므로 관에게 중요한 財이지만 임금의 은혜를 망각하게 된다.

知慈母恤孤之道 始有瓜瓞無疆之慶.

자애로운 어미가 고아를 구제하는 도리를 알아야 비로소 자손이 끝없이 이어지는 경사가 있다.

母衆子孤 不特子仗母勢 而母之情亦依乎子. 故子母二者 皆不宜損抑 只得助其子勢 則母慈而子益昌矣. 如日主甲乙木爲母 內只有一二火氣 其餘皆木 是母多子病 一不可見水 見水子必傷 二不可見金 見金則觸母性 母子不和 子勢愈孤. 惟行帶火土之運 則母性必慈 其性向子 子方能順母之意而生孫 以成瓜瓞衍慶. 苦行帶水之土運 則母情有變 反不容子矣.

어미가 무리를 이루고 자식이 외로우면 자식이 어미의 세력에 의지할 뿐만 아니라 어미의 마음 또한 자식을 의지한다. 그러므로 자식과 어미는 둘 다 모두 덜어내거나 억제하는 것은 마땅하지 않고 단지 그 자식의 세력을 도우면 어미는 자애롭고 자식은 번창한다.

만약 일주가 甲乙이면 木이 어미가 되고 사주 내에 오직 한 두개의 火氣가 있으며 그 나머지가 모두 木이면 이것은 어미가 많아 자식에게 病이 되는 것이다. 첫째로 水를 만나면 안 되는데 水를 보면 자식이 틀림없이 손상되고 둘째로 金을 만나면 안 되는데 金을 만나면 어미의 성질을 건드리므로 母子가 不和하여 자식의 세력이 더욱 외로워진다. 그러나 火土를 대동한 運으로 행하면 어미의 성질이 틀림없이 자애로워지고 그 성질이 자식에게 향하며 자식은 어미의 뜻을 따르게 되어 손자를 낳아 자손이 번창하는 경사를 이룬다. 만약 水를 대동한 土運으로 가면 어미의 마음이 변하여 도리어 자식을 용납하지 않는다.

戊甲乙己　乙丙丁戊己庚辛壬
午寅卯卯　卯辰巳午未申酉戌
乙卯일원이 寅月 卯時에 태어나 만반이 木이고 단지 년지가 午火로 母旺子孤다. 水가 없어 기쁘고 寅午가 반회국하니 어미의 성질이 자애롭고 자식을 향하며 자식 또한 어미의 뜻을 따라 손자인 戊土를 生한다. 運이 火土로 行하여 더욱 기쁘고 소년에 일찍 무과에 급제하였으며 중서성에 들어갔고 벼슬은 시랑에 이르렀다.
庚申運이 되어 어미의 성질을 건드리므로 사망하였다.

癸丙甲乙　乙甲癸壬辛庚己戊
卯辰寅亥　卯寅丑子亥戌酉申
甲寅일원이 季春에 생하고 지지가 東方이며 또 亥時에 생하였으며 일점 丙火가 虛露하므로 어미는 무리를 지었으나 자식은 외롭다. 辰이 습토로 晦火하고 養木하는데 불만인 것은 癸水가 투간하고 時에 왕한 亥를 만나니 어미가 고아를 구제하려는 자애로운 마음이 없고 도리어 자식을 소멸하려는 의도가 있다. 초운 乙卯, 甲寅은 오히려 자식을 生扶하고 사랑하는 情이 있어 즐거웠으나 癸丑이 되면서 水를 띈 土運이니 어미의 마음이 변하여 자식이 편안할 수가 없으므로 깨지고 패하였다. 壬子에 이르러 자식이 극을 당하고 끊어지니 집안이 망가지고 사람은 떠났으며 스스로 목을 매어 죽었다.

知孝子奉親之方 始克諧成大順之風.

효자가 부모를 봉양하는 방법을 알아야 비로소 순리를 따르는 풍속을 이뤄 화합할 수 있다.

子衆母衰 母之性依乎子 須要安母之心 亦不可逆子之性. 如甲乙日爲主 滿局皆木 中有一二水氣 謂子衆母孤 母之情依乎子 必要安母之心. 一不可見土 見土則子戀婦才而不顧母 母不安矣. 二不可見金. 見金則母勢强而不容子 子必逆矣. 惟行帶水之金運 使金不克木而生水 則母情必依子 子情亦順母矣 以成大順之風. 若行帶土之金運 婦性必悍 母子皆不能安. 人事莫不皆然也. 此四章雖主木論. 火土金水亦如之.

자식이 무리를 이루고 어미가 쇠약하면 어미의 성질이 자식에게 의지하므로 반드시 어미의 마음이 편안하기를 원하고 또한 자식의 성질을 거스르는 것도 안 된다.

가령 甲乙일주가 滿局이 모두 木이고 그 중에 한두 개의 水氣가 있으면 子衆母孤라고 하는데 어미의 마음은 자식을 의지하므로 반드시 어미의 마음이 편안하기를 요한다.

첫째로 土를 만나면 안 되는데 土를 보면 자식이 아내와 재물을 잊지 못하여 어미를 돌보지 않으므로 어미가 편안하지 않다.

둘째는 金을 만나면 안 되는데 金을 보면 어미의 세력이 강해져 자식을 용납하지 않으므로 자식이 반드시 거역하게 된다.

오직 水를 대동한 金運으로 가야 金이 木을 극하지 않고 水를 生하므로 어미의 마음은 반드시 자식에게 의지하고 자식의 마음 역시 어미를 따르게 되므로 순리에 따르는 풍속을 이루게 된다.

만약 土를 대동한 金運으로 가면 아내의 성질이 반드시 사나워 母子가 모두 편안할 수 없다. 사람의 일이 모두 그렇지 않은 게 없다. 이 네 개의 문장이 木

을 위주로 논하였으나 火土金水 또한 이와 같다.

癸乙甲丁　甲癸壬辛庚己戊丁
亥卯寅卯　寅丑子亥戌酉申未

甲寅일원이 중춘에 생하고 卯亥, 寅亥가 합하며 만국이 모두 木인데 년간의 癸水가 세력이 없어 子旺母孤이므로 그 마음이 木에게 의지하고 木의 성질 역시 水에 의지하니 母子의 情이 협력한다고 말한다. 초운 甲寅, 癸丑에 조상의 유업이 넉넉하였고 일찍 반수에 들었으며 壬子運에 향방에 들었다. 辛亥運은 金水가 상생하니 현령에서 주목이 되었으나 庚戌運에 土金이 並旺하니 母子가 불안하므로 잘못을 저지르고 낙직하였으며 사망하였다.

이후제

卯月 甲木이 丁火를 만나 木火通明인데 丁火를 돕는 火가 없어 도리어 木多火熄이 되고 癸水는 旺木을 또 생하는 허물이 있으나 봄 가뭄을 해소하는 藥神이다. 다시 火運을 만나야 春木이 영화롭다.

乙己甲甲　戊丁丙乙甲癸壬辛
亥卯寅子　寅丑子亥戌酉申未

甲寅일원이 중춘에 생하고 만국이 모두 木이며 亥卯가 또 껴안았으며 子水가 극히 쇠약하니 그 情이 더욱 木에 의지한다. 일주는 己土를 사사로운 情으로 그리워하고 어미를 돌보지 않는다. 丁丑運에 火土가 함께 오니 도리어 어미를 용납하지 않아 형벌과 고생을 겪고 丙子運은 火가 통근하지 못하여 평안하고 허물이 없었다. 甲戌運은 또 旺한 土를 만나니 고생이 많았으며 乙亥, 癸酉는 生化가 어긋나지 않아 새로 맞은 아내가 자식을 낳고 집안도 일으켰다. 壬申運에 만년이 더욱 아름다웠으니 金水가 상생하는 연고이다.

中

體用精神

1. 體用

道有體用 不可一端論也 要在扶之抑之得其宜.

도에는 체와 용이 있으니 한 가지로 논하는 것은 불가하고 중요한 것은 돕거나 억제하거나 마땅함을 얻는 것에 있다.

體者 形象氣局之謂也. 如無形象氣局 卽以日主爲體. 用者 用神也. 非體用之外別有用神也. 旺者抑之 弱者扶之 雖爲不易之法. 然有不易中之變易者 惟在審察得其宜三字而已. 旺者抑之 如不可抑 又宜扶之 弱者扶之 如不可扶反宜抑之. 此命理之眞機. 五行顚倒之妙用也.

체는 형상과 기국을 말한다. 가령 형상이나 기국이 없으면 일주로써 체를 삼는다. 용은 용신이고 체와 용 외에 별도로 용신이 있는 것이 아니다. 旺한 것은 억제하고 弱한 것은 돕는 것은 비록 바꿀 수 없는 법이다. 그러나 바꿀 수 없는 중에 변하여 바뀌는 것이 있으니 오직 '得其宜'세 자를 자세히 살피는 것에 있을 뿐이다.

旺한 것은 억제해야 하는데 만약 억제할 수 없으면 오히려 도와야 마땅하고

弱한 것은 도와야 하는데 만약 도울 수 없으면 도리어 억제해야 마땅하다.
이것이 명리의 참된 기밀이고 오행이 전도하는 妙한 용법이다.

蓋旺極者抑之 抑之反激而有害 則宜從其强而扶之. 弱極者扶之 扶之徒勞而無功 則宜從其弱而抑之 是不可以一端論也. 如日主旺 提綱或官或財或食傷皆可爲用 日主衰 別尋四柱干支有幇身者爲用. 提綱是祿刃 卽以提綱爲體 看其大勢 以四柱干支食神財官 尋其得所者用之.
대개 왕함이 지극한 것을 억제하면 도리어 격분하여 해가 있으므로 그 강한 것을 돕는 것이 마땅하고 약함이 지극한 것을 돕는 것은 헛수고로 공이 없으니 그 약한 것을 억제하는 것이 마땅하다.
그런즉 한 가지로 논할 수 없다.
가령 일주가 왕하면 제강이 官이나 財나 식상이나 모두 용신이 될 수 있고 일주가 쇠약하면 별도로 사주간지에서 찾아 일주를 돕는 것이 있으면 용신이 된다. 제강이 록이나 양인이면 제강으로 체를 삼고 그 대세를 보고 사주간지의 식신이나 재관으로 알맞은 것을 찾아 用한다.

如四柱干支財殺過旺 日主旺中變弱 須尋其幇身制化財殺者用之 日主爲體者. 如日主旺 印綬多 必要財星爲用. 日主旺 官殺輕 亦以財星爲用 日主旺 官星輕 印綬重 亦以財星爲用. 日主旺比劫多 而無財星 以食傷爲用 日主旺比劫多 而財星輕 亦以食傷爲用. 日主弱 官殺旺 則以印綬爲用. 日主弱 食傷多 亦以印綬爲用. 日主弱 財星旺 則以比劫爲用. 日主與官殺兩停者 則以食傷爲用. 日主與財星均敵者. 則以比劫爲用. 此皆用神之的當者也. 如日主不能爲力 合別干而化 化之眞者 卽以化神爲體 化神有餘 則以洩化神之神爲用 化神不足 則以生助化神之神爲用. 局方曲直五格 日主是元神 卽以格象爲體 以生助氣象者爲用. 或以食傷爲用 或以財星爲用 只不宜官殺. 總宜視其格局之

氣勢意向而用之. 毋執一也. 如無格無局 四柱又無用神可取 卽或取之 或被閑神合住 或被冲神損傷 或被忌神劫占 或被客神阻隔 不但用神不能顧日主而日主亦不顧用神. 若得歲運破其合神 合其冲神 制其劫占 通其阻隔 此謂歲運安頓 隨歲運取用 亦不失爲吉也. 原註二三四五用神 的非妙造 此說大謬. 八字之中 若去四五字爲用神 則除日干外 僅兩字不用 斷無此理. 總之有用無用 定有一個着落 確乎不易也. 命中只有喜用兩字 用神者 日主所喜 始終依賴之神也 喜神者 幇助用神之神也 忌神者 克害用神之神也. 除用神 喜神 忌神外 皆閑神客神也 學者宜審察之.

만일 사주간지가 재살이 지나치게 왕하여 일주가 旺中에 弱으로 변했으면 반드시 방신하거나 재살을 制化하는 것을 찾아서 그것을 쓰고 일주가 체가 된다. 가령 일주가 왕하고 인수가 많으면 반드시 재성으로 용신을 삼는 것이 필요하다. 일주가 왕하고 관살이 輕해도 역시 재성으로써 용신을 삼으며 일주가 왕하고 관성이 輕한데 인수가 重하면 역시 재성으로 용신을 삼는다.

일주가 왕하고 비겁이 많은데 재성이 없으면 식상으로 용신을 삼고 일주가 왕하고 비겁이 많은데 재성이 輕하면 역시 식상으로 용신을 삼는다.

일주가 약하고 관살이 왕하면 인수로써 용신을 삼고 일주가 약하고 식상이 많아도 역시 인수로서 용신을 삼는다.

일주가 약하고 재성이 왕하면 비겁으로 용신을 삼고 일주와 관살이 균등한 것은 식상으로 용신을 삼으며 일주와 재성이 균등한 것은 비겁으로 용신을 삼는다. 이것은 모두 용신이 적당한 것이다.

만약 일주가 힘을 쓸 수 없고 다른 천간과 합하여 化하는데 化가 참되면 化神으로 체를 삼고 化神이 유여하면 化神을 설하는 것을 용신을 삼으며 化神이 부족하면 化神을 생조하는 것으로 용신을 삼는다.

局이나 方으로 이루어진 곡직 등 五格은 일주가 원신이니 격상으로 체를 삼고 기상을 생조하는 것으로 용신을 삼는다. 혹 식상으로 용신을 삼고 혹은 재성으로 용신을 삼는데 다만 관살은 마땅치 않다. 한마디로 그 격국의 기세나 의향을 보고 마땅한 것을 쓰는 것이니 하나를 고집하지 마라.
만약 格이 없고 局도 없으며 사주에 또 취할 수 있는 용신이 없거나 혹 취할 수 있는 것이 한신에게 합을 당하였거나 혹은 충신에게 손상을 당하였거나 혹은 기신에게 겁탈되었거나 혹은 객신에게 막힘을 당했으면 용신이 일주를 돌볼 수 없을 뿐만 아니라 일주 역시 용신을 돌볼 수 없다. 만약 세운을 만나 그 합신을 破하거나 그 충신을 합하거나 그 겁탈한 것을 억제하거나 그 막혀있는 것을 통하게 하면 이것을 세운안돈이라고 말하고 세운에서 용신을 취한 것이니 역시 길한 것이다.
원래의 주석에 용신이 두개 세 개 네 개 다섯 개가 있으면 분명히 묘한 명조가 아니라고 한 이 말은 매우 잘못됐다.
팔자 중에 만약 네다섯 字를 용신으로 없애고 나면 일간을 제외하고 겨우 두 字밖에 쓸 수 없으므로 결코 이런 논리는 없다.
한마디로 용신이 있든 없든 정해지면 한 개로 끝나는 것이니 바꿀 수 없는 것이 확실하다. 命中에 단지 喜用 두 字가 있는데 용신은 일주가 기뻐하는 것이므로 처음부터 끝까지 의지하는 것이고 희신은 용신을 돕는 것이며 기신은 용신을 극하거나 해치는 것이다.
용신과 희신과 기신을 제외하면 모두 한신과 객신이니 배우는 자는 자세히 살펴야 마땅하다.

大凡天干作用 生則生 克則克 合則合 冲則冲 易於取材 而地支作用 則有種種不同者. 故天干易見 地支難推
무릇 천간의 작용은 생이면 생이고 극이면 극이며 합이면 합이고 충이면 충이므로 헤아리기가 쉬우나 지지의 작용은 종종 같지 않은 것이 있다. 그러므로 천간은 보기 쉬우나 지지는 헤아리기 어렵다.

丙甲丙癸　乙丙丁戊己庚辛壬
寅午午巳　未申酉戌亥子丑寅

이것은 火旺한 여름에 태어나 월지와 좌하가 양인이고 년지에 생을 만났으며 시지에 록을 만나고 년월 兩干에 또 甲丙이 투출하였다. 맹렬한 火에 木은 타 버리고 旺함이 극에 달하여 일점 癸水가 말라버리니 오직 그 강한 세력을 따라야 하므로 木火土運을 만나 재물이 늘어 기뻤으나 申酉運 중에는 고생이 많았으며 亥運에 이르러 맹렬한 火와 격돌하여 가업이 파산되고 죽었다. 소위 旺함이 극에 이른 者를 억제하면 도리어 격돌하여 해롭다는 것이다.

戊庚丙丙　辛壬癸甲乙丙丁戊
寅申申申　酉戌亥子丑寅卯辰

丙火가 初秋에 생하여 秋金이 병령하고 세 개의 申이 寅을 충거하니 丙火의 뿌리가 이미 뽑혔으며 비견 역시 힘이 없는데 년월 兩干에 또 土金이 나타나 오직 그 강한 세력을 따라야 한다. 財의 성질을 順하게 해야 하므로 비견이 病이 되고 運이 水旺地에 이르러 비견을 제거하니 사업이 크게 성공하였으나 丙寅運에 방신하니 형벌과 喪을 당하고 재물은 없어졌다. 이른바 극도로 弱한 것을 돕는 것은 헛수고이며 功이 없고 도리어 해롭다는 것이다. 이러한 격국은 꽤 많은데 속론하면 전조는 반드시 金水를 用하고 이 명조는 반드시 木火를 用한다고 할 것이나 길흉이 전도되어 도리어 命理를 믿을 수 없다는 허물로 돌아오게 되므로 특별히 두 명조를 증거로 삼는다.

이후제

앞의 명조는 癸水가 존립할 수 있는 근거가 조금도 없으므로 종왕의 破格으로 볼 수 있으나 이 명조는 비록 寅木이 旺金에 파손되고 時上의 비견이 無力하지만 金을 억제하며 生身하므로 신약재왕으로 논하고 木火運을 원하는데 천간으로 木이 와서 火를 생하고 지지로 水가 와서 金木을 통관하거나 火가 와서 金을 극해야 더욱 좋다. 寅運은 旺金과 격돌하므로 좋은 것보다 불길한 것이 더 많다.

人有精神 不可以一偏求也. 要在損之益之得其中.

사람은 정신이 있는데 한쪽으로 치우친 것은 구할 수 없고 중요한 것은 덜거나 보태거나 그 중화를 얻는데 있다.

精者 生我之神也 神者 克我之物也 氣者 本氣貫足也. 三者以精爲主 精足則氣旺 氣旺則神旺. 必得流通生化 損益適中 則精氣神三者皆備矣. 細究之 不特日主用神體象有精神 卽五行皆有也 有餘則損之 不足則益之 雖爲一定之理 然亦有一定中之不定也. 惟在審察得其中三字而已. 損者 克制也 益者 生扶也. 有餘損之過 則宜洩之 不足益之過 則宜去之. 此損益之妙用. 蓋過於有餘 損之反觸其怒 則宜順其有餘而洩之 過於不足 益不受補 則宜從其不足而去之. 是不可以一偏求也. 總之精太足 宜益其氣 氣太旺 宜助其神 神太洩 宜滋其精 則生化流通 神淸氣壯矣. 如精太足 反損其氣 氣太旺 反傷其神 神太洩 反抑其精 則偏枯雜亂 精索神枯矣.
精은 나를 생하는 것이고 神은 나를 극하는 것이며 氣는 본기가 관통한 것이다. 三者는 精으로써 주를 삼고 精이 충분하면 氣가 왕하며 氣가 왕하면 神이 왕해야 하므로 반드시 유통생화를 얻어야 하고 덜어내고 보태주는 것이 적당하면 정기신 三者를 모두 갖춘 것이다. 자세히 연구하면 일주와 용신과 체상에 정신이 있는 것뿐만 아니라 오행에도 모두 있으니 남으면 덜어내고 부족하면 보태주는 것이 비록 고정불변의 이치나 또한 고정불변의 이치 중에도 일정하지 않은 것도 있으니 오직 '득기중' 세자를 자세히 살피는 것에 있을 뿐이다. 損은 극제하는 것이고 益은 생부하는 것이다. 유여하여 극제하는 것이 한계를 초과하면 설하는 것이 마땅하고 부족함이 생부하는 것이 한계를 넘어서면 제거하는 것이 마땅하다. 이것이 손익의 묘한 용법이다. 그러므로 유여함이 지나친 것은 극제하면 도리어 그 기세를 건드리므로 그 유여함에 순응하여 설해야 마땅하고 부족함이 지나친 것은 보태어 돕는 것을 받을 수 없으므로 그 부족한 것을 제거해야 마땅하다. 한쪽으로 치우친 것은 구할 수 없다.
한마디로 精이 지나치게 많으면 마땅히 그 氣를 보태야 마땅하고 氣가 태왕하면 마땅히 그 神을 도와야 하며 神이 지나치게 설기되면 마땅히 그 精을 도와야 생화유통이 되어 神은 맑고 氣는 건장하다. 만약 精이 지나치게 많은데 도리어 그 氣를 덜어내고 氣가 태왕한데 도리어 그 神을 해치며 神이 지나치게 설기되는데 도리어 그 精을 억제하면 편고잡란하므로 精은 막히고 神은 마른다.

所以水泛木浮 木無精神 木多火熄 火無精神 火炎土焦 土無精神 土重金埋 金無精神 金多水弱 水無精神 要當損益適中. 則精神自足. 譬如旺者宜洩 洩神得氣 爲精足. 此從裏發於表 而神自足矣. 旺者宜克. 克神有力 爲神足. 此由表達於裏 而精自足矣. 如土生四季月 四柱土多無木 或干透庚辛 或支藏申酉 此謂爲裏發於表 精足神定. 如土多無金 或干透甲乙 或支藏寅卯 此謂表達於裏 神足精安. 土論如此. 五行皆同. 宜細究之.
이런 까닭에 水泛木浮하면 木의 정신이 없고 木多火熄되면 火의 정신이 없으며 火炎土焦하면 土의 정신이 없고 土重金埋되면 金의 정신이 없으며 金多水弱하면 水의 정신이 없으니 중요한 것은 극제하고 생부하는 것이 알맞아야 마땅하며 그런즉 정신이 저절로 넉넉해진다.
가령 왕한 것은 洩해야 마땅한데 洩하는 것이 得氣해야 精이 넉넉해진다. 이는 속으로부터 겉으로 드러나는 것이며 神이 저절로 넉넉해진다. 왕한 것은 극하는 것이 마땅한데 극하는 것이 유력해야 神이 넉넉해진다. 이것은 겉으로부터 속에 도달하는 것이니 精이 저절로 넉넉해진다.

가령 土가 辰戌丑未月에 생하고 사주에 土가 많고 木이 없으며 혹 천간에 庚辛이 나타나거나 혹 지지에 申酉가 있으면 이것은 속이 겉에 드러난 것이라 말하고 精이 족하고 神이 안정된 것이다. 만일 土가 많고 金이 없으며 혹 천간에 甲乙이 나타나거나 혹 지지에 寅卯가 있으면 이것은 겉이 속에 이른 것이라 말하고 神이 족하고 精이 안정된 것이다. 土가 이와 같으니 논하니 오행이 모두 같다. 자세히 연구해야 마땅하다.

癸甲丙戊　癸壬辛庚己戊丁丙
酉子寅戌　亥戌酉申未午巳辰
이 명조는 甲木이 精이 되는데 衰木이 水의 생을 만났으며 寅祿을 만나 精이 족하고 戊土가 神이 되는데 戌에 통근하고 寅戌이 껴안아 神이 旺하다. 官이 印을 생하고 印이 身을 생하며 身이 장생에 앉아 氣가 관통하였고 流通生化하며 오행을 모두 갖추었다. 좌우상하의 情이 협력하고 어긋나지 않아 官이 와도 막을 수 있으며 겁재가 와도 官이 있으며 상관이 와도 印이 있으니 동서남북의 運이 모두 괜찮다. 그러므로 일생이 부귀하고 장수하였으니 아름답다고 하겠다.

癸乙丙庚　甲癸壬辛庚己戊丁
未卯辰寅　寅丑子亥戌酉申未
이 명조는 대세를 보면 관인상생하고 편재를 時에서 만나 오행이 결여되지 않고 사주가 순수하여 엄연한 귀격이라고 한다면 財官이 休囚이며 또 멀리 떨어져 있어 서로 돌볼 수 없고 지지에 寅卯辰 방합으로 春土가 克을 당하여 다 없어지므로 金을 生할 수 없으며 金이 절지에 있어 水를 生할 수 없고 水는 木에 설기되어 없어지며 木의 세력은 점점 더 旺해지고 火는 치열해진다. 火가 치열하니 氣가 죽고 氣가 죽으니 神이 마르는 것을 모르는 것이다.

運이 북방으로 행하니 또 丙火의 氣를 손상하고 도리어 木의 精을 도우며 金運을 만나니 지나치게 유여한데 억제하는 것이 도리어 그 기세를 건드리므로 종신토록 고생하였으며 名利를 이룬 것이 없다.

이후제

지지가 寅卯辰東方을 이루며 乙木이 투간하여 인성과다가 病이므로 庚金재성이 藥인데 絶地의 재성이 無力하고 辰土는 합으로 庚金을 생하는 힘이 미약하므로 病은 重한데 藥이 輕한 형상이다.

水運은 金을 설하여 旺木을 생하므로 흉하고 土金運이 가장 좋다.

戊乙丙己　甲癸壬辛庚己戊丁

戊丑辰丑　子亥戌酉申未午巳

이 사주는 모두가 土이니 일주의 元神이 다 설기되어 없어지고 월간의 乙木은 시들고 메마르니 이른바 精氣에 生氣가 없다. 壬戌運을 만나 일주가 손상을 받고 辛未年을 만나 乙木을 거세게 극하니 허약증으로 九月에 사망하였다. 살펴보면 壬戌이 逆行運이니 당연히 이것은 여명이다.

月令乃提綱之府 譬之宅也. 人元爲用事之神 宅之定向也 不可以不卜.

월령은 제강의 관청이니 비유하면 집이다. 인원이 용사하는 神이 되고 집의 방향을 정하는 것이니 헤아리지 않을 수 없다.

月令者 命中之主要也. 氣象格局用神 皆屬提綱司令 天干又有引助之神 譬如廣厦不移之象. 人元用事者 卽此月此日之司令神也 如宅中之向道 不可不卜. 地理玄機云 宇宙有大關會 氣運爲主 山川有眞性情 氣勢爲先. 所以天氣動於上 而人元應之 地勢動於下 而天氣從之. 由此論之 人元司令 雖助格輔用之首領. 然亦要天地相應爲妙. 故知地支人元 必得天干引助 天干爲用 必要地

支司令. 總之人元必須司令. 則能引吉制凶 月令必須出現 方能助格輔用.

월령은 命中에서 가장 긴요한 것으로 기상 격국 용신이 모두 제강의 사령에 예속되는데 천간에 다시 인출되어 돕는 神이 있으면 비유컨대 옮길 수 없는 크고 넓은 집의 모양과 같다.

人元用事란 곧 이 달과 이 날의 사령하는 神이고 가택 중의 방향과 같으므로 헤아리지 않으면 안 된다.

지리현기에 이르길 우주는 관련된 것이 크게 모여 있는 것이니 氣運이 主가 되고 山川은 참된 성정이 있으니 기세가 우선이다.

그런 까닭에 天氣가 위에서 움직이면 人元이 천기에 상응하고 地勢가 아래에서 움직이면 天氣가 지세를 따른다고 하였다.

이와 같이 논하면 人元의 사령이 비록 격을 돕고 용신을 돕는 우두머리이나 역시 천기와 지세가 상응해야 묘하다.

그러므로 지지와 인원은 반드시 천간에서 이끌어 도와주는 것을 만나야 하고 천간이 용신이면 지지의 사령이 필요함을 알아야 한다. 한마디로 인원은 사령을 꼭 필요로 하는데 길함을 견인하고 흉함을 억제할 수 있기 때문이며 월령은 반드시 출현되어야 바야흐로 격을 돕고 용신을 도울 수 있다.

如寅月之戊土 巳月之庚金 無司令出現 可置勿論也. 譬如寅月生人 戊土司令. 甲木雖未及時 戊土雖則司令 天干不透火土而透水木 謂地衰門旺 天干不透水木而透火土 謂門旺地衰 皆吉凶參半. 如丙火司令 四柱無水 寒木得火而繁榮. 相火得木而生助 謂門地兩旺. 福力非常也. 如戊土司令 木透干 支藏水 謂門地同衰 禍生不測矣. 餘月依此而論.

가령 寅月의 戊土나 巳月의 庚金이 출현하여 사령하지 않으면 버리고 논하지 않는다. 비유하면 寅月에 태어난 사람이 戊土가 사령하는 것과 같다. 甲木이 비록 때에 이르지 못하고 戊土가 비록 사령하더라도 천간에 火土가 나타나지 않고 水木이 나타났으면 地衰門旺이라 말하고 천간에 水木이 나타나지 않고 火土가 나타났으면 門旺地衰라고 말하며 모두 길흉이 반반이다.
만약 丙火가 사령하고 사주에 水가 없으면 추운 나무가 火를 만나 번영하는데 火는 木의 生助를 얻었으니 門地兩旺이라고 하며 福力이 예사롭지 않다. 만약 戊土가 사령하고 木이 투간했으며 지지에 水가 있으면 門地同衰라고 하며 禍가 예측할 수 없이 생긴다.
나머지 月도 이와 같이 논한다.

甲丙戊丙　丁戊己庚辛壬癸甲
戌寅寅辰　卯辰巳午未申酉戌
戊寅일원이 입춘 15일 후에 태어나 당령한 甲木이 사령하고 지지에 兩寅이 辰戌土를 바짝 극하며 천간의 甲木이 또 일간의 戊를 억제하니 殺旺身衰인 것 같으나 金이 없어 일간이 설기되지 않아 기쁘고 水가 없어 丙火를 파괴하지 않아 묘하다. 더욱 부러운 것은 일간과 바짝 붙어 丙이 투출하여 化殺生身하므로 과거에 급제하고 부윤을 거쳐 황당에 올랐으며 名利를 다 거두었다.

甲丙戊庚　丁戊己庚辛壬癸甲
戌寅辰申　卯辰巳午未申酉戌
戊辰일원이 입춘 6일 후에 태어나 戊土가 사령하고 月에 丙火가 투간하여 生火有情하며 좌하 辰에 앉아 통근하여 신왕하다. 또 식신제살을 만나니 전조보다 낫다고 속되게 논하는 것은 여린 木과 차가운 土가 火를 기뻐하는 것을 모르는 것이다. 게다가 殺은 이미 化하여 다시 억제하는 것은 마땅하지 않으니 申時가 불만일 뿐만 아니라 일주가 설기되고 또한 丙火의 절지가 되므로 학문을 이루기 어려웠고 일생이 평안하지 않고 기복과 형상을 면하지 못하였다.

이후제

寅月에 甲木이 투간하여 칠살이 氣勢를 장악하니 당연히 丙火가 化殺하는 용신이 된다. 印을 쓰니 식신은 저절로 기신이 되는데 得祿까지 하였으니 庚申 식신이 病이 되고 病의 뿌리가 깊다.

生時歸宿之地 譬之墓也. 人元爲用事之神 墓之穴方也 不可以不辨.

생시는 돌아가는 곳이니 비유하면 묘와 같다. 인원이 용사하는 신이 되면 묘의 혈자리이니 분별하지 않을 수 없다.

子時前三刻三分 壬水用事者 亥中餘氣. 卽所謂夜子時是也. 如大雪十日前壬水用事之謂也 後六刻七分 方爲癸水用事. 餘時亦有前後用事 須從司令一例而推. 如生時用事 與月令人元用事相附 是日主所喜者 倍增其吉 爲日主所忌者 必增凶禍. 生時之美惡 譬墳墓之結穴 人元用事 如墳墓之朝向. 不可以不辨. 故穴吉向凶 必減其吉 穴凶向吉 必減其凶. 如丙日亥時 亥中壬水乃丙之殺 得甲木用事 謂穴凶向吉. 辛日未時 未中己土乃辛金之印 得丁火用事 謂穴吉向凶. 理雖如此 然時之不的當者 十有四五 夫時尙有不的 又何能辨其生克乎. 如果時的 縱不究其人元 亦可斷其規模矣.

子時前 3각 3분은 壬水가 用事하는 것은 亥中 여기이고 소위 夜子時이다. 가령 대설 10일전 壬水가 用事하는 것을 말하고 후의 6각 7분은 바야흐로 癸水가 用事한다. 나머지 시간 역시 전후로 用事가 있는데 반드시 사령의 일례를 쫓아서 추리해야 한다. 만약 生時의 用事가 월령의 인원용사와 서로 부합하며 이것이 일주가 기뻐하는 것이면 길함이 배로 늘어나고 일주가 꺼리는 것이면 반드시 흉화가 증가한다. 生時의 길흉은 비유하면 분묘의 맺힌 혈과 같고 인원용사는 분묘의 좌향과 같으므로 분별하지 않을 수 없다. 그러므로 혈이 길하고 향이 흉하면 반드시 그 길함이 감소하고 혈은 흉한데 향이 길하면 반드시 그 흉함이 감소한다.
가령 丙日 亥時면 亥中壬水가 丙의 殺인데 甲木의 用事를 만나면 혈은 흉하고 향은 길하다고 말한다. 辛日 未時면 未中己土가 辛金의 印인데 丁火의 用事를 만나면 혈은 길하고 향은 흉하다고 말한다. 이치가 비록 이와 같으나 時가 정확하지 않은 자가 열에 네다섯이 있고 무릇 時가 또한 정확하지 않은데 어찌 그 생극을 분별할 수 있겠는가. 만약 時가 정확하면 설령 그 인원을 탐구하지 않아도 그 규모를 판단할 수 있다.

譬如天然之龍 天然之穴. 必有天然之向 天然之向 必有天然之水. 只要時不錯 吉凶自驗 其人元用事 到底不比提綱司令之重也. 至於山川之異 世德之殊 因之發福有厚薄 見禍有重輕 而況人品端雅 亦可轉移禍福. 此又非命理所得而拘也 宜消息之.
비유하면 천연의 용은 천연의 혈과 같고 반드시 천연의 향이 있으며 천연의 향은 반드시 천연의 水가 있다. 다만 時가 틀리지 않으면 길흉은 자연히 검증되지만 그 인원용사는 아무래도 제강이 사령하는 중함에 비교할 수 없다. 산천이 다르고 대대로 내려오는 덕의 다름으로 인하여 發福에 두터움과 엷음이 있고 재앙을 만나도 무겁고 가벼움이 있으며 인품의 단아함에 견주어 또한 禍福이 변할 수 있다. 이 또한 命理로 얻거나 취할 수 있는 것이 아니고 마땅히 時運의 변화인 것이다.

按人元用事 逐月分配 不知始於何時. 朱子曰 陰陽進退 當以一爻分三十分 每日進退一分. 如陰剝 每日剝三十分之一 一月方剝得盡. 陽長每日長三十分之一 亦一月方長得成. 故復之一陽. 不是頓然便生. 乃是從坤卦中積來 從少雪後一日一分 竟大雪共三十日 生三十分. 然後成冬至之一陽 姤之陰 生於小滿 積三十日然後成夏至之一陰. 故列子曰 一氣不頓進 又曰 天道密移 疇覺之哉. 觀

月令司令圖 逐月分配 深得此意 足見此圖相傳甚久.

인원용사를 살펴보면 월에 따라 분배했는데 어느 때에 시작되었는지 알지 못한다. 주자가 말하기를 음양의 진퇴는 一爻를 30분으로 나누고 매일 일분씩 進退한다. 가령 음이 깎이면 매일 30분의 1씩 깎여서 한 달이면 비로소 깎여다 없어지고 양이 늘어나면 매일 30분의 1씩 늘어나 역시 한 달이면 비로소 늘어나는 것이 완성되는 것이다. 그러므로 복괘의 일양이 갑자기 생겨나는 것이 아니다.

즉 곤괘에서부터 쌓이기 시작하여 소설 후까지 1日에 1分씩 쌓여 마침내 대설이 되면 도합 30日이 되고 30分이 생기는 것이다. 연후에 冬至는 一陽이 갖춰지고 구괘의 음이 소만에서 생겨나며 30日이 쌓인 연후에 夏至는 一陰이 갖춰진다.

그러므로 열자가 말하기를 하나의 氣는 갑자기 나아가는 것이 아니라고 하였으며 또 말하기를 天道는 비밀스럽게 변하는데 경계를 자각할 수 있겠는가라고 하였다.

月令의 司令圖를 보면 月에 따라 분배했는데 이 뜻을 깊게 깨달으면 이 사령도가 전해진 것이 매우 오래되었음을 충분히 알 수 있다.

人元用事 司令之圖

巳 立夏五戊庚初動 庚九交丙及芒種 十六日	午 芒種十丙九己取 丁火陰柔迎小暑 十日	未 小暑九丁乙三周 己旺提綱又立秋	申 立秋七己兼三戊 三壬交庚至白露 十七日
辰 淸明乙九三癸寓 戊旺提綱交立夏			酉 白露庚金管一旬 辛金專氣迎寒露 二十日
卯 驚蟄十日甲木行 餘皆乙木是春明			戌 寒露辛九丁三逢 戊旺提綱又立冬 十八日
寅 立春戊七兼丙七 餘日甲木交驚蟄 十六日	丑 小寒九癸兼三辛 己旺提綱又立春 十八日	子 大雪壬水十日看 念天癸水逢小寒	亥 立冬戊七甲五日 壬水洋洋交大雪 十八日

京易十二月辟卦地支藏用 卽同此圖 足見其傳自周秦以前也. 玆錄杭辛齋氏易楔一節於下. 地支藏用 分析陰陽 最爲精密. 周天三百六十有五度四分度之一 歷三百六十五日四分日之一而氣周 卽六十卦三百六十爻之爻周. 坎離震兌 分主二至二分 共三百八十四爻 陰陽錯綜 盈虛消息 無不合矣. 藏天干於地支者 卽乾體坤用 乾之用九 用於坤六. 學者以術家言而忽之 是猶悅啄玉之精美 而賤斧鑿爲匠器. 十翼造化之筆 固無斧鑿痕 然不知斧鑿之用 又安識良工之心苦哉.

경역은 12월 벽괘에서 지장간을 시용하였고 이 사령도와 같으므로 주나라 진나라 이전부터 전해졌다고 볼 수 있다.

이에 항신재씨의 역설중의 한 구절을 아래에 기록한다.

지장간을 사용하여 음양을 분석하는 것이 가장 정밀하다.

공전은 365도 4분도의 1이니 책력으로는 365일 4분일의 1이며 氣가 도는 것으로 곧 60괘 360효의 爻가 도는 것이다.

감리진태는 冬至 夏至 그리고 春分 秋分으로 나뉘고 도합 384효이며 음양이 뒤섞여 차고 기울며 천지의 시운이 변하고 바뀜이 합치되지 않음이 없다. 천간이 지지에 암장된 것은 곧 乾은 체요 坤은 용이고 乾은 九에서 用하며 坤은 六에서 用한다.

배우는 자가 술가의 말을 소홀히 하는데 이는 마치 옥을 쪼아서 정교하고 아름답게 하는 것은 기뻐하고 도끼로 깎아서 장인이 도구를 만드는 것은 천하게 여기는 것과 같다. 십익의 조화로움은 참으로 도끼로 깎은 흔적이 없으므로 도끼로 깎은 것을 알지 못하니 어찌 뛰어난 장인의 마음고생을 알 수 있겠는가.

<table>
<tr><td>復
子
壬5日3分半, 癸20日6分半</td><td>姤
午
丙10日3分半, 己9日3分
丁13日3分半</td></tr>
<tr><td>壬
丑
癸9日2分, 辛3日1分, 己18日6分</td><td>遯
未
丁9日3分, 乙3日1分半, 己18日6分</td></tr>
<tr><td>泰
寅
戊7日2分半, 丙7日2分半,
甲16日5分</td><td>否
申
戊己共7日, 壬7日3分半,
庚16日5分</td></tr>
<tr><td>大壯
卯
甲10日3分半, 乙20日6分半</td><td>觀
酉
庚10日3分半, 辛20日6分</td></tr>
<tr><td>夬
辰
乙9日3分, 癸3日1分半, 戊18日6分</td><td>剝
戌
辛9日7分, 丁3日1分, 戊18日6分</td></tr>
<tr><td>乾
巳
庚7日2分半, 戊7日2分半,
丙16日5分</td><td>坤
亥
戊7日2分半, 甲3日2分半,
壬16日5分</td></tr>
</table>

又按太平御覽五行休旺論.

立春艮旺(艮居丑寅之交立春之候也) 震相 巽胎 離沒 坤死 兌囚 乾廢 坎休.

立夏巽旺(巽居辰巳之交立夏之候也) 離相 坤胎 兌沒 乾死 坎囚 艮廢 震休.

立秋坤旺(坤居未申之交立秋之候也) 兌相 乾胎 坎沒 艮死 震囚 坤廢 離休.

立冬乾旺(乾居戌亥之交立冬之候也) 坎相 艮胎 震沒 巽死 離囚 坤廢 兌休,

王充論衡同 見長生沐浴等十二名字其傳甚遠也.

다시 태평어람의 오행휴왕론을 살펴보자.

입춘에는 艮이 旺하고(艮은 丑寅이 교차하는 곳에 있고 입춘이다) 진은 相이 되며 손은 胎가 되고 이는 沒이 되며 곤은 死가 되고 태는 囚가 되며 건은 廢가 되고 감은 休가 된다.

입하에는 巽이 旺하고(巽은 辰巳가 교차하는 곳에 있고 입하이다) 이는 相이 되며 곤은 胎가 되고 태는 沒이 되며 건은 死가 되고 감은 囚가 되며 간은 廢가 되고 진은 休가 된다.

입추에는 坤이 旺하고(坤은 未申이 교차하는 곳에 있고 입추이다) 태는 相이 되며 건은 胎가 되고 감은 沒이 되며 간은 死가 되고 진은 囚가 되며 감은 廢가 되고 이는 休가 된다.

입동은 乾이 旺하고(乾은 戌亥가 교차하는 곳이 있고 입동이다) 감은 相이 되며 간은 胎가 되고 진은 沒이 되며 손은 死가 되고 이는 囚가 되며 곤은 廢가 되고 태는 休가 된다.

왕충의 논형도 같은데 장생 목욕 등의 12명자가 전해진 것이 매우 오래되었음을 알 수 있다.

能知衰旺之眞機 其於三命之奧 思過半矣.

쇠왕의 참된 기틀을 알아야 삼명의 오묘함에 반을 넘어선다.

得時俱爲旺論 失令便作衰看 雖是至理 亦死法也. 夫五行之氣 流行於四時 雖日干各有專令 而其專令之中 亦油竝存者在. 如春木司令 甲乙雖旺 而此時休囚之戊己 亦未嘗絶於天地也. 冬水司令 壬癸雖旺 而此時休囚之丙丁 亦未嘗絶於天地也. 特時當退避 不敢爭先 而其實春土何嘗不生萬物. 冬日何嘗不照萬方乎. 况八字雖以月令爲重 而旺相休囚 年月時中 亦有損益之權. 故生月卽不値令 亦能値年値日値時. 豈可執一而論.

득시하면 모두 旺이 되는 것으로 논하고 실령하면 곧 衰가 되는 것으로 보는 것은 비록 이것이 지극히 당연한 이치이나 실제에 적용되지 못하는 쓸모없는 이치이다.

무릇 오행의 氣는 사계절에 따라 유행하므로 비록 일간이 제각기 단독으로 사령하는 것이 있을지라도 그 단독으로 사령하는 중에 또한 함께 존재하는 것이 있다.

가령 봄에 木이 사령하면 甲乙이 비록 旺하나 이때 休囚인 戊己 또한 반드시 天地에서 단절된 것은 아니고 겨울에 水가 사령하면 壬癸가 비록 旺하지만 이때 休囚인 丙丁 또한 天地에서 단절된 것은 아니다. 다만 물러나 피하는 것이 당연한 때이므로 감히 앞서기를 다투지 못하나 기실은 春土라고 언제 만물을 生하지 못한 적이 있었는가. 겨울에 태양이 언제 만방을 비추지 않은 적이 있었는가. 하물며 팔자가 비록 월령으로서 重함을 삼지만 왕상휴수는 년일시 중에도 또한 덜어내고 보태는 권한이 있는 것이다.

그러므로 生月이 득령하지 못했더라도 또한 得年 得日 得時할 수 있는데 어찌 하나를 고집하여 논할 수 있겠는가.

有如春木雖强 金太重而木亦危. 干庚辛而支申酉 無火制而不富 逢生而必夭 是得時不旺也. 秋木雖弱 木根深而木亦强. 干甲乙而支寅卯 遇官透而能受 逢水生而太過 是失時不弱也. 是故日干不論月令休囚 只要四柱有根 便能受

財官食神而當傷官七殺.
春木이 비록 강한 것 같으나 金이 太重하면 木은 역시 위태롭다. 천간에 庚辛이 있고 지지에 申酉가 있는데 火의 억제가 없으면 富하지 못하며 土의 生을 만나면 반드시 夭死하는데 이것은 得時하고도 旺하지 못한 것이다. 秋木이 비록 약하나 木根이 깊으면 木이 역시 강하다. 천간에 甲乙이 있고 지지에 寅卯가 있으면 투출한 官을 만나도 받아들일 수 있으며 水의 生을 만나면 태과가 되는데 이것은 失時하고도 약하지 않은 것이다. 그러므로 일간은 월령의 휴수를 논하지 않고 다만 사주의 有根한 것을 원하며 재관과 식신을 받아들일 수 있고 상관과 칠살을 감당할 수 있다.

長生祿旺 根之重者也 墓庫餘氣 根之輕者也. 天干得一比肩 不如地支得一餘氣也. 墓庫者 如甲乙逢未 丙丁逢戌 庚辛逢丑 壬癸逢辰 是也. 餘氣者 如甲乙逢辰 丙丁逢未 庚辛逢戌 壬癸逢丑 是也. 得二比肩 不如支中得一長生祿旺. 如甲乙逢亥寅卯之類是也. 蓋比肩如朋友之相扶 通根如家室之可託 干多不如根重. 理固然也 今人不知此理 見是春土夏水秋木冬火 不問有根無根 便謂之弱 見是春木夏火秋金冬水 不究克重克輕 便謂之旺.
장생과 록왕은 뿌리가 重한 것이고 묘고와 여기는 뿌리가 輕한 것이다. 천간에 비견 하나를 얻는 것은 지지에 여기 하나를 얻은 것만 못하다. 묘고는 가령 甲乙이 未를 만나고 丙丁이 戌을 만나며 庚辛이 丑을 만나거나 壬癸가 辰을 만나는 것이다.
여기는 가령 甲乙이 辰을 만나고 丙丁이 未를 만나며 庚辛이 戌을 만나거나 壬癸가 丑을 만나는 것이다.
비견 두 개를 얻는 것은 지지 중에 장생이나 록왕 하나를 얻는 것만 못하다. 가령 甲乙이 亥나 寅이나 卯를 만나는 것이다. 대개 비견은 친구의 도움과 같고 통근은 가족에게 의지할 수 있는 것과 같으므로 천간에 비견이 많은 것은 뿌리가 튼튼한 것만 못하다. 이치가 원래 그러한데 지금의 세상 사람들이 이 이치를 모르고 春土를 보거나 夏水를 보거나 秋木을 보거나 冬火를 보면 有根이나 無根을 따지지 않고 弱이라고 하며 春木을 보거나 夏火를 보거나 秋金을 보거나 冬水를 보면 극이 重한지 극이 輕한지를 연구하지 않고 旺이라고 말한다.

更有壬癸逢辰 丙丁逢戌 甲乙逢未 庚辛逢丑之類. 不以爲通根身庫. 甚之求刑冲以開之 竟不思刑冲傷我本根之氣. 此種謬論. 必宜一切掃除也. 然此皆論衰旺之正而易者也. 更有顚倒之理存焉 蓋太旺宜洩 旺極宜生 太衰宜克 衰極宜洩 其理有十.

또한 壬癸가 辰을 만나고 丙丁이 戌을 만나며 甲乙이 未를 만나고 庚辛이 丑을 만나는 것은 자신이 庫에 통근한 것으로 생각하지 않고 심지어는 형충으로 열어야 한다고 하는데 결국 형충이 나의 근본인 뿌리의 기를 손상하는 것을 생각하지 않는다. 이것은 잘못된 이론이니 반드시 모두 없애버려야 마땅하다. 그러나 이것은 모두 衰旺의 정상적인 논리이고 쉬운 것이다.

다시 전도의 이론이 존재하는데 대개 太旺하면 洩이 마땅하고 旺함이 극에 이르면 生하는 것이 마땅하며 太衰하면 극하는 것이 마땅하고 衰함이 극에 이르면 洩하는 것이 마땅한데 그 이론이 열 가지가 있다.

木太旺者似金 喜火之煉也(洩) 木旺極者似火 喜水之克也(生).

火太旺者似水 喜土之止也(洩) 火旺極者似土 喜木之克也(生).

土太旺者似木. 喜金之克也.(洩) 土旺極者似金. 喜火之煉也(生).

金太旺者似火. 喜水之濟也.(洩) 金旺極者似水. 喜土之止也(生).

水太旺者似土. 喜木之制也.(洩) 水旺極者似木. 喜金之克也(生).

木이 태왕한 자는 金을 써야 할 것 같으나 火가 金을 단련해야 기쁘고(洩)

木의 왕함이 극에 이른 자는 火를 써야 할 것 같으나 水가 火를 克해야 기쁘다(生).
火가 태왕한 자는 水를 써야 할 것 같으나 土의 억제를 기뻐하고(洩)
火의 왕함이 극에 이른 자는 土를 써야 할 것 같으나 木의 극을 기뻐한다(生).
土가 태왕한 자는 木을 써야 할 것 같으나 金의 극을 기뻐하고(洩)
土의 왕함이 극에 이른 자는 金을 써야 할 것 같으나 火의 극을 기뻐한다(生).
金이 태왕한 자는 火를 써야 할 것 같으나 水의 도움을 기뻐하고(洩)
金의 왕함이 극에 이른 자는 水를 써야 할 것 같으나 土의 억제를 기뻐한다(生).
水가 태왕한 자는 土를 써야 할 것 같으나 木의 억제를 기뻐하고(洩)
水의 왕함이 극에 이른 자는 木을 써야 할 것 같으나 金의 극을 기뻐한다(生).

木太衰者似水 宜金以生之(克) 木衰極者似土 宜火以生之(洩).
火太衰者似木 宜水以生之(克) 火衰極者似金 宜土以生之(洩).
土太衰者似火 宜木以生之(克) 土衰極者似水 宜金以生之(洩).
金太衰者似土 宜火以生之(克) 金衰極者似木 宜水以生之(洩).
水太衰者似金 宜土以生之(克) 水衰極者似火 宜木以生之(洩).
木이 태쇠한 자는 水를 써야 할 것 같으나 金으로 水를 생해야 마땅하고(克)
木의 쇠함이 극에 이른 자는 土를 써야 할 것 같으나 火로써 土를 생해야 마땅하다(洩).
火가 태쇠한 자는 木을 써야 할 것 같으나 水로 木을 생해야 마땅하고(克)
火의 쇠함이 극에 이른 자는 金을 써야 할 것 같으나 土로써 金을 생해야 마땅하다(洩).
土가 태쇠한 자는 火를 써야 할 것 같으나 木으로 火를 생해야 마땅하고(克)
土가 쇠함이 극에 이른 자는 水를 써야 할 것 같으나 金으로써 水를 생해야 마땅하다(洩).
金이 태쇠한 자는 土를 써야 할 것 같으나 火로 土를 생해야 마땅하고(克)
金이 쇠함이 극에 이른 자는 木을 써야 할 것 같으나 水로써 木을 생해야 마땅하다(洩).
水가 태쇠한 자는 金을 써야 할 것 같으나 土로 金을 생해야 마땅하고(克)
水가 쇠함이 극에 이른 자는 火를 써야 할 것 같으나 木으로써 火를 생해야 마땅하다(洩).

此五行顚倒之眞機 學者宜細詳元元之妙.
이것이 오행전도의 참된 기틀이니 배우는 자는 으뜸의 묘를 자세히 살펴야 마땅하다.

甲丁甲戊　戊己庚辛壬癸甲乙
辰卯子辰　辰巳午未申酉戌亥
甲子日이 卯月에 앉고 지지의 兩辰은 木의 여기이며 또 卯辰이 동방이고 子辰이 水를 껴안아 木이 태왕하니 金을 써야 할 것 같으나 丁火가 용신이 된다. 巳에 이르러 丁火가 旺을 만나 과거에 급제하였으며 庚辛兩運이 남방에 金의 다리가 잘리므로 비록 형벌로 고생하였으나 큰 근심은 없었다. 未運은 子水를 제거하므로 국립학교에 들어가 장학생이 되었고 午運은 子水가 冲하므로 향시에 실패하였다. 壬申運은 金水가 함께 오니 처자식을 못살게 굴었으며 재물을 잃고 사건도 많았으며 癸運에 죽었다.

癸乙甲乙　甲癸壬辛庚己戊丁
卯卯寅亥　寅丑子亥戌酉申未
이 명조는 四支가 모두 木이고 또 水의 생을 만나 6木 兩水로 별도의 다른 기운이 없고 木이 旺極하므로 火를 써야 할 것 같으나 水가 용신이 된다. 본래 넉넉한 집안 출신이나 丑運에 형벌을 당하고 壬子運에 水勢가 승왕하며 辛亥는 金이 통근하지 못하고 지지가 旺水를 만나니 이 20년에 사업하여 수만금을 벌었으나 庚戌運에 土金이 並旺하니 재산을 잃고 죽었다.

이후제

순수한 종왕격이니 木이 중심이고 水木火運은 旺木의 기세를 거스르지 않아 길하고 金運은 旺木과 충돌하여 대흉하며 土運은 비겁쟁재가 되므로 흉하다.

乙甲甲辛　癸壬辛庚己戊丁丙

丑申申未　未午巳辰卯寅丑子

이 명조는 지지가 土金으로 木이 뿌리를 둘둘 감아 서릴 곳이 없고 時干에 辛金元神이 나타나 木이 태쇠하므로 水를 써야 할 것 같으나 初運 癸未, 壬午運에 生木制金하니 일찍 喪을 당하였으며 유업이 넉넉하기 어려웠다. 辛巳, 庚辰運에 金이 生地를 만나니 빈손으로 成家하여 수만금을 벌었고 己卯運에 土가 無根하고 木이 득지하니 화재로 재산을 잃었으며 寅運에 이르러 죽었다.

이후제

申月甲木이 絶地로 신약이나 年月上의 비겁이 돕고 時支의 未庫에 통근하므로 身弱殺旺이다. 다만 秋木이니 온국하며 旺金을 억제하는 火와 化殺하며 潤根하는 水가 있어야 上命이다.

金木을 통관하는 水運과 旺金을 억제하며 秋涼을 해소하는 火運이 좋고 寅運은 旺金인 申과 상충하여 불길할 뿐이다.

己己乙丙　戊丁丙乙甲癸壬辛

巳巳酉戌　辰卯寅丑子亥戌酉

이 명조는 지지가 모두 克洩을 만나고 천간에 또 火土가 투출하였으며 水氣

가 全無하여 木이 쇠극하니 土를 써야 하므로 初年 戊辰丁運에 조상의 음덕이 풍족하였고 좋은 일이 많았으나 卯運에 부모가 모두 돌아가시고 丙運에 바라던 사업을 크게 성공하여 수만금을 벌었다가 寅運에 극처파재하고 또 화재도 당했다. 乙丑運은 지지가 金局이 되어 火土가 모두 설기되니 가업이 흩어지고 甲子運에 북방 水地가 되니 죽은 것이 당연하다.

이후제

巳月 乙木이 洩氣로 신약인데 火土金이 잡출하여 從하지 못하고 신약하며 조열한 것이 病이다. 水運은 火를 억제하며 金을 洩하여 生身하므로 기쁘고 木運은 旺火를 생하여 꺼리며 丑土運은 열기를 해소하며 木根을 자양하여 좋을 것 같으나 巳酉丑金局으로 좋지 않다. 결국 극신약하며 원국에 吉神은 없고 忌神만 있어 어떤 인연으로 재물을 모은다 하여도 오래가지 못하고 또한 어떤 運을 만나도 영화롭기 어렵다.

乙壬丙甲　辛庚己戊丁丙乙甲
丑午戌午　巳辰卯寅丑子亥戌

丙戌일원이 월시에 양인이 있는데 壬水가 無根하고 또 木의 설기를 만나 火가 태왕하여 水를 써야 할 것 같으나 초운 庚辰, 辛巳運에 金이 生地를 만나니 형제간의 도움이 없었고 친지들도 마음을 알아주는 자가 적었다. 己卯運에 좋은 인연을 만나고 戊寅運에 火局이 되며 丁丑運까지 이십년간 수십만금을 벌었으나 子運에 이르러 사망하였다.

이후제

午月 丙火가 甲午時를 만나 신왕하고 조열한데 水木火土가 雜出하여 從하지 못하고 壬水칠살이 丑土에 의지하여 억제하는 용신이나 無力하여 불만이며 金水運을 기다린다. 다만 丙子運은 月柱를 天冲地冲하고 旺火를 충동하여 불길하다.

戊丁丙甲　戊己庚辛壬癸甲乙
寅巳寅午　午未申酉戌亥子丑

丙火가 맹하에 생하고 지지에 兩장생에 앉았으며 록왕을 만나 火가 왕극하여 土를 써야 할 것 같다. 초운은 비록 木을 만나지 못했으나 남방 火地로 기쁘고 유업이 풍족했으며 책을 읽으면 암송하였다. 庚運이 되면서 공부를 포기하고 즐겁게 노는 것을 좋아했으며 돈을 흙과 같이 낭비하더니 申運에 가정은 깨지고 자신은 죽었다. 이 명조가 만약 木運을 만났더라면 名利가 양전하였을 것이다.

이후제

巳月 丙火가 전국이 木火로 이루어져 종왕격이다. 따라서 木火土運이 길하고 金運은 比劫爭財가 되어 불길하고 水運은 旺火를 충동하여 불길하다.

辛丁丁辛　丙乙甲癸壬辛庚己
巳酉酉丑　申未午巳辰卯寅丑

丁火가 팔월에 생하여 秋金이 당령하고 또 金局을 이루니 火가 태쇠하여 木을 써야 할 것 같으나 초운 乙未, 甲午運에 火木이 並旺하니 골육이 그림의 떡과 같았고 육친 역시 뜬 구름이었다. 癸巳運이 되면서 천간에 水가 투출하고 지지에 金을 껴안으니 외지에 나가 사업하는 좋은 인연을 만났으며 壬辰運 중에 십여만 금을 벌었다.

辛壬丙己　辛庚己戊丁丙乙甲
亥辰申亥　卯寅丑子亥戌酉申

이 명조는 財가 殺을 생하고 殺이 일간을 공격하는데 丙이 申에 앉고 申辰이 水를 껴안으니 火가 쇠극하여 金을 써야 할 것 같다. 초운 辛卯, 庚寅에 동방 木地가 되어 부모가 모두 돌아가시고 조업도 없어졌으나 己丑運에 이르러 외지에 나가 사업하여 많은 돈을 벌었다. 戊子運까지 이십년간 봄바람에 버들가지가 하늘거리듯 좋았고 붉은 비단옷을 입었으니 소위 運이 있으면 반드시 福을 받는 것이다.

이후제

辰月 丙火가 지지에 無根하고 의지할 곳이 없어 從할 것 같으나 土金水가 雜出하여 從하지 못한다. 辰月이 火가 進氣할 때이고 時上의 己土가 辰月에 뿌리가 깊어 敵殺하는 용신이다. 火土運에 발전한다.

戊戊戊己　己庚辛壬癸甲乙丙
辰午申未　未申酉戌亥子丑寅

이 명조는 厚土가 중중하고 여름에 생하여 土가 태왕하므로 木을 써야 할 것 같으나 용신이 金에 있다. 庚申運에 일찍이 반궁에 들어갔고 辛酉運 辛丑年에 과거에 합격하였으며 벼슬이 상승하였으나 壬戌運에 형벌과 상을 당하고 丙午年에 죽었다.

이후제

전국이 火土로 극신왕하므로 洩하는 申金에 정신이 있다. 壬運은 비겁쟁재가 되고 戌運은 旺氣가 入墓하며 午戌火局을 이루어 金을 극하므로 흉하다.

戊丙己己　丁戊己庚辛壬癸甲
戌辰巳巳　巳午未申酉戌亥子

이 명조는 사주가 火土인데 극설이 전혀 없어 土가 왕극하므로 金을 써야 할 것 같으나 초운이 남방이니 유업이 풍족하였으며 午運에 입반하였고 己未運에 과거를 보았으나 급제하지 못했으며 庚申運이 되자 돈이 나비가 되어 날아가듯 가업이 점점 줄어들었고 辛酉運에 재물이 봄날의 서리와 이슬 같았으며 가업이 생기가 없었다.

壬運에 丙을 극하므로 사망하였다.

이후제

辰月 己土가 만국이 火土로 종왕격이다. 火土運은 좋고 金運은 旺土를 洩하여 장애가 없으며 木運은 土와 상극하여 꺼리고 水運은 비겁쟁재로 꺼린다.

壬辛戊癸　壬癸甲乙丙丁戊己
辰亥子丑　子丑寅卯辰巳午未

이 명조는 지지가 북방으로 水勢가 넓고 성대한데 천간에 또 金水가 투출하고 土가 태쇠하므로 火를 써야 할 것 같으나 運이 甲寅, 乙卯에 이르러 干支가 모두 木이므로 名利를 이루었고 丙運으로 바뀌자 처를 못살게 굴고 자식을 극했으며 여러 가지로 일을 망치고 소모되었다. 丁巳運에 이르러 세운이 火土가 되니 체용이 보이지 않게 손상되므로 풍질을 얻어 사망하였다.

癸甲戊壬　癸壬辛庚己戊丁丙
酉子子子　亥戌酉申未午巳辰

이 명조는 사주가 모두 水이고 또 金의 생을 만나 土가 쇠극하여 水를 써야 한다. 초운 癸亥는 편안하였으나 壬戌運에 水가 無根하고 土가 득지하여 상을 당하고 재물을 잃었으며 가업도 망하여 없어졌다. 辛酉, 庚申 이십년에 아주 좋은 기회를 만나 빈손으로 수십만 재물을 벌었으나 己未運에 거액의 재물을 잃었으며 수명 역시 未에 이르러 죽고 말았다.

壬己庚庚　庚辛壬癸甲乙丙丁
申酉子辰　戌亥子丑寅卯辰巳

이 명조는 秋金이 병령하고 木火가 全無하므로 金이 태왕하여 火를 써야 할 것 같으나 亥運에 壬水가 록을 만나 일찍 반수에 들었고 壬子運에 용신이 旺

地를 만나니 과거에 급제하였다.
癸丑運은 壬水의 旺地를 合去하므로 재물이 없어지고 처량하고 쓸쓸하였다.
甲寅, 乙卯運은 오히려 制土하여 水를 보호하는 功이 있으니 벼슬길이 맑고 고결하였다.
단풍잎은 아직 가을을 느끼지 못하는데 털방석이 차갑고 매화꽃이 피기 전에 붓끝에서 먼저 향기가 난다.

이후제

酉月 庚金이 양인격으로 신왕하고 金水상관으로 格이 淸한데 己土가 淸水를 흐리게 하는 혹과 같은 존재다. 金水運은 좋고 火土運은 크게 꺼리며 木運은 己土를 제거하므로 꿈꾸는 것과 같이 좋다.

庚乙庚庚　丙丁戊己庚辛壬癸
申酉戌辰　戌亥子丑寅卯辰巳

이 명조는 지지가 서방이고 또 厚土를 만나 金이 왕극하여 水를 써야 할 것 같다. 초운 火土運에 조업이 지속되지 못했고 戊子運에 이르러 큰 이득을 잡아 돈을 내고 벼슬길에 나섰다.
己丑庚運에 名利를 모두 이루었으나 寅運이 되면서 죄를 지어 낙직하였고 명리를 모두 잃었으며 卯에 이르러 사망하였다.

이후제

申酉戌 西方에 乙庚은 합이 有情하고 滿局이 金이니 從革格이다. 土金水運은 旺氣를 거스르지 않아 기쁘고 火運은 旺氣를 거스르므로 흉하며 木運은 旺氣를 충동하며 比劫爭財가 되어 불길하다.

己庚辛甲　己戊丁丙乙甲癸壬
卯午卯午　巳辰卯寅丑子亥戌

辛金이 중하에 생하고 지지에 모두 財殺을 만나니 金이 태쇠하여 土를 써야 할 것 같으나 초운 己巳, 戊辰에 晦火生金하니 명예를 구하였으나 막힘이 많았고 되는 일이 적었다.

丁卯運으로 바뀌면서 木火가 並旺하여 메마른 새싹이 비를 만난 것 같이 돌연히 일어나고 기러기 털이 바람을 만난 것 같이 일어나 가업이 풍요로웠으나 丑運으로 바뀌어 生金洩火하므로 사망하였다.

이후제

午月 辛金이 木火가 旺하여 신약하고 3木이 2火를 생하여 조열하므로 己土가 火를 洩하여 生金하는 용신이다. 濕土와 金運이 길하고 다만 원국에 濕氣가 없어 불만이다. 乙丑運은 乙木이 용신인 己土를 破克하고 卯木이 丑土를 破克하여 불길하며 또한 丑에 己土와 金이 入墓하므로 흉하다.

己丁庚丙　　丙乙甲癸壬辛庚己

亥卯寅子　　寅丑子亥戌酉申未

이 명조는 木이 승권하여 왕하고 또 水의 생을 만났으며 사면에 모두 財殺을 만나 金이 쇠극하여 木을 써야 할 것 같으나 水로 설해야 하므로 乙丑運中에 土金이 보이지 않게 왕하여 가업이 모두 없어졌다. 甲子運에 이르러 북방 水가 왕하니 재물이 여유로웠고 癸亥에 벼슬길에 나아가 명리가 모두 온전하였으나 壬戌運에 水가 絶地가 되므로 파직되어 낙향하였다.

이후제

木旺節에 태어난 庚金이 신약하므로 己土가 丙丁火를 洩하여 生金하는 용신이다. 천간으로 오는 土金運과 지지로 오는 土運이 길하고 원국이 심하게 편고되어 그 외에 어떤 運이 와도 크게 좋을 것도 나쁠 것도 없다. 乙運은 용신인 己土를 극하며 丑運은 亥子丑北方이 되어 불길하다.

壬辛壬辛　壬癸甲乙丙丁戊己
寅亥子丑　子丑寅卯辰巳午未

이 명조는 壬水가 맹동에 생하고 지지가 북방이고 천간이 모두 金水이니 水가 태왕하여 土를 써야 할 것 같으나 木으로 설해야 하는데 寅木이 吐秀하여 기쁘다.

甲寅運에 이르러 일찍 淸運의 뜻을 이루었는데 문장은 하늘을 나는 듯하고 행단의 복숭아와 오얏나무같이 빛났으며 문사는 뛰어나고 명예가 약방의 인삼이나 복령같다고 할 만하였다. 乙卯運에 벼슬길이 순탄하였으나 丙運으로 바뀌자 사망하였다.

癸癸壬庚　壬辛庚己戊丁丙乙
亥亥子子　戌酉申未午巳辰卯

이 명조는 사주가 모두 水이고 극설이 하나도 없어 그 세력이 솟구치니 막는 것은 불가하다. 초운 壬戌은 지지에 旺土를 만나니 일찍 상을 당하였고 辛酉, 庚申에 간지가 모두 金으로 달이 千江에 비추니 은빛 물결이 아름답고 五福이 당도하므로 비단 꽃이 피었다. 己未로 바뀌자 처자가 모두 병에 걸리고 가업이 다 없어졌으며 戊午運에 가난과 궁핍함을 견디기 어려워 우울증으로 죽었다.

丙乙壬癸　丙丁戊己庚辛壬癸
辰未午卯　申酉戌亥子丑寅卯

이것은 火土가 당권하고 또 木의 도움을 만났으며 金이 없어 水가 태쇠하므로 金을 써야 할 것 같으나 土로 극해야 한다.

초운 丙申,丁酉는 火가 개두하여 申酉가 水를 생할 수 없으므로 재물과 기쁜 일이 함께 많았고 戊戌運中에 가업이 풍요로웠으며 己亥運에 土가 無根하나 도리어 지지에 木局이 되어 기쁘고 비록 재물을 잃었으나 큰 근심은 없었다. 庚子運으로 바뀌자 가정이 깨지고 사람이 죽었다.

이후제

未月 壬水가 신약하나 木火土가 雜出하여 從하지 못하고 辰水庫와 癸水겁재에 의지하여 金水運을 기다린다. 역시 원국이 지나치게 偏枯되어 어떤 運을 만나도 크게 좋거나 나쁠 게 없다. 다만 水일간이 太弱하여 심리상태가 안정적이지 못하다.

癸戊壬丙　丁丙乙甲癸壬辛庚
卯午寅午　巳辰卯寅丑子亥戌

이 명조는 丙火가 당권하고 戊癸가 합화하여 壬水를 말리니 水가 쇠극하므로 火를 써야 할 것 같으나 木으로 설해야 한다. 초운에 火를 만나 旺火를 따르므로 의식이 풍족하였고 乙卯, 甲寅運에 명리가 쌍전하였으나 癸丑運에 爭官奪財하므로 재산이 없어지고 사망하였다.

以上二十造 五行極旺極衰 不得中和之氣. 原註云旺中有衰者存 衰中有旺者存 卽太旺宜洩 太衰宜克之理也. 旺之極者不可損 衰之極者不可益 卽旺極宜生 弱極宜洩之理也. 特選此爲證. 又按太旺宜洩 旺極宜生者 卽從强從旺也(參觀獨象方局從象). 太衰宜克 衰極宜洩者 卽從財官從兒也(參觀從氣從勢). 所云似木 似火 似土 乃譬喩之詞 學者宜會其意 不可執着也.
이상 20개의 명조는 오행이 극왕하거나 극쇠하여 중화의 기를 얻지 못한 것이다. 원주에서 이르되 旺中에 衰한 것이 있고 衰中에 旺한 것이 있다는 것은 太旺하면 洩해야 마땅하고 太衰하면 克해야 마땅하다는 이치이다. 旺함이 極에 이른 것은 억제하는 것이 불가하고 衰함이 極에 이른 것은 돕는 것이 불가한즉 極旺하면 생해야 마땅하고 極弱하면 洩해야 마땅한 이치이다. 이것을 특별히 뽑아 증거로 한다.
또 살펴보면 태왕하면 설해야 마땅하고 극왕하면 생해야 마땅하다는 것은 종강과 종왕을 말하는 것이다(독상, 방국, 종상을 참고하여 보라). 太衰하면 극해야 마땅하고 極衰하면 설해야 마땅하다는 것은 종재관과 종아를 말하는 것이다(종기, 종세를 참고하여 보라).
木이 보이고 火가 보이며 土가 보인다고 말하는 것은 비유의 말이니 공부하는 사람은 마땅히 그 뜻을 깨달아야 하고 집착하면 안 된다.

旣識中和之正理 而於五行之妙 有能全焉.

이미 중화의 바른 이치를 알았다면 오행의 묘한 이치를 모두 아는 것이다.

中和者 命中之正理也. 旣得中和之正氣 又何患名利之不遂耶. 夫一世優游無抑鬱而暢遂者 少險阻而迪吉者 爲人孝友而無驕諂者. 居心耿介而不苟且者. 皆得中和之正氣也.
중화란 명중의 바른 이치이다. 이미 중화의 바른 氣를 얻고 또 어찌 名利를 이루지 못할 것을 걱정하겠는가.
무릇 일생이 억울함이 없고 순조롭게 이루며 편안하고 한가롭게 지내는 자와 험난하고 막힘이 적고 좋은 일로 나아가는 자는 사람됨이 효심과 우애가 있으며 교만함과 아첨함이 없는 자이며 마음이 바르고 곧으며 구차하지 않은 자이다.
모두 중화의 바른 氣를 얻은 것이다.

至若身弱而旺地取富貴 身旺而弱地取富貴者 必四柱有所缺陷. 或財輕劫重 或官衰傷旺 或殺强制弱 或制强殺弱. 此種雖不得中和之理 其氣却亦純正 爲人恩怨分明. 惟柱中有所缺陷 或運又乖違 因而妻子財祿 各有不足. 如財輕

劫重妻不足 制强殺弱子不足 官衰傷旺名不足 殺强制弱財不足. 其人或志高氣傲 雖貧無諂 後至歲運補其不足 去其有餘 仍得中和之理 定然起發於後.
신약하여 旺地에서 부귀를 취하거나 신왕하여 弱地에서 부귀를 취하는 자는 반드시 사주에 결함이 있다. 혹 재성이 가볍고 겁재가 重하거나 또는 官이 쇠약하고 상관이 왕하거나 혹은 殺이 강한데 억제가 약하거나 억제는 강한데 殺이 약한 것이다.
이런 종류들은 비록 중화의 이치는 얻지 못했으나 그 氣는 도리어 순수하고 올바르므로 사람됨이 은혜와 원망이 분명하다. 그러나 주중에 결함이 있거나 運이 또 어긋나면 그로인하여 妻子와 財祿에 각각 부족함이 있는 것이다.
만일 財가 輕하고 겁재가 重하면 처복이 부족하고 억제가 강하고 살이 약하면 자식복이 부족하며 官이 쇠약하고 상관이 旺하면 명예가 부족하고 殺이 강한데 억제가 약하면 재물이 부족하다.
그 사람이 뜻이 높고 氣가 오만하며 비록 가난하여도 아첨함이 없는데 후에 그 부족함을 보충해주거나 그 남는 것을 제거해주는 運에 이르러 중화의 이치를 얻으면 그런 후부터 발전하는 것이다.

有等見富貴而生諂容 遇貧窮而作驕態 必四柱偏氣古怪 五行不得其正 故心事奸貪 作事僥倖也. 若所謂有病有藥 吉凶易驗 無病無藥 禍福難知 此論仍失之偏. 大凡有病者 顯而易取 無病者 隱而難推. 然總以中和爲主. 猶如人之無病 則四肢健旺 營衛調和 行止自由 諸多安適. 設使有病則憂多樂少 擧動艱難 如遇良藥則可 若無良藥醫之 豈不爲終身之患乎.
부귀한 사람을 보면 아첨하고 빈궁한 사람을 만나면 교만하게 구는 무리가 있는데 반드시 사주의 氣가 치우치고 괴상하며 오행이 그 바름을 얻지 못했으므로 마음이 간사하고 탐욕스러우며 하는 일은 요행을 바란다.
만약 이른바 有病有藥이면 길흉의 증험이 쉽지만 無病無藥이면 禍福을 알기가 어렵다는 이 이론은 편견이 지나치다.

무릇 병이 있는 것은 드러나 취하기가 쉽고 병이 없는 것은 숨겨져 있어 헤아리기가 어렵다.

그러나 전체적으로 중화로써 주를 삼으니 마치 사람이 病이 없으면 四肢가 튼튼하여 활동하기가 조화롭고 행동거지가 자유로워 모든 것이 편안하고 쾌적한 것과 같으며 病이 있으면 근심은 많고 즐거움이 적으며 거동이 괴롭고 고생스러운데 만약 좋은 약을 만나면 나을 수 있지만 만약 좋은 약이나 의사가 없으면 어찌 죽을 때까지 근심이 안 되겠는가.

辛甲癸癸　　癸壬辛庚己戊丁丙
巳午卯亥　　巳辰卯寅丑子亥戌

癸卯일원이 亥時에 생하여 일주의 氣가 이미 관통하였으나 왕한 財가 저절로 官을 생할 수 있으므로 土가 없는 것이 기쁘고 더욱 묘한 것은 巳亥가 멀리서 冲하여 火를 제거하므로 金이 보존되는 것이다. 인성이 용신이고 木火의 억제를 받으나 체용이 傷하지 않으니 중화가 순수하므로 사람됨이 지식이 깊고 인품이 형산의 옥 같았으며 재주가 탁월하여 맑은 물속의 구슬이 빛을 발하는 것 같았다. 庚運에 辛을 도와 甲을 억제하니 재상의 반열에 오르고 묘당의 인물로 빛이 났다. 약간 불만스러운 것은 亥卯가 木을 껴안아 木이 왕하고 金이 쇠하므로 후사가 끊기는 것을 면치 못했다.

己丙癸戊　　乙甲癸壬辛庚己戊
酉子未午　　亥戌酉申未午巳辰

癸日子月이 旺相한 것 같으나 財殺이 태중한 것을 모르는 것이다.

旺中에 弱으로 변하고 局中에 木이 없어 혼탁하고 불청하므로 속은 음험하고 밖으로는 밝은 陰內陽外의 象이다. 월에 재성이 투간하여 그 마음에는 반드시 애욕이 있고 時에 관살을 만나 그 뜻이 반드시 합하고자 한다. 그런 까닭에 권모술수가 많은 사람들과 다르고 재주와 꾀가 다른 사람보다 뛰어났으나 출신이 본래 미천하여 심술이 단정하지 않았다. 癸酉運에 좋은 기회를 만나 좌이에서 관찰사가 되었고 사람을 영접함에 사치스럽고 화려함이 그보다 더 나은 사람이 없었다. 未運에 이르러 禍를 면하지 못했는데 소위 욕구를 제거할 수 없는 등불에 뛰어드는 나방같이 분신하여 죽었다.

庚庚戊戊　辛壬癸甲乙丙丁戊
申辰辰午　巳午未申酉戌亥子
戊土가 季春 午時에 생하여 旺相한 것 같으나 봄의 허한 土는 6월이나 9월의 實한 土에 비할 바가 아니다. 또 兩辰이 水를 저장한 습토로 洩火生金하기에 충분하고 천간에 兩庚이 투간하였으며 지지에 申辰이 회국하니 일주의 설기가 지나치므로 용신은 반드시 午에 있다. 水木을 만나지 않아 기쁘고 일주와 인수가 상하지 않아 정신이 왕성하며 충분하여 순수하고 중화가 되었으니 일생 벼슬길에 파란이 없었으며 삼십여 년 간 태평한 재상이었으나 子運에 이르러 水局이 되니 사망하였는데 나이가 이미 팔순이었다.

2. 源流

何處起根源 流到何方住. 機括此中求 知來亦知去.

어느 곳에서 근원을 일으켜 흘러 도달하여 어느 곳에서 머물렀는가. 중요한 핵심을 이중에서 구하면 오는 것을 알 수 있고 또한 가는 것도 알 수 있다.

源頭者 四柱中之旺神也. 不論財官印綬食傷比劫之類 皆可爲源頭也. 總要流通生化 收局得美爲佳. 或起於比劫 止於財官爲喜 或起於財官 止於比劫爲忌. 如山川之發脈來龍 認氣於大父母 看尊星 認氣於眞子息 看主星 認氣於方交媾 看胎伏星 認氣於胎育 看胎息星 認氣於化殺爲權 看解星 認氣於絶處逢生 看恩星 認源之氣以勢 認流之氣以情. 故源頭流住之地 卽山川結穴之所也 不可以不究.

원두는 사주 중의 旺神이니 재관 인수 식상 비겁 등을 논할 것 없이 모두 원두가 될 수 있다.

한마디로 流通生化를 끝마친 局이 좋은 곳을 만나 아름답게 되는 것이 중요하다. 비겁에서 일어나 재관에서 그치면 기쁘고 혹은 재관에서 일어나 비겁에서 그치는 것은 꺼린다.

가령 산천의 발맥인 내룡에서 존성을 보면 조부모의 기운을 알 수 있고 주성을 보면 자식의 기운을 알 수 있으며 태복성을 보면 결혼의 기운을 알 수 있고 태식성을 보면 임신의 기운을 알 수 있으며 해성을 보면 권력의 기운을 알 수 있고 은성을 보면 절처봉생의 기운을 알 수 있듯이 근원의 氣로써 勢를 알 수 있고 흐르는 氣로써 情을 알 수 있다. 그러므로 원두가 흐르다 머무는 곳이 산천의 혈이 맺힌 것이니 연구하지 않을 수 없다.

源頭阻節之氣 卽來龍破損隔絶之意也 不可以不察. 看其源頭流止之處何地

以知其誰興誰替 看其阻節之神何神 以論其何吉何凶. 如源頭起於年月是食神 住於月時是財官 則上叨祖父之蔭 下亨兒孫之福. 或起於年月是財官 住於日時是傷劫 則破敗祖業 刑妻克子. 如起於日時是財官 住於年月是食印 則上興祖父爭光 下興子孫立業. 或起於日時是財官 住於年月是傷劫 則祖業難亨自刱維新. 流住年是官印者 知其祖上淸高 是傷劫者 知其祖上寒微. 流住月是財官者 知其父母創業 是傷劫者 知其父母破敗. 流住日時是財官食印者 必白手成家 或妻賢子貴. 流住日時是傷劫梟神者 必妻陋子劣 或因妻招禍 破家受辱. 然又要看日主之喜忌斷之. 無不驗也.

원두의 氣가 막혔다는 것은 내룡이 끊어져 파손된 것과 같은 뜻이니 살피지 않을 수 없다. 그 원두가 흐르다 멈춘 곳이 무엇인지를 보고 누가 흥하고 누가 패하는지를 알 수 있으며 막아서 제한하는 것이 무엇인가를 보고 어떤 게 길하고 어떤 게 흉한지 논한다.

만약 원두가 年月에서 일어나고 식신이며 日時에서 멈추고 재관이면 위로는 조부의 음덕을 입고 아래로는 자손의 복을 누린다. 혹은 年月에서 일어나고 재관이며 日時에서 멈추고 상관이나 겁재면 조업을 패망하고 처를 못살게 하며 자식을 극한다.

만약 日時에서 일어나고 재관이며 年月에서 멈추고 식신이나 인성이면 위로는 조부의 명예를 일으키고 아래로는 자손이 흥하며 가업을 일으킨다. 日時에서 일어나고 재관이며 年月에서 멈추고 상관이나 겁재면 조업이 순조롭기 어렵고 스스로 창업하여 새롭게 시작하게 된다.

흐르다 멈춘 곳이 年이고 관성이나 인성이면 조상이 맑고 고결하며 상관이나 겁재인 자는 조상이 보잘 것 없음을 알 수 있다.

흐르다 멈춘 곳이 月이고 재관인 자는 그 부모가 창업한 것을 알 수 있고 상관이나 겁재인 자는 그 부모가 패망한 것을 알 수 있다.

흐르다 멈춘 곳이 日時이고 재관과 식신이나 인성인 자는 반드시 자수성가하고 혹은 처가 현명하고 자식이 귀하게 된다.
흐르다 멈춘 곳이 日時이고 상관 겁재 효신인 자는 반드시 처가 볼품이 없고 자식이 못났으며 혹은 처로 인하여 화를 부르고 파가하며 남에게 모욕을 당한다. 그러나 또한 일주의 희기를 보고 판단하면 검증되지 않는 것이 없다.

如源頭流住之地 有阻節隔絶之神 是偏正印綬 必爲長輩之禍. 柱中又有財星相制 必得妻賢之助 如有比劫之化 或得兄弟相扶. 如阻節是比劫 必遭兄弟之累 或不和 柱中有官星相制 必得賢貴之解 如有食傷之化 或得子姪之助. 如阻節是財星 必遭妻妾之禍 柱中有比劫相制 必得兄弟之助 或兄弟愛敬 如有官星之化 或得賢貴提携. 如阻節是食傷 必受子孫之累 柱中有印綬相制. 必叨長輩之福 或親長堤拔 有財星之化 必得美妻 或中饋多能. 如阻節是官殺. 必遭官刑之禍 柱中有食傷相制 必得子姪之力 有印綬之化 必仗長輩之助. 然又要看用神之宜忌論之 無不應也.
만일 원두가 흐르다 멈춘 곳에 막아서 끊어지게 한 것이 편인이나 정인이면 틀림없이 집안어른들이 禍가 되는데 주중에 다시 재성의 억제가 있으면 반드시 어진 처의 내조가 있는데 만일 비겁의 化가 있으면 형제의 도움이 있다.
만약 흐름을 막은 것이 비겁이면 반드시 형제로 인하여 피해를 당하거나 불화가 있는데 주중에 관성의 억제가 있으면 틀림없이 어진 귀인을 만나 어려움을 해결하게 되는데 만일 식상의 化가 있으면 아들과 조카의 도움을 얻게 된다.
만약 막아서 제한하는 것이 재성이면 틀림없이 처첩의 禍를 당하는데 주중에 비겁의 억제가 있으면 반드시 형제의 도움을 얻거나 형제간에 우애가 깊으며 만일 관성의 化가 있으면 어진 귀인의 도움을 얻는다.
만약 막아서 제한하는 것이 식상이면 틀림없이 자손의 피해를 받게 되는데 주중에 인수의 억제가 있으면 반드시 집안 어른들의 복을 받거나 친척 어른에 의해서 등용되고 재성의 化가 있으면 틀림없이 아름답거나 재능이 많은 처를 얻는다.

만일 막아서 제한하는 것이 관살이면 반드시 형벌의 禍를 당하는데 주중에 식상의 억제가 있으면 틀림없이 자식과 조카의 도움을 받게 되고 인수의 化가 있으면 틀림없이 집안 어른들의 도움에 의지한다. 그러나 또한 중요한 것은 용신의 희기를 보고 논하는 것이며 그러면 응하지 않음이 없다.

如源頭流住是官星 又是日主之用神 就名貴顯者十居八九. 如是財星 又是日主之用神 就利發財者十居八九. 如是印星 又是日主之用神 有文望而淸高者十居八九. 如是食傷 又是日主之用神 財子兩美者十居八九. 如日主以官星爲忌神 爲官遭禍傾家者有之 如日主以財星爲忌 爲財喪身敗名節者有之. 如日主以印星爲忌神 爲文書傷時犯忌而受殃者有之. 如日主以食傷爲忌神 爲子孫受累而絶嗣者有之. 此窮極源流之正理 不同俗書之謬論也.

만일 원두가 흐르다 멈춘 곳이 관성이고 또 용신이면 명예를 이루고 귀함이 드러나는 자가 십에 팔구를 차지한다. 만일 재성이며 또 용신이면 이익을 취하고 많은 재물을 얻는 자가 십에 팔구를 차지한다. 만일 인성이고 또 용신이면 학문으로 덕망이 있으니 맑고 고결한 자가 십에 팔구를 차지한다. 만일 식상이고 또 용신이면 재물과 자식이 모두 아름다운 자가 십에 팔구를 차지한다.

만약 관성이 기신이면 관청으로부터 禍를 당하여 집안이 기우는 자가 있고 만일 재성이 기신이면 재물로 인하여 몸을 망치거나 이름을 더럽히는 자가 있다. 만일 인성이 기신이면 문서 때문에 기회를 놓치고 금기를 어기어 재앙을 당하는 자가 있고 만일 식상이 기신이면 자손에게 피해를 당하고 후사가 끊기는 자가 있다.

이것이 궁극적으로 원류의 바른 이치이며 속서의 잘못된 이론과 같지 않다.

辛庚丙癸　己戊丁丙乙甲癸壬

酉子寅巳　亥戌酉申未午巳辰

이것은 金이 원두가 되는데 흐르다 寅木인수에 이르러 생신하고 巳時에 득록하여 더욱 묘하다. 財가 또 生을 만나고 관성이 투로하여 청순하고 정신이 있으며 중화되어 순수한데 일어난 곳이 아름답고 그친 곳이 더욱 아름답다. 사림출신으로 벼슬이 통정에 이르렀고 일생에 험난함이 없었으며 名利가 모두 빛났다.

이후제

子月 丙火가 金水가 많아 신약하므로 寅木이 洩水하여 幇身하는 용신이고 巳火가 온국하며 일간을 돕는 길신이다. 癸水정관이 淸秀하여 아주 좋으나 財가 많은 것이 흠이고 木火運에 발전한다.

辛癸戊丙　壬辛庚己戊丁丙乙

丑巳申辰　辰卯寅丑子亥戌酉

이것은 火가 원두가 되는데 흐르다 水方에서 멈추고 월시에 兩火의 근원이 있어 더욱 묘하며 모두 유통을 만나 金水에 이르러 그쳤으니 富는 백만이고 貴는 이품에 이르렀으며 일생이 평탄하였다. 이른바 상서로운 별과 구름과 같아 많은 별들이 에워싸듯 우러르니 꽃과 비단이 쌓였으며 五福이 함께 왔다.

辛辛丙甲　庚己戊丁丙乙甲癸

卯卯子午　寅丑子亥戌酉申未

이것은 木이 원두가 되는데 土가 없어 흘러 金에 이를 수가 없고 재관이 또 서로 떨어졌으며 충과 설기를 만났으니 生化의 情이 없다. 초운 庚寅에 윗사람의 도움을 받았고 己丑運에 子를 합하고 洩火하여 生金하니 財福이 함께 오고 戊子運은 土가 허하고 水가 왕하여 木을 도우니 고생이 많았으며 丁亥運에 克金하고 木局이 되니 가정이 깨지고 사람이 죽었다.

庚壬戊丁　癸甲乙丙丁戊己庚
寅午午巳　未申酉戌亥子丑寅

이것은 火가 원두가 되는데 년지 寅木에 막히고 월간 壬水에 막혀 흘러 金에 이를 수 없다. 초운이 土金으로 막고 있는 神을 충하고 化하므로 가업이 秋水春花같이 번성했고 태평한 세월이었다. 丙戌運으로 바뀌자 지지가 火局이 되고 효신이 奪食하니 이상하게 일을 망치고 손해를 보았으며 또 1처2첩4자식을 괴롭혔다.

丁亥運에 이르러 간지가 모두 合化木하니 혼자 있게 되어 외롭고 고생스러움을 견디지 못하고 삭발하고 중이 되었다.

이후제

午月 戊土가 火가 많아 조열함이 病이니 解熱하는 壬水가 용신이고 庚金이 生水하는 희신인데 용신과 희신이 모두 虛露無根하여 下格이며 金水運이 기쁘다. 丙戌運은 丙火가 庚金을 극하고 戌運은 火庫며 寅午戌火局을 이뤄 불길하고 丁亥運은 丁은 다시 庚金을 극하고 壬水를 合絆하며 亥水는 寅亥合木하고 巳亥상충하며 旺火를 격돌하므로 불길하다.

凡富貴者 未有不從源頭也 分其貴賤 全在收局一字定之. 去我濁氣 作我喜神 不貴亦富 去我淸氣 作我忌神 不貧亦賤. 學者當審察之.

무릇 부귀는 원두를 따르지 않는 것이 없고 그 貴賤을 나누는 것은 온전히 局을 마치는데 있고 한 字가 그것을 정하는 것이다.

나의 탁기를 제거하고 나의 희신이 되면 貴하지 않으면 富하고 나의 청기를 제거하고 나의 기신이 되면 가난하지 않으면 천하다. 배우는 자는 자세히 살펴야 당연하다.

3. 通關

關內有織女 關外有牛郎 此關若通也 相將入洞房.

관내에는 직녀가 있고 관외에는 견우가 있으며 이 관을 만약 통하면 서로 동반하여 침실에 들어갈 수 있다.

通關者 引通剋制之神也. 所謂陰陽二用 妙在氣交. 天降而下 地升而上 天干之氣動而專 地支之氣靜而雜. 是故地運有推移 而天氣從之 天氣有轉徙 而地運應之 天氣動於上 而人元應之 人元動於下 而天氣從之. 所以陰勝逢陽則止 陽勝逢陰則佳 是謂天地交泰. 干支有情 左右不悖 陰陽生育而相通也.

통관이란 것은 극제하는 神을 이끌어 통하게 하는 것이다.

이른바 음양의 두 가지를 쓰고 氣가 교차하는데 묘함이 있는 것이니 天氣는 하강하여 내려오고 지기는 상승하여 올라가며 천간의 氣는 動하나 전일하고 지지의 氣는 고요하나 잡스럽다.

그러므로 地運이 변화하면 天氣가 그것을 따르고 天氣가 이동하면 地運이 응하는 것이며 天氣가 위에서 動하면 人元이 응하고 人元이 아래에서 動하면 天氣가 그것을 따르는 것이다.

까닭에 陰이 지나칠 때 陽을 만나면 멈추고 陽이 지나칠 때 陰을 만나면 아름다우니 이것을 천지교태라고 한다.

干支가 有情하고 좌우가 어그러지지 않으면 음양이 낳고 기르며 서로 통하는 것이다.

若殺重喜印 殺露印亦露 殺藏印亦藏. 此顯然通達 不必節外生枝. 倘原局無印 必須歲運逢印而通之 或暗會明合而通之. 局內有印 被財星損壞 或官星化之 或比劫解之. 或被合住則冲開之 或被冲壞則合化之. 或隔一物則剋去之. 前後

上下 不能援引 得歲運相逢尤佳.
만약 殺이 重하면 인성을 기뻐하는데 殺이 드러나면 인성 역시 드러나고 殺이 암장되었으면 인성 또한 암장되어야 한다.
이것이 분명하게 통달하는 것이니 다른 말은 필요치 않다.
만일 원국에 인성이 없으면 반드시 세운에서 인성을 만나야 통하고 혹은 暗會나 明合해도 통한다.
局內에 인성이 있는데 재성에게 파손당하면 관성이 재성을 化하거나 혹은 비겁이 그것을 해소해야 한다. 혹은 合이 되었으면 冲開해야 하며 冲을 당하여 파괴되었으면 그것을 合化해야 한다.
혹은 한 字가 막고 있으면 그것을 극해서 제거해야 한다. 前後上下에서 이끌어 도울 수 없는데 세운에서 만나면 더욱 좋다.

如年印時殺 干殺支印 前後遠立 上下懸隔. 或爲閑神忌物所間 此原局無可通之理 必須歲運暗冲暗會 克制閑神忌物. 該冲則冲 該合則合 引通相克之勢 此關一通. 所謂琴遇子期 馬逢伯樂 求名者青錢萬選 問利者億則屢中 如牛郎織女之入洞房 遂其所願. 殺印之論如此 食傷財官之論亦如此. 按原局無通關之神 歲運逢之固吉. 然究不及原局有根而微 歲運助之爲尤美. 所謂根在苗先是也.
만일 年에 인성이 있고 時에 殺이 있는데 천간에 殺이 있고 지지에 인성이 있으면 前後가 멀고 上下가 멀리 떨어져 있는 것이다.
혹은 한신이나 기신이 사이에 있으면 이것은 원국이 통할 수 있는 이치가 없으니 반드시 세운에서 암충이나 암회하여 한신이나 기신을 극제해야 한다. 冲할 것은 冲하고 合할 것은 合하여 상극하는 세력을 인통하면 이것이 관통하는 것이다.
이른바 거문고가 자기를 만나고 말이 백락을 만난 것이니 명예를 구하는 자는 반드시 과거에 급제하고 이익을 찾는 자는 예측이 언제나 적중하며 견우와 직녀가 침실에 들어가는 것과 같아 그 원하는 바를 이룰 수 있는 것이다.
殺과 印의 이론이 이와 같으니 식상이나 재관을 논하는 것도 역시 이와 같다.
살펴보면 원국에 통관하는 神이 없는데 세운에서 만나면 참으로 길하다. 그러나 결국 원국에서 有根하나 미약한 것에 미치지 못하고 세운이 그것을 도우면 더욱 아름답다.
이른바 뿌리가 싹보다 우선이다.

癸甲丁丙　　癸壬辛庚己戊丁丙
酉子卯午　　亥戌酉申未午巳辰
이 명조는 천간지지가 모두 살이 인성을 생하고 인성이 生身한다. 時에 귀록으로 왕하고 四冲이 도리어 四助가 되어 더욱 묘하다. 金이 水를 만나 木을 극하지 않고 水를 생하며 水는 木을 만나 火를 극하지 않고 木을 생하니 이것은 떨어진 것도 아니고 기신이 사이를 차지한 것도 아니며 막고 제한하는 것도 없이 자연스럽다.
일주가 약한 중에 왕으로 변하고 水를 만나면 木을 생하고 金을 만나면 水를 생하므로 인수가 상하지 않으니 과거에 일찍 합격하고 벼슬이 관찰에 이르렀다.

戊癸丁辛　　甲乙丙丁戊己庚辛
寅亥未亥　　子丑寅卯辰巳午未
이것은 癸水가 왕을 만나고 일주를 가까이에서 극하는데 戊土에게 합거를 당하여 도리어 방신한다. 월지의 亥水는 본래 癸水 殺을 돕는데 년지의 寅과 합하여 生身하며 멀리 떨어져 있는 寅木을 도리어 가깝게 하고 시지의 亥는 또 未를 만나 회합하여 어려움이 은혜롭게 되었다. 하나는 오고 하나는 가니 어찌 정으로 화합하지 않았는가. 하나는 가고 하나는 회합하여 통관이 막힘이 없으므로 과거에 합격하고 벼슬이 황당에 이르렀다.

戊乙辛丁　丙丁戊己庚辛壬癸
辰卯丑酉　辰巳午未申酉戌亥

春金이 氣가 약한데 시상의 칠살이 바짝 붙어서 극하고 년에 인수를 만났으나 멀리 떨어져 不通이며 또 旺木이 극하여 土가 괴인을 당한다. 戊土가 生化할 수 없을 뿐만 아니라 일지의 丑土 또한 卯木에 파괴를 당하여 이것은 局內에서 통할 수 있는 이치가 없다. 중운 남방 殺地에 풍상을 겪었고 바쁘게 움직였으나 기회를 얻지 못하였으며 庚申運으로 바뀌자 木을 극하여 제거하니 기이한 기회를 만나 섬서에서 분발하여 군에서 여러 차례 공을 세웠고 辛酉運까지 20년 동안 벼슬이 부윤에 이르렀는데 金이 木을 극하여 방신하고 인성이 化殺하여 통관하였기 때문이다.

己丁辛乙　丙乙甲癸壬辛庚己
巳卯卯未　寅丑子亥戌酉申未

春金이 허약한데 木火가 당권하고 년의 인성과 월의 殺이 상통을 얻지 못하였으며 시지의 未土가 卯와 會火하니 木이 다만 生殺의 情만 있고 일주를 도울 뜻이 없다. 아울러 運도 金이 없고 水木뿐이니 殺을 돕는 근원으로 조업을 패하고 한 가지 일도 이루지 못하다가 亥運에 이르러 會木하여 生殺하니 사망하였다.

4. 淸濁

一淸到底有精神 管取生平富貴眞. 澄濁求淸淸得去. 時來寒谷也回春.

하나의 맑은 기운이 처음부터 끝에 이르면 정신이 있는 것이니 반드시 일생동안 부귀하다. 탁한 것을 맑게 하여 청을 취하고 청하면 어려움이 없으며 추운 계곡에 봄이 돌아오는 것이다.

命之最難辨者 淸濁兩字也. 淸而有氣 則精神貫足 淸而無氣 則精神枯槁 精神枯則邪氣入 邪氣入則淸氣散 淸氣散則不貧亦賤矣. 夫淸濁者 八字皆有也 非正官一端而論也. 身弱有印忌財 財星不現 淸可知矣. 卽使有財 不可便作濁論 須要看其情勢.

명에서 분별하기 가장 어려운 것은 청탁이라는 두 글자다.

淸하고 有氣하면 정신이 관통하기에 충분하고 淸하나 無氣하면 정신이 시들어 生氣가 없으며 정신이 生氣가 없으면 나쁜 기운이 들고 나쁜 기운이 들면 淸氣가 흩어지며 淸氣가 흩어지면 가난하지 않으면 賤하다. 무릇 청탁은 팔자에 다 있고 정관 하나만을 논하는 것이 아니다. 신약한데 인성이 있으면 재성을 꺼리고 재성이 나타나지 않아야 淸한 것을 알 수 있다. 설령 재성이 있을지라도 바로 탁으로 논하면 안 되고 반드시 그 정황과 형세를 보는 것이 중요하다.

如財與官貼 官與印貼 印與日主貼 則財生官 官生印 印生身 印之源頭更長. 至行運再助其印綬 自然富貴矣 卽使無財 不可便作佳論 亦要看其情勢. 或印星無氣 與官星不通 或印星太旺 日主枯弱 不受印星之生. 或官星貼日 印星遠隔 日主先受官剋 印星不能生化. 至行運再逢財官 不貧亦夭矣.

만약 財와 官이 붙어있고 官과 印이 붙어있으며 印과 일주가 붙어있으면 財

生官하고 官生印하며 印生身하니 인성의 원두가 더욱 길다. 행운이 인수를 다시 도우면 자연히 부귀해지고 바로 재성이 없어야 아름답다고 논하면 안 되며 그 형세를 보는 것이 중요하다.
혹은 인성이 無氣한데 관성과 불통이거나 혹은 인성이 태왕한데 일주가 메마르고 약하면 인성의 생을 받을 수 없다. 혹은 관성이 일주와 붙어있고 인성이 멀리 떨어져 있으면 일주가 먼저 官의 극을 받으니 인성이 化하여 생할 수 없는데 다시 財官運을 만나면 가난하지 않으면 요사한다.

如正官格身旺喜財 所忌者印綬. 傷官其次也. 亦要看情勢. 如傷官與財貼 財與官貼 官與比肩貼 不特官星無礙 抑且傷官化劫 生財 財生官旺 官之源頭更長 至行運再遇財官之地 名利兩全矣. 如傷官與財星遠隔 反與官星緊貼 財不能爲力 至行運再遇傷官之地 不貧亦賤矣. 如傷官在天干 財星在地支 必須天干財運以解之 傷官在地支 財星在天干 必須地支財運以通之. 或財官相貼 而財神被合神絆住 或被閑神劫占 亦須歲運冲其合神 制其閑神 皆爲澄濁求清. 雖舉正官而論. 八格皆同此論.
만약 정관격이 신왕하면 재성을 기뻐하고 꺼리는 것은 인수이며 상관이 그 다음이나 또한 정황과 형세를 보는 것이 중요하다.
만약 상관과 재성이 붙어있고 財와 官이 붙어있으며 官과 비견이 붙어있으면 관성이 장애가 되지 않을 뿐만 아니라 또한 상관이 겁재를 化하여 生財하고 財가 생하여 官이 왕해지며 官의 원두가 더욱 길어지고 행운이 다시 財官地를 만나면 名利가 양전한다.
만약 상관이 재성과 멀리 떨어져 있고 도리어 관성과 가까이 붙어있으면 재성이 힘이 될 수 없는데 행운이 다시 상관지를 만나면 가난하지 않으면 천하게 된다.
만약 상관이 천간에 있고 재성이 지지에 있으면 반드시 財運이 천간으로 와서 화해해야 하고 상관이 지지에 있고 재성이 천간에 있으면 반드시 재운이 지지로 와서 통관해야 한다.

혹은 재관이 서로 붙어있는데 재성이 합을 당하였거나 한신에게 겁탈되었으면 반드시 세운에서 그 合神을 충하고 그 한신을 억제해야 모두 탁한 것을 맑게 하여 淸해지는 것이다.

비록 정관을 들어 논하였으나 八格을 모두 이와 같이 논한다.

總之喜神宜得地逢生 與日主緊貼者佳 忌神宜失勢臨絶 與日主遠隔者美. 日主喜印 印星貼身 或坐下印綬 卽日主之精神也. 官星貼印 或坐下官星 此卽印綬之精神. 餘可例推.

한 마디로 희신은 득지하고 생을 만나야 마땅하며 일주와 가까이 붙어있어야 아름답고 기신은 실세하고 절지를 만나야 마땅하며 일주와 멀리 떨어져야 아름답다.

일주가 인성을 기뻐하는데 인성이 일주와 붙어있거나 혹 인성에 앉으면 일주의 정신이 족한 것이고 관성이 인성과 붙어있거나 혹 관성에 앉으면 이것은 인성의 정신이 족한 것이다. 나머지도 이와 같이 헤아릴 수 있다.

癸甲丙乙　　癸壬辛庚己戊丁丙
酉子寅未　　亥戌酉申未午巳辰

丙이 子月에 생하였으나 좌하에 장생이고 인성이 투출하여 뿌리가 깊어 弱中에 旺이다. 관성이 당령하여 기쁘고 투출하여 재성에 앉으니 이른바 一淸到底에 有精神이다. 더욱 묘한 것은 원류가 어그러지지 않고 순수하여 볼만하다. 金水運에 과거에 급제하고 한원에서 이름을 날렸으나 애석하게도 중년이 火土運으로 사림에서 늙고 말았다.

甲丙己辛　丁戊己庚辛壬癸甲
子寅亥未　卯辰巳午未申酉戌
春土가 亥에 앉고 재관이 태왕한데 아주 기쁜 것은 인성 하나가 생을 만나고 財가 官을 생하니 인수의 원신이 점점 더 왕해지며 氣가 時에서 관통하여 일주의 氣가 얕지 않고 더욱 묘한 것은 이어서 生化하는 것이다. 더욱 부러운 것은 운로가 어그러지지 않아 수놓은 비단과 금련을 하사받고 대궐 가까이에서 살며 요직을 거쳤다.

癸甲丙丁　癸壬辛庚己戊丁丙
未子寅酉　亥戌酉申未午巳辰
이것은 앞의 癸酉年 명조와 대동소이한데 전조는 官이 財地에 앉고 이것은 관이 상관에 앉았으며 게다가 子未가 붙어있어 천간의 관성이 극을 받을 뿐만 아니라 지지의 官 역시 손상되었다. 더욱 불만인 것은 겁재가 財地에 있는 것인데 이른바 財는 겁탈되고 官은 손상되었으니 설령 일찍 반궁에 들어갔어도 과거에 급제하지 못했다. 辛酉, 庚申運에 간지가 모두 재성이니 재물이 봄에 죽순처럼 일어나고 이익이 덩굴처럼 불어나 가업이 풍요로웠다. 己未運으로 바뀌자 처자를 잃고 연이어 화재를 만나 가업이 크게 패하였으니 궁통이 運에 있음을 알 수 있다.

滿盤濁氣令人苦 一局淸枯也苦人. 半濁半淸猶是可 多成多敗度晨昏.

만반이 탁기면 사람을 고생스럽게 하고 하나의 局에 청기가 메마르면 힘들게 일하는 사람이다. 半濁半淸은 오히려 괜찮으니 많이 이루고 많이 패하며 날이 새고 날이 저문다.

濁者 四柱混雜之謂也. 或精神失勢 邪氣乘權 此氣之濁也. 或提綱破損 別求

用神 此格之濁也. 或官旺喜印 財星壞印 此財之濁也 或官衰喜財 比劫爭財 此比劫之濁也 或財旺喜劫 官星制劫 此官之濁也 或財輕喜食傷 印綬當權奪食 此印之濁也. 或身强殺淺 食傷得勢 此食傷之濁也 分其所用 斷其名利之得失 六親之宜忌 無不驗也.
탁이란 사주가 혼잡한 것을 말하는데 혹 정신이 失勢하고 나쁜 기운이 승권하였으면 이것은 氣가 탁한 것이고 혹은 제강이 파손되어 별도로 용신을 구하게 되면 이것은 格이 탁한 것이다.
혹은 官이 왕하여 印을 기뻐하는데 재성이 인성을 파괴하면 이것은 財가 탁한 것이고 혹은 官이 쇠하여 財를 기뻐하는데 비겁이 쟁재하면 이것은 비겁이 탁한 것이다. 혹은 財가 왕하여 겁재를 기뻐하는데 관성이 겁재를 억제하면 이것은 官이 탁한 것이고 財가 輕하여 식상을 기뻐하는데 인수가 당권하여 탈식하면 이것은 인이 탁한 것이다. 혹은 신강하고 殺淺한데 식상이 득세하였으면 이것은 식상이 탁한 것이니 그 쓰임을 나누어서 名利의 득실과 육친의 의기를 판단하면 검증되지 않는 것이 없다.

然濁與淸枯二字 宜細辨別之 寧使淸中濁 不可淸中枯. 夫濁者 雖成敗不一 多有險阻 倘遇行運得所 掃除濁氣 亦有起發之機 如行運又無安頓之地 乃困苦矣. 淸枯者 不特日主無根之謂也 卽日主有氣 而用神無氣者 亦是也. 枯又非弱比也. 枯者 無根而朽也 卽遇滋助之鄕 亦不能發生也 弱者 有根而嫩也 所以扶之卽發 助之卽旺. 根在苗先之意也.
그러나 濁한 것과 淸枯한 것은 마땅히 세밀하게 변별해야 하는데 차라리 淸中에 탁할지언정 淸中에 枯는 불가하다.
무릇 탁한 것은 비록 성패가 한결같지 않고 어렵고 막히는 일이 많으나 만약 알맞은 행운을 만나 탁기를 제거하면 발전하는 기틀이 있으나 만일 행운이 안돈지가 없으면 곤고하다.

淸枯한 것은 일주가 無根한 것을 말할 뿐만 아니라 일주가 有氣하나 용신이 無氣한 것 역시 청고하다. 枯는 또한 약한 것을 비유하는 것이 아니다. 枯라는 것은 無根하고 쇠퇴하여 도와주는 運을 만나도 발생할 수 없는 것이고 弱한 것이란 有根하나 어린 것이니 도와주는 運을 만나면 발생할 수 있는 것으로 도우면 왕해진다.
뿌리가 싹보다 우선이라는 의미가 있다.

凡命之日主枯者 非貧卽夭 用神枯者 非貧卽孤. 所以淸有精神終必發 偏枯無氣斷孤貧. 滿盤濁氣須看運 抑濁扶淸也可亨. 試之驗也.
무릇 명에서 일주가 枯한 자는 가난하지 않으면 요사하고 용신이 枯한 자는 가난하지 않으면 고독하다. 따라서 淸하고 정신이 있으면 결국 반드시 발전하고 편고하고 無氣하면 단연코 고독하고 가난하다. 만반이 탁기면 반드시 運을 봐서 탁기를 억제하고 청기를 도우면 형통할 수 있다. 시험하여 증험하였다.

乙庚戊丁　　己戊丁丙乙甲癸壬
亥辰戌巳　　卯寅丑子亥戌酉申
戊戌일원이 辰月巳時에 생하여 木은 퇴기이고 土는 승권하였는데 인수가 중중하다. 官을 用하면 庚金이 합하여 못쓰게 되고 식신을 用하면 官이 또 從化하지 않으며 火 또한 克金하므로 어찌할 수 없어 財를 用한다. 다시 巳時가 충하고 당령하지 못하여 庚金의 生助를 구하나 貪合忘生이며 멀리 떨어져 無情하다.
때문에 성공과 실패가 분분하였으나 다행히 재관이 아직 여기가 있어 乙亥運에 이르러 재관을 도와 일어나니 먹고 살만해졌다.

癸己丙己　　戊丁丙乙甲癸壬辛

亥未午丑　午巳辰卯寅丑子亥

火가 여름이니 원래 왕에 속하나 때가 季夏로 火氣가 점점 물러나고 겸하여 중첩한 상관이 설기하며 丑이 습토로 丙火의 빛을 어둡게 하니 旺이 弱으로 변했다. 탁기가 당권하고 淸氣가 失勢하였는데 겸하여 초년 삼십년이 火土運으로 생의 절반이 일어났다 넘어졌다 하는 일이 많았다. 乙卯, 甲寅에 이르러 木이 厚土를 소토하여 탁기를 제거하고 일원을 生扶하며 관성을 보호하니 공부도 하고 재물도 불어났으며 사업도 이뤘다.

丁丁庚己　丙乙甲癸壬辛庚己
卯未午卯　午巳辰卯寅丑子亥

이 명조를 대략보면 財生官하고 官生印하며 印生身하여 맑고 아름다운 것 같으나 午未가 남방으로 火熱土焦하여 金을 무르게 할뿐 生金할 수 없다. 또 木은 火의 세력을 따르며 또한 인수를 파괴하여 生化의 情이 없으니 어찌 청고하지 않은가.

더욱 불만인 것은 運이 동남으로 흘러 일생에 이룬 것이 없으니 이른바 청풍명월을 누구와 함께하며 고산유수의 물소리를 아는 이가 없구나.

5. 眞假

令上尋眞聚得眞 假神休要亂眞神. 眞神得用生平貴 用假終爲碌碌人.

월령에서 진신을 찾으면 모여 있는 진기를 얻은 것인데 가신이 진신을 어지럽히지 않아야 한다. 진신이 용신이면 평생이 귀하고 용신이 가신이면 결국 보잘 것 없는 사람이다.

眞者 得時秉令之神也 假者 失時退氣之神也. 言日主所用之神 在提綱司令又透出天干 謂聚得眞 不爲假神破損 生平富貴矣. 縱有假神 安頓得好 不與眞神緊貼 或被閑神合住 或遙隔無力 亦無害也. 倘與眞神緊貼 或相剋相沖或合眞神暗化忌神 終爲碌碌庸人矣. 如行運得助 抑假扶眞 亦可功名小遂 而身獲康寧. 故喜神宜四生 忌神宜四絶 局內看眞神 行運看解神.
眞은 득시여 병령한 것이고 假는 실시하여 퇴기한 것을 말한다. 용신이 제강에서 사령하고 또 천간에 투출되었으면 모여 있는 眞氣를 얻은 것이라고 말하며 假神이 파손하지 않아야 평생이 부귀하다. 설령 假神이 있어도 안돈되면 좋고 眞神과 바짝 붙어있지 않고 혹은 한신에게 합을 당하였거나 혹은 멀리 떨어져 無力하면 역시 해가 없다. 만약 眞神과 바짝 붙어있거나 혹은 상극이나 상충되고 혹은 眞神을 합하여 忌神으로 변하면 결국 보잘 것 없는 보통사람이다. 만일 행운에서 도움을 만나 假神을 억제하고 眞神을 도우면 역시 功名을 작게 이룰 수 있고 몸은 건강하고 편안함을 얻는다. 그러므로 희신은 四生이 마땅하고 忌神은 四絶이 마땅하며 원국에서는 眞神을 보고 행운에서는 해소하는 神을 봐야 한다.

是先天而爲地紀 所以測地 先看提綱以定格局. 中天而爲人紀. 所以範人 次看人元司令而爲用神. 後天而爲天紀 所以觀天 後看天元發露 而輔格助用.

是天地人之三式 合而用之則造化之功成矣 造化功成 則富貴之機定矣. 然後再定運程之宜忌 則窮通了然矣. 後學者須究三元之正理 審其眞假 察其喜忌究冲合之愛憎 論歲運之宜否. 斯爲的當 故規矩雖可言傳 妙用由人心悟也.

先天은 지지의 기강이 되므로 지지를 헤아리는데 먼저 제강을 보고 격국을 정한다. 中天은 인원의 기강이 되므로 인원을 규범으로 하고 다음으로 사령하는 인원을 봐서 용신을 삼는다. 後天은 천간의 바탕이 되므로 천간을 보고 후에 드러난 천간이 격을 돕고 용신을 돕는 가를 본다.

이 天地人의 세 가지 법식이 적합하고 합당하게 쓰이면 조화의 功을 이루고 조화의 功이 이루어지면 부귀의 기틀이 정해진다. 연후에 다시 정해진 運의 마땅함과 꺼리는 것을 보면 궁통이 분명해진다.

후학자는 반드시 三元의 바른 이치를 연구하여 그 眞假를 분석하고 그 희기를 살펴야 하며 충과 합의 좋고 나쁨을 연구하여 세운의 마땅함과 그렇지 못함을 논해야 한다.

이는 틀림없이 꼭 들어맞으므로 법칙을 비록 말로 전할 수는 있으나 오묘한 용법은 사람의 마음으로 깨달아야 한다.

甲丙己甲　丁戊己庚辛壬癸甲
子寅丑子　卯辰巳午未申酉戌

낮고 엷은 己土가 春初에 생하여 體는 습하고 그 氣는 허약한데 함께 투간한 甲丙을 만나 인성과 정관이 맑아 진기가 모인 것임에 틀림없다. 주중에 金이 나타나지 않고 水가 木으로 化하니 가신이 어지럽히지 못하고 더욱 기쁜 것은 運이 동남의 印旺地로 흐르니 벼슬이 상서에 이르렀다.

壬壬丙乙　癸甲乙丙丁戊己庚
申寅子未　卯辰巳午未申酉戌

財의 세력을 만나 殺이 우쭐대고 어린 나무가 金을 만났으나 寅木 진신이 당령하고 원신인 乙木이 時干에 투출하여 아주 기쁘다. 寅申沖이 病인데 運이 남방 火地에 이르러 申金 病을 제거하므로 벼슬이 봉강에 이르고 명성이 혁혁하였다.

庚戊壬甲 己庚辛壬癸甲乙丙
申寅子辰 卯辰巳午未申酉戌

이 명조는 일주가 왕지에 있고 회국하여 방신하니 당연히 弱으로 논하지 않는다. 시간에 진신인 甲木이 드러나 기쁘나 불만인 것은 년에서 만난 庚申이 甲을 극하고 寅을 충하는데 또 戊土의 도움을 만난 것이니 이것을 假神亂眞이라고 한다.

비록 일찍 반궁에 들어갔으나 과거에 여러 번 낙방하였고 壬午運에 이르러 庚金을 制化하니 과거에 급제하고 돈을 내고 현령이 되었다. 申運에 가신을 도와 寅을 충하므로 사망하였다.

이후제

寅月 壬水가 洩氣로 신약인데 지지가 申子辰水局을 이루고 庚金이 生助하니 弱而反旺이다. 그러므로 억제하는 戊土를 써야 하나 다시 金을 생하고 無力하여 洩하는 甲木을 쓴다. 그러나 초봄에 寒氣가 많아 불만이니 火運에 발전한다.

眞假參差難辨論 不明不暗受迍邅. 提綱不與眞神照 暗處尋眞也有眞.

진신과 가신은 일정하지 않아 분별하기가 어렵고 확실하지 않으면 뜻을 얻지 못한다. 월령이 진신을 돌보지 않으면 장간에서 진신을 돌보는 것을 찾아야 참되다.

氣有眞假 眞神失勢 假神得局 法當以眞爲假 以假爲眞. 氣有先後 眞氣未到

假氣先到 法當以眞作假 以假作眞. 如寅月生人 不透甲木而透戊土 年月日時支 有辰戌丑未之類 亦可作用. 如不透戊土而透金 卽使在木火司令之時 而年日時支或得申字冲寅 或得酉丑拱金 或天干又有戊己生金 此謂眞神失勢 假神得局 亦可取用.

氣에는 진신과 가신이 있으며 진신이 세력을 잃고 가신이 득국하였으면 당연히 진신으로 가신을 삼고 가신으로 진신을 삼는다.

氣에는 先後가 있으며 진기가 도래하지 못하고 가기가 먼저 이르렀으면 당연히 진기로 가기를 삼고 가기로 진기를 삼는다.

가령 寅月에 태어난 사람이 甲木이 투출하지 않고 戊土가 투출하였으며 年月日時支에 辰戌丑未 등이 있으면 역시 용신으로 삼을 수 있다. 만약 戊土가 투출하지 않고 金이 투출하였으면 설령 木火가 사령하는 때일지라도 年日時支에 申字가 寅을 충하거나 혹은 酉丑이 金을 껴안았거나 혹은 천간에 다시 戊己가 生金하면 이것은 진신이 실세하고 가신이 득국한 것이니 역시 취용할 수 있다.

四柱眞神不足 假氣亦虛 而日主愛假憎眞 歲運扶假抑眞 亦可發福 如歲運助眞損假 凶禍立至. 此謂以實投虛 以虛乘實 是猶醫者 知參芪之能生人 而不知參芪之能害人也 知砒酖之能殺人 而不知砒酖之能救人也. 有是病而服是藥則生 無是病而服是藥則死. 且命之貴賤不一 邪正無常 動靜之間 莫不有眞假之跡. 格局尙有眞假 用神豈無眞假乎. 大凡安享蔭庇現成之福者 眞神得用居多 創業興家勞碌而少安逸者 假神得局者居多 或眞神受傷者有之. 薄承厚創 多駁雜者 眞神不足居多 一生起倒 世事崎嶇者 假神不足居多. 細究之無不驗也.

사주에 진신이 부족하고 假氣 역시 허하면 일주가 가신을 좋아하고 진신을 싫어하므로 세운에서 가신을 돕고 진신을 억제하면 역시 발복하나 만일 세운에서 진신을 돕고 가신을 손상하면 凶禍가 발생한다. 이것을 實이 虛가 되고 虛가 實이 되었다고 하는데 이는 마치 의사가 삼이나 황기가 사람을 살릴 수 있는 줄만 알고 삼이나 황기가 사람을 해칠 수 있다는 것을 모르는 것과 같고 비상이나 독주가 사람을 죽일 수 있는 것만 알고 비상이나 독주로 사람을 구할 수 있는 것을 모르는 것이다. 병이 있고 맞는 약을 복용하면 살고 병이 없는데 약을 복용하면 죽는 것이다. 또한 명의 귀천이 한결같지 않고 옳고 그름도 일정함이 없으며 움직임과 고요함의 사이에 眞假의 흔적이 있지 않는 게 없다.
격국도 또한 眞假가 있는데 용신이 어찌 眞假가 없겠는가.
무릇 조상의 도움으로 편안하게 복을 누리는 자는 眞神이 용신인 경우가 다수를 차지하고 창업하여 집안을 일으키고 쉬지 않고 노력하며 편안하고 한가함이 적은 자는 假神이 국을 이룬 자가 다수를 차지하거나 혹은 眞神이 손상된 자가 있다.
물려받은 것은 없으나 창업하여 부유해진 자나 이것저것 뒤섞여 순수하지 못한 자는 眞神이 부족한 경우가 많고 일생이 기복이 많고 세상일이 험난한 자는 假神이 부족한 경우가 많다.
자세하게 연구하면 증험되지 않음이 없다.

乙戊壬庚　丁丙乙甲癸壬辛庚
酉寅午戌　丑子亥戌酉申未午
壬水가 입춘 후 22일에 생하여 진신인 甲木이 사령할 때인데 천간에 土金이 함께 투출하여 지지의 酉戌에 통근하니 이것을 진신이 失勢하고 가신이 득국했다고 한다. 化殺하는 庚金으로 용신을 삼으니 가신으로 진신을 삼는 것이 당연하고 순수함이 볼만하다.
비록 지지가 완전한 火局을 이뤄 金을 극하고 水를 말려 불만이나 火가 천간에 나타나지 않고 또 戊土가 生化하여 기쁘다.

더욱 묘한 것은 運이 서북으로 흘러 일찍 과거에 급제하고 벼슬이 봉강에 이르렀다. 전체적으로 불만인 것은 火局이 病이 되어 벼슬길에 기복을 면하지 못한 것이다.

庚戊癸癸　己庚辛壬癸甲乙丙
戌寅未丑　卯辰巳午未申酉戌

癸水가 입춘 후 26일에 태어나 甲木이 진신으로 사령하는데 천간에 土金이 함께 나타나 지지의 丑戌에 통근하니 상관이 비록 당령하였으나 관살의 세력이 거침이 없으므로 상관으로 殺을 대적하게 한다. 그러나 일주가 도리어 설기되니 대적할 수 있겠는가. 庚金이 비록 가신이나 일주가 가신을 좋아하고 진신을 싫어하니 庚金을 用하고 두 가지 묘함이 있는데 하나는 강한 관살을 化하는 것이고 둘째는 일원을 생하는 것이다.

時干의 비견이 방신하며 또 潤土하여 養金할 수 있는데 中年運이 남방으로 生殺壞印하니 바쁘게 움직이나 때를 만나지 못하고 甲申에 이르러 運이 서방으로 용신이 득지하니 군에서 공을 세워 지현에 올랐다. 乙酉運은 더욱 아름다우니 벼슬이 주목에 이르렀으나 丙運이 되자 庚인성을 극하므로 사망하였다.

丙己辛己　庚辛壬癸甲乙丙丁
子亥酉亥　子丑寅卯辰巳午未

이 명조는 속되게 논하면 寒金이니 火를 기뻐하고 金水상관이니 관성을 보면 기쁘고 또한 일주가 전록이니 반드시 丙火를 用하는데 의심하지 않을 것이나 水勢가 미쳐 날뛰는 것을 모르는 것이다. 일주의 원신을 설기하므로 관을 용할 수 없을 뿐만 아니라 혹 관성을 쓴다고 해도 丙火가 無根하므로 반드시 己土 인성을 써서 水를 제지하고 生金하며 火를 보호해야 한다. 己가 亥에 절지이고 丙火가 生土하려고 하나 丙火가 먼저 水의 극을 받으니 어찌 生土할 수 있겠는가. 까닭에 己土가 도리어 水에게 손상을 당하므로 진신은 無情하고 가신은 허탈하다.

초운 庚子, 辛丑에 비겁이 방신하니 음덕으로 의식이 넉넉하였으나 壬運에 부모의 상을 당하고 寅運으로 바뀌어 동방 木地가 되니 허한 土가 손상을 받아 조업이 파산되었으며 처를 못살게 굴고 자식을 때리더니 외지로 나갔는데 生死를 알 수 없었다.

6. 恩怨

兩意情通中有媒 雖然遙立意尋追 有情却被人離間 怨起恩中死不灰.

정을 통하려는 두 마음에 중매하는 것이 있으면 비록 마음이 멀리 떨어져 있어도 이룰 수 있으나 정을 통하려는 마음이 사람에게 이간을 당하면 은혜 중에 원망이 일어나니 죽어도 없어지지 않는다.

恩怨者 喜忌也. 日主所喜之神遠 得合神化而近之 所謂兩意情通 如中有媒也. 喜神遠隔 得旁神引通而相和好 則有恩而無怨矣. 只有閑神忌神而無喜神得閑神忌神合化喜神 所謂邂逅相逢也. 喜神遠隔 與日主雖有情 被閑神忌神隔絶 日主與喜神 各不相顧 得閑神忌神合會 化作喜神 謂私情牽合 更爲有情. 喜神與日主緊貼 可謂有情矣 遇合化爲忌神 或喜神與日主雖不緊貼 却有情於日主 中有忌神隔之 或喜神與閑神合助忌神 此如被人離間. 以恩爲怨. 死不灰心.

은원이란 희신과 기신이다. 일주의 희신이 멀리 있는데 合神을 만나 化하면 가까워지므로 이른바 두 마음의 情이 통하는 것이니 가운데에서 중매하는 것과 같다.

희신이 멀리 떨어져 있으면 옆의 神이 이끌어 통하게 하여 서로 화합하고 사이가 좋으면 은혜는 있으나 원망은 없다.

다만 한신과 기신만 있고 희신이 없는데 한신과 기신이 합하여 희신이 되면 이른바 해후상봉이라고 한다.

희신이 멀리 있고 일주와 비록 有情하나 한신이나 기신에 막힘을 당하여 일주와 희신이 서로 돌볼 수가 없는데 한신과 기신이 회합하여 희신으로 화하면 사정견합이라고 하며 더욱 有情하다.

희신과 일주가 가까이 있으면 有情하다고 할 수 있는데 합을 만나 기신으로 화하거나 혹은 희신과 일주가 비록 가까이 있지 않으나 도리어 일주에 有情한데 중간에 기신이 막고 있거나 혹은 희신과 한신이 합하여 기신을 도우면 이것이 사람에게 이간을 당하는 것과 같다. 은혜로써 원망을 삼으니 죽어도 없어지지 않는 것이다.

如日主喜丙火 在時干 月透壬水爲忌 如年干丁火合壬化木 不特去其忌神 而反生助喜神. 與日主喜庚金在年干 雖有情而遠立 月干乙木合庚而近之 此閑神化爲喜神 如中有媒矣. 日主喜火 局內無火 反有癸水之忌 得戊土合癸水化爲喜神 謂邂逅相逢也. 日主喜金 惟年支坐酉 與日主遠隔 日主坐巳 忌神緊貼 得丑支會局 以成金之喜神 謂私情牽合也. 餘可例推.

가령 일주가 丙火를 기뻐하는데 時干에 있고 月干에 壬水가 투출하여 꺼리는데 만약 年干의 丁火가 壬을 합하여 木으로 변하면 그 기신을 제거한 것뿐만 아니라 도리어 희신을 生助하는 것이다. 가령 일주가 庚金을 기뻐하나 年干에 있으면 비록 유정하나 멀리 있는데 月干의 乙木이 庚을 합하여 가깝게 하면 이것을 한신이 合化하여 희신이 되는 것으로 중간에서 중매하는 것과 같다.

일주가 火를 기뻐하나 局內에 火가 없고 도리어 꺼리는 癸水가 있는데 戊土를 만나 癸水를 합하면 化하여 희신이 되므로 해후상봉이라고 한다.

일주가 金을 기뻐하나 年支에 酉金이면 일주와 멀리 떨어져 있고 日支가 巳火면 기신이 가까이 붙어있는데 丑을 만나 회국하면 희신인 金이 되니 사정견합이라고 말한다.

나머지도 이와 같이 추측할 수 있다.

丁甲戊戊　癸壬辛庚己戊丁丙
酉辰戌午　卯寅丑子亥戌酉申

이것은 厚土가 중중한데 甲木이 退氣로 소토가 불능하므로 일주의 情이 반드시 설기하는 년지의 酉金에 있다. 金이 개두된 火를 만났으나 그 마음은 역시 일주를 생하고자 하고 비록 멀리 떨어져 있으나 두 마음은 情이 통하는데 辰酉가 합하여 가깝게 되므로 기쁘고 가운데에서 중매하는 것과 같다.
초운 癸卯, 壬寅에 희신을 이간하니 공명을 이루지 못하고 고생이 많았으나 辛丑運中에 晦火하고 會金하니 입반하여 과거에 합격하였다. 庚子, 己亥, 戊戌 西北土金運에 벼슬이 상서에 이르렀다.

丁乙丁丙　甲癸壬辛庚己戊丁
酉巳丑午　辰卯寅丑子亥戌酉
丁火가 巳月 午時에 생하여 비겁이 並旺하고 또 木의 생조를 만나 그 세력이 맹렬하므로 년지의 酉金을 일주가 기뻐하는데 멀리 떨어져 있고 또한 丁火의 덮어씌움을 당하였으며 巳火가 겁탈하여 無情한 것 같으나 좌하의 丑土가 아주 기쁘다. 맹렬한 火가 濕土를 만나 자애로운 마음으로 생육하고 巳酉가 합하여 金局을 이루고 庫에 귀속되니 그 정이 서로 화합하고 사이가 더 좋다.
재래취아 뿐만 아니라 또 火를 洩하여 吐秀하므로 과거에 급제하여 벼슬이 번얼에 이르고 名利가 쌍전하였다.

癸戊丙甲　丁丙乙甲癸壬辛庚
酉午辰午　巳辰卯寅丑子亥戌
丙火가 午月午時에 생하여 왕한 것을 알 수 있고 일점 癸水가 본래 탁하지 않으나 戊土가 합하고 또 맹렬한 火를 돕는다. 년지 酉金은 본래 辰과 합하여 유정하나 또 午火의 이간을 당하여 합하려고 하나 합하지 못하니 이른바 은혜 중에 원망이 일어난 것이다.
게다가 運이 동남木火地로 흐르니 일생이 刑傷破耗만 있고 재물로 기쁜 일이 없었다. 3妻 7子를 剋하고 네 차례의 화재를 당하였으며 寅運에 이르러 사망하였다.

7. 閑神

一二閑神用去麼 不用何妨莫動他. 半局閑神任閑着 要緊之場自作家.

한두 개의 한신을 어디에 쓰는가. 쓰지 않아도 무방하지만 다른 것을 움직이게 해서는 안 된다. 국의 절반인 한신이 빈둥거릴지라도 중요하고 필요할 때 스스로 일을 하는 것이다.

有用神必有喜神 喜神者 輔格助用之神也. 然有喜神亦必有忌神 忌神者 破格損用之神也. 自用神喜神忌神之外 皆閑神也 閑神居多 故有一二半局之稱. 閑神不傷體用 不礙喜神 可不必動他也. 任其閑着 至歲運遇破格損用之時 而喜神不能輔格護用之際 謂要緊之場 得閑神制化歲運之凶神忌物 匡扶格局喜用 或得閑神合歲運之神 化爲喜用 而輔格助用 爲我一家人也. 如用木 木有餘 以火爲喜神 以金爲忌神 以水爲仇神 以土爲閑神. 木不足 以水爲喜神 以土爲忌神 以金爲仇神 以火爲閑神. 是以用神必得喜神之佐 閑神之助 則用神有勢 不怕忌神矣. 餘可類推.

용신이 있으면 반드시 희신이 있는데 희신은 격을 보완하고 용신을 돕는 神이다. 그러나 희신이 있으면 또한 반드시 기신이 있는데 기신은 격을 깨뜨리고 용신을 손상하는 神이다.

당연히 용신 희신 기신 외에는 모두 한신이니 한신이 다수를 차지한다. 그러므로 한두 개 또는 국의 절반이 있다고 칭하는 것이다.

한신은 체용을 傷하게 하지 않고 희신에게 장애가 되지 않으나 他神을 움직이게 하지 않아야 한다. 하는 일없이 있다가 격을 깨뜨리고 용신을 손상하는 세운에 이르러 희신이 격을 보완하고 용신을 보호할 수 없는 때를 요긴한 경우라고 하는데 한신이 세운에서 오는 흉신과 忌物을 制化하여 격국과 희용신을 보필하거나 혹은 한신이 세운의 神을 합하여 희용신으로 化하면 격을 보좌하고 용신을 돕는 것이니 나와 한 가족이 되는 것이다.

가령 木을 쓰는데 木이 유여하면 火로써 희신을 삼고 金으로써 기신을 삼으며 水로써 구신을 삼고 土로써 한신을 삼는다.

木이 부족하면 水로써 희신을 삼고 土로써 기신을 삼으며 金으로써 구신을 삼고 火로써 한신을 삼는다. 그러므로 용신은 반드시 희신의 보좌가 있고 한신이 도우면 용신의 세력이 있는 것이니 기신이 두렵지 않다. 나머지도 유추할 수 있다.

庚戊甲丙　己庚辛壬癸甲乙丙

寅子寅寅　丑寅卯辰巳午未申

甲木이 子月에 생하여 兩陽이 進氣하고 왕한 인성이 生身하며 지지에 세 개의 寅에 앉으니 松柏의 형상으로 왕하고 견고하다. 일점 庚金이 절지에 있으니 克木할 수 없고 도리어 기신이 된다. 寒木이 向陽하는데 시간의 丙火가 투출하여 춥고 언 것을 해소하고 무성한 木을 설기하므로 용신이 된다.

冬火는 본래 허하니 寅木이 희신이 되고 월간의 戊土는 制水하며 生金하므로 閑神이 되며 水는 仇神이 된다. 丙火가 청순하여 기쁘고 卯運에 이르러 洩水生火하니 일찍 과거에 급제하였으며 壬辰, 癸巳運에 억제하고 합하므로 벼슬길이 평탄하였다. 甲午, 乙未運은 火旺地이니 벼슬이 상서에 이르렀다.

甲丁甲庚　戊己庚辛壬癸甲乙

子卯寅午　辰巳午未申酉戌亥

甲木이 仲春에 생하여 지지에 祿刃을 만나고 천간에 비견이 나타나니 旺함이 극에 이르렀다. 시상 庚金은 無根하여 꺼리고 월간 丁火가 用이 되어 빛나므로 일찍 벼슬길에 올라 관찰사가 되었다. 애석하게도 한신인 土가 없어 壬申金水運에 이르러 체와 용이 함께 손상되므로 禍를 면할 수 없었다.

8. 羈絆

出門要向天涯游 何事裙釵恣意留.

문을 나섰으면 천하를 향하여 노는 것이 중요한데 무슨 일로 여인의 비녀와 치맛자락에서 머무는가.

此乃貪合不化之意也. 旣合宜化 化之喜者 名利自如 化之忌者 災咎必至. 合而不化 謂伴住留連 貪彼忘此 而無大志有爲也. 日主有合 不顧用神之輔我而忘其大志也 用神有合 不顧日主之有爲 不佐其成功也. 又有合神眞 本可化者 反助其從合之神而不化也. 又有日主休囚 本可從者 反逢合神之助而不從也. 此皆有情而反無情. 如裙釵之恣意留也.

이것은 합을 탐하나 化하지 못하는 것을 의미한다.

이미 합하였으면 化해야 마땅하고 化하여 희신이 되는 자는 名利가 자유자재로우나 化하여 기신이 되는 자는 재앙과 허물이 반드시 닥친다. 합하나 化하지 못하면 떠나기 아쉬워 짝과 함께 머무는 것이므로 저것을 탐하여 이것을 잊는 것이니 큰 뜻을 펼칠 수 없다.

일주가 합이면 나를 돕는 용신을 돌보지 않으니 큰 뜻을 잊게 되고 용신이 합이면 일주를 위해 해야 할 일을 돌보지 않으니 성공을 보좌하지 못한다.

또한 合神이 참되면 본래 化할 수 있는 자가 반대로 그 합하는 神을 따라 도우면 化하지 못하는 것이다. 또 일주가 휴수면 본래 從할 수 있는 자가 반대로 合神의 도움을 만나면 從하지 못하는 것이다. 이것이 모두 有情이 반대로 無情한 것으로 여인의 치마와 비녀에 머무르는 것과 같다.

乙庚戊丙　己戊丁丙乙甲癸壬
未辰辰辰　卯寅丑子亥戌酉申

戊土가 계춘에 생하고 乙木관성이 투로하여 未에 뿌리를 내리고 辰에 여기이니 본래 用할 수 있으나 庚이 합하는 것이 불만이다. 탐합망극이니 나를 기뻐하는 일주를 돌아보지 않고 합하나 化하지 않는 것이다. 庚金 역시 用할 수 있으나 다시 丙火가 當頭하였으며 21세에 이르러 소시에 낙방하자 곧 공부를 포기하고 일도 하지 않고 원대한 뜻이 전혀 없었으니 늙도록 이룬 것이 없었다.

丁癸丙辛　壬辛庚己戊丁丙乙
丑卯戌卯　寅丑子亥戌酉申未
丙火가 중춘에 생하여 인성이 바르고 관성이 淸하며 日元이 生旺하니 관성을 쓰기에 충분하다. 丙辛合이 불만인데 나를 돕는 용신을 돌아보지 않는다. 辛金이 유연하나 丙火가 만나는 것을 겁내는 것은 부드러움이 굳센 것을 억제할 수 있기 때문이다.
연연함을 버리지 못하여 뜻을 펼치는 것을 잊었으며 더욱 불만인 것은 卯戌이 합하여 겁재로 변하는 것이다.
幼年에는 글을 읽으면 암송하였으나 후에는 주색으로 인하여 학문을 포기하고 뛰어난 자질을 상실하였으며 결국 주색으로 몸을 망치고 한 가지도 이룬 것이 없었다.

不管白雲與明月 任君策馬朝天闕.

흰 구름과 밝은 달을 아랑곳하지 않고 말을 채찍질하여 임금을 알현하는 것은 군의 임무다.

此乃逢冲得用之意也. 冲則動 動則馳也 局中除用神喜神之外 而日主與他神有所貪戀者 得用神喜神冲而去之 則日主無私意牽制 乘喜神之勢而馳驟矣.

局中用神喜神與他神有所貪戀者 日主能冲剋他神而去之 則喜神無私情之羈絆 隨日主而馳驟矣. 此無情而反有情 如丈夫之志不戀私情 而大志有爲也.

이것은 충을 만나야 용신의 뜻을 얻을 수 있다는 의미다.

충하면 動하고 動하면 내달리게 되므로 局中의 용신과 희신을 제외하고 일주와 他神이 탐하여 그리워하는 것이 있는 자는 용신과 희신이 충하여 제거하면 일주의 사사로운 마음이 견제되어 없어지고 희신의 세력을 타고 내달리는 것이다.

局中의 용신과 희신이 他神을 탐하여 그리워하는 것이 있는 자는 일주가 他神을 충극하여 제거해야 희신이 사사로운 정의 얽매임이 없어 일주를 따라 달리는 것이다.

이것은 無情이 도리어 有情한 것이니 장부의 뜻이 사사로운 정에 연연하지 않는 것과 같아 큰 뜻을 펼칠 수 있다.

丁辛丙丙　庚己戊丁丙乙甲癸
卯亥寅申　戌酉申未午巳辰卯

이 명조는 殺이 비록 병령하였으나 인수 또한 왕하고 아울러 비겁이 함께 투출하여 신왕하므로 殺을 쓰기에 충분하다.

合殺은 마땅하지 않고 합이 되면 명성을 얻지 못하며 게다가 辛金이 일주와 가까이 붙어 있어 일주의 情이 반드시 탐연하여 기반되는데 丁火겁재가 辛金을 제거하여 일주를 견제하는 것이 없어 기쁘다. 申金이 殺을 도와 더욱 묘하고 일주는 희신과 용신에 의지하여 내달린다. 戊申運에 이르러 과거에 급제하고 큰 뜻을 펼칠 수 있었다.

辛丙壬庚　乙甲癸壬辛庚己戊
巳申寅戌　未午巳辰卯寅丑子

壬水가 申月에 생하여 비록 추수통원이나 財殺이 並旺하므로 申金이 용신이 된다. 그러나 천간에 丙辛과 지지에 申巳가 모두 합이고 합이 化하면 幇身할 수 있으나 합이 不化하면 도리어 기반이 되므로 나를 기쁘게 하는 용신이 일주를 돌아보지 않는다.

또한 金이 당령하고 火가 통근하니 단지 탐련하는 사사로움만 있고 合化의 마음이 없다. 묘한 것은 일주가 丙火를 극하여 丙火로 하여금 辛과 합할 여유가 없게 하고 寅이 申金과 冲하여 제거되어 丙火의 뿌리가 도리어 뽑히게 되었다. 일주인 壬은 사사로움에 견제됨이 없이 용신이 일주를 따라 달리게 된다. 癸巳運에 이르러 과거에 급제하고 벼슬이 관찰에 이르렀으니 그 큰 뜻을 이루었다.

이후제

申月 壬水가 長生이고 庚金이 투간하여 생하니 인성이 많으며 신왕하다. 따라서 丙火재성을 쓰는데 丙辛이 합하여 불만이고 장생지인 寅木이 申金에게 奪食되어 불길하며 巳火祿이 巳申合으로 용신이 무늬만 화려하다. 冲과 合이 모두 無情하여 격이 濁하고 火運을 기뻐한다.

下

四柱總論

天道有寒暖 發育萬物. 人道得之 不可過也.

하늘에는 한난이 있어 만물을 발육하고 사람에게도 한난이 있는데 지나침은 불가하다.

寒暖者 生成萬物之理也. 不可專執西北金水爲寒 東南木火爲暖. 考機之所由變 上升必變下降 收闔必變開闢. 然質之成 由於形之機 陽之生 必有陰之位. 陽主生物 非陰無以成 形不成 亦虛生. 陰主成物. 非陽無以生 質不生 何由成. 惟陰陽中和變化 乃能發育萬物.

한난이란 만물을 생성하는 이치이다. 오로지 西北의 金水가 寒이 되고 東南의 木火는 暖이 된다고 고집하는 것은 불가하다.

변화하는 이유인 기미를 살펴보면 상승하는 것은 반드시 변하여 하강하고 거두어 닫힌 것은 반드시 변하여 열리게 된다.

그러나 質이 이루어지는 것은 형상의 기틀에서 기인하고 양이 생하는 것은 반드시 음이 있어야 한다. 양은 만물의 발생을 주관하나 음이 아니면 이룰 수 없고 形을 이루지 못하면 또한 발생이 헛되다. 음은 만물이 이루어지는 것을 주관하나 양이 아니면 생할 수 없고 질이 생하지 못하면 무엇에 기인하여 이루겠는가.
오직 음양이 중화되어야 변화하고 이에 만물이 발육할 수 있는 것이다.

若有一陽而無陰以成之 有一陰而無陽以生之. 是謂鰥寡 無生成之意也. 如此推詳 不但陰陽配合 而寒暖亦不過矣. 況四時之序 相生而成 豈可執定子月陽生午月陰生而論哉. 本文末句 不可過也 適中而已矣. 寒雖甚 要暖有氣 暖雖至 要寒有根 則能生成萬物. 若寒甚而暖無氣 暖至而寒無根 必無生成之妙也. 是以過於寒者 反以無暖爲美 過於暖者 反以無寒爲宜也. 蓋寒極暖之機暖極寒之兆也 所謂陰極則陽生 陽極則陰生 此天地自然之理也.
만약 一陽이 있으나 陰으로써 이루지 못하고 一陰이 있으나 陽으로써 생하지 못하는 이것을 홀아비와 과부라고 말하며 생성할 수 없다. 이와 같이 살펴보면 음양의 배합뿐만 아니라 한난 역시 그러하다. 더구나 사계절의 질서가 서로 생하고 이루어지니 어찌 반드시 子月에만 양이 생하고 午月에만 음이 생한다고 고집하여 논하겠는가. 본문의 끝 문장에 지나치면 안 된다는 것은 알맞아야 한다는 것이다.
한기가 비록 심해도 난기가 有氣하고 난기가 비록 과분해도 한기가 有根하면 만물을 생성할 수 있다. 만약 한기가 심한데 난기가 無氣하거나 난기가 심한데 한기가 無根하면 반드시 생성의 묘함이 없다. 그러므로 한기가 지나친 자는 도리어 난기가 없어야 아름답고 난기가 지나친 자는 도리어 한기가 없어야 마땅하다.
대개 한기가 극심하면 난기의 기틀이 되고 난기가 극심하면 한기의 조짐이니 이른바 음이 극에 이르면 양이 생하고 양이 극에 이르면 음이 생하는 것으로 이것이 천지자연의 이치이다.

甲丙庚戊　丁戊己庚辛壬癸甲

申子辰寅　丑寅卯辰巳午未申

이것은 寒金冷水로 木은 시들고 土는 차가운데 만약 寅時가 아니면 년월의 木火가 無根하여 작용할 수 없다. 소위 寒氣가 비록 심하나 暖氣가 有氣한 것으로 소중한 것이 寅이다.

지기가 상승하니 木火가 절처봉생이고 一陽이 해동한다. 그러나 動하지 않으면 丙火 역시 發하지 못하는데 묘한 것은 寅申이 멀리서 충하여 動하고 動하면 生火하는 것이다. 무릇 가까이에서 冲하면 克이 되고 멀리서 冲하면 動하는 것이다. 더욱 기쁜 것은 運이 東南으로 흐르니 과거에 급제하고 벼슬이 황당에 이르렀다. 이른바 得氣한 寒氣가 暖氣를 만나 발한 것으로 이것을 말하는 것이다.

이후제

子月 庚金이 지지가 申子辰水局을 이루니 신약하고 寒水가 범람한다. 그러므로 制水하며 生身하는 戊土가 용신이고 丙火가 조후하고 生土하는 희신이다. 甲木은 洩水生火하는 길신이니 이른바 有病有藥인 명조인데 甲丙戊가 모두 寅에 의지하니 寅木이 명조의 요점이 된다.

己丙庚甲　乙甲癸壬辛庚己戊

酉子辰申　亥戌酉申未午巳辰

이것 역시 寒金冷水며 土는 얼고 木은 시들었으니 前造와 대동소이하다. 전조는 寅이 있어 木火가 有根하였으나 이것은 寅이 없고 木火가 絶地에 있어 소위 寒氣가 심하나 暖氣가 無氣하니 도리어 暖氣가 없어야 아름답게 되므로 초운 乙亥에 북방水地가 되어 기쁨이 있고 걱정이 없었다. 甲戌은 丁火가 암장되어 丙火의 뿌리가 되므로 형벌과 喪을 당하고 모진 고생을 하였으며 癸酉運에 丙火를 극하여 제거하므로 의식이 여유로워지고 壬申運에 재물이 날로 증가하였다. 辛未運에 남방으로 丙火가 득지하여 뿌리가 생기므로 여러 가지로 재물이 손실되고 庚午運 寅年을 만나니 木火가 함께 와서 사망하였다.

이후제

子月 庚金이 지지가 申子辰水局을 이루고 酉金이 있어 한습하므로 丙火가 온국하는 용신이고 甲木이 洩水生火하는 희신이다.

다만 丙火와 甲木이 無根하여 上命이 못되고 木火運을 원한다.

丁丙丙壬　乙甲癸壬辛庚己戊
丑午午辰　巳辰卯寅丑子亥戌

이것은 전국이 火焰인데 劫刃을 거듭 만나니 暖氣가 과분하다. 일점 壬水가 맹렬한 火를 억제하기에 부족하나 辰에 앉아 자신의 庫에 통근하여 기쁘고 더욱 사랑스러운 것은 년지의 丑土가 북방습토로 生金晦火하고 水를 저장할 수 있다.

소위 暖氣가 비록 과분하나 寒氣가 有根한 것이니 과거출신으로 벼슬이 봉강에 이르렀다. 조금 불만스러운 것은 運路가 순수하지 못하여 기복이 많은 것이다.

癸丁丙癸　丙乙甲癸壬辛庚己
未巳午巳　辰卯寅丑子亥戌酉

이것은 지지가 남방이고 또 巳時에 태어나 暖氣가 지나치다. 천간의 兩癸가 지지에 根氣가 全無하므로 소위 暖氣가 지극하고 寒氣가 無根한데 도리어 寒氣가 없으므로 아름답다.

까닭에 초운 丙辰은 조상의 음덕으로 복을 누리고 乙卯, 甲寅은 洩水生火하므로 가업이 날로 번창하였다. 癸丑에 寒氣가 통근하니 부모님이 함께 돌아가시고 자식을 학대하였으며 壬子運에 화재를 당하여 가정은 파탄나고 죽었다.

地道有燥濕 生成品彙. 人道得之 不可偏也.

땅에는 조습이 있어 모든 무리들을 생성하고 사람에게도 조습이 있는데 치우치면 안 된다.

燥濕者 水火相成之謂也. 故主有主氣 內不祕乎五行 局有局氣 外必貫乎四柱. 濕爲陰氣 當逢燥而成 燥爲陽氣 當遇濕而生. 是以木生夏令 精華發洩 外有餘而內實虛脫 必藉壬癸以生之 丑辰濕土以培之 則火不烈 木不枯 土不燥 水不涸 而有生成之義矣. 若見未戌暖土 反助火而不能晦火 縱有水 亦不能爲力也. 惟金百鍊不易其色 故金生冬令 雖然洩氣休囚 竟可用丙丁以敵寒 未戌燥土以除濕 則火不晦 水不狂 金不寒 土不凍 而有生發之氣矣. 若見丑辰濕土 反助水而不能制水 縱有火 亦不能爲力也. 此地道生成之妙理也.

조습은 水火가 서로 이루는 것을 말한다. 그러므로 日主에는 日主의 氣가 있어 속으로는 오행을 숨기지 못하고 局에는 局의 氣가 있으니 겉으로는 사주를 반드시 관통한다.

濕은 陰氣가 되니 당연히 燥를 만나야 이룰 수 있고 燥는 陽氣가 되니 당연히 濕을 만나야 생할 수 있다.

그러므로 木이 여름에 생하면 뛰어난 氣를 발설하므로 겉은 유여하나 속은 허탈하므로 반드시 壬癸에 의지함으로써 생하고 丑辰 습토로써 배양하면 火는 맹렬하지 않고 木은 시들지 않으며 土는 燥하지 않고 水는 마르지 않으니 생성의 바른 도리인 것이다.

만약 未戌 暖土를 만나면 도리어 火를 돕고 火를 설기할 수 없으며 설령 水가 있어도 힘을 쓸 수가 없다. 오직 金은 백번을 단련하여도 그 색을 바꾸지 않으므로 金이 겨울에 생하면 비록 설기되고 휴수되나 결국 丙丁으로써 寒氣를 대적하고 未戌조토로써 제습하면 火는 어둡지 않고 水는 사납지 않으며 金은 차지 않고 土는 얼지 않으니 生發하는 氣가 있으므로 쓸 수 있다. 만약 丑辰습토를 만나면 도리어 水를 돕고 制水가 불능하므로 설령 火가 있어도 또한 힘을 쓸 수가 없다. 이것이 地道가 생성하는 오묘한 이치이다.

丙辛庚丙　壬癸甲乙丙丁戊己
辰丑辰子　寅卯辰巳午未申酉

이 명조를 속론으로 말하면 寒金이니 火를 기뻐하는데 천간에 兩丙이 투출하니 獨殺이 淸하여 木火運中에 名利가 雙全할 것이라고 추측할 것이나 지지에 습토가 重重하고 년간의 丙火는 合辛하여 化水하며 시간의 丙火가 無根함을 모르는 것이다.

다만 한습한 氣가 있어 生發의 뜻이 없으니 오직 水를 만나야 하고 火를 用할 수 없다. 그러므로 초운 壬寅, 癸卯에 制土하여 水를 보호하니 衣食이 꽤 풍요로웠으나 丙午, 丁未 20年에 이르러 妻子를 모두 잃고 가업이 모두 망해 없어졌으며 삭발하고 중이 되었다.

이후제

丑月은 天地가 모두 凍結되었으니 火로 解凍하는 것이 중요한데 丙火가 無根하고 돕는 木이 없어 불만이다. 그렇다고 전왕격이 되거나 종격이 되지 않는 한 조후를 포기할 수는 없으므로 木火運을 기다린다.

丁壬庚丙　辛庚己戊丁丙乙甲
未子戌戌　亥戌酉申未午巳辰

이 명조는 가령 水勢로 논하면 仲冬 水旺絶에 생하여 지지의 重重한 燥土가 그 습기를 제거하기에 충분하므로 기쁘다.

子未가 상극하여 子가 壬을 도울 수 없고 丁壬이 합하므로 壬이 丙을 극할 수 없다. 中運이 土金으로 판사로 부서에 들어가려고 하였으나 좌절하였고 丁未運에 남방으로 火旺하니 의서로 출사하였으며 丙午까지 이십년간 기이한 인연을 만나 벼슬이 주목에 이르렀다.

이후제

子月 庚金이 한습한데 조후가 충분하므로 신강신약으로 논한다. 未土와 兩戌土가 생하므로 신왕하여 丙火칠살을 쓸 수 있고 다만 丙火칠살이 戌에 입묘하여 氣弱하므로 木火運에 발전한다.

癸丁甲庚　丙乙甲癸壬辛庚己
未巳午午　辰卯寅丑子亥戌酉

甲午일원이 지지에 巳午未가 완전하여 조열함이 극에 달했다.
천간의 金水가 無根하여 도리어 맹렬한 火를 충격하므로 오직 火의 氣勢를 따르는 것이 좋다. 초운 木火運에 그 氣勢에 순응하니 재물이 계속 늘어났고 癸丑에 이르러 형벌과 喪을 당하고 좌절하였으며 여러 가지로 재물이 없어졌다. 壬子運에 충격이 더욱 심하므로 사람을 죽이고 화재를 만나 가정이 깨지고 사망하였다.

癸丁甲庚　丙乙甲癸壬辛庚己
丑巳辰午　辰卯寅丑子亥戌酉

이것은 전조와 오직 辰丑 두자만 바뀌었는데 丑은 북방습토로 晦火하고 水를 저장하며 癸水가 통근하고 丑에 실린다.
辰土 역시 습토이며 木의 여기로 일원이 통근하기에 충분하다. 庚金은 비록 生水하여 용신을 돕지는 못하나 癸水가 좌하에 여기로 결국 用할 수 있다. 초운에 木旺하여 용신을 보호하고 방신하므로 和平하고 길하였으며 癸丑에 이르러 북방 水地가 되고 壬子, 辛亥 삼십년 동안 경영하여 뜻을 얻고 사업이 마음대로 되었다.

德勝才者 局全君子之風 才勝德者 用顯多能之象.

덕이 재주를 이기는 자는 局에 군자의 기풍이 있고 재주가 덕을 이기는 자는 재주가 많은 상이 나타난다.

善惡邪正 不外五行之理 君子小人 不離四柱之情. 陽氣動闢 光亨之義可觀 陰氣靜翕 包含之理斯奧. 和平純粹 格正局淸 不爭不妒 合去者皆偏氣 化出者皆正神. 喜官而財能生官 喜財而官能制劫 忌印而財能壞印 喜印而官能生印. 陽盛陰衰 陽氣當權 所用者皆陽氣 所喜者皆陽類 無驕諂於上下 皆君子之風也.

선악과 간사함과 올바름은 오행의 이치를 벗어나지 않고 군자와 소인은 사주의 정황을 떠나지 않는다.

陽氣는 움직이며 열리므로 광형의 올바른 도리가 볼만하고 陰氣는 고요하고 닫히므로 포함하는 이치가 오묘하다.

화평하고 순수하며 格이 바르고 局이 淸하면 다투지 않고 질투함이 없으며 合去되는 것은 모두 치우친 氣이고 化하여 나오는 것은 모두 올바른 神이다.

官을 기뻐하면 財가 官을 생하고 財를 기뻐하면 官이 겁재를 억제하며 印을 꺼리면 財가 印을 파괴하고 印을 기뻐하면 官이 印을 생해야 한다.

陽이 盛하고 陰이 衰하며 陽氣가 당권하고 쓰이는 것은 모두 陽氣이며 기뻐하는 것도 모두 陽의 종류이면 上下에 교만하거나 아첨함이 없으므로 모두 군자의 기풍이다.

偏氣雜亂 舍弱用强 多爭多合 合去者皆正氣 化出者皆邪神 喜官而臨劫地 喜財而居印位 忌印而官星生印. 喜印而財星壞印. 陰盛陽衰 陰氣當權 所用者皆陰氣 所喜者皆陰類 趨勢於左右 皆多能之象也. 然得氣勢和平 用神分明 施爲亦必正矣.

치우친 氣가 잡란하고 약한 것은 버리고 강한 것을 쓰며 다툼이 많고 합도 많으며 合去되는 것은 모두 바른 氣이고 化하여 오는 것이 모두 사악한 神이며 官을 기뻐하는데 겁재지에 있고 財를 기뻐하는데 印에 있으며 印을 꺼리는데 관성이 印을 생하고 印을 기뻐하는데 재성이 印을 파괴하며 陰이 盛하고 陽이 衰하여 陰氣가 당권하였고 쓰이는 것이 모두 陰氣이며 기뻐하는 것도 모두 陰의 종류이고 좌우의 세력을 쫓으면 모두 재능이 많은 象이다.
그러나 기세가 화평함을 만나고 용신이 분명하면 수완을 발휘할 수 있고 또한 틀림없이 올바르다.

癸戊庚丁　丁丙乙甲癸壬辛庚
酉午寅丑　巳辰卯寅丑子亥戌
庚金이 仲夏에 생하고 정관이 득록하였으며 年時의 酉丑에 통근하여 中和의 氣를 얻었다. 寅午 재관이 합을 껴안아 財가 괴인하지 않고 官이 印을 생하니 재관인 三者의 生化가 어그러지지 않았다.
戊癸가 합하여 그 음탁한 氣를 제거하므로 품행이 단방하고 성현의 말씀을 언제나 지켰으며 일찍 반수에 들어가 공부하고 아이들을 가르치며 분수를 지켰다. 丁酉年에 등과하고 지현에 발탁되었으나 부임하지 않고 교직에 나아가 종신토록 안빈낙도하였다.

丙庚己甲　辛壬癸甲乙丙丁戊
寅子亥戌　丑寅卯辰巳午未申
己土가 仲冬에 생하여 한습하므로 水는 얼고 木은 시들었으며 庚金이 또 木을 극하고 生水하니 혼탁한 것 같으나 묘하게 년간에 丙이 투간하여 解凍하니 겨울에 태양이 사랑스럽다.
탁한 庚金을 제거할 뿐만 아니라 己土를 따뜻하게 하여 기쁘고 甲木 역시 發

榮하여 기쁘다. 더욱 묘한 것은 戌時가 조토로 범람하는 탁한 水를 저지하여 시들고 메마른 木을 배양하고 일주의 뿌리 역시 견고해진다. 게다가 甲己가 中和의 합이므로 처세가 단방하고 성현의 말씀을 항상 지키며 공손하고 후덕하였으며 군자의 기풍이었다. 약간 불만스러운 것은 水勢가 太旺하여 功名이 늠공에 불과하였던 것이다.

丙辛己甲　壬癸甲乙丙丁戊己
戌丑卯子　寅卯辰巳午未申酉
이 명조는 水冷金寒하고 土凍木凋한데 년간에 丙이 투간하여 해동하니 아름다운 것 같으나 丙辛이 합하여 化水하여 양이 음으로 변하므로 도리어 한습한 氣가 증가하였다. 바른 象인 양이 다시 사악한 類의 음이 되었으므로 그 사람됨이 음식이나 재물을 탐내고 싫어하는 것이 없으며 간교한 계책이 많고 재물을 좇으며 세력을 편들고 부귀를 보면 아첨이 얼굴에 가득하고 세력과 이익에 교만함과 자긍심을 가졌으니 이른바 재주가 많은 상이 이것이다.

局中顯奮發之機者 神舒意暢. 象內多沉埋之氣者 心鬱志灰.

국중에 분발의 기미가 드러난 자는 정신이 여유롭고 마음이 막힘이 없으나 상내에 감추어진 침울한 기운이 많은 자는 마음이 울적하고 의기소침하다.

無抑鬱而舒暢者 局中不太過不缺陷. 所用者皆得氣 所喜者皆得力 忌者皆失時失勢 閑神不黨忌物 反有益於喜用 忌其合而遇冲 忌其冲而遇合. 體陰用陽 故一陽生於北 陰生則陽成. 如亥中之甲木是也. 歲運又要輔格助用 必多奮發. 少舒暢而多抑鬱者 局中或太過 或缺陷. 所用者皆失令 所喜者皆無力 所忌者皆得時得勢 閑神劫占喜神 反黨助忌神 喜其合而遇冲 忌其合而遇合. 體陽用陰 故二陰生於南 陽生則陰成. 如午中之己土是也. 歲運又不能補喜去

忌. 必多鬱困.

억눌림이 없고 여유로우며 막힘이 없는 것은 局中에 태과함이 없고 결함이 없는 것이다. 쓰이는 것은 모두 得氣하고 기뻐하는 것은 모두 得力하였으며 꺼리는 것은 모두 失時失勢하고 한신이 忌物과 결당하지 않았으며 도리어 희용신에 도움이 되고 합을 꺼리는데 충을 만나고 충을 꺼리는데 합을 만난 것이다.

体가 陰이면 用은 陽이므로 一陽이 北에서 생하는 것이고 陰이 생하면 陽이 이룬다. 가령 亥中甲木이 그렇다.

세운이 또한 격을 보좌하고 용신을 도우면 반드시 분발함이 많다. 여유로우며 화창함이 적고 억눌림이 많은 자는 局中에 태과하거나 혹은 결함이 있는 것이다. 쓰이는 것은 모두 失令하고 기뻐하는 것은 모두 無力하며 꺼리는 것은 모두 得時得勢하였고 한신이 희신을 점령하였으며 도리어 무리지어 기신을 돕고 합을 기뻐하는데 충을 만나고 합을 꺼리는데 합을 만난 것이다.

体가 陽이면 用은 陰이므로 二陰이 南에서 생하는 것이고 陽이 생하면 陰이 이루는데 가령 午中己土가 그렇다.

세운이 다시 희신을 돕고 기신을 제거할 수 없으면 반드시 우울하고 곤궁함이 많다.

然局雖陰晦 而運途配合陽明 亦能舒暢 象雖陽明 而運途配其陰晦 亦主困鬱. 故運途更宜審察. 如用亥中甲木 天干有壬癸 則運宜戊寅己卯 天干有庚辛 則運宜丙寅丁卯 天干有丙丁 則運宜壬寅癸卯 天干有戊己 則運宜甲寅乙卯.

그러나 局이 비록 흐리고 어둡더라도 運이 환하고 밝으면 또한 상쾌할 수 있고 象이 비록 환하게 밝더라도 運이 흐리고 어두우면 역시 곤궁하고 우울하다. 그러므로 運途를 더욱 자세히 살펴야 마땅하다. 가령 亥中甲木을 쓰는데 천간에 壬癸가 있으면 運은 戊寅 己卯가 마땅하고 천간에 庚辛이 있으면 運

은 丙寅 丁卯가 적합하며 천간에 丙丁이 있으면 運은 壬寅 癸卯가 마땅하며 천간에 戊己가 있으면 運은 甲寅 乙卯가 적합하다.

如用午中己土 天干有壬癸 則運宜戊午己未 天干有庚辛 則運宜丙午丁未 天干有甲乙 則運宜庚午辛未. 此從藏神而論 明支亦同此論. 如用天干之木 地支水旺 則運宜丙寅丁卯 天干有水 則運宜戊寅己卯 地支金多 則運宜甲子乙亥 天干有金 則運宜壬寅癸卯 地支土多 則運宜甲寅乙卯 天干有土 則運宜甲子乙亥 地支火多 則運宜甲辰乙丑 天干有火 則運宜壬子癸丑. 如此配合 庶無爭戰之患 而有制化之情 反此則不美矣. 細究之,自有深機也.

가령 午中己土를 쓰는데 천간에 壬癸가 있으면 運은 戊午 己未가 마땅하고 천간에 庚辛이 있으면 運은 丙午 丁未가 적합하며 천간에 甲乙이 있으면 運은 庚午 辛未가 마땅하다. 이것은 지장간을 좇아 논한 것이나 지지 역시 이와 같이 논한다.

만약 천간의 木을 쓰는데 지지가 水旺하면 運은 丙寅 丁卯가 마땅하고 천간에 水가 있으면 運은 戊寅 己卯가 적합하며 지지에 金이 많으면 運은 甲子 乙亥가 마땅하고 천간에 金이 있으면 運은 壬寅 癸卯가 적합하며 지지에 土가 많으면 運은 甲寅 乙卯가 마땅하고 천간에 土가 있으면 運은 甲子 乙亥가 적합하며 지지에 火가 많으면 運은 甲辰 乙丑이 마땅하고 천간에 火가 있으면 運은 壬子 癸丑이 적합하다.

이와 같이 배합되면 싸우고 다투는 근심이 없고 制化의 情이 있으나 이와 반대면 아름답지 않다. 자세하게 연구하면 깊은 기밀이 있다.

戊甲壬辛　乙丙丁戊己庚辛壬
辰子子亥　丑寅卯辰巳午未申

壬水가 중동에 생하고 세 개의 祿旺을 만나니 소위 곤륜의 물로 따라야 하고 거스르는 것은 불가하다. 子辰이 水를 껴안아 戊土의 뿌리가 견고하지 못하므로 월간의 甲木을 써서 범람하는 물을 설하니 이것이 局中에 분발의 기틀이다.

運이 丙寅,丁卯에 이르러 寒木이 火를 만나 발영하고 陰寒한 金土를 제거하니 일찍 과거에 오르고 한원에 이름을 날렸다. 戊辰運에 이르러 水를 거스르니 사망하였다.

甲丙癸癸　丁戊己庚辛壬癸甲
申子亥亥　丑寅卯辰巳午未申

癸水가 중동에 생하고 세 개의 旺地를 만나니 그 세력이 흘러넘치는데 甲丙이 함께 투출하여 기쁘다.

地支중에 절처봉생하고 水木火가 서로 보호하므로 金은 유행하고 水는 따뜻함을 얻으며 木은 발영하고 火는 생부를 만나니 용신은 필시 甲木이고 분발의 기틀이 된다. 戊寅으로 運이 바뀌니 앞날이 열리고 己卯運에 일찍 벼슬길에 접어드는 영광이 있었다. 庚辰, 辛巳에 비록 制化의 情이 있으나 도리어 生扶의 情이 없으므로 벼슬길에서 빈둥거리게 되었고 높은 벼슬을 할 수 없었다.

甲庚丁壬　辛壬癸甲乙丙丁戊
申午亥寅　未申酉戌亥子丑寅

이 명조는 천간의 네 자가 지지에 모두 祿旺에 앉고 오직 일주가 당령한 록에 앉으니 재관을 감당하기에 족하므로 淸하고 厚하다. 精이 족하고 神이 왕하므로 동서남북의 運이 모두 허물이 없고 명문가 출신으로 유업이 백여만에 이르렀다. 일찍 과거에 급제하여 벼슬이 방백에 이르고 육순 전에 물러나 귀향하여 1처4첩에 13명의 자식을 두고 편안하게 지냈으며 수명은 구순을 넘겼다.

癸乙癸癸　甲癸壬辛庚己戊丁
丑丑丑丑　子亥戌酉申未午巳

이것은 천간에 癸水가 셋이고 지지가 一氣이며 식신이 투출하여 淸하고 살인상생이니 名利가 兩全하는 格이라고 모두가 말하나 癸水는 至陰이고 또 季冬에 생하였으며 지지가 모두 습토이므로 土는 濕하고 水는 弱하여 도랑이며 또 水土가 얼었으니 陰晦하고 濕滯하여 生發의 氣가 없으므로 名利가 모두 공허한 것을 모르는 것이다. 무릇 부귀한 명조는 한난이 적당하고 정신이 분발하며 음한, 습체, 편고의 象이 있지 않아야 부귀할 수 있는 것이다.

壬申年에 이르러 부모가 모두 죽고 공부 또한 할 수 없었으며 가업도 지킬 게 없었고 사람 또한 음약하여 하나도 할 수 있는 게 없으니 결국 거지가 되고 말았다.

吉神太露 起爭奪之風 凶物深藏. 成養虎之患.

길신이 드러나면 쟁탈의 기풍이 일어나고 흉물이 깊이 감추어지면 호랑이를 기르는 근심이 있다.

吉神太露 起爭奪者 天干氣專 易於劫奪故也. 如財無關鎖 人人得而用之. 假如天干以甲乙爲財 歲運遇庚辛 則起爭奪之風 必須天干先有丙丁官星回克方無害 如無丙丁之官 或得壬癸之食傷合化亦可. 故吉神宜深藏地支者 則吉凶物深藏成患者 地支氣雜 難於制化故也. 如家賊之難防 養成禍患. 假如地支以寅中丙火爲劫財 歲運逢申 冲出申中庚金 雖能克木 終不能去其丙火. 歲運遇亥子 仍生合寅木 反滋火之根苗 不比凶物明透天干者易於制化也.

길신이 드러나면 쟁탈이 일어나는 것은 천간의 氣는 단순하여 겁탈이 쉽기 때문이다. 재물이 있는데 문단속을 안 하면 사람마다 가져가 쓰는 것과 같다. 가령 천간에 甲乙로써 財를 삼는데 세운에서 庚辛을 만나면 쟁탈의 동향이 일어나므로 반드시 천간에 먼저 丙丁관성의 극이 있으면 害가 없고 만약 丙丁의 官이 없으면 식상인 壬癸의 合化가 있으면 또한 괜찮다. 그러므로 길신은 마땅히 지지에 깊이 감추어져야 길하고 흉물이 깊이 감추어지면 근심이 되는데 지지는 氣가 복잡하여 制化하기가 어렵기 때문이다.
집안의 도적은 막기가 어려우니 근심과 재앙을 기르는 것과 같다. 가령 지지의 寅中丙火로써 겁재를 삼는데 세운에서 申을 만나 충하면 申中庚金이 비록 木을 극할 수 있으나 결국 丙火를 제거할 수 없는 것과 같다. 세운에서 亥子를 만나 寅木을 생하고 합하면 도리어 火의 뿌리와 싹을 키우는 것이므로 흉물이 천간에 드러나 쉽게 制化할 수 있는 것에 비교할 수 없다.

所以吉神深藏 終身之福 凶物深藏 始終有禍. 總之吉神顯露 通根當令者 露亦無害 凶物深藏 失時休囚者 藏亦無妨. 鬼谷子曰 陰陽之道 與日月合其明 與天地合其德 如四時合其序 三明之理 誠本於此. 若不愼思明辨 孰能得其要領乎.
그러므로 길신이 심장되어야 평생 복이 되고 흉신이 심장되면 처음부터 끝까지 禍가 있는 것이다. 한마디로 길신이 드러났어도 통근되고 당령한 것은 害가 없고 흉물이 심장되었어도 失時하고 休囚되었으면 무방하다.
귀곡자가 말하길 음양의 道는 日月과 그 밝기가 부합하고 天地와 그 덕이 부합하며 四時와 그 질서가 부합하는 것과 같으니 三明의 이치가 참으로 본래 이와 같다고 했다.
만약 신중히 생각하여 분명하게 분별하지 못하면 어떻게 그 요령을 얻을 수 있겠는가.

己辛丙辛　庚己戊丁丙乙甲癸
卯未子卯　午巳辰卯寅丑子亥

丙火가 未月에 생하여 火氣가 왕성한데 좌하 관성이 未土에 傷盡을 당하므로 오직 천간의 辛金을 用한다. 불만스러운 것은 未가 燥土가 되어 生金할 수 없고 또 劫刃이 암장된 것이다. 년간의 己土는 본래 生金할 수 있으나 좌하 인성에 앉으니 이른바 길신이 드러나고 흉물이 심장된 것이다. 초운 己巳, 戊辰은 土旺하니 재물이 모이고 일마다 마음대로 이루었으나 丁卯運으로 바뀌자 土金이 모두 傷하므로 연이어 화재를 세 번이나 당하고 식구를 일곱이나 잃었다. 丙寅에 처자를 모두 극하고 외지로 나간 후 행방을 알 수 없었다.

이후제

未月 丙火가 火는 退氣이나 熱氣가 왕하며 卯木이 생하여 신왕하고 조열하므로 子水로 해열하는 용신을 삼고 辛金으로 生水하는 희신을 삼는다. 다만 상관견관이 결점인데 卯未가 半合으로 완화된다 해도 다시 子卯刑이 되어 불만이다.

壬乙丁丙　丙丁戊己庚辛壬癸
午巳丑午　午未申酉戌亥子丑

丁火가 맹하에 생하고 주중에 왕한 겁재와 편인을 만났는데 천간의 壬水가 無根하여 쓰지 못하고 버린다. 아주 기쁜 것은 丑中의 일점 재성이 庫藏에 심장된 것이고 丑은 습토로 火氣를 설할 수 있을 뿐만 아니라 쟁탈의 동향도 없으며 도리어 生生의 情이 있다. 초운이 丙午, 丁未이니 한미한 집안출신으로 학문을 계속하지 못하였으나 中運 삼십년간이 서방 土金地로 겁재를 化하여 生財하니 십여만의 재물을 벌었다. 이른바 길신이 심장된 것으로 종신토록 복이 있었다.

震兌主仁義之眞機 勢不兩立 而有相成者存.

진과 태는 인과 의를 주관하는 참된 기틀로 세력이 양립할 수는 없으나 서로 도와 이루는 것이 있으면 존재한다.

震陽也 東方屬木 甲乙寅卯是也 和煦主仁. 兌陰也 西方屬金 庚辛申酉也 肅殺主義. 震兌相成之理有五 攻成潤從暖也. 春初之木 木嫩金堅 火以攻之 仲春之木 木旺金衰 土以成之. 夏令之木 木洩金燥 水以潤之 秋令之木 木凋金銳 土以從之 冬令之木 木衰金寒 火以暖之 則無兩立之勢 而有相成之情矣.
震은 양이고 동방 木에 속하며 甲乙寅卯이고 따뜻하며 자애로움을 주관한다. 兌는 음이고 서방 金에 속하며 庚辛申酉이고 쌀쌀한 기운이며 의로움을 주관한다. 震兌가 서로 도와 이루는 이치가 다섯 가지가 있는데 공성윤종난이다. 春初의 木은 여리고 金은 견고하니 火로써 공격해야 하고 仲春의 木은 왕하고 金은 쇠하니 土로서 이루어야 한다. 여름의 木은 木이 설기되고 金은 燥하니 水로서 적셔야 하고 가을의 木은 시들고 金은 예리하니 土로서 따르게 하며 겨울의 木은 쇠하고 金은 차가우니 火로서 따뜻하게 하면 양립할 수 없는 세력이나 서로 도와 이루는 情이 있다.

丙庚甲乙　辛壬癸甲乙丙丁戊
寅寅申丑　卯辰巳午未申酉戌
甲木이 입춘 4일후에 생하여 초봄에 木은 여리고 天氣는 寒氣가 응결되었는데 일주가 申에 앉고 月에 庚金이 투출하였으며 丑土가 바싹 붙어 申金을 생하니 木은 어리고 金은 견고하다.
火를 써서 공격해야 하는데 년간에 丙이 투출하고 三陽이 열리며 萬象이 봄기운이니 어찌 묘하지 않은가. 초운 辛卯, 壬辰에 丙火가 傷하므로 공부를 하지 않았고 癸巳에 남방운이 되어 丙火가 록왕이니 돈을 내고 감영에 들어갔으며 연이어 남궁이 되었다. 甲午, 乙未運에 벼슬길에 파란이 없었으나 申運에 죽었다.

이후제

寅月 甲木이 年에 祿을 또 만나고 乙木이 투간하여 신왕인데 庚金 또한 申에 祿이며 丑土가 생하여 신왕살왕이다. 그러므로 丙火식신이 制殺하는 용신이고 火運에 발전한다. 다만 월령이 충동되어 흉하다.

庚己甲丁　庚辛壬癸甲乙丙丁
戌卯寅卯　辰巳午未申酉戌亥

甲木이 중춘에 생하고 坐祿에 羊刃을 만나 木旺金衰하니 土로서 이루어야 한다. 火를 化하여 生金할 수 있으니 旺木을 쪼개어 그릇을 이룰 수 있다. 초년에 막사에서 노닐며 이익을 취하였고 돈을 내고 벼슬을 샀으며 癸未運에 이르러 出仕하였다. 甲申, 乙酉運에 木이 無根하고 金이 득지하므로 좌이에서 지현에 오르고 주목이 되었다.

庚壬甲丁　癸甲乙丙丁戊己庚
辰午辰卯　未申酉戌亥子丑寅

甲木이 중하에 생하고 시간에 丁火가 투출하니 水를 用하여 윤택하게 해야 한다. 그러나 水 역시 金의 생에 의지하고 金 또한 水의 보호에 의지하는데 더욱 묘한 것은 지지에 兩辰을 만나 洩火하여 生金하고 水를 저장하는 것이다. 一氣로 상생하고 오행을 모두 갖추었으니 일찍 반수에서 노닐고 과거에 올랐으며 벼슬이 관찰에 이르렀다. 일생에 오직 丙戌運만 金水가 모두 손상되므로 불리하였고 그 외에는 모두 순탄하였다.

庚甲甲乙　乙丙丁戊己庚辛壬
戌申戌丑　酉戌亥子丑寅卯辰

甲木이 孟秋에 태어나 財가 旺한 殺을 생한다. 비록 천간에 세 개의 甲乙이 투출하였으나 지지에 실리지 못하여 木은 시들고 金은 예리하므로 土를 用하여 從한다. 종살격이니 戌運에 무과출신으로 丁亥運에 生木하고 克金하니 고생이 다단하였으나 戊子, 己丑運에 財가 왕한 殺을 생하므로 벼슬이 부장에 이르렀다.

이후제

申月 甲木이 絶地이나 비겁이 소토하며 幇身하므로 從하지 않고 水木運을 기다린다. 다만 신약하고 財殺이 왕하여 下命일 뿐이다.

辛庚甲丙　己戊丁丙乙甲癸壬
酉子子寅　亥戌酉申未午巳辰

甲木이 중동에 생하여 木은 衰하고 金은 차가우니 火를 써서 따뜻하게 해야 한다. 金 또한 억제를 만나고 더구나 時에 록왕을 만났으며 一陽이 解凍하니 이른바 寒氣가 暖氣를 만나 발하는 것이다. 寒木은 반드시 火를 만나야 생하는 것이므로 과거에 오르고 벼슬이 시랑에 이르렀다.

右五造以甲木爲例 乙木亦同此論.
이상 다섯 명조는 甲木으로써 예를 삼았으니 乙木 역시 이와 같이 논한다.

坎離宰天地之中氣 成不獨成 而有相持者在.

감리는 천지의 중기를 주재하고 이루는 것은 홀로 이루지 못하니 서로 의지하는 것이 있는 자는 존재한다.

坎離者 子午也 以天干之緯度言. 則辰巳間爲黃道之中 以地支之經度言 則午未相會之處 爲天頂之中. 經度起於南北極 午未會處南極也 子丑合處北極也. 故子午爲天地之中氣 坎離相持之理有五 升降和解制也.

감리는 子午로서 천간의 위도를 말하는 것이니 辰巳間에 황도의 중심이 되고 지지의 경도를 말하는 것이니 午未가 모이는 곳이며 천정의 중심이 된다. 경도는 남극과 북극에서 일어나는데 午未가 만나는 곳이 남극이고 子丑이 합하는 곳이 북극이다. 그러므로 子午는 천지의 중기가 되고 감리가 서로 의지하는 이치는 다섯 가지가 있는데 승강화해제다.

升者 天干離衰 地支坎旺 必得地支有木 則地氣上升. 降者 天干坎衰 地支離旺 必得天干有金 則天氣下降. 和者 天干皆火 地支皆水 必須有木運以和之. 解者 天干皆水 地支皆火 必須有金運以解之. 制者 水火交戰於干支 必須歲運視其强者而制之. 此五者 坎離之作用如此 則無獨成之勢 而有相持之功矣.

승은 천간의 火가 쇠하고 지지의 水가 왕한 것이니 반드시 지지에 木이 있어야 하고 그런즉 지기가 상승한다.

강은 천간의 水가 쇠하고 지지의 火가 왕한 것이니 반드시 천간에 金이 있어야 하고 그런즉 천기가 하강한다.

화는 천간이 모두 火이고 지지가 다 水인 것이니 반드시 木運을 만나야 화합하게 된다.

해는 천간이 모두 水이고 지지가 다 火인 것이니 반드시 金運을 만나야 화해가 된다.

제는 水火가 干支에서 교전하는 것이니 반드시 세운에서 그 强者를 억제해야 한다.

이 다섯 가지는 감리의 작용이 이와 같으므로 홀로 세력을 이룰 수 없고 서로 의지하는 공이 있다.

丙己丙戊　庚辛壬癸甲乙丙丁

子亥寅子　子丑寅卯辰巳午未

丙火가 맹동에 태어나 또 兩子를 만나니 천간의 火는 衰하고 지지의 水는 旺하므로 寅을 써서 상승해야 한다. 壬寅 동방 木地에 이르러 반궁에 들고 과거에 급제하였으며 卯運에 출사하여 運이 동남으로 흐르니 벼슬이 관찰에 이르렀다.

壬壬壬庚　癸甲乙丙丁戊己庚
午寅戌戌　卯辰巳午未申酉戌
壬水가 맹춘에 태어나고 지지가 火局이니 비록 년월에 모두 비견이 투출하였으나 모두 無根하므로 천간의 水는 衰하고 지지의 火는 旺하다. 庚金을 用하여 하강해야 하는데 애석하게도 運路가 동남이니 외지에서 40년간 분주하게 보냈으나 하나도 성취하지 못했다.
50이 지나 戊申이 되자 庚이 生旺을 만나니 기회를 얻어 큰 재물을 모으고 처를 얻어 세 자식을 낳았는데 이미 육순이 되었으며 戌運에 이르러 죽었다.

丙丙丙丙　丁戊己庚辛壬癸甲
子申子申　酉戌亥子丑寅卯辰
이것은 지지가 兩申, 兩子로 水가 생왕을 만나고 金이 水가 되었다. 천간은 네 개의 丙이나 지지에 無根하므로 火는 衰하고 水는 旺하니 모름지기 木運이 和해야 한다. 애석하게도 오행이 불순하여 50년이 서북 金水地이니 힘들고 어려우며 형상과 험난함을 알 수 있다. 오십이 지나 運이 壬寅 동방 木地로 흐르니 재물이 늘고 사업이 번창하였으며 癸卯, 甲辰에 이르러 수만금을 벌었다.

癸壬壬壬　辛庚己戊丁丙乙甲
巳戌午寅　酉申未午巳辰卯寅
壬午일원이 戌月에 태어나 지지가 火局이고 년지가 巳에 앉았는데 천간이 모두 水이나 지지가 모두 火이니 반드시 金運을 만나 화해해야 한다. 초년 辛酉, 庚申에 기제를 이뤄 財殺의 세력을 해소하므로 조상의 은혜를 입어 의식이 풍족하였으나 己未로 바뀌자 형벌을 받고 재물이 없어졌으며 戊午運에 財殺이 並旺하니 밖으로 나갔다가 도적을 만나 사망하였다.

壬丙壬丙　丁戊己庚辛壬癸甲
子午子午　未申酉戌亥子丑寅
이 명조는 간지에서 水火가 교전하는데 火는 당령하고 水는 휴수되었으나 土가 없어 일주를 극하지 않아 기쁘다.
초년 丁未運에 戊午年을 만나 天克支冲하니 財殺이 모두 旺하여 부모가 모두 사망하고 떠도는 거지가 되었다. 申運으로 바뀌자 인연을 만나고 己酉運에 수만금을 벌었으며 처를 얻어 가정을 꾸리고 자식을 낳았다.

强衆而敵寡者 勢在去其寡 强寡而敵衆者 勢在成乎衆.

강한 것의 무리가 적은 것을 대적하는 것은 기세가 그 적은 것을 제거하는데 있고 강한 것이 적은데 무리를 대적하는 것은 기세가 무리를 이룬 것에 있다.

衆寡之說 强弱之意也. 須分日主四柱兩端論之. (一) 以日主分衆寡 如日主是火 生於寅卯巳午月 官星是水 四柱無財 反有土之食傷 卽使有財 財無根氣不能生官. 此日主之黨衆 敵官星之寡 勢在盡去其官. 歲運宜扶衆抑寡者吉.
많고 적다는 말은 강약의 의미이다. 반드시 일주와 사주의 양단으로 나누어 그것을 논한다.
(一) 일주로서 많고 적은 것을 나누는 것은 가령 일주가 火이고 寅卯巳午月에 생하였으면 관성이 水인데 사주에 財가 없고 도리어 식상인 土가 있으면 설사 財가 있어도 財의 根氣가 없으면 官을 생할 수 없다. 이것은 일주가 무리를 지

은 것이고 대적하는 관성이 적은 것이므로 기세가 그 官을 제거하여 없애는데 있다.
세운이 마땅히 무리를 돕고 적은 것을 억제해야 길하다.

(二) 以四柱分衆寡 則分四柱之强弱. 然又要與日主符合 弗反背爲妙. 假使水是官星 休囚無氣 土是傷官 當令得時 其勢足以去其官星. 歲運亦宜制官爲美. 日主是火 亦要通根得氣 則能生土 或爲木而克土. 則日主自能化木 輾轉相生. 所謂日火符合者也.
(二) 사주로 衆寡를 나누는 것은 사주의 강약을 나누는 것이다. 그러나 다시 일주와 부합하는 것이 중요하고 등지지 않아야 묘하다.
가령 관성인 水가 휴수되어 無氣한데 상관인 土가 당령하고 득시했다면 그 기세가 관성을 제거하기에 충분하다고 할 수 있다. 세운 또한 官을 억제해야 마땅하고 아름답다. 일주인 火가 역시 통근하고 득기하는 것을 원하는데 土를 생할 수 있고 혹은 木이 土를 극해도 일주가 자연히 木을 化할 수 있어 전전상생한다. 이른바 일주와 부합하는 것이다.

强寡而敵衆者 如日主是火 雖不當令 却有根坐旺 官星是水 雖不及時 却有財生助 或財星當令 或成財局 此官星雖寡 得財星扶則强. 歲運宜扶寡而抑衆者吉. 雖擧財官而論 其餘皆同此論.
강한 것이 적은데 무리를 대적하는 것은 가령 일주가 火이고 비록 당령하지 못했으나 도리어 旺에 앉아 有根하며 관성인 水가 비록 득시하지 못했으나 도리어 財의 生助가 있거나 혹은 재성이 당령하였거나 혹은 財가 局을 이루었으면 이것이 관성이 비록 적으나 재성의 도움을 얻어 강한 것이다. 세운이 적은 것을 돕고 많은 것을 억제해야 마땅하며 길하다. 비록 재관을 들어 논하였으나 그 나머지도 이와 같이 논한다.

戊乙戊辛　丙丁戊己庚辛壬癸
辰丑戌酉　寅卯辰巳午未申酉

이 명조는 厚土가 重重하고 乙木이 無根하며 상관이 또 旺하여 그 세력이 적은 관성에 대적하기에 충분하다. 초운 丙寅,丁卯에 관성이 득지하므로 여러 가지로 고생하였고 戊辰運에 기회를 만나 돈을 내고 출사하였다. 己巳까지 20년간 土가 생하여 金이 旺하니 좌이에서 금당에 이르고 午運에 이르러 金을 파하므로 죽고 말았다.

戊壬丁癸　癸甲乙丙丁戊己庚
午戌卯卯　亥子丑寅卯辰巳午

이것은 상관이 당령하고 인성을 나란히 만났으며 관살이 비록 투출하였으나 無根하므로 형세가 관성을 제거하는데 있다.

初年運이 북방으로 흘러 관성이 득세하므로 한 가지도 이루지 못하였고 丙寅, 丁卯運에 火土를 생조하니 사업하여 큰돈을 벌었으며 戊辰, 己巳에 관살을 모두 제거하므로 한 자식이 과거에 급제하여 노년에 품격이 있는 모양이 되었다. 이 명조는 午戌이 火를 껴안고 일시에 인성을 만나 일주가 極旺하나 관성을 용신으로 추리하지 말고 또한 거관유살로 논하는 것도 불가하다.

癸壬丙庚　辛庚己戊丁丙乙甲
丑戌午寅　酉申未午巳辰卯寅

丙火가 九月에 생하여 일주가 본래 때에 미치지 못하였으나 좌하 양인에 앉고 火局을 이루니 강한 것이 적다고 말한다.

년월의 壬癸가 進氣하고 癸水가 여기에 통근하였으며 丑土가 火局을 설기하여 庚金을 생하고 壬癸를 도우니 무리가 된다.

그러므로 辛酉, 庚申에 金이 생하여 水旺하니 유업이 풍요로웠고 그 즐거움이 넉넉하였으나 己未로 바뀌자 火土가 並旺하므로 부모가 모두 죽고 戊午까지 20년간 가업이 망했으며 처자가 모두 죽고 丙辰에 이르러 外地를 떠돌다 죽었다.

剛柔不一也 不可制者 引其性情而已矣.

강유는 하나같지 않으니 억제가 불가한 것은 그 성정을 이끌어줘야 할 따름이다.

剛柔之道 陰陽健順而已矣. 然剛之中未嘗無柔 柔之中未嘗無剛. 夫春木夏火秋金冬水季土 得時當令 原局無克制之神 其勢雄壯 其性剛健 不洩則不淸 不淸則不秀 不秀則爲頑物矣. 若以剛斲其柔 謂寡不敵衆 反激其怒而更剛矣. 春金夏水秋木冬火仲土 失時無氣 原局無生助之神 其勢柔軟 其性至弱 不劫則不闢 不闢則不化 不化則爲朽物矣. 若以柔引其剛 謂虛不受補 反益其弱而更柔矣.

강유의 도는 음양의 건순일 따름이다. 그러나 굳센 중에 부드러움이 없지 않고 부드러움 중에도 굳셈이 없지 않다.

무릇 春木 夏火 秋金 冬水 季土는 득시하고 당령한 것이니 원국에 극제하는 것이 없으면 그 기세가 웅장하고 그 성질이 강건하므로 洩하지 않으면 淸하지 못하고 淸하지 못하면 빼어나지 못하며 빼어나지 못하면 완고하게 된다.

만약 굳셈으로 부드러움을 깎는 것은 과불적중이라고 하는데 도리어 그 기세를 충격하여 더욱 굳세게 된다.

春金 夏水 秋木 冬火 仲土는 실시하고 無氣한 것이니 원국에 생조하는 것이 없으면 그 기세가 유연하고 그 성질이 지극히 약하므로 강탈하지 않으면 제거할 수 없고 제거하지 못하면 변화하지 못하며 변화하지 못하면 썩은 물건이 된다. 만약 부드러움으로 그 강함을 이끄는 것은 허한 것이 도움을 받지 못하고 도리어 그 약한 것을 돕는 것이니 더욱 유약해진다.

是以洩者有生生之妙 克者有成就之功 引者有和悅之情 從者有變化之妙 克洩引從四字 宜詳審之 不可槪定. 必須以無入有 向實尋虛 斯爲元妙之旨. 大凡得時當令 四柱無克制之神 用食神順其氣勢 洩其菁英 暗處生財 爲以無人有. 失時休囚 原局無劫印幇身 用食神制殺 殺得制則生身 爲向實尋虛. 宜活用 切勿執一而論也.

그러므로 설하는 것은 생생의 妙가 있고 극하는 것은 성취의 功이 있으며 引通하는 것은 화기애애한 情이 있고 從하는 것은 변화의 妙가 있으니 克洩引從의 네 字를 자세히 살피는 것이 마땅하고 대강 정하는 것은 불가하다. 반드시 無에서 有가 되고 實을 지향하여 虛를 찾는 것이니 이것이 오묘한 요지의 으뜸이 된다.

무릇 득시당령했는데 사주에 극제하는 것이 없으면 식신을 써서 그 기세를 순하게 하고 그 왕성한 기운을 설하여 보이지 않게 財를 생하게 되니 無에서 有가 되는 것이다.

실시하고 휴수되었는데 원국에 겁재와 인성의 방신이 없으면 식신을 써서 살을 억제해야 하고 殺이 억제를 만나는 것이 곧 일간이 사는 것이니 實을 지향하여 虛를 찾는 것이 된다.

마땅히 활용하되 절대로 한가지만을 고집하지마라.

壬戊庚丙　己庚辛壬癸甲乙丙
戌申寅戌　酉戌亥子丑寅卯辰

庚金이 七月에 생하여 지지가 土金類이니 왕이 극에 달했다.

壬水가 戌에 앉고 戊를 만나 효신이 완전히 겁탈하였으니 時에 나타난 丙火가 지지에 寅戌이 껴안으니 반드시 丙火가 用이 된다. 애석하게도 運이 40년간 土金水地로 흐르니 오십 전에는 한 가지도 이루지 못했고 甲寅運에 이르러 효신이 극제되고 丙火가 生起되니 乙卯에 이르기까지 20년간 큰 재물을 모았는데 이른바 냇가의 버들은 가을을 바라만 봐도 시들어버리나 松柏은 서리를 맞아도 더욱 무성한 것이다.

辛丁乙丁　丙乙甲癸壬辛庚己
酉酉未丑　申未午巳辰卯寅丑

乙木이 팔월에 생하여 木은 시들고 金은 예리한데 다행히 일주가 좌하의 庫에 통근하고 천간에 兩丁이 나타나 통근하고 제살하기에 충분하다. 조업이 풍요로웠으며 일찍 반궁에 들었으나 단 이 명조의 病이 殺旺에 있지 않고 실은 丑土에 있는데 丑土의 害가 洩火生金할 뿐만 아니라 丑未冲에 있는 것이다. 천간의 木火가 오로지 未中 일점 미약한 뿌리에 의지하는데 충하여 冲中金水에 暗傷을 당하므로 과거에 급제하지 못하였고 癸巳運에 이르러 金局하고 癸水가 丁을 극하므로 水厄을 당하여 죽었다.

이후제

酉月 乙木이 辛酉年을 만나고 丑未土가 生金하니 신약살왕하나 化殺하는 인성이 없어 制殺하는 식신을 용신으로 삼는다. 그러나 희신인 비겁이 없고 丑未冲으로 용신의 뿌리가 손상되어 불만이며 신약한 일간이 식신에 洩氣되어 더욱 신약해지므로 下命이다. 그러므로 食神制殺格은 반드시 일간이 신왕해야 貴命이 된다.

壬戊庚甲　己庚辛壬癸甲乙丙
申申辰申　酉戌亥子丑寅卯辰

庚金이 칠월에 생하고 지지에 三申으로 旺이 극에 달했다.
時干의 甲木이 無根하여 년간의 壬水를 써서 그 굳센 殺氣를 설한다. 조금 불만스러운 것은 월간의 효신이 탈식하는 것인데 초년에 土金運으로 흐르니 일찍 喪을 당하고 조업도 일정하지 않았다. 辛亥運으로 바뀌면서 북방이 되어 경영이 뜻대로 되어 壬子, 癸丑까지 30년간 십여만금을 벌었다. 유년에 공부를 하지 못했으나 후에 文墨을 알게 되었으니 이것은 역시 運이 水地로 행하여 무성한 氣를 발설하였기 때문이다.

戊己乙甲　庚辛壬癸甲乙丙丁
辰酉亥申　戌亥子丑寅卯辰巳

乙木이 팔월에 생하고 財가 관살을 생하니 극도로 약하다.

기쁜 것은 좌하에 인성이 있어 관살의 氣를 인통하는 것이고 時에 甲木이 나타나 소위 등라계갑이 되어 더욱 묘하다.

출신은 비록 寒微하나 亥運에 이르러 입반하고 壬子運에 연이어 과거에 급제하여 일찍 벼슬길에 올랐다. 丑運에 부모상을 당하고 甲寅運에 土를 극하고 일주를 도우므로 차례도 아닌데 승진하였으며 乙卯運에 벼슬이 시랑에 이르렀다.

이 명조가 기쁜 것은 亥水인데 만약 亥水가 없었으면 평범한 사람에 불과하였을 것이다. 또한 亥水가 꼭 필요로 하는 좌하에 있는 것인데 만일 다른 지지에 있었으면 生化의 情을 얻지 못하여 功名을 작게 이루는데 불과하였을 것이다.

順逆不齊也 不可逆者 順其氣勢而已矣.

순역은 일정하지 않으니 거스르는 것이 불가한 것은 그 기세를 따라야 할 뿐이다.

順逆之機 進退不悖而已矣. 不可逆者 當令得勢之神 宜從其意向也. 故四柱有順逆 其氣自當有辨 五行有顚倒 作用各自有法. 是故氣有乘本勢而不顧他雜者 氣有借他神而可以成局者 有從旺神而不可克制者 有依弱資扶者. 所以制殺莫如乘旺 化殺正以扶身 從殺乃依權勢 留殺正爾迎官.

순역의 기틀은 진퇴가 어그러지지 않는 것이다. 거스르는 것이 불가한 것은 당령득시한 것이니 마땅히 그 의향을 쫓아야 한다. 그러므로 사주에는 순역이 있으니 그 기세를 당연히 분별해야 하고 오행에는 전도가 있으며 작용에는 각각의 법칙이 있다.
이런 까닭에 氣가 본 세력을 타고 다른 자질구레한 것을 돌보지 않는 것이 있고 氣가 他神을 빌려 局을 이룰 수 있는 것이 있으며 旺神을 쫓아 극제가 불가한 것이 있고 氣가 약하여 돕는 것에 의지하는 것이 있다.
까닭에 制殺은 승왕한 것만 못하고 化殺은 일간을 도와 올바른 것이며 從殺은 권세에 의지하는 것이고 留殺은 관성을 맞이하는 것이니 올바르다.

其氣有陰有陽 陽含陰生之兆 陰含陽化之妙. 其勢有淸有濁 濁中淸 貴之機 淸中濁 賤之根. 逆來順去富之基 順來逆去貧之意. 此卽順逆之微妙 學者當深思之. 書云去其有餘 補其不足 雖是正理 然亦不究淺深之機 只是泛論耳不知四柱之神. 不拘財官殺印食傷之類 乘權得勢 局中之神 又去助其强暴 謂二人同心. 或日主得時秉令 四柱皆拱合之神 謂權在一人. 只可順其氣勢以引通之 則其流行而爲福矣. 若勉强得制 激怒其性 必罹凶咎. 須詳察之.
그 氣에는 음이 있고 양이 있는데 양은 음이 생하는 조짐을 머금고 음은 양이 化하는 묘함을 머금고 있다.
그 세력에는 淸이 있고 濁이 있는데 濁中에 淸하면 貴의 기틀이고 淸中에 濁하면 賤의 근원이 된다. 逆이 오고 順으로 가면 富의 기반이고 順이 오고 逆으로 가면 가난의 의미가 된다.
이것이 순역의 미묘함이니 배우는 자는 당연히 깊이 생각해야 한다. 書에 이르길 남는 것은 제거하고 부족함은 보충해야 한다고 했는데 비록 이것이 바른 이치일지라도 深淺의 기틀을 연구하지 않으면 오직 총론일 뿐이니 사주의 神을 모르는 것이다.
재관살인식상 등을 불구하고 승권득세한 局中의 神인데 다시 그 강폭함을 도우면 二人同心이라고 말한다. 혹은 일주가 득시병령하고 사주가 모두 껴안아 합하는 神이면 權在一人이라고 말한다.
오직 인통하므로써 그 기세를 순하게 할 수 있고 그런즉 流行하여 복이 된다.
만약 애써 강한 것을 억제하면 그 성질을 격노하게 하므로 반드시 흉한 재앙을 당하게 된다.
반드시 자세하게 살펴야 한다.

庚庚庚庚　辛壬癸甲乙丙丁戊
辰辰申辰　巳午未申酉戌亥子
천간이 모두 庚이고 또 록왕에 앉았으며 인성이 당령하여 극강하니 권재일인이라고 한다. 사병출신으로 壬午, 癸未運에 水가 천간에 개두하여 지지의 火가 克金하기 어려우므로 害가 없고 甲申 서방 金地로 바뀌고 乙酉가 合化하여 모두 金이 되니 벼슬이 총병에 이르렀으나 丙運에 旺神을 범하므로 군중에서 죽고 말았다.

癸甲庚甲　癸壬辛庚己戊丁丙
酉子辰申　亥戌酉申未午巳辰
庚辰일원이 지지에 록왕을 만나 水가 본래 당권한데 또 水局이 되었다. 천간의 甲木은 無根하여 메마르므로 버리고 논하지 않는다. 金水가 二人同心이니 반드시 金水의 성질에 순응해야 하므로 癸亥, 壬運은 음덕이 넉넉하였고 戌運에 制水하나 申酉戌 서방으로 비록 형상을 만났으나 큰 근심은 없었다. 辛運에 입반하여 酉運에 보름에 올랐으며 庚運에 등과하고 申運에 재물이 크게 늘었으나 己未運으로 바뀌어 남방 運이 되자 刑妻克子하고 가업도 점차 줄었으며 戊午運에 水의 성질을 건드려 가업이 망하고 죽었다.

壬辛乙丙　壬癸甲乙丙丁戊己
子亥亥子　子丑寅卯辰巳午未

壬水가 승권하고 亥子에 앉아 소위 곤륜의 水이니 솟구치는 급류로 無情하여 丙火를 극하여 없애므로 버리고 논하지 않는다. 유업이 자못 풍족했고 甲乙, 寅卯運은 흐름에 순응하여 그 氣를 받아들이니 입반하여 보름에 올랐고 식구와 재물이 늘었다. 丙運이 되어 水火가 교전하니 刑妻克子하고 재물도 손실되었으며 辰運에 水를 저장하므로 근심이 없었으나 丁巳運에 두 차례나 화재를 만나 가정도 깨지고 죽었다.

休咎係乎運 尤係乎歲. 戰冲視其孰降 和好視其孰切.

길흉은 운에 달려있는데 특히 세운에 달려있다. 싸우고 충하는 것은 어느 것이 굴복하는가를 보고 화해하고 사이가 좋은 것은 어느 것이 중요한가를 보라.

富貴雖定乎格局 窮通實係乎運途 所謂命好不如運好也. 日主如我之身 局中喜神用神 是我所用之人 運途乃我所臨之地 故以地支爲重 要天干不背 相生相扶爲美. 故一運看十年 切勿上下截看 不可使蓋頭截脚. 如上下截看 不論蓋頭截脚 則吉凶不驗矣.

부귀는 비록 격국에서 정해지나 궁통은 사실 運에 달려있으니 소위 命좋은 것이 運좋은 것만 못하다는 것이다.

일주는 나의 몸과 같고 局中의 희신과 용신은 내가 쓸 수 있는 사람이며 運途는 내가 직면하는 땅이므로 지지가 重하나 천간이 등지지 않는 것이 중요하고 相生相扶해야 아름답다. 그러므로 一運은 십년으로 보는데 절대 上下로 끊어서 보지 말아야 한다. 개두와 절각을 사용할 수 없게 된다.

만일 上下로 끊어서 보면 개두와 절각을 논할 수 없으므로 길흉을 증험할 수 없다.

如喜行木運 必要甲寅乙卯 次則甲辰乙亥壬寅癸卯. 喜行火運 必要丙午丁未次則丙寅丁卯丙戌丁巳. 喜行土運 必要戊午己未戊戌己巳 次則戊辰己丑. 喜行金運 必要庚申辛酉 次則戊申己酉庚辰辛巳. 喜行水運 必要壬子癸丑 次則壬申癸酉辛亥庚子. 寧使天干生地支 弗使地支生天干. 天干生地支而蔭厚 地支生天干而氣洩.

가령 木運을 기뻐하면 甲寅 乙卯運이 필요하고 다음으로 甲辰 乙亥 壬寅 癸卯運이 필요하다.

火運을 기뻐하면 丙午 丁未가 필요하고 다음으로 丙寅 丁卯 丙戌 丁巳가 필요하다.

土運을 기뻐하면 戊午 己未 戊戌 己巳가 필요하고 다음으로 戊辰 己丑이 필요하다.

金運을 기뻐하면 庚申 辛酉가 필요하고 다음으로 戊申 己酉 庚辰 辛巳가 필요하다.

水運을 기뻐하면 壬子 癸亥가 필요하고 다음으로 壬申 癸酉 辛亥 庚子가 필요하다.

차라리 天干이 地支를 생할지언정 地支가 天干을 생하게 하지 않는다. 天干이 地支를 생하는 것은 陰德이 厚하나 地支가 天干을 생하는 것은 氣가 설기되기 때문이다.

何謂蓋頭 如喜木運 而遇庚寅辛卯 喜火運 而遇壬午癸巳 喜土運 而遇甲戌甲辰乙丑乙未 喜金運 而遇丙申丁酉 喜水運 而遇戊子己亥. 何謂截脚 如喜木運 而遇甲申乙酉乙丑乙巳 喜火運 而遇丙子丁丑丙申丁酉丁亥 喜土運 而遇戊寅己卯戊子己酉戊申 喜金運 而遇庚午辛亥庚寅辛卯庚子 喜水運 而遇壬寅癸卯壬午癸未壬戌癸巳是也.

무엇을 개두라고 하는가. 가령 木運을 기뻐하는데 庚寅 辛卯를 만나고 火運

을 기뻐하는데 壬午 癸巳를 만나며 土運을 기뻐하는데 甲戌 甲辰 乙丑 乙未를 만나고 金運을 기뻐하는데 丙申 丁酉를 만나며 水運을 기뻐하는데 戊子 己亥를 만나는 것이다.

무엇을 절각이라고 하는가. 가령 木運을 기뻐하는데 甲申 乙酉 乙丑 乙巳를 만나고 火運을 기뻐하는데 丙子 丁丑 丙申 丁酉 丁亥를 만나며 土運을 기뻐하는데 戊寅 己卯 戊子 己酉 戊申을 만나고 金運을 기뻐하는데 庚午 辛亥 庚寅 辛卯 庚子를 만나며 水運을 기뻐하는데 壬寅 癸卯 壬午 癸未 壬戌 癸巳를 만나는 것이다.

蓋干頭喜支 運以重支 則吉凶減半 截脚喜干 支不載干 則十年皆否. 假如喜行木運. 而遇庚寅辛卯 庚辛本爲凶運 而金絶寅卯 謂之無根 雖有十分之凶而減其半 如原局天干有丙丁透露 得回制之能 又減其半. 或再遇太歲逢丙丁 制其庚辛 則無凶矣. 寅卯本爲吉運 因蓋頭有庚辛之克 雖有十分之吉 亦減其半. 如原局地支有申酉之冲 不但無吉而反凶矣. 又如喜木運 遇甲申乙酉 木絶於申酉 謂之不載 故甲乙之運不吉. 如原局天干又透庚辛 或太歲干頭遇庚辛 必凶無疑 所以十年皆凶. 如原局天干透壬癸 或太歲干頭逢壬癸 能洩金生木 則和平無凶矣. 故運逢吉不見其吉 運逢凶不見其凶者 緣蓋頭截脚之故也.

개두는 지지를 기뻐하는데 運은 지지가 重하므로 길흉이 반감되고 절각되면 천간을 기뻐하는데 지지가 천간을 싣지 못하므로 십년이 모두 나쁘다.

가령 木運을 기뻐하는데 庚寅 辛卯를 만나면 庚辛이 본래 흉운이나 金이 寅卯에 絶地로 無根하므로 비록 매우 흉하나 흉함이 반으로 감소한다. 만약 원국의 천간에 丙丁이 나타났으면 다시 억제할 수 있으므로 또 흉함이 그 반으로 감소한다. 혹은 다시 태세에서 丙丁을 만나 庚辛을 억제하면 흉함이 없다. 寅卯가 본래 길운이나 개두에 庚辛의 극이 있어 비록 매우 길하나 역시 그 반으로 감소한다. 만약 원국의 지지에 申酉의 충이 있으면 길함이 없을 뿐만 아니라 도리어 흉하다.

또한 木運을 기뻐하는데 甲申 乙酉를 만나면 木이 申酉에 絶地가 되어 신지 못하므로 甲乙의 運이 불길하다. 만일 원국의 천간에 다시 庚辛이 투출하였거나 혹은 태세의 간두에 庚辛을 만나면 반드시 흉한 것을 의심할 게 없으므로 십년이 모두 흉하다.

만일 원국의 천간에 壬癸가 투출하였거나 태세의 간두에 壬癸를 만나 洩金生木하면 화평하고 흉함이 없다.

그러므로 길한 운을 만나도 그 길함을 보지 못하고 흉한 운을 만나도 그 흉한 것을 보지 않는 것은 개두와 절각으로 인한 이유이다.

太歲管一年否泰 如所遇之人 故以天干爲重. 然地支不可不究. 雖有與神之生剋 不可與日主運途相冲戰 最凶者 天克地冲. 歲運冲克 日主旺相 雖凶無礙 日主休囚 必罹凶咎. 日犯歲君 日主旺相 無咎 日主休囚 必凶 歲君犯日 亦同此論. 故太歲和不可與大運一端論也. 如運逢木吉 歲逢木反凶者 皆戰冲不和之故也. 依此而推 則吉凶無不驗矣.

태세는 一年의 길흉을 관장하고 만나는 사람과 같으므로 천간이 重하다. 그러나 지지를 연구하지 않으면 안 된다.

비록 생극하는 것이 함께 있어도 일주가 運途와 서로 冲戰하는 것은 불가하고 가장 흉한 것은 天克地冲하는 것이다.

세운이 충극하는 것은 일주가 旺相하면 비록 흉해도 장애가 없으나 일주가 休囚되었으면 반드시 흉한 재앙을 당한다.

일주가 태세를 범하는 것은 일주가 旺相하면 허물이 없으나 일주가 휴수되었으면 반드시 흉하고 태세가 일주를 범하는 것도 역시 같이 논한다. 그러므로 태세도 좋아야 하고 대운 하나만 논하는 것은 안 된다. 가령 木運을 만나면 길한데 태세에서 木을 만났는데 도리어 흉한 것은 모두 극하고 충하여 不和한 연고이다.

이것에 의지하여 추리하면 길흉이 증험되지 못함이 없다.

庚丁庚丁　戊己庚辛壬癸甲乙
辰亥辰丑　子丑寅卯辰巳午未

庚辰일원이 亥月에 생하고 천간에 丁火가 並透하였으며 辰亥의 장간에 甲乙이 있어 火를 쓰기에 충분하다. 초운 戊子, 己丑은 晦火生金하여 바라는 바를 이루지 못하고 庚運 丙午年에 庚이 寅에 앉아 지지가 절각되고 천간의 兩丁이 庚 하나를 대적하기에 충분하며 또 丙午年을 만나니 庚金을 완전히 극하므로 이 해에 등과하였고 丁未年에 연달아 합격하여 지현이 되었다. 寅運에 재물이 꽤 여유로웠고 辛卯運은 절각되고 局中의 丁火가 극하므로 벼슬이 군수에 이르렀으나 壬辰運에 水가 庫에 앉아 뿌리가 있고 壬申年에 이르자 兩丁이 모두 손상되므로 사망하였다.

乙戊庚丁　丁丙乙甲癸壬辛庚
未子辰丑　亥戌酉申未午巳辰

庚辰일원이 子月에 태어나고 未土가 子水를 파하며 천간의 木火가 모두 辰未의 여기를 만나 木을 써서 生火하기에 충분하다. 丙運에 입반하고 癸酉年은 乙運으로 행하며 戊癸가 合化火하고 酉 또한 丁火가 장생하므로 이 해에 틀림없이 합격할 것이나 오히려 乙酉는 木이 절각되고 木地가 아니며 실제로 金地이고 癸酉年은 水가 金의 생을 만나고 또 겨울에 있으니 어찌 戊와 합하여 火化할 수 있겠는가. 반드시 丁火를 극할 것을 의심할 게 없고 酉中에는 純金이며 火의 死地임을 모르는 것이다. 陰火가 장생한다는 설은 속되게 전해오는 오류이고 두려운 것은 팔월이 되면 월건이 辛酉로 局中의 木火가 모두 손상되므로 예측할 수 없는 재앙이 생기는 것을 막아야 하나 결국 省中에서 죽고 말았다.

戊乙丙丁　丙丁戊己庚辛壬癸
子卯寅酉　辰巳午未申酉戌亥
丙寅일원이 卯月에 앉아 木火가 함께 왕하여 土金이 모두 傷하고 水 역시 휴수되었다. 幼年運인 丙辰,丁巳에 유업이 줄어들고 戊午, 己未運은 燥土로 生金과 洩火를 못하므로 경영하였으나 많은 돈을 날리고 부족하여 해외로 도피하였다. 庚申, 辛酉運으로 바뀌자 20년간 결국 기이하게 십여만의 재물을 벌었다.

丙癸丙甲　甲乙丙丁戊己庚辛
申巳午午　午未申酉戌亥子丑
丙午일원이 巳月午時에 태어나 비겁쟁재가 되고 癸水를 말린다. 초운 甲午는 양인 겁재가 미쳐 날뛰니 부모가 일찍 죽고 乙未運은 양인을 도우니 가업이 모두 없어졌다. 丙申, 丁酉運은 火가 개두하고 또 局中의 巳午火가 金을 극하므로 가난과 궁핍함을 견디기 어려웠으나 戊戌運으로 바뀌자 조금 편안해졌다.

何爲戰.

무엇이 전이 되는가.

戰者 克也. 如丙運庚年 謂之運克歲 日主喜庚 要丙坐子辰 庚坐申辰 局中得戊己洩丙 得壬癸克丙 則吉. 如丙坐午寅 局中又無水土制化 必凶. 如庚運丙年 謂之歲克運 日主喜庚則凶 喜丙則吉. 喜庚者要庚坐申辰 丙坐子辰 又局中逢水土制化者吉 反此必凶. 喜丙者依此而推.
戰은 극하는 것이다. 가령 丙運 庚年이면 運이 태세를 극하는 것이므로 일주가 庚을 기뻐하면 丙은 子나 辰에 앉고 庚은 申이나 辰에 앉기를 바라며 局中에서 戊己가 丙을 洩하고 壬癸가 만나 丙을 극하면 길하다. 만약 丙이 午나 寅에 앉고 局中에 또 水土의 制化가 없으면 반드시 흉하다.

가령 庚運 丙年이면 태세가 運을 극하는 것인데 일주가 庚을 기뻐하면 흉하고 丙을 기뻐하면 길하다.

庚을 기뻐하면 庚이 申辰에 앉고 丙이 子辰에 앉기를 원하며 또 局中에 水土의 制化를 만나면 길하고 이와 반대면 틀림없이 흉하다. 丙을 기뻐하는 것도 이와 같이 추리하면 된다.

辛甲丙庚　癸壬辛庚己戊丁丙
卯午辰寅　巳辰卯寅丑子亥戌

丙火가 午月에 태어나 양인이 당권하여 왕하고 지지가 寅卯辰이 온전하여 土가 木을 좇으니 庚辛이 모두 통근하지 못한다. 초운 癸巳, 壬辰에 金이 생조를 만나니 가업이 여유가 있었으나 辛卯는 金이 절각되어 刑喪破耗를 겪고 가업은 십에 팔구를 패했다.

庚運 丙寅年에 처를 잃었는데 庚이 寅에 앉아 절각되고 丙寅 세운이 運을 극하며 또 庚은 絶이고 丙은 生이기 때문이다.

局中에 극하고 化하는 神이 없고 甲午月이 木從火勢하니 凶한 재난이 잇달아 있었으며 질병으로 사망하였다.

辛甲乙乙　癸壬辛庚己戊丁丙
卯午卯酉　巳辰卯寅丑子亥戌

乙木이 午月에 태어나 卯酉가 바짝 붙어 일간의 록을 沖하고 월간의 甲木은 절지에 있으며 水가 없어 여름의 火가 당권하여 설기하니 상관에 겁재를 쓰므로 꺼리는 것은 金이다. 초운 壬辰, 癸巳는 투출된 인성이 생조하니 평탄하였고 辛卯運은 辛酉年에 卯木을 冲去하므로 刑喪克破하였고 庚運 丙寅年에 이르러 꺼리는 金을 丙火가 극하여 없애고 原局에 丙火를 설하고 억제하는 土水가 없으며 또 火가 生을 만나고 金은 絶에 앉으니 입반하였으며 굽었던 눈썹이 펴졌다.

이후제

午月 乙木이 신약이나 年時의 卯祿에 앉고 月時干의 甲乙劫比가 도와 신왕이다. 신왕이니 金으로 극하거나 火로 洩해야 하는데 金은 失時하였으니 버리고 당령한 午火를 용신으로 삼는다.
원국이 燥하고 관살을 버려야하는 상황이니 格이 濁하다.

何爲冲.

무엇이 충이 되는가.

冲者 破也. 如子運午年 謂之運冲歲 日主喜子 要干頭逢庚壬 午之干頭逢甲丙亦無咎 如子之干頭遇丙戊 午之干頭遇庚壬 亦有咎. 日主喜午 子之干頭逢甲戊 午之干頭遇甲丙 則吉. 如子之干頭遇庚壬 午之干頭遇甲丙 則凶. 如午運子年 謂之歲冲運 日主喜午 要午之干頭逢丙戊 子之干頭遇甲丙 則吉. 如午之干頭遇丙戊 子之干頭遇庚辛 必凶. 餘可類推.
冲은 破하는 것이다. 가령 子運 午年이면 運이 태세를 冲하는 것이므로 일주가 子를 기뻐하면 干頭에 庚壬을 만나는 것이 중요하고 午의 干頭에 甲丙을 만나도 또한 허물이 없으나 만약 子의 干頭에 丙戊를 만나고 午의 간두에 庚壬을 만나면 또한 허물이 있다. 일주가 午를 기뻐하면 子의 간두에 甲戊를 만나고 午의 간두에 甲丙을 만나면 길하고 만약 子의 간두에 庚壬을 만나고 午의 간두에 甲丙을 만나면 흉하다.
가령 午運 子年이면 태세가 運을 충하는 것이므로 일주가 午를 기뻐하면 午

의 간두에 丙戊를 만나는 것이 중요하고 子의 간두에 甲丙을 만나면 길하다. 만약 午의 간두에 丙戊를 만나고 子의 간두에 庚辛을 만나면 반드시 흉하다. 나머지도 이와 같다.

何謂和.

무엇을 화라고 하는가.

和者 合也. 如乙運庚年 庚運乙年 合而能化 喜金則吉. 合而不化 反爲羈絆 不顧日主之喜我 則不吉矣. 喜木亦然. 所以喜庚者 必要庚金得地 乙木無根 則合化爲美矣. 若子丑之合 不化亦是克水 喜水者 必不吉也.

和는 합하는 것이다. 가령 乙運 庚年이나 庚運 乙年이면 합하여 化할 수 있으니 金을 기뻐하면 길하다. 합하여 化하지 못하면 도리어 기반되어 일주가 기뻐하는 것을 돌보지 않으므로 불길하다.

木을 기뻐해도 역시 그렇다. 까닭에 庚을 기뻐하면 반드시 庚金은 득지하고 乙木이 無根하면 合化하여 아름답다.

만약 子丑의 합이 不化하면 역시 水를 극하므로 水를 기뻐하면 틀림없이 불길하다.

何謂好

무엇을 호라고 하는가.

好者 類相同也 如庚運申年 辛運酉年 是謂眞好. 乃支之祿旺 自我本氣歸垣 如家室之可住. 如庚運辛年 辛運庚年 乃天干之助 如朋友之幇扶 究竟不甚關切. 必先要旺運通根 自然依附爲好. 如運無根氣 其見勢衰而無依附之情. 非爲好也.

好는 같은 類이다. 가령 庚運 申年이나 辛運 酉年이면 이것을 참으로 좋다고 말한다. 지지가 록왕이니 저절로 나의 본기가 의지하는 울타리가 되므로 아내가 살 수 있는 것과 같다.
만약 庚運 辛年이나 辛運 庚年이면 천간이 돕는 것이니 친구의 도움과 같으므로 결국 그다지 관계가 절실하지 않다.
반드시 먼저 왕해지는 運에 통근하는 것이 중요한데 자연히 의지하고 부합하므로 好가 된다. 만약 運이 根氣가 없고 그 세력이 쇠약해지는 것을 만나 의지하고 부합하는 情이 없으면 好가 되지 않는다.

造化起於元 亦止於貞 再造貞元之會 胚胎嗣續之機.

조화는 元에서 일어나고 貞에서 멈추는데 다시 정원의 회합이 만들어지면 잉태하여 대를 잇는 기틀이 된다.

易元亨利貞者 生生不息循環無端之謂也. 佛典言世界 則曰成住壞空 言人生 則曰生老病死 蓋以造化之機. 必經過此四程序. 如以八字言 年爲元 月爲亨 日爲利 時爲貞 年月吉者 前半世吉 日時吉者 後半世吉. 如以大運言 則初十五年爲元 次十五年爲亨 中十五年爲利 後十五年爲貞 元亨運吉者 前半世吉 利貞運吉者 後半世吉. 皆貞元之道也.
易이 원형이정인 것은 쉬지 않고 생하고 생하여 순환의 끝이 없는 것을 말한다. 佛典에서 세계를 말하는 것은 즉 우주의 生長死滅이고 인생을 말하는 것은 즉 生老病死이며 모두 조화의 기틀이므로 반드시 이 네 과정을 지나게 된다.
가령 팔자로 말하면 年이 元이 되고 月이 亨이 되며 日이 利가 되고 時가 貞이 되는데 年月이 길한 자는 前半世가 길하고 日時가 길한 자는 後半世가 길하다. 만약 대운으로 말하면 初15년이 元이 되고 次15년이 亨이 되며 中15년은

利가 되고 後15년이 貞이 되는데 元亨의 운이 길한 자는 전반세가 길하고 利貞의 운이 길한 자는 후반세가 길하다. 모두 貞元의 道이다.

循環之理 盛極而衰 否極而泰 不特人生在世. 運有吉凶順逆 卽壽終之後 而行運仍在 觀其運之吉凶 可知其子孫之興替. 故其人旣終之後 而其家興旺者 身後運必吉也 其家衰敗者 身後運必凶也. 爲人子者 不可不知考之年 而善繼述之. 若考之身後運吉 自可承先啓後. 如考之身後運凶 亦可安分經營 挽回造化(身後之運 當然有子孫本身自己之運參加 須活看 不可執着). 若祖宗富貴 自詩書中來 子孫亨富貴而棄詩書者 祖宗家業自勤儉中來 子孫亨家業而忘勤儉者 是割扶桑之幹而接以桑梓 未有不稿者 其本源各自不相附也. 學者宜深思之.

순환의 이치는 盛함이 극에 이르면 쇠퇴하고 불운이 극에 이르면 행운이 오는데 사람의 세상살이뿐만이 아니다.

운은 길흉과 순역이 있고 수명을 마친 이후에도 行運이 있는데 그 운의 길흉을 보면 그 자손의 흥쇠를 알 수 있다. 그러므로 그 사람이 죽은 후에 그 집안이 흥왕하면 죽은 후의 운이 반드시 길하고 그 집안이 쇠패하면 죽은 후의 운이 반드시 흉하다.

사람의 자식이면 아버지가 작고한 년을 모르면 안 되고 조상의 뜻과 사업을 잘 이어받아야 한다. 만약 아버지가 작고한 후의 운이 길하면 자연히 선대의 것을 받아서 후손이 잇게 되고 만약 아버지가 작고한 후의 운이 흉하면 역시 분수를 지키는 경영을 해야 조화를 바로잡아 회복할 수 있다(죽은 후의 운은 당연히 자손의 운을 참고하여 활용해서 보고 집착하면 안 된다). 만약 선조의 부귀가 詩書로부터 온 것인데 자손이 부귀는 누리면서 詩書를 버린 자와 가업이 근면검소로부터 온 것인데 자손이 가업을 누리기만 하고 근면검소함을 잊는 자는 이것은 뽕나무의 줄기를 가르고 가래나무를 접붙인 것과 같아 여위지 않는 자가 없으니 그 본원이 각자 부합되지 않기 때문이다. 배우는 자는 깊이 생각해야 한다.

3

징험 徵驗

徵驗

1. 六親

夫妻因緣宿世來 喜神有意傍天財.

부부의 인연은 전생에서 온 것이고 희신인 천간의 재성을 가까이 하고 싶다.

六親之法 生我者爲父母 偏正印綬是也. 我生者爲子女 食神傷官是也. 我克者爲妻妾 偏正財星是也 克我者爲官殺 祖與父是也. 同我者爲兄弟. 比肩劫財是也. 此理正名順不易之法.
육친의 법은 나를 생하는 것이 부모가 되며 편인과 정인이다.
내가 생하는 것은 자녀가 되며 식신과 상관이다.
내가 극하는 것은 처첩이 되며 편재와 정재이고 나를 극하는 것은 관살이 되고 할아버지와 아버지이다.
나와 같은 것은 형제가 되며 비견과 겁재이다.
이것이 이치가 바른 이름이고 바꿀 수 없는 법이니 따라야 한다.

夫財以妻論 財神淸 則中饋賢能 財神濁 則河東獅吼. 淸者 喜神卽是財星 不

爭不妒是也. 濁者 生殺壞印 爭妒無情是也. 舊說不問日主衰旺 總以陽刃劫財爲克妻 究其理則實非. 須分日主衰旺喜忌之別 四柱配合活看爲是.

무릇 財로서 처를 논하고 재성이 淸하면 처가 어질고 재간이 있으며 재성이 濁하면 처의 질투가 심하고 포악하다.

淸한 것은 희신이 곧 재성이며 다투지 않고 질투하지 않는 것이다. 濁한 것은 殺을 생하고 인성을 파괴하며 다투고 질투하여 無情한 것이다.

옛날에는 일주의 쇠왕을 따지지 않고 한마디로 양인과 겁재로써 처를 극하는 것으로 삼았는데 그 이치를 연구하면 사실이 아니다.

반드시 일주의 쇠왕과 희기를 구별하여 나누고 사주의 배합을 활용하여 보는 것이 옳다.

如財神輕而無官 比劫多 主克妻 財神重而身弱 無比劫 主克妻. 官殺旺而用印 見財星 主妻陋而克 官殺輕而身旺 見財星 遇比劫 主妻美而克. 劫刃重 財星輕 有食傷 逢梟印 主妻遭凶死 財星微 官殺旺 無食傷 有印綬 主妻弱有病. 劫刃旺而無財 有食傷 妻賢必克 妻陋不傷 劫刃旺而財輕 有食傷 妻賢不克 妻陋必亡. 官星弱 遇食傷 有財星 妻賢不克 官星輕 食傷重 有印綬 遇財星 妻陋不克. 身强殺淺 財星滋殺 官輕傷重 財星化傷 印綬重疊 財星得氣者 主妻賢而美 或得妻財致富. 殺重身輕 財星黨殺 官多用印 財星壞印 傷官佩印 財星得局 主妻不賢而陋 或因妻招禍傷身.

가령 財가 輕하고 官이 없는데 비겁이 많으면 처를 극하고 財가 重하고 신약한데 비겁이 없으면 처를 극한다.

관살이 왕하여 인성을 쓰는데 財를 만나면 처가 볼품이 없고 처를 극하며 관살이 輕하고 신왕한데 財를 보고 비겁을 만나면 처가 아름다우나 처를 극한다.

겁재와 양인이 重하고 財가 輕한데 식상이 있으나 편인과 정인을 만나면 처가 凶死를 당하고 財가 미약하고 관살이 旺한데 식상이 없고 인성이 있으면 처가 약하고 病이 있다.
겁재와 양인이 旺하고 財가 없는데 식상이 있으면 처가 어질면 반드시 극하고 처가 볼품이 없으면 해치지 않으며 겁재와 양인이 旺하고 財가 輕한데 식상이 있으면 처가 어질면 극하지 않고 처가 볼품이 없으면 반드시 처가 죽는다.
관성이 약하고 식상을 만났으나 財가 있으면 처가 어질고 처를 극하지 않으며 관성이 輕하고 식상이 重한데 인성이 있으나 財를 만나면 처가 볼품이 없고 극하지 않는다.
신강하고 殺이 약한데 財가 殺을 돕고 官이 輕하고 상관이 重한데 財가 상관을 化하며 인성이 중첩했는데 財가 得氣한 자는 처가 어질고 아름답거나 처와 재물을 얻고 치부한다.
殺이 重하고 일주가 약한데 財가 殺과 무리를 짓거나 官이 많아 인성이 용신인데 財가 인성을 파괴하거나 상관이 왕해서 인성을 쓰는데 財가 局을 이루면 처가 어질지 못하고 볼품이 없거나 처로 인하여 禍를 초래하고 몸을 해친다.

日主坐財 財爲喜用者 必得妻財. 日主喜財 財合閑神而化財者. 必得妻力. 日主喜財 財合閑神而化忌神者. 主妻有外情. 日主忌財 財合閑神而化財者 主琴瑟不和. 以上皆以四柱情勢 日主喜忌而論. 若財星浮泛 宜財庫以收藏 財星深伏 宜冲動而引助. 須細究之.
일주가 財에 앉고 財가 희용신인 자는 반드시 처와 재물을 얻는다. 일주가 財를 기뻐하는데 財가 한신을 합하여 財로 化한 자는 반드시 처의 힘을 얻는다.
일주가 財를 기뻐하는데 財가 한신을 합하여 기신으로 化한 자는 처에게 外情이 있다.
일주가 財를 꺼리는데 財가 한신을 합하여 財로 化한 자는 금슬이 좋지 않다.
이상은 모두 사주의 정세와 일주의 희기로서 논해야 한다.
만약 財가 공허하게 떠있으면 財庫에 收藏되어야 마땅하고 財가 깊이 숨어 있으면 충동해야 마땅하고 이끌어 도와야 한다.

반드시 자세히 연구해야 한다.

癸乙庚丁　甲癸壬辛庚己戊丁

卯丑申丑　子亥戌酉申未午巳

이 명조는 차가운 金이 록에 앉고 인수가 당권하여 寒氣에 대적하는 火를 쓰기에 충분하다. 꺼리는 바는 년간의 癸水인데 丁火를 극하는 病이 된다. 월간의 乙木이 통근하고 洩水生火하는 것에 전적으로 의지하는데 이 희신이 재성이고 더욱 기쁜 것은 재성이 합을 만난 것으로 財來取我라고 한다. 그 妻가 어질고 정숙하며 근면하였고 세 아들을 낳았으며 모두 학문을 잘했다.

丁乙丁癸　甲癸壬辛庚己戊丁

未巳酉卯　辰卯寅丑子亥戌酉

丁火가 맹하에 생하고 주중에 편인과 겁재가 당권하니 일점 癸水가 억제하기에 부족하다. 아주 기쁜 것은 좌하의 酉金이 卯木을 冲하여 제거하며 癸水를 생하여 일으키는 것이다. 빈한한 출신이나 癸運에 입학하고 또 처와 재물을 얻었으며 壬運에 등과하여 辛丑運에 지현이 되고 벼슬이 군수에 이르렀다. 이 명조가 만약 酉金이 없으면 처와 재물이 없을 뿐만 아니라 명예 또한 이룰 수 없다.

乙庚丙壬　己戊丁丙乙甲癸壬

亥辰申辰　卯寅丑子亥戌酉申

丙火가 계춘에 생하여 인수가 通根生旺하다. 일주가 財에 앉고 시간에 또 壬水가 투출하였으니 반드시 乙木으로 用을 삼는데 불만인 것은 乙庚化金하여 殺을 생하고 인성을 못 쓰게 되는 것이다. 그 처가 어질지 못하고 질투와 사나움이 보통이 아니었으며 자식도 없어 대가 끊겼다. 財의 해로움이 두렵다.

子女根枝一世傳 喜神看與殺相連.

자녀는 뿌리와 가지이고 한 세대를 전하니 희신과 살이 서로 연결된 것을 봐야 한다.

食神傷官爲子女. 書云食神有壽妻多子 時逢七殺本無兒 食神有制定多兒 此可爲食傷爲子之確證. 然此亦死法 總要變通爲是. 先將食傷認定 然後再看日主之衰旺 四柱之喜忌而用之. 喜神看與殺相連者 乃通變之至論也.
식신 상관은 자녀가 된다. 書에 이르길 식신이 있으면 장수하고 처자식이 많으며 時에 칠살을 만나면 본래 자식이 없으나 식신이 제살하면 자식이 많다고 했는데 이것은 식상이 자식이 된다는 확실한 증거가 된다. 그러나 이것은 역시 死法이고 전체적으로 변통하는 것이 중요하고 옳은 것이다. 우선 식상이 확정되어야 하고 연후에 다시 일주의 쇠왕과 사주의 희기를 보고 식상을 쓴다. 희신이 殺과 서로 연관된 것을 보는 것은 통변의 지극한 이론이다.

如日主旺 無印綬 有食傷 子必多. 日主旺 印綬重 食傷輕 子必少.
日主旺 印綬重 食傷輕 有財星 子多而賢. 日主旺 印綬多 無食傷 有財星 子多而能.
일주가 旺하고 인수가 없는데 식상이 있으면 자식이 반드시 많다.
일주가 旺하고 인수가 重한데 식상이 輕하면 자식이 반드시 적다.
일주가 旺하고 인수가 重하며 식상이 輕한데 재성이 있으면 자식이 많고 어질다.
일주가 旺하고 인수가 많은데 식상이 없고 재성이 있으면 자식이 많고 재능이 있다.

日主弱 有印綬 無食傷 子必多. 日主弱 印綬輕 食傷重 子必少.

日主弱 印綬輕 有財星 子必無. 日主弱 食傷重 印綬無 亦無子.
日主弱 食傷輕 無比劫 有官星 子必無. 日主弱 官殺重 印綬輕 微伏財 必多女.
日主弱 七殺重 食傷輕 有比劫 女多子少.
日主弱 官殺重 無印比 子必無.
일주가 약하고 인수가 있는데 식상이 없으면 자식이 반드시 많다.
일주가 약하고 인수가 輕한데 식상이 重하면 자식이 반드시 적다.
일주가 약하고 인수가 輕한데 재성이 있으면 자식이 반드시 없다.
일주가 약하고 식상이 重한데 인수가 없으면 역시 자식이 없다.
일주가 약하고 식상이 輕한데 비겁이 없고 관성이 있으면 자식이 반드시 없다.
일주가 약하고 관살이 重한데 인수가 輕하고 장간에 미약한 財가 있으면 반드시 딸이 많다.
일주가 약하고 칠살이 重한데 식상이 輕하고 비겁이 있으면 딸이 많고 아들이 적다.
일주가 약하고 관살이 重한데 인성과 비겁이 없으면 자식이 반드시 없다.

日主旺 食傷輕 逢印綬 遇財星 子少孫多. 日主旺 印綬重 官殺輕 有財星 子雖克而有孫. 日主弱 食傷旺 有印綬 遇財星 子雖有若無. 日主弱 官殺旺 有印綬 遇財星 有子必逆.
일주가 旺하고 식상이 輕한데 인수와 財를 만나면 자식이 적고 손자는 많다.
일주가 旺하고 인수가 重한데 관살이 輕하고 재성이 있으면 자식은 비록 극하나 손자가 있다.
일주가 약하고 식상이 旺한데 인수가 있고 재성을 만나면 비록 자식이 있어도 없는 것과 같다.
일주가 약하고 관살이 旺한데 인수가 있고 재성을 만나면 자식이 있으나 반드시 거역한다.

又有日主旺 無印綬 食傷伏 有官殺 子必多者. 又有日主旺 比劫多 無印綬 食傷伏 子必多者. 蓋母多滅子之意也 故木多火熄 金克木則生火 火多土焦 水克火則生土 土重金埋 木克土則生金 金多水滲 火克金則生水 水多木浮 土克水則生木 以官殺爲子者 此之謂也. 明雖以官殺爲子 暗仍以食傷爲子. 此逆局反克相生之法 非竟以官殺爲子也. 大率身旺財爲子 身衰印作兒. 此皆確有徵驗者 仔細推之 無不應也.

또 일주가 왕하고 인수가 없는데 식상이 암장되고 관살이 있으면 자식이 반드시 많은 자이고 또 일주가 왕하고 비겁이 많은데 인수가 없고 식상이 암장되면 자식이 반드시 많은 자이다.

대개 모다멸자의 뜻이 있으므로 木이 많으면 火가 꺼지므로 金이 木을 극해야 火를 생하고 火가 많으면 土가 타버리므로 水가 火를 극해야 土를 생하며 土가 重하면 金이 묻히므로 木이 土를 극해야 金을 생하고 金이 많으면 水가 스며드니 火가 金을 극해야 水를 생하며 水가 많으면 木이 물에 뜨므로 土가 水를 극해야 木을 생하는데 관살로 자식을 삼는 것은 이것을 말한다.

표면적으로는 비록 관살로써 자식을 삼으나 보이지 않게는 식상으로 자식을 삼는다. 이것은 局을 거슬러 반대로 극하므로써 상생하는 법칙이나 결국 관살로써 자식을 삼는 것은 아니다.

대체로 신왕하면 財가 자식이 되고 신쇠하면 인성이 자식이 된다. 이것은 모두 확실하게 증험한 것이니 자세하게 추리하면 응하지 않음이 없다.

辛辛戊癸　庚己戊丁丙乙甲癸
丑丑戌丑　子亥戌酉申未午巳

이 명조는 일주가 왕하고 비겁이 많은데 년월에 상관이 함께 투출하여 통근하였다. 丑은 습토가 되어 生金하고 水를 저장할 수 있으며 戌은 火庫가 되고 일주가 임하여 寒凍에 이르지는 않는다. 그러므로 가업이 부후하였고 더욱 기쁜 것은 運이 서방으로 흘러 어그러지지 않은 것이다. 16세부터 자식을 낳기 시작하여 매년 하나씩 낳아 연달아 열여섯을 낳았으며 모두 손상됨이 없었다. 이것은 命이 아름답기 때문인데 인성이 나타나지 않고 辛金이 밝게 윤기가 나며 木火가 섞이지 않은 묘함이다.

이후제

禮記 月令에 亥月은 얼음이 얼기 시작하고 子月에 얼음이 두텁게 얼며 丑月은 수면 밑에까지 단단하게 얼므로 얼음을 채취한다고 하였으니 엄동설한이 분명하다. 반드시 火로 解凍하는 것이 急先이고 연후에 관살도 희신이고 식상생재도 가능하다.

癸甲丁癸　癸壬辛庚己戊丁丙
亥子酉卯　亥戌酉申未午巳辰

이 명조는 관살이 당령하였는데 甲木이 투간하니 從殺하지 못하여 불만이다. 다만 殺이 重한데 인성용신을 얻었으니 卯酉가 冲을 만난 것을 꺼리는 것이다. 甲木의 旺地가 없어지니 비록 천간이 有情하여 가업은 자못 풍요로우나 지지가 협력하지 않으므로 처가 8명의 딸을 낳았는데 첩도 딸만 8명을 낳았다. 이른바 身衰하면 인성이 자식인데 재성이 인성을 파괴하는 연고이다.

이후제

신왕하면 克洩이 마땅하고 신약하면 生助가 마땅한데 이 명조는 신약살왕하니 化殺하는 인성이 용신이다. 그러나 水旺하여 木浮의 형상이며 陰火의 기세가 부족하여 蹇滯될 것이 확실하다. 반드시 厚土와 火運을 만나야 발전할 수 있다. 또한 사주가 한습하면 아들이 없다고 했는데 이 말도 확실치 않다.

乙辛戊丁　庚己戊丁丙乙甲癸
未巳戌巳　辰卯寅丑子亥戌酉

戊土가 巳月에 생하여 주중에 火土가 본래 왕하고 辛金이 나타났으나 無根하고 巳時를 만나 丁火가 홀로 투출하여 辛을 극한다. 局中에 습기가 全無하고 년간의 乙木이 맹렬한 火를 도와 더욱 불만이다. 그런 까닭에 兩妻를 극하고 12명의 자식을 낳았으나 10명이 죽고 후에 2명의 자식이 남았다.

戊癸壬甲　甲乙丙丁戊己庚辛
子亥戌辰　子丑寅卯辰巳午未
壬水가 맹동에 태어나 金이 없어 기쁘다. 식신이 홀로 투출한 까닭에 공부를 작게 성취하는데 甲寅에 입반하였다. 10명의 자식을 두고 모두 길렀으며 처를 刑하지 않은 것은 財가 없는 묘함에 있고 과거에 이롭지 못한 것은 지지에 寅卯가 없기 때문이다. 이 명조가 만약 戊土가 木으로 바뀌었다면 청운의 길을 걸었을 것이다.

이후제

신왕하면 억제하든 설기하든 하나만 써야 하므로 억제하는 관살이 있으면 관살이 용신이고 財가 희신이 되며 洩하는 식상이 있으면 식상이 용신이고 財가 희신이 되는데 재성인 火가 없어 하명이다. 이 명조는 戊土를 取用하고 火土運을 원한다.

庚丙辛辛　丁戊己庚辛壬癸甲
寅戌亥卯　亥子丑寅卯辰巳午
辛金이 戌月에 생하여 인성이 당령하고 또 寅戌이 拱挾하여 丙을 생하므로 천간의 비겁이 아래의 亥水를 生할 수 없고 또 亥卯가 木을 공협하니 사주가 모두 재관을 이룬다. 2처와 4첩이 3자식을 낳았으나 모두 극하였고 12명의 딸을 낳았으나 그 중에 9명을 극하였다. 그런대로 기쁜 것은 秋金이 有氣하여 가업이 넉넉한 것이다.

이후제

戊月 辛金이 劫比가 투간하여 신왕하므로 丙火정관이 용신이고 寅木이 生火하는 희신이다. 木火運을 원한다.

丁丁戊丁　丙乙甲癸壬辛庚己

酉未戌巳　午巳辰卯寅丑子亥

土가 여름에 생하여 인수가 중첩하고 사주에 水氣가 전무하니 조토가 洩火生金할 수 없으므로 3처5자를 극하였다.

丑運에 이르러 습토가 晦火生金하고 또 金局하니 아들 하나를 낳고 길렀다. 이렇게 여러 명조를 보면 식신, 상관으로 자식을 삼는 것이 분명하다. 무릇 자식의 有無는 命中에 일정한 이치가 있고 명중에 오직 다섯 數가 있는데 水一, 火二, 木三, 金四, 土五다.

당령한 것은 배가되고 휴수된 것은 반감되며 가감 이외에도 많은데 선천적으로 타고난 것 때문이다.

辛辛甲丁　庚己戊丁丙乙甲癸

卯卯辰卯　寅丑子亥戌酉申未

이 명조는 春木이 웅장한데 金이 투출하였으나 無根하고 丁火가 투로하여 辛金을 손상하여 기쁘다. 그런 까닭에 己丑, 戊子運 중에 자식을 얻었으나 기르지 못할 뿐만 아니라 재물의 손실도 많았다. 丁亥運은 지지가 木을 공협하고 천간에 火가 나타나 식구와 재물이 함께 늘어났으며 丙戌運은 더욱 좋았으니 5명의 자식을 낳고 가업도 새롭게 늘어났다. 이로써 보면 무릇 팔자의 용신이 곧 자식인 것이다. 만약 용신이 火면 그 자식이 반드시 木火運 중에 있었어야 하고 혹은 木火流年에 얻었어야 한다. 만일 木火運이나 년에 얻은 것이 아니면 반드시 자식의 命中에 木火가 많거나 혹은 木火일주여야 한다. 그렇지 않으면 얻기 어렵거나 불초한 자식이다. 시험해보니 여러 차례 증명되었다. 그러나 命內의 용신이 妻財子祿뿐만 아니라 窮通壽夭가 모두 용신한 자에 정해져 있으니 그것을 소홀히 하겠는가.

父母或隆與或替 歲月所關果非細.

부모가 융성하는 것과 쇠퇴하는 것은 년월에 관계되는 바가 참으로 적지 않다.

父母者 生身之根本 是以歲月所關 知其興替. 如年月官印相生 日時財傷不犯則上叨蔭庇 下受兒榮. 年月官印相生 日時刑傷沖犯 則破蕩祖業 敗壞門風.
부모는 나를 낳은 근본이므로 年月이 관계되는 바를 보면 그 성쇠를 알 수 있다. 가령 年月이 관인상생하고 日時의 財와 상관이 범하지 않으면 위로는 조상의 음덕이 있고 아래로는 자식의 영광이 있으며 年月이 관인상생하고 日時가 刑沖하면 조업을 파하여 허물어뜨리고 집안의 풍습을 파괴한다.

年官月印 月官年印 祖上淸高. 日主喜官 時日逢財 日主喜印 時日逢官 必勝祖强宗. 日主喜官 時日逢傷 日主喜印 時日逢財 必敗祖辱宗. 年財月印 日主喜印 時日逢官印者 知其幇父興家. 年傷月印 日主喜印.時日逢官者 知其父母創業. 年印月財 日主喜印 時上遇官者 知其父母破敗 時日逢印者 知其自創成家. 年官月印 日主喜官 時日逢財 出身富貴 守成之造. 年傷月劫 年印月劫 日主喜財 時日逢財或傷者 出身寒微 創業之命. 年劫月財 日主喜財 遺緖豊盈 日主喜劫 淸高貧寒. 年官月傷 日主喜官 時日逢官 必跨竈 時日遇劫 必破敗. 總之財官印綬在於年月 爲日主之喜 父母不貴亦富 是日主之忌 不貧亦賤. 宜詳察之.
年이 官이고 月에 印이며 月이 官이고 年이 印이면 조상이 淸高하다. 일주가 官을 기뻐하는데 時日에서 財를 만났거나 일주가 印을 기뻐하는데 時日에서

官을 만나면 반드시 조업을 감당하고 조상보다 우월하다.

일주가 官을 기뻐하는데 時日에서 상관을 만나거나 일주가 印을 기뻐하는데 時日에서 財를 만나면 반드시 조업을 패하고 조상을 욕보인다.

年이 財이고 月이 印이며 일주가 印을 기뻐하는데 時日에 官印을 만난 자는 아버지를 도와 집안을 일으킨 것을 알 수 있다.

年이 상관이고 月이 印이며 일주가 印을 기뻐하는데 時日에서 官을 만난 자는 부모가 창업한 것을 알 수 있다.

年이 印이고 月이 財이며 일주가 印을 기뻐하는데 時上에 官을 만난 자는 그 부모가 破敗한 것을 알 수 있고 時日에서 印을 만난 자는 스스로 창업하여 成家한 것을 알 수 있다.

年이 官이고 月이 印이며 일주가 官을 기뻐하는데 時日에서 財를 만나면 출신이 부귀하고 그것을 지킬 수 있는 명조이다.

年이 상관이고 月이 겁재이거나 年이 印이고 月이 겁재이며 일주가 財를 기뻐하는데 시일에서 財나 상관을 만난 자는 출신은 한미하나 창업하는 명조이다.

年이 겁재이고 月이 財인데 일주가 財를 기뻐하면 유업이 많고 일주가 겁재를 기뻐하면 청고하고 빈한하다.

年이 官이고 月이 상관이며 일주가 官을 기뻐하는데 時日에서 官을 만나면 반드시 자식이 아버지보다 더 뛰어나고 時日에서 겁재를 만나면 반드시 破敗한다.

한마디로 財官印이 年月에 있고 일주가 기뻐하는 것이면 부모가 貴하지 않으면 富하고 일주가 꺼리는 것이면 가난하지 않으면 천하다. 자세히 살펴야 마땅하다.

癸乙丙己　甲癸壬辛庚己戊丁
卯丑子丑　子亥戌酉申未午巳

이 명조는 관인이 투출하고 득록하였으며 재성이 장간에 있고 고장에 있어 격국이 과연 아름답다. 丑時 상관이 날뛰고 관성이 退氣이며 일주가 쇠약하여 불만인데 乙木에 전적으로 의지하여 生火하고 官을 보호한다. 년월이 관인상생하니 官家출신인데 亥運에 이르러 입반하고 壬戌運은 水가 통근하지 못하여 깨지고 소모하는 일이 정상이 아니었고 돈을 내고 벼슬에 나아갔으나 바른 법도를 지키지 않았으며 酉運에 이르러 재성이 인성을 파괴하니 마침내 나라의 형벌을 받았다.

이후제

丑月 丙火가 엄동설한에 天地가 凍結되었으니 비겁인 火의 조후가 急先이나 火가 없어 眞神이 없는 것이다. 乙木이 卯木에 有根하여 관인상생하니 용신으로 삼으나 온국하는 火가 없어 불만이다. 木火運을 원하고 酉運은 용신의 뿌리인 卯木을 충파하며 囚獄殺이니 불길하다.

乙丁戊丙　丙乙甲癸壬辛庚己
卯亥午辰　戌酉申未午巳辰卯

戊土가 맹동에 생하여 재성이 旺地에 임하고 官印이 祿에 앉아 쌍청하며 일원이 旺地의 생을 만나 사주가 순수하여 볼만하다. 오행이 生化有情하고 희용신이 모두 정신이 있으므로 行運이 局을 깨트릴 수 없다. 관가출신으로 과거에 연달아 합격하고 5명의 자식을 낳았으며 모두 벼슬에 올랐으니 富貴福壽의 명조이다.

丁辛戊戊　庚己戊丁丙乙甲癸
巳亥子午　戌酉申未午巳辰卯

이 명조는 주중에 3火2土로 旺相한 것 같으나 亥子가 당권하고 인성을 파괴하는 것을 모르는 것이다.

천간의 火土가 허탈하여 그 조상이 대부였으나 아버지 형제들에 이르러 破敗했고 아울러 초운이 서방금지로 흘러 旺水를 생조하므로 반생동안 곤란하고 고통스러웠으며 때를 만나지 못했다.
丁未運에 남방으로 바뀌자 이어서 丙午까지 20년간 사업이 원하는 대로 크게 이루어져 십여만의 재물을 벌었다.

乙辛丙癸　庚己戊丁丙乙甲癸
亥巳辰巳　辰卯寅丑子亥戌酉
이 명조는 승권한 兩祿을 만나고 년간의 인수가 통근하여 보통 推命하는 자는 모두 신왕으로 논하여 재성을 용하므로 名利를 거둘 것이라고 단언할 것이다.
그러나 丙火가 맹하에 생하여 火氣가 나아갈 때이며 년간의 인수는 월간의 재성이 파괴하고 巳亥가 상충하여 祿이 파괴되어 火가 제거되므로 金水가 도리어 生扶를 만나고 木火는 失勢하였다.
또 좌하의 辰土가 일주의 原神을 훔치고 시간의 癸水가 개두하여 巳火 역시 손상되니 반드시 신약으로 추론해야 하고 당연히 巳火가 用이 된다. 초운은 동방 木地가 되니 유업이 풍요로운 출신이었으나 丑運에 生金하고 洩火하니 이상하게 형벌과 소모가 있었으며 丙子는 火가 통근하지 못하고 관성이 득지하니 깨지고 소모가 많았다. 가업이 십중팔구가 없어지고 부부가 다 사망하였다.

弟兄誰廢與誰興 提用財神看重輕.

형제 중에 누가 쇠퇴하고 누가 흥하는가 하는 것은 재성을 쓰는 경중을 보라.

比肩爲兄 敗財爲弟 祿刃亦同此論. 如殺旺無食 殺重無印 得敗財合殺 必得弟力 殺旺食輕 印弱逢財 得比肩敵殺 必得兄力. 官輕傷重 比劫生傷 制殺太過 比劫助食 必遭兄弟之累. 財輕劫重 印綬制傷 不免司馬之憂 財官失勢 劫

刃肆逞 恐有周公之慮.
비견은 형이 되고 겁재는 아우가 되고 祿刃 역시 이와 같이 논한다. 가령 殺旺하고 식신이 없거나 殺이 重하고 印이 없는데 겁재가 合殺하면 반드시 아우의 힘을 얻게 되고 殺旺하고 식신이 輕하며 印이 약하고 財를 만났는데 비견이 殺을 대적하면 반드시 형의 힘을 얻는다. 官이 輕하고 상관이 重하며 비겁이 상관을 생하여 제살태과인데 비겁이 식신을 도우면 반드시 형제로 인하여 피곤함을 당한다. 財가 輕하고 겁재가 重한데 인수가 상관을 억제하면 가난함을 면하지 못하고 財官이 失勢하고 겁재와 양인이 날뛰면 형제간의 不和가 두렵다.

財生殺黨 比劫幇身 大被可以同眠. 殺重無印 主衰傷伏 鴒原能無興歎. 殺旺印伏 比肩無氣 弟雖敬而兄必衰 官旺印輕 財星得氣 兄雖愛而弟無成. 日主雖衰 印旺月提. 兄弟成羣 身旺逢梟 劫重無官 獨自主持. 財輕劫重 食傷化劫 可無斗粟尺布之謠. 財輕遇劫 官星明顯 不作煮豆然萁之詠. 梟比重逢 財輕殺伏 未免折翼之悲啼. 主衰有印 財星逢劫 反許棠棣之競秀. 不論提綱之喜忌 全憑日主之愛憎 審察宜精 斷無不驗.
財가 殺의 무리를 생하는데 비겁이 幇身하면 형제간에 큰 이불을 함께 덮고 잠잘 수 있다. 殺이 重하고 印이 없는데 일주가 衰하고 상관이 장간에 있으면 어려운 형제를 도울 수 있는 興하는 형제가 없다. 殺旺하고 印이 장간에 있는데 비견이 無氣하면 아우가 비록 공경하나 형이 반드시 쇠퇴하고 官旺하고 印이 輕한데 재성이 得氣하면 형이 비록 사랑하나 아우가 이루는 게 없다.
일주가 비록 쇠약하나 인수가 왕한 月令이면 형제가 많고 신왕한데 편인을 만나고 겁재가 重한데 官이 없으면 혼자 주관한다.
財가 輕하고 겁재가 重한데 식상이 겁재를 化하면 형제간의 불화가 없다. 財가 輕하고 겁재를 만났는데 관성이 있으면 콩을 삶는데 콩깍지를 태우는 詩를 만들지 않고 효신과 비견이 重한데 財가 輕하고 殺이 장간에 있으면 날개가 꺾여 슬프게 우는 것을 면하지 못한다. 일주가 衰하고 印이 있는데 재성이 겁재를 만나면 도리어 형제가 뛰어나다.

提綱의 희기를 논하지 않고 전적으로 일주의 희기에 따르는 것이니 마땅히 정밀하게 살피면 결코 증명되지 않음이 없다.

丁壬丙丁　辛庚己戊丁丙乙甲
亥寅子酉　丑子亥戌酉申未午

丙火가 春初에 생하여 火의 모양이 기세가 있다고 말하나 왕으로 논하지 않는다.

월간의 壬水가 통근하고 亥子의 왕한 殺이 억제가 없는데 丁壬, 寅亥가 합하여 印이 되어 기쁘고 難局이 은혜롭게 되었다.

時支의 재성은 生官하며 인성을 파괴하나 또 丁火가 개두하여 木을 극할 수 없다. 까닭에 형제 7인이 모두 공부를 하였으며 형은 사랑하고 동생은 공경하였다.

癸戊丙庚　丁丙乙甲癸壬辛庚
巳午午寅　巳辰卯寅丑子亥戌

이 명조는 양인이 당권하고 또 생왕을 만났는데 더욱 불만인 것은 戊癸가 합하여 化火하고 財가 겁재의 무리에 겁탈되는 것이다.

형제 6인이 모두 쓸모있는 사람이 되지 못하고 참기 어려운 피해를 당했다. 한마디로 劫刃이 태왕하고 재관이 無氣하니 도리어 형제가 적고 설령 있어도 없는 것만 못하다.

그러나 관살이 太旺해도 역시 서로 싸우므로 반드시 身과 財가 함께 왕하고 官印이 통근해야 우애가 두텁다.

2. 富貴貧賤吉凶壽夭

何知其人富 財氣通門戶.

그 사람의 부를 어찌 아는가? 재성의 기가 문호을 통한 것이다.

財旺身旺無官者 必要有食傷 身旺財旺無食傷者 必須有官有殺. 身旺印旺食傷輕者 財星得局 身旺官衰印綬重者 財星當令. 身旺劫旺無財印而有食傷者 身弱財重無官印而有比劫者 皆財氣通門戶也. 財卽是妻 可以通論也. 若淸則妻美 濁則家富. 其理雖正 尙未深論也.

재왕하고 신왕한데 官이 없는 자는 반드시 식상이 있어야 하고 신왕재왕한데 식상이 없는 자는 반드시 官殺이 있어야 한다.

신왕하고 인성이 旺한데 식상이 輕한 자는 재성이 得局해야 하고 신왕하고 官이 쇠약한데 인성이 重한 자는 재성이 당령해야 한다.

신왕하고 겁재가 旺한데 財印이 없고 식상이 있는 자와 신약하고 재성이 重한데 官印이 없고 비겁이 있는 자는 모두 재성의 氣가 문호를 통한 것이다.

財가 곧 처라는 것은 통론이라고 할 수 있고 만약 財가 淸하면 처가 아름답고 濁하면 집이 부유하다. 그 이치가 비록 올바르나 또한 깊이 있는 이론은 아니다.

如身旺有印 官星洩氣 四柱不見食傷 用財星生官 無食傷則財星亦淺 主妻美而財薄也. 身旺無印 官弱逢傷 得財星化傷生官 財亦通根 官亦得助 不特妻美而且富厚. 身旺官弱 食傷重見 財星不與官通 家雖富而妻必陋也. 身旺無官食傷有氣 財星不與劫連 無印而妻財並美 有印則財旺妻傷. 此四者宜細究之.

가령 신왕하고 印이 있어 관성이 설기되는데 사주에 식상이 없으면 재성을 써서 官을 생해야 하나 식상이 없으면 재성 역시 약하므로 처가 아름다우나 재물이 박하다. 신왕하고 印이 없으며 官이 약한데 상관을 만나면 재성이 상관을 化하여 관을 생해야 하는데 재성이 통근하면 官 또한 도움을 얻으니 처가 아름다울 뿐만 아니라 재물도 많다. 신왕관약하고 식상을 거듭 만났는데 재성이 官과 통관하지 못하면 집은 비록 富할지라도 처가 반드시 볼품이 없다.
신왕하고 官이 없으며 식상이 有氣한데 재성이 겁재와 연접하지 않고 印이 없으면 처와 재물이 함께 아름답고 印이 있으면 재물은 왕성하나 처가 해롭다. 이 네 가지는 자세히 연구해야 마땅하다.

甲丙壬辛　丁戊己庚辛壬癸甲
申子寅亥　丑寅卯辰巳午未申
壬水가 중동에 태어나 양인이 당권하고 년월의 木火가 無根하고 일지의 식신이 충파되어 보통인 것 같다. 그러나 寅日에 亥時가 木火의 生地로 기쁘고 寅亥合으로 木火의 氣가 점점 더 강해지며 子申이 합하여 식신이 도리어 生扶를 만나니 소위 財氣가 문호에 통한 것으로 富가 백여만이었다. 무릇 거부의 命은 재성이 많지 않고 다만 生化有情을 요하는데 이것이 곧 財氣通門戶이다.
만약 財가 왕지에 임하였으면 마땅히 官을 보지 말아야 하고 일주가 실령하였으면 비겁의 도움이 필요한데 그래야 아름답게 된다.

壬丙癸戊　丁戊己庚辛壬癸甲
申午亥午　未申酉戌亥子丑寅
癸水가 중하에 생하여 또 午時를 만나니 재관이 태왕한데 일원이 득지하여 기쁘고 년간의 겁재가 장생에 앉아 더욱 묘하다. 재성이 有氣하고 木이 없어 水가 설기되지 않으며 火를 돕지 않아 더욱 부럽다. 壬水를 用하는데 또한 運이 서북으로 흘러 金水가 득지하므로 유업이 넉넉하지 않으나 스스로 창업하여 수십만을 모았으며 1처4첩에 8명의 자식을 두었다.

何知其人貴. 官星有理會.

그 사람의 귀를 어찌 아는가? 관성을 깨달아 아는데 있다.

身旺官弱 財能生官 官旺身弱 官能生印. 印旺官衰 財能壞印 印衰官旺 財星不現. 劫重財輕 官能去劫 財星壞印 官能生印. 用官 官藏財亦藏 用印 印露官亦露者. 皆官星有理會. 所以貴顯也.

身旺하고 官이 弱하면 財가 官을 생해야 하고 官이 旺하고 身弱하면 官이 印을 생해야 한다. 印이 旺하고 官이 衰하면 財가 印을 파괴해야 하고 印이 衰하고 官이 旺하면 재성이 나타나면 안 된다. 겁재가 重하고 財가 輕하면 官이 겁재를 제거해야 하고 재성이 印을 파괴하면 官이 印을 생해야 한다.

官을 쓰는데 官이 암장되었으면 財 역시 암장되어야 하며 印을 쓰는데 印이 드러났으면 官 역시 드러나야 하는데 모두 관성의 이치가 맞으므로 귀하게 된다.

如身旺官旺印亦旺 格局最淸 而四柱食傷 一點不混 財星又不出現 官星之情依乎印 印之情依乎日主. 只生得一箇本身 所以有官無子也. 縱使稍雜食傷亦被印星所克 子亦艱難. 如身旺官旺印弱 食傷暗藏 不傷官星 不受印星所克自然貴而有子. 必身旺官衰 食傷有氣 有印而財能壞印 無財而暗成財局 不貴而子多必富. 如身旺官衰 食傷旺而無財 有子必貧. 如身弱官旺 食傷旺而無印 貧而無子. 或有印逢財 亦同此論.

만약 身旺官旺하고 印 또한 旺하면 격국이 매우 淸한데 사주에 식상이 하나도 섞이지 않고 재성 또한 나타나지 않았으면 관성의 정은 印에게 의지하고 印의 정은 일주에 의지한다.

다만 한 개를 얻어 本身을 생하면 관은 있어도 자식이 없고 설령 약간 뒤섞인 식상일지라도 또한 인성에게 극을 당하면 자식 또한 힘들고 고생한다.

가령 身旺官旺하고 印이 약한데 식상이 암장되었으면 관성이 傷하지 않고 인성의 극을 받지 않으므로 자연히 귀하게 되고 자식도 있다. 身旺官衰하고 식상이 有氣한데 印이 있으면 財가 印을 파괴해야 하고 財가 없고 보이지 않게 財局을 이루면 貴하지 않으나 자식은 많고 반드시 富하다. 만일 身旺官衰하고 식상이 旺하나 財가 없으면 자식은 있으나 반드시 가난하다. 가령 身弱官旺하고 식상이 旺하나 印이 없으면 가난하고 자식도 없다. 혹은 印이 있는데 財를 만나도 역시 이와 같이 논한다.

癸癸丁辛　壬辛庚己戊丁丙乙
卯亥卯亥　戌酉申未午巳辰卯
이 명조는 관살이 승권하여 원래 두려우나 지지에 印局을 껴안아 공교롭게도 배양하여 水勢를 유통하므로 관성의 이치가 맞게 되어 기쁘다. 그러나 초운이 庚申, 辛酉로 殺을 생하고 인성을 파괴하니 名利가 곤궁하였으나 己未運에 지지가 印局이 되고 천간에 식신이 투출하여 벼슬이 올라 상서가 되었다. 그리하여 그 命이 있으면 반드시 그 運을 만나야 하고 만약 그 運을 만나지 못하면 일개 寒儒인 것이다.

癸丁丙壬　丙乙甲癸壬辛庚己
酉巳午辰　辰卯寅丑子亥戌酉
丙火가 맹하에 생하고 祿旺에 앉았는데 巳酉가 金을 껴안아 財生官하고 官이 겁재를 억제하여 기쁜데 시간에 壬水가 투간하여 관성을 도와 旣濟를 이루므로 더욱 묘하다.
삽십이 지나 運이 북방수지로 흐르니 과거에 급제하고 名利가 모두 빛났다. 관살혼잡이 불만이라고 하지마라. 신왕하면 관살혼잡이 필요하고 발전하는 것이다.

甲丙辛己　丁戊己庚辛壬癸甲
午寅酉丑　卯辰巳午未申酉戌

이 명조는 財가 旺地에 있고 官이 장생을 만났는데 일주가 록에 앉고 인수가 통근하여 천간 네 자가 지지에 모두 祿旺에 임했다. 水가 없어 淸하고 순수하며 춘금이 비록 약하나 時에 통근한 인성이 용신이니 기쁘다. 庚運은 幇身하니 癸酉年에 등과하고 午運은 殺旺하여 病으로 고생하고 辛運 己卯年에 과거에 합격하여 사림에 들어갔으며 뒤의 운이 金水가 방신하므로 벼슬길을 한정할 수 없다.

乙辛庚甲　庚己戊丁丙乙甲癸
巳巳辰申　辰卯寅丑子亥戌酉

庚金이 입하 후5일에 태어나 土가 당령하고 火가 사령하지 못하였으며 庚金이 生에 앉아 實하고 또 辰과 申의 生扶가 並旺하므로 身强殺淺하다. 불만인 것은 財가 無根하고 겁재를 만난 까닭에 출신이 한미한 것이다.

丁運으로 바뀌자 관성의 원신이 드러나고 戊寅, 己卯 兩年에 재성이 득지하며 희용신이 함께 오니 과거에 연달아 급제하였고 또 사림에 들었다. 서에 이르되 殺이 권력이 되는 것은 보잘 것 없는 집안에 귀한 자가 나타난다고 했는데 이것을 말한다.

何知其人貧. 財神反不眞.

그 사람이 가난함을 어떻게 아는가? 재성이 배반하고 참되지 못한 것이다.

財神不眞者有九. 如財重而食傷多者 一不眞也 財輕喜食傷 而印旺者 二不眞也 財輕劫重 食傷不現 三不眞也. 財多喜劫 官星制劫 四不眞也 喜印而財星壞印 五不眞也 忌印而財星生官 六不眞也. 喜財而財合閑神而化者 七不眞也. 忌

財而財合閑神化財者 八不眞也 官殺旺而喜印 財星得局者 九不眞也. 此九者財神不眞之正理也. 然貧者多而富者少. 故貧有幾等之貧 富有幾等之富 不可蓋定. 有貧而貴者 有貧而正者 有貧而賤者. 宜分辨之.

재성이 참되지 못한 것이 아홉 가지가 있다.

가령 財가 重한데 식상이 많은 것이 첫 번째 참되지 못한 것이고 財가 輕하여 식상을 기뻐하는데 인성이 旺한 것은 두 번째 참되지 못한 것이며 財가 輕하고 겁재가 重한데 식상이 없는 것이 세 번째 참되지 못한 것이다.

財가 많아 겁재를 기뻐하는데 관성이 겁재를 억제하면 네 번째 참되지 못한 것이고 인성을 기뻐하는데 財가 인성을 파괴하면 다섯 번째 참되지 못한 것이며 인성을 꺼리는데 財가 관성을 생하면 여섯 번째 참되지 못한 것이다.

財를 기뻐하는데 財가 한신과 합하여 변하는 것은 일곱 번째 참되지 못한 것이고 財를 꺼리는데 財가 한신과 합하여 財로 변하는 것은 여덟 번째 참되지 못한 것이며 관살이 旺하여 印을 기뻐하는데 재성이 得局한 것은 아홉 번째 참되지 못한 것이다.

이 아홉 가지가 재성이 참되지 못한 바른 이치이다. 그리하여 가난한 자가 많고 부자가 적다. 그러므로 본래 가난에도 몇 등급의 가난이 있고 부자에도 몇 등급의 부자가 있으니 대략 정하는 것은 불가하다.

가난하나 귀한 자가 있고 가난하나 올바른 자가 있으며 가난하고 천한 자가 있으니 마땅히 분별하여야 한다.

如財輕官衰逢食傷 而見印綬者. 或喜印 財星壞印 得官星解者 此貴而貧也. 官殺旺而身弱 財星生助官殺 有印則一衿易得 無印則老於儒冠 此淸貧之格所爲皆正也. 財多而心志必欲貪之 官旺而心事必欲求之. 非合而合 不從而從合之不化 從之不眞 此等之命 見富貴而生諂容 遇財利而忘恩義 謂貧而賤也. 卽僥倖致富 亦不足貴. 凡敗業破家之命 初看似乎佳美. 非財官雙美 卽干支

雙淸 非殺印相生 卽財臨旺地. 不知財官雖可養命榮身 必先要日主旺相 方能任其財官. 若太過不及 皆爲不眞 能散能耗則有之 終不能致富貴也. 此等格局最多 難以枚擧 宜細究之.

가령 財輕官衰한데 식상을 만나고 인성을 만난 자와 혹은 인성을 기뻐하는데 財가 인성을 파괴할 때 관성의 화해를 얻은 자는 귀하나 가난하다. 官殺이 왕하고 신약한데 財가 관살을 생조하고 인성이 있으면 초시에 쉽게 합격할 수 있으나 인성이 없으면 늙도록 벼슬이 없는 선비이니 이것은 청빈한 格으로 하는 일은 모두 바르다.

財가 많으면 마음에 품은 뜻은 반드시 재물을 탐하는 욕망이 있고 官旺하면 마음에 생각하는 일은 반드시 관을 구하고자 하는 욕구가 있다.

合을 하지 않아야 하는데 合하고 從하지 말아야 하는데 從하며 合이 不化하고 從이 참되지 않은 이러한 명조는 부귀를 보면 아첨하고 재물과 이익을 보면 은혜와 의리를 잊으니 일컬어 가난하고 천하다고 한다. 만약 요행으로 돈을 벌어 부자가 되어도 역시 貴가 부족하다.

무릇 업을 패하고 가정을 破하는 命은 처음 보면 아름다운 것 같다. 재관쌍미가 곧 干支가 쌍청한 것이 아니고 살인상생이 곧 財가 旺地에 있는 것이 아니다. 재관이 비록 養命하고 一身을 영화롭게 하나 반드시 먼저 일주가 旺相해야 그 財官을 감당할 수 있는 것을 모르는 것이다. 만약 태과하거나 불급하면 모두 참되지 못한 것으로 재물이 흩어지고 없어지니 결국 부귀에 이를 수 없다. 이러한 격국이 매우 많아 낱낱이 들어 말하기 어려우니 자세히 연구해야 마땅하다.

壬戊戊辛　己庚辛壬癸甲乙丙
子申戌酉　酉戌亥子丑寅卯辰

戊土가 맹추에 태어나 지지가 서방으로 秀氣流行하여 격국이 본래 아름다우므로 大富 출신이다. 불만스러운 것은 년간의 壬水가 會局에 통근하여 재성이 도리어 참되지 못하고 아울러 運이 서북 金水地로 흐르는 것이다. 까닭에 재물을 가볍게 여기고 義를 중시하므로 재물은 많이 없어졌으나 戌運에 입반하고 자식을 얻었으며 辛亥, 壬子運에는 가난을 견뎌내지 못했다.

癸甲丁己　癸壬辛庚己戊丁丙
卯寅巳酉　丑子亥戌酉申未午

이 명조는 財는 암장되고 殺은 드러나 살인상생하며 또한 접속상생으로 귀격과 닮아 조업이 십 수만이었다.

년간의 殺이 無根하여 그 뛰어난 광채가 인수에게 모두 설기되어 없어지니 癸水를 쓸 수 없는 것이 분명하고 반드시 酉金 財를 用한다. 土가 개두되어 유정한 것 같으나 木은 왕하고 土가 허하며 火가 생을 만나 巳酉가 회합하지 못하므로 財가 참되지 못하다. 壬子運에 洩金生木하니 敗하여 진흙땅이 되었고 亥運에 이르러 인성이 장생을 만나니 결국 굶어 죽었다.

이후제

초춘의 丁火가 木旺하여 기세가 충분하지 못하므로 巳火가 도움이 되고 식신생재를 이룬다. 년간의 癸水는 旺木을 생하는 허물이 있으나 건조한 국세를 윤습하는 功이 있으니 조상의 음덕이 있다. 전체적으로 인성인 木이 왕하여 근심이니 재성인 金運이 가장 좋고 水木運은 나쁘고 火土運은 해롭지 않은데 亥水運은 巳火를 충파하여 木多火熄이 되므로 대흉하다. 이 명조는 巳火에 요점이 있다.

庚壬丙庚　癸甲乙丙丁戊己庚
午午寅寅　未申酉戌亥子丑寅

이것은 여름의 火가 金을 만나 財가 약한 殺을 돕고 兩 지지가 섞이지 않아 殺

印이 雙淸하여 名利가 모두 온전한 것 같으나 지지가 木火로 金水가 실리지 못하여 아무 소용이 없음을 모르는 것이다. 火를 억제하지 못할 뿐만 아니라 도리어 재성의 氣를 설하고 여름의 庚金이 敗絶地이므로 財가 부진한 것을 알 수 있다. 癸未, 甲申, 乙酉運은 土金地이니 의식이 풍족했으나 丙戌로 바뀌자 지지가 火局이 되어 처자식을 고생시키고 수만의 가업이 이상하게 깨지고 없어졌으며 모든 일이 허사가 되었다. 丁亥運에 壬寅을 합하여 木으로 변하니 외로움과 고생을 참기 어려웠으며 죽고 말았다.

乙乙庚壬　甲癸壬辛庚己戊丁
卯酉寅午　申未午巳辰卯寅丑
秋金이 승령하고 재관이 병왕하며 식신이 吐秀하니 크게 보면 부귀한 명이다. 그러나 재성이 태중하고 관성이 합국하니 일주가 도리어 약하여 재관을 감당하지 못한다. 전적으로 劫刃의 도움에 의지하는데 卯의 冲과 午에게 극을 당하고 시간의 壬水가 火를 극할 수 없으며 도리어 일원의 氣를 설하므로 재성이 부진하다. 초운 甲申에 祿旺이니 입반하였으나 그 후 運이 남방으로 흐르므로 가난함을 견디기 어려웠다.

辛丙癸庚　乙甲癸壬辛庚己戊
丑申巳申　未午巳辰卯寅丑子
이것은 재성이 록에 앉고 하나의 殺이 홀로 청하여 아름다운 것 같으나 불만인 것은 인성이 太重하고 丑土가 生金하며 火를 설하는 것이다. 丙辛이 합하여 水로 변하니 財가 겁재가 되고 兩申이 巳와 합하니 財가 더욱 부진하다. 초운 乙未, 甲午에 木火가 병왕하니 조업이 꽤 풍족했으나 癸巳로 바뀌자 모두 申을 좇아 합하니 한번 패하여 잿더미가 되었고 결국 거지가 되었다.

庚乙丁乙　丙丁戊己庚辛壬癸
辰酉丑巳　戌亥子丑寅卯辰巳

丁火일원이 時에 旺地를 만나고 양인이 生身하여 火는 기세가 있고 金은 중첩되었으니 富格인것 같으나 월간의 乙木은 庚을 좇아 변하고 지지가 金局으로 사주가 모두 財이니 도리어 부진한 것을 모르는 것이다. 조업은 역시 풍족하였고 초운 丙戌, 丁亥는 비겁이 방신하므로 재물이 마음과 같았고 戊子, 己丑運에 生金하고 火를 설기하니 재물은 흩어지고 사람은 떠나갔으며 결국 굶어서 얼어 죽었다.

何知其人賤 官星還不見.

그 사람이 천한지 어떻게 알 수 있는가. 관성이 도리어 보이지 않는 것이다.

富貴之中 未嘗無賤 貧賤之中 未嘗無貴 賤之一字 不易知也. 如身弱官旺 不用印綬化之 反以傷官强制 如身弱印輕 不以官星生印 反以財星壞印 如財重身輕 不以比劫幇身 反忌比劫奪財 合此格者 忘却聖賢明訓 不思祖父積德. 以致災生不測 殃及子孫. 如身弱印輕 官旺無財 或身旺官弱 財星不現 合此格者 處貧因不改其節 遇富貴不易其志 非理不行 非義不取. 故知貪富貴而戀金谷者 竟遭一時之顯戮 樂簞瓢而甘敝緼者 終受千載之令名. 是以有三等官星不見之理. 如官輕印重而身旺 或官重印輕而身弱 或官印兩平 而日主休囚者 此上等官星不見也. 如官輕劫重無財 或官殺重無印 或財輕劫重官伏者 此中等官星不見也. 如官旺喜印 財星壞印 或官殺重無印 食傷强制 或官多忌財財星得局 或喜官星 而官星合他神化傷者 或忌官星 他神合官星又化官者 此下等官星不見也. 細究之 不但貴賤分明. 而賢不肖亦了然矣.
부귀 중에 천함이 없다고 말할 수 없고 빈천 중에 귀함이 없다고 말할 수 없으니 천이라는 한 字를 알기가 쉽지 않다.

가령 신약하고 官旺한데 印을 써서 化하지 못하고 도리어 상관으로 억제하거나 가령 신약하고 印이 輕한데 관성으로 印을 생하지 않고 도리어 財가 印을 파괴하거나 가령 財가 重하고 身이 輕한데 비겁으로 幇身하지 못하고 도리어 비겁이 탈재하는 것을 꺼리는 것 등의 모든 이런 격들은 성현의 가르침을 망각하고 조상이 쌓은 덕을 생각지 않으므로 재앙이 예측할 수 없이 발생하고 재앙이 자손에게 까지 미친다.

만약 身弱하고 印이 輕한데 관왕하고 財가 없거나 혹은 身旺하고 官이 약한데 財가 나타나지 못한 이러한 격들은 빈곤에 처해도 절개를 지키고 부귀를 만나도 그 뜻을 바꾸지 않으며 도리가 아니면 행하지 않고 義가 아니면 취하지 않는다.

그러므로 부귀를 탐하고 그런 생활을 그리워하는 자는 결국 죽임을 당하게 되고 한 주먹의 밥을 즐거워하고 해진 옷도 만족하는 자는 결국 천년동안 좋은 명성을 얻게 되는 것을 알아야 한다.

그래서 관성이 보이지 않는 이치가 세 등급이 있다.

만약 官이 輕하고 印이 重한데 身旺하거나 혹은 官이 重하고 印이 輕한데 身弱하거나 혹은 官印이 평등한데 일주가 휴수된 자는 上等의 官星不見이다.

만약 官이 輕하고 겁재가 重한데 財가 없거나 혹은 관살이 重한데 印이 없거나 혹은 財가 輕하고 겁재가 重한데 官이 암장되어 있으면 이는 中等의 官星不見이다.

만약 官이 旺하여 印을 기뻐하는데 財가 印을 파괴하거나 혹은 관살이 重하고 印이 없는데 식상이 억제하거나 혹은 官이 많아 財를 꺼리는데 財가 得局하였거나 혹은 관성을 기뻐하는데 관성이 他神과 합하여 상관이 되었거나 혹은 관성을 꺼리는데 他神이 관성을 합하여 다시 관성이 된 자는 下等의 官星不見이다.

자세히 연구하면 귀천이 분명할 뿐만 아니라 어질고 불초한 것 역시 분명해진다.

丁壬丁甲　辛庚己戊丁丙乙甲
丑子亥辰　亥戌酉申未午巳辰

丁火가 중동에 태어나 천간에 壬水가 투출하고 지지가 亥子丑 북방이니 관성이 극왕한데 辰은 습토로 制水할 수 없고 도리어 火를 설한다. 일주가 허약하나 甲木이 시들고 메말라 스스로 돌아볼 겨를이 없고 또 濕木이니 기세가 없는 火를 생할 수 없다.

이른바 청고한 象이고 관성이 도리어 부진하나 金이 없어 기쁘고 기세가 청순하다. 그 사람의 학문이 깊고 순수하였으며 처세에 구차함이 없고 아이들을 가르치며 세월을 보냈는데 고생스러워도 청빈함을 지켰으니 상등의 관성불견이다.

丙庚丙壬　辛壬癸甲乙丙丁戊
辰寅午辰　卯辰巳午未申酉戌

이 명조는 財가 절지이며 無根하고 官 또한 無氣하다. 겸하여 운이 東南地로 흐르니 유년에 아버지가 죽고 再嫁하는 모친에 의지하였다. 수년 후에 모친이 죽고 소를 키우며 세월을 보냈으며 조금 자라자 품팔이 노동일을 하였다. 후에 양쪽 눈을 실명하여 품팔이도 할 수 없게 되어 거지가 되고 말았다.

丁甲辛癸　癸壬辛庚己戊丁丙
卯辰亥巳　卯寅丑子亥戌酉申

늦봄에 火를 만났으니 인성을 써서 化殺해야 이치가 마땅한데 재성이 인성을 파괴한다. 癸水가 丁을 극하며 亥水가 巳를 충하니 제살이 유정한 것 같으나 봄의 水는 휴수되고 木火가 병왕하여 火를 극하지 못할 뿐만 아니라 도리어

生木洩金하는 것을 모르는 것이다. 재관이 본래 영화롭게 하나 일주가 감당할 수 없으므로 비록 마음에 품은 뜻은 반드시 재관을 구하고자 하나 역시 무슨 이득이 있겠는가.

출신이 본래 미천하고 초년에 이원에서 공부하였으나 후에 발성에 장애가 생겨 관리의 수행원이 되었다. 사람이 지극히 영리하고 또 비위를 잘 맞춰 관리를 따라다닌 지 수년 만에 재물을 모아 주인을 배반하고 마침내 돈을 내고 종9품의 벼슬을 하였다.

위세를 부려 재물을 모으고 못하는 일이 없더니 후에 죄를 범하여 면직되었으며 전과 다름없이 실의에 빠졌다.

이후제

신약하여 재관이 나의 소유물이 아니고 식상도 나의 氣를 盜洩하므로 기신이다. 인성과 비겁의 生助에 의지해야 하나 비겁은 없고 월지의 辰土인성은 木의 여기이며 卯辰으로 土보다 木의 情이 더 강하여 전적으로 의지할 수 없고 生身하는 힘이 약하다.

따라서 土金運을 원하고 辛丑庚運을 만나 발전하나 子運은 金이 死하고 그나마 의지하던 辰과 半水局하므로 흉하다.

何知其人吉. 喜神爲輔弼.

그 사람이 길함을 어떻게 알 수 있는가? 희신이 보필하는 것이다.

喜神者 輔用助主之神也. 凡八字必要有喜神 則用神有勢 一生有吉無凶. 故喜神乃吉神也. 若柱中有用神而無喜神 歲運不逢忌神無害 一遇忌神必凶. 如戊土生於寅月 以寅中甲木爲用神 忌神必是庚辛申酉之金 日主元神厚者 以壬癸亥子爲喜神 則金見水而貪生 不來克木矣. 日主元神薄者 以丙丁巳午爲喜神 則金見火而畏 亦不來克木矣. 如身弱以寅中丙火爲用神 喜天干透出 以

水爲忌神 以比劫爲喜神.

희신은 용신을 보좌하고 일주를 돕는 신이다. 무릇 팔자에 필요한 희신이 있으면 용신이 세력이 있으니 일생이 길하고 흉이 없다. 그러므로 희신이 길신이다.

만약 주중에 용신이 있고 희신이 없으면 세운에서 기신을 만나지 않으면 해가 없으나 한번이라도 기신을 만나면 반드시 흉하다.

가령 戊土가 寅月에 생하고 寅中甲木으로써 용신을 삼으면 기신은 반드시 庚辛申酉金이니 일주의 원신이 厚한 자는 壬癸亥子로써 희신을 삼으면 金이 水를 만나 생을 탐하여 木을 극하지 않고 일주의 원신이 薄한 자는 丙丁巳午로써 희신을 삼으면 金이 火를 만나 두려워하므로 木을 극하지 않는다.

만약 身弱하고 寅中丙火로써 용신을 삼으면 천간에 투출해야 기쁘고 水로써 기신을 삼으며 비겁으로써 희신을 삼는다.

所以用官用印有別. 用官者 身旺可以財爲喜神. 用印者 身弱有官 而後用劫爲喜神 使其劫去財星 則印綬不傷 官星無助之意也. 如原局有用神無喜神 而用神得時秉令 氣象雄壯 大勢堅固 四柱安和 用神緊貼 不爭不妒者 卽遇忌神亦不爲凶. 如原局無喜神 有忌神 或暗伏或出現. 或與用神緊貼 或爭或妒 或用神不當令 或歲運引出忌神 助起忌神 譬之國家有內間 私通外寇 兩來挾攻其凶立見. 論土如此 餘可類推.

까닭에 官을 쓰거나 印을 쓰는 것은 구별이 있다.

官을 쓰는 자는 신왕하면 財로써 희신을 삼을 수 있고 印을 쓰는 자는 身弱하고 官이 있으면 겁재로써 희신을 삼고 그 겁재로 하여금 재성을 제거하면 인수를 해치지 못하고 관성을 도울 수 없다.

만약 원국에 용신이 있고 희신이 없는데 용신이 득시병령했거나 氣象이 웅장하거나 형세가 견고하거나 사주가 편안하고 조화로우며 용신이 가까이 붙어있거나 서로 다투지 않고 시기하지 않는 자는 기신을 만나도 또한 흉하지 않다.

만약 원국에 희신이 없고 기신이 있으며 혹은 암장되었거나 출현되고 혹은 용신과 가까이 붙어 있으며 혹 다투거나 시기하며 혹은 용신이 당령하지 못했거나 혹은 세운이 기신을 인출하거나 기신을 돕는 것은 비유하면 나라의 안에 간첩이 있어 밖의 적과 사통하여 양면에서 협공하여 오는 것과 같이 그 흉함이 드러난다.

土를 논함이 이와 같으니 나머지도 유추할 수 있다.

甲丙戊己　丁戊己庚辛壬癸甲

子寅寅未　卯辰巳午未申酉戌

春初에 土가 허한데 왕한 殺이 財를 만났으니 丙火로 용신을 삼는다. 財와 印이 서로 떨어져 있고 생하고 생함이 어그러지지 않아 기쁘다. 더욱 묘한 것은 未時가 방신하는 희신이 되어 사주가 순수하고 主從이 마땅함을 얻었다. 까닭에 일찍 과거에 오르고 일생이 길하고 흉함이 없었으며 벼슬이 관찰에 이르렀다. 후에 물러나 고향으로 돌아와 한가롭게 지냈다. 6명의 자식을 두었는데 모두 등과하였고 부부금슬이 좋았으며 수명은 팔순을 넘겼다.

丙己庚戊　庚辛壬癸甲乙丙丁

申亥辰寅　子丑寅卯辰巳午未

이것은 寒金이 火를 기뻐하는데 시지 寅木의 생을 만나 火의 기세가 있다. 그러나 財殺을 쓰면 반드시 먼저 신왕해야 하는데 묘하게 年支의 록에 앉고 3개의 인성이 일간에 가까이 붙어 있다.

더욱 묘한 것은 亥水가 당권하여 申金이 貪生忘冲하는 것이다.

火가 없으면 土凍金寒하고 木이 없으면 水旺火虛하나 火로 用을 삼고 木으로 희신을 삼으니 木火 兩字 中에 하나라도 없으면 안 된다. 까닭에 평생 동안 흉함이 없고 험함도 없었으며 과거에 급제하여 벼슬길에도 파란이 없었고 후사가 아름답게 이어졌으며 수명은 팔순을 넘겼다.

何知其人凶. 忌神輾轉攻.

그 사람이 흉함을 어떻게 아는가? 기신이 이리저리 공격하는 것이다.

忌神者 損害體用之神也. 故八字先要有喜神 則忌神無勢. 以忌神爲病 以喜神爲藥 有病有藥則吉 有病無藥則凶. 一生吉少凶多者. 皆忌神得勢之故耳.

기신은 체용을 손상하고 해치는 神이다. 그러므로 팔자에는 먼저 희신이 있어야 하고 기신의 세력이 없어야 한다.

기신으로써 病을 삼고 희신으로써 藥을 삼으니 病이 있으면 藥이 있어야 길하고 病이 있는데 藥이 없으면 흉하다.

일생에 길함이 적고 흉함이 많은 자는 다 기신이 득세한 연고이다.

如寅月生人 不用甲木而用戊土 則甲木爲當令之忌神 看日主之意向 或喜火以化之 或用金以制之 安頓得好. 又逢歲運扶喜抑忌 亦可轉凶爲吉 歲運又不來扶喜抑忌 又不與忌神結黨者 不過終身碌碌 無所發達而已. 若無火之化金之制 又遇水之生 歲運又黨助忌神. 傷我喜神 輾轉相攻 凶禍多端 到老不吉. 論木如此 餘可類推.

만약 寅月에 태어난 사람이 甲木을 쓰지 못하고 戊土를 쓰면 甲木이 당령한 기신이 되니 일주의 의향을 보고 火로서 化하는 것을 기뻐하고 혹은 金으로 억제하는 것을 쓰면 편안함을 얻어 좋다.

또 희신을 돕고 기신을 억제하는 세운을 만나면 역시 흉이 변하여 길함이 되나 세운이 희신을 돕고 기신을 억제하지 않으며 또 기신과 결당하면 종신토록 보잘것없음에 불과하고 발달함이 없을 뿐이다.

만약 火의 化나 金의 억제가 없고 또 水의 생을 만나며 세운이 다시 기신을 도와 무리를 지어 희신을 해치고 이리저리 공격하면 凶禍가 많으며 늙도록 불길하다.

木을 논함이 이와 같으니 나머지도 유추할 수 있다.

乙戊丙甲　丁丙乙甲癸壬辛庚
亥寅子午　丑子亥戌酉申未午

丙火가 寅月에 태어나 인성이 당령하고 時에 양인을 만났으며 甲乙이 함께 투출하였다. 사주에 金이 없고 寅亥가 化木하며 子水가 충파되어 관성을 쓸 수 없으니 반드시 월간의 戊土가 용신이 된다. 기신이 甲木인데 亥子水가 도리어 旺木을 생하니 소위 기신이 이리저리 공격하는 것이다.

초운 丁丑에 용신을 生助하므로 조업이 십여만으로 그 즐거움이 넉넉하였으나 丙子로 바뀌면서 火가 통근하지 못하므로 부모가 모두 죽고 연달아 화재를 만났다. 乙亥運은 水木이 병왕하니 또 화재를 만나고 세 명의 처와 네 명의 자식를 극하더니 물에 빠져 죽었다.

이후제

寅月 丙火가 甲乙木이 투간하여 신왕한데 억제하는 亥水는 寅亥合木하고 子水는 子午相沖하니 쓰지 않고 洩하는 戊土를 용신으로 삼는다. 午火는 戊土가 승왕하고 初春에 온국하는 희신인데 충파되어 불만이며 火土運을 원한다.

辛庚丙己　己戊丁丙乙甲癸壬
巳寅辰丑　丑子亥戌酉申未午

丙火가 寅月에 생하여 木은 어리고 火는 相하나 旺이 되지는 않는다. 丑時에 생하여 일간의 원신이 설기되므로 寅木이 용신인데 불만인 것은 庚金이 당두하여 어린 木이 金을 만나고 火는 설기되어 허한 것이다. 초년 己丑, 戊子는 生金洩火하므로 부모상을 당하여 외롭고 고생스러움을 견디기 어려웠다. 丁亥, 丙戌運에 火가 서북에 있으니 기신을 모두 제거할 수 없으므로 온갖 풍상을 겪었으나 작게 가업을 이루었고 乙酉로 바뀌자 간지가 모두 기신으로 변하니 처자식을 못살게 하더니 水厄을 만나 죽었다.

이후제

寅月 丙火가 신왕이라고 할 수 있으나 3土의 洩氣와 2金의 消耗가 많아 신왕이라고 할 수 없고 또한 初春의 寒氣가 있어 비겁인 巳火가 일간을 돕고 寒氣를 해소하는 용신이 된다. 木火가 함께 와야 가장 좋은데 亥運은 용신을 沖破하므로 失人失物이고 丙戌運은 좋은 중에 辰戌이 상충하고 丑戌刑이 되어 起伏이 있으며 酉運은 巳火를 합하여 巳酉丑金局을 이루니 흉하다.

何知其人壽. 性定元氣厚.

그 사람이 장수하는 것을 어떻게 아는가? 성품이 안정되고 원기가 두터운 것이다.

四柱得地 五行停匀 所合者皆閑神 所化者皆用神 冲去者皆忌神 留存者皆喜神 無缺無陷 不偏不枯 則性定矣. 性定不生貪戀之私. 不作苟且之事 爲人寬厚和平. 仁德兼資 未有不富貴福壽者也.
사주가 득지하고 오행이 고르며 合한 것은 모두 한신이고 化한 것은 모두 용신이며 충하여 제거된 것은 모두 기신이고 남아 존재하는 것은 모두 희신이며 결함이 없고 편고하지 않은 것은 성품이 안정된 것이다. 성정이 안정되면 사사로운 것을 탐하지 않고 구차한 일을 하지 않으며 사람됨이 너그럽고 후덕하며 화평하다. 仁德을 함께 갖추어 부귀복수하지 않는 자가 없다.

元神厚者 官弱逢財 財輕遇食 身旺而食傷發秀 身弱而印綬當權 所喜者皆提

綱之神 所忌者皆失令之物. 提綱與時支有情 行運與喜用不悖 是皆元神厚處. 宜細究之 淸而純粹者 必富貴而壽 濁而混雜者 必貧賤而壽.

원신이 두터운 것은 官이 약하면 財를 만나고 財가 가벼우면 식상을 만나며 신왕하면 식상이 설기하고 신약하면 인수가 당권하며 기뻐하는 것은 모두 월령에 통근하였고 꺼리는 것은 모두 실령한 것이며 제강과 時支가 有情하고 행운과 희용신과 어그러지지 않으면 이것은 모두 원신이 두터운 것이다.

자세히 연구해야 마땅하다. 청하고 순수한 자는 반드시 부귀하고 장수하며 탁하고 혼잡한 자는 반드시 빈천하고 장수한다.

辛癸甲丙　壬辛庚己戊丁丙乙

丑巳子寅　辰卯寅丑子亥戌酉

이것은 巳火부터 원두가 일어나 丑土를 생하고 丑土는 辛金을 생하며 辛金은 癸水를 생하고 癸水는 甲木을 생하며 甲木은 丙火를 생한다. 甲은 寅에 록이고 癸는 子에 록이며 丙은 巳에 록이다. 官이 財地에 앉고 財는 식신의 생을 만나니 오행의 원신이 모두 두텁다. 사주가 생왕에 통근하고 좌우상하가 유정하니 위인이 剛柔를 이루고 인덕을 갖추었다. 貴는 최고의 자리에 이르렀고 富는 백만금이 있었으며 자식은 13명이나 되었고 수명은 백세에 이르렀으며 病이 없이 생을 마쳤다.

己乙丙戊　甲癸壬辛庚己戊丁

酉亥寅子　戌酉申未午巳辰卯

이것은 酉金으로 원두를 삼고 亥水를 생하고 亥는 寅과 합하여 丙火를 생하며 丙火는 戊土를 생하니 원신이 모두 두텁다. 향방출신으로 벼슬이 관찰에 이르렀고 위인이 너그럽고 후덕하며 단정하였다. 9명의 자식과 24명의 손자를 두고 富는 백여만 금이었으며 120세까지 질병없이 생을 마쳤다.

己辛壬壬　庚己戊丁丙乙甲癸
酉未寅寅　午巳辰卯寅丑子亥

이것은 未土를 원두로 삼아 辛金을 생하고 신금은 壬水를 생하며 壬水는 寅木을 생하니 사주가 生化有情하고 원신이 두텁고 순수하다. 꺼리는 바는 火인데 장간에 있고 투출하지 않아 기쁘다. 일찍 등과하여 벼슬이 삼품에 이르렀고 위인의 품행이 단정하고 겸손하고 온화하였으며 인자하고 후덕하였다. 8명의 자식과 19명의 손자를 두었고 수명은 96세에 이르렀다.

丁庚庚丙　己戊丁丙乙甲癸壬
未戌辰子　酉申未午巳辰卯寅

이것은 丁火를 원두로 삼아 土를 생하고 土는 金을 생하며 官이 財庫에 앉고 신왕하니 官을 用한다. 중년의 행운이 등지지 않아 일찍 향방에 오르고 名利가 모두 빛났다. 위인이 강직하고 두뇌가 명석하였으며 결단하는 재능이 있고 각박하거나 기만하는 마음이 없었다. 애석하게도 木이 없어 火의 원신이 부족하므로 자손은 비록 많으나 자식을 잃는 근심을 면치 못하였다.

乙戊乙庚　丁丙乙甲癸壬辛庚
未寅卯辰　丑子亥戌酉申未午

이것은 지지가 동방으로 곡직인수격인데 大勢를 보면 재관이 有氣하여 名利가 여유가 있다. 다만 火가 출현하지 않아 財의 원신이 허탈하고 寅卯辰 동방으로 木旺하여 관성의 뿌리 역시 변변치 못하다. 까닭에 일생동안 몹시 애쓰고 노력했으나 주머니가 채워지기 전에 돈이 나가버렸으며 의리를 소중히 여기고 재물을 가볍게 여겼다. 위인이 아첨함이 없고 도의가 있었으며 청빈함을 지키며 살았다. 네 자식을 낳았는데 모두 능력이 있었으며 수명은 94세에 이르렀다.

癸甲戊庚　癸壬辛庚己戊丁丙
丑寅戌申　丑子亥戌酉申未午

戊戌日이 庚申時를 만나 식신이 유력하고 殺旺한데 印이 없으니 강제하기에 충분하다. 팔구명의 자식을 낳았는데 삼사명의 자식이 존귀하고 이름이 높은 일품의 작위를 받았으니 土金이 有情하기 때문이다. 그 사람됨이 욕심이 많고 마음이 악한 것은 化殺하지 못한 연고이고 음탕하며 사치하고 무례한 것은 火가 나타나지 않고 水가 득지한 연고이다. 寅申이 충하므로 丙火가 틀림없이 파괴되었고 丑戌이 刑하여 丁火 역시 傷하였으며 아울러 癸水가 투출하였으니 마음에 품은 뜻은 반드시 합하고자 한다. 寅戌 지장간의 火가 暗中에 극을 당하여 다 없어지니 돌아보지 못하고 무릇 火는 예를 주관하니 예의가 없으므로 하지 못하는 것이 없었다. 가령 년간의 癸水가 丁火로 바뀌었으면 인덕이 없었겠는가. 그 부귀복수가 모두 申時의 힘이다. 뒤에 낳은 자식이 머리에 종기로 죽었는데 여러 가지로 악행을 많이 한 것에 대한 하늘의 징벌이다.

戊庚己戊　辛壬癸甲乙丙丁戊
辰申卯辰　酉戌亥子丑寅卯辰

이것은 土金상관으로 辰中癸水는 편재로 고장에 있고 申中壬水는 정재로 생을 만났다. 겁재가 비록 왕하나 탈재할 수 없고 또 土氣는 모두 金에 귀속되니 상관이 겁재를 化한다.

暗處에서 財를 생하고 아울러 獨殺이 권위가 되니 위인의 권모가 무리와 달랐으며 지지가 모두 음습한 氣이니 하는 일은 교묘하고 간사하게 속이는 일이 많고 일생에 소중히 여기는 것은 재물이었으며 도덕은 적었다. 40세에도 자식이 없어 兩妻를 취하였으나 또한 자식이 없었다. 수명은 90을 넘겼고 재물을 목숨과 같이 아꼈으며 죽은 후에 가업이 사십여 만이었으나 나누어 없어지고 다 없어졌다. 자세히 연구해보면 모두 재성이 지나치게 축장되므로 인하여 유통되지 못한 연고이다. 財가 유행되지 못하고 秋金이 土를 만나 더욱 견고해져서 生意가 결국 단절된 것이다.

大凡財厚無子者 皆類此格 故無子之人 其性情必多鄙吝 不知財散民聚. 倘使富人無子 能輕其財於親族之中 分多潤寡 何患無子哉. 卽如此造 金氣太堅 水不露頭 未得生生之妙 能散其財 則金自流行 子必招矣. 然散財亦有功過 散財於應赴僧道 修殿造廟 有過無功 散財於貧苦親友 扶危濟困 有功無過. 修德獲報 人事原可挽回 作善降祥 天心詎難感召. 壽本五福之首 壽而無子 終於無益 與其富壽而無子 不若貧壽而有子也.

무릇 재물은 두터우나 자식이 없는 것은 다 이런 類의 격이므로 자식이 없는 사람은 그 성정이 반드시 저속하고 인색하여 재물을 나누어주면 사람이 모이는 것을 모른다. 만일 부자인 사람이 자식이 없으면 그 재물을 가벼이 여기고 친족 중에 윤택함이 없는 사람에게 많은 것을 나누어 주면 자식 없는 것이 무슨 근심이겠는가.

즉 이 명조와 같이 金氣가 매우 견고한데 水가 천간에 드러나지 않아 生生하는 아름다움을 얻지 못하였으면 응당 그 재물을 나누어주어야 한다. 그런 즉 金이 저절로 유행하여 자식을 틀림없이 가질 수 있다. 그러나 재물을 나누어 주는 것에 또한 功過가 있으니 중이나 도사에게 재물을 나누어주는 것은 절을 수리하거나 사당을 짓는 것이니 過는 있으나 功이 없고 가난하여 고생하는 친구에게 재물을 나누어주는 것은 위기를 도와 곤란함을 구제하는 것이니 功은 있고 過는 없다.

德을 닦으면 보답을 얻는 것이니 사람의 일이 원래대로 만회할 수 있고 善을 행하면 상서로움이 내리게 되는 것이니 하늘이 감화하는 것이 어찌 어렵겠는가.

수명은 본래 오복중의 으뜸인데 장수하나 자식이 없는 것은 결국 무익한 것으로 부자로 장수하나 자식이 없는 것은 가난하고 장수하면서 자식이 있는 것만 못하다.

何知其人夭. 氣濁神枯了.

그 사람이 일찍 죽는 것을 어떻게 아는가? 기가 탁하고 신이 생기가 없는 것이다.

氣濁神枯之命 易中之難看者 氣濁神枯四字 可分言之. 濁字作弱字論 氣濁者 日主失令 用神淺薄 忌神深重 提綱與時支不照. 年支與日支不和 喜冲而不冲 忌合而反合 行運與喜用無情 反與忌神結黨 雖不壽而有子. 神枯者 身弱而印綬太重 身旺而克洩全無 身弱用印 而財星壞印 身弱無印 而重疊食傷 或金寒水冷而土濕 或火焰土燥而木枯者 皆夭而無子也.

氣가 탁하고 神이 시든 명은 쉬운 중에 보기가 어려운 것이니 氣濁神枯의 네 자를 나누어 말한다.

濁字는 弱字로 논하니 氣가 탁한 것은 일주가 실령하고 용신이 천박하며 기신이 깊고 重하며 제강과 時支가 보살피지 않고 年支와 日支가 不和하며 冲을 기뻐하나 冲하지 않고 合을 꺼리나 도리어 合하며 행운이 희용신과 無情하고 도리어 기신과 결당한 것이며 비록 장수하지는 못하나 자식은 있다.

神이 生氣가 없는 것은 신약한데 印이 太重하고 신왕한데 극설이 전혀 없으며 신약에 印을 쓰는데 財가 印을 파괴하고 신약한데 印이 없고 식상이 중첩하였으며 혹은 金寒水冷하고 土가 습하거나 火焰土燥하고 木이 메마른 것이며 모두 요절하고 자식이 없다.

乙乙丙辛　甲癸壬辛庚己戊丁

丑酉辰卯　申未午巳辰卯寅丑

이 명조는 세 개의 인성이 일간을 돕고 辰酉가 합하여 충하지 않으며 사주에

水가 없어 中格인것 같으나 지지가 모두 습토로 火晦生金하고 辰이 木의 여기이나 酉와 합하여 財가 되니 木이 뿌리를 내리지 못하며 합하여 金이 되니 木이 도리어 손상을 당한다. 천간의 兩乙이 지지에 실리지 못하고 시든 것을 알 수 있다. 이로 인하여 추리하면 일원은 허약하며 午運에 이르러 酉를 파하고 卯를 보호하니 자식 하나를 얻었고 辛巳는 金局이 되어 인성을 파괴하니 원기가 크게 상한다. 財가 모이면 財가 극에 달하여 반드시 배반하게 되므로 부부가 함께 죽었다.

己戊辛戊　丁丙乙甲癸壬辛庚
丑辰亥戌　卯寅丑子亥戌酉申
이것은 두터운 土가 겹쳐있어 연하고 어린 金이 매장되는데 木이 없어 소토의 이로움을 얻을 수 없다. 일점 亥水가 克絶되어 지장간의 甲乙을 이끌어 돕지 못하나 春土의 氣가 허하므로 장간의 財를 쓸 수 있다. 초운 동방 木地에 유업이 넉넉하였고 寅運에 자식하나를 얻었으나 乙丑運에 土가 또 통근하니 요절하였다.

壬壬甲壬　癸甲乙丙丁戊己庚
寅寅寅申　卯辰巳午未申酉戌
春木이 중첩된 록을 만났는데 申時를 만나 시의 殺이 淸한 것 같으나 木旺하여 金缺된 것을 모르는 것이다. 반드시 火가 있어야 아름다운데 천간의 세 개의 壬에게 寅中丙火가 극을 받으므로 神이 생기가 없는 것을 알 수 있다. 丙運에 이르러 3壬의 극을 만나니 가업이 패하여 다 없어졌고 요절하였으나 자식이 없었다.
무릇 水木이 병왕하고 土가 없으면 火運을 가장 꺼리는데 몸을 해치지 않으면 형벌과 재물의 손실이 보통이 아니다.

만약 속론하면 반드시 申金을 用하는데 丙火가 金을 극하는 때문이라고 할 것이다. 만약 丙火가 金을 극하여 害가 된다면 乙巳運에 가까이에서 申金을 극하고 또 三刑인데 어찌 도리어 아름다웠는가.

이후제

초춘의 甲木이니 丙火로 寒氣를 제거하고 약간의 水氣가 윤습해야 甲木이 자라기에 적합한데 水氣가 너무 旺하여 春木의 정신이 손상되는 형국이다. 戊土로 制水하고 火가 온국해야 비로소 病이 제거되어 生氣가 발생한다. 運은 火土가 함께 와야 소용이 있고 천간으로 戊土가 오고 지지로 午火가 와야 가장 좋다.

辛辛癸癸　庚己戊丁丙乙甲癸
丑丑酉丑　子亥戌酉申未午巳

이것은 습토가 중중하고 첩첩이 寒金으로 癸水가 탁하고 또한 얼었으니 소위 陰이 정도가 지나치고 寒이 지극한 것이니 털끝만큼도 生起가 없다. 氣가 탁하고 神이 메마르므로 사람이 아주 우매하고 한 가지도 이룬 게 없다. 戊戌運에 이르러 生金하고 水를 극하니 요절하였는데 속론하면 兩干이 不雜하고 金水가 쌍청하며 지지가 三朋으로 살인상생의 아름다움이니 정해진 귀격이 된다고 할 것이다. 前造에 春木이 여린데 金이 있어 깎고 다듬어 큰 그릇을 만드니 모두 名利가 兩全한 것으로 논하나 요절하는 命이 이런 유의 격임을 모르는 것이니 마땅히 깊이 연구해야 한다.

3. 性情

五氣不戾 性正情和 濁亂偏枯 性乖情逆.
오행의 기가 어그러지지 않으면 성이 바르고 정이 화합하나 오기가 탁하고 어지러우며 편고하면 성이 어긋나고 정이 거스른다.

五氣者 先天洛書之氣也. 陽居四正 陰居四隅 土寄居於艮坤 此後天定位之序也. 東方屬木 於時爲春 於人爲仁 南方屬火 於時爲夏 於人爲禮 西方屬金 於時爲秋 於人爲義 北方屬水 於時爲冬 於人爲智 坤艮爲土. 坤居西南者 以火生土 土生金也 艮居東北者 萬物皆生於土 冬盡春來 非土不能止水栽木也. 故土生於寅 亦生於申 易艮成始而成終. 仁義禮智 得信以成之 故土於人爲信也. 五行賦於人者 須要五行不戾 中和純粹. 則有惻隱辭讓誠實之情 若偏枯混濁 太過不及 則有是非乖逆驕傲之性矣.
오기는 선천낙서의 氣이다. 陽은 四正에 있고 陰은 四隅에 있으며 土는 艮坤에 기거하는데 이것은 후천에 정해진 위치의 순서이다. 東方은 木에 속하고 계절은 봄이 되며 사람에게는 인이 되고 南方은 火에 속하고 계절은 여름이 되며 사람에게는 예가 되고 西方은 金에 속하고 계절은 가을이 되며 사람에게는 의가 되고 北方은 水에 속하고 계절은 겨울이 되며 사람에게는 지가 된다. 艮坤이 土가 되는데 坤이 西南에 있으므로 火生土하고 土生金하는 것이고 艮이 東北에 있는 것은 만물이 모두 土에서 생하고 겨울이 다 가야 봄이 오는 것이며 土가 아니면 水를 제지하고 木을 재배할 수 없다. 그러므로 土는 寅에서 생하고 또한 申에서 생하니 易은 艮에서 시작하고 끝난다.
仁義禮智는 信을 얻어야 이루어지므로 土가 사람에게 信이 된다. 오행이 사람에게 부여된 것은 반드시 어그러지지 않는 것이 중요하다. 중화되고 순수하면 측은한 마음과 사양하는 마음과 성실한 마음이 있고 만약 편고하고 혼탁하며 태과하거나 불급하면 옳고 그름의 말다툼과 어긋나고 거스르며 교만하고 오만한 성정이 있다.

己丙甲戊　乙甲癸壬辛庚己戊
丑寅子辰　丑子亥戌酉申未午

甲子일원이 맹춘에 생하여 木이 당령했으나 태과하지 않고 火가 相位에 있으나 맹렬하지 않다. 土는 비록 많으나 조하지 않고 水는 비록 적으나 마르지 않는다. 金이 없으나 암장되었으니 火의 극을 받지 않고 土의 생을 얻는다. 다투고 싸우는 기미가 없고 상생의 아름다움이 있다. 위인이 구차하지 않고 행동이 교만하거나 아첨하지 않으며 인색하지 않고 겸손하고 공손하며 인자한 풍모가 있었다.

이후제

寅月 甲木이니 당연히 丙火가 용신이 되고 濕氣는 봄 가뭄을 해소하는 藥神이나 좀 많아 불만이다. 그러나 일생 火運을 만나지 못하여 아쉽다.

己丁己乙　丙乙甲癸壬辛庚己
酉卯卯丑　寅丑子亥戌酉申未

己卯일원이 중춘에 태어나 土가 허하여 믿음이 적고 木多金缺이며 陰火가 습토를 생할 수 없으므로 예의가 모두 허하다. 또한 팔자가 純陰이니 오로지 권세에 빌붙어 아부하나 진심은 사람에게 손해를 입히고 자기이익만을 꽤하며 남의 어려움을 기뻐하는 마음이 있다.

이후제

卯月 己土가 신약하여 丁火가 洩木生身하는 용신이고 丑土는 濕土로 봄 가뭄을 해소하는 藥神이며 酉金은 월령을 沖動하는 기신이다. 그러나 일생동안 火運을 만나지 못하여 뜻을 펼치기 어렵다.

전조는 陽火가 월령에 장생을 만나 기쁘나 이 명조는 陰火가 지지에 통근하지 못하여 격이 큰 차이가 있다.

丙乙丙甲　丙丁戊己庚辛壬癸
戌未子午　申酉戌亥子丑寅卯

丙이 未月에 생하여 火는 기세가 있고 土는 조한데 천간의 甲乙木이 메말라 맹렬한 火를 돕는다. 더욱 불만스러운 것은 子水가 화염을 충격하며 편고하고 혼란한 모습이다. 성정이 비뚤어지고 처세가 교만하며 또 조급하기가 바람의 불과 같고 그 성질에 순응하면 천금도 아까워하지 않으나 그 성질을 거스르면 겨자씨 하나라도 반으로 나누었다. 그로 인하여 가업이 깨지고 패하여 남은 게 없었다.

火烈而性燥者 遇金水之激.

火가 맹렬하여 성정이 조급한 것은 金水의 충격을 만난 것이다.

火燥而烈 其炎上之性 只可純用濕土潤之 則知禮而成慈愛之德. 若遇金水激之 則火勢愈烈而不知禮 災禍必生也. 濕土者 丑辰也 晦其光 斂其性 則明矣.
火가 조열하고 맹렬하면 炎上의 성질이니 오직 습토를 써서 윤습하게 해야 예의를 알고 자애로운 덕을 갖게 된다.
만약 金水의 격돌을 만나면 火의 勢가 더욱 맹렬해지므로 예의를 모르고 재앙이 반드시 발생한다. 습토는 辰丑이니 그 빛을 시들게 하고 그 성질을 수렴하므로 총명하다.

丙甲丙己　乙丙丁戊己庚辛壬
戌午午丑　未申酉戌亥子丑寅

丙火일원이 午月에 생하고 년월에 또 甲丙이 투출하여 맹렬함이 극에 달했다. 丑時가 매우 기쁜데 간지가 모두 습토이니 丙의 맹렬함을 거둘 수 있고 午의 빛을 거둘 수 있다.
그 性은 順하고 그 情은 기뻐하며 아랫사람을 업신여기지 않고 위엄이 있으나 사납지 않았으니 名利가 모두 빛났다.

辛甲丙甲　癸壬辛庚己戊丁丙
巳午子午　巳辰卯寅丑子亥戌
丙火가 午月午時에 생하고 木從火勢하니 맹렬함이 극에 달했다. 그 성질을 순하게 하는 土가 없고 金이 무근하며 水의 근원이 없어 그 맹렬한 성질을 충격하므로 어려서 부모를 잃고 형수에게 의지하여 살았다. 용맹함을 좋아하고 분수를 지킬 줄 몰랐으며 15~6세가 되자 체격이 웅대하고 힘이 남달리 뛰어났다. 권봉 익히기를 좋아하고 인근의 무뢰한 무리들과 사귀고 노는 것을 좋아하며 방탕하여 꺼리는 것이 없었으나 형수가 못하게 할 수 없었다. 후에 호랑이를 잡으러 갔다가 호랑이에게 물려 죽었다.

水奔而性柔者 全金木之神.

水가 분망하고 성질이 유순한 것은 오로지 金과 木 때문이다.

水性本柔 其冲奔之勢 剛急爲最. 若逢火冲之 土激之 則逆其性 而更剛矣. 奔者 旺極之勢也 用金以順其勢 用木以疏其淤塞 所謂從其旺勢 納其狂神 其性反柔 剛中之德. 易進難退之意也 雖智巧多能 而不失仁義之情矣.
水는 성질이 본래 유순하나 솟구쳐 내달리는 세력이면 굳세고 급하기가 제일이다. 만약 火의 冲이나 土의 격돌을 만나면 그 성질을 거스르므로 더욱 굳세어진다. 奔이란 旺함이 극에 달한 세력이니 金으로써 그 세력을 순하게 하고

木으로써 그 막힘을 통하게 해야 하는데 소위 그 旺한 세력을 따르고 그 사나운 神을 받아들이는 것이니 그 성질이 도리어 유순해지므로 剛中의 德인 것이다. 나아가기는 쉬워도 물러나기는 어려우니 비록 지혜롭고 재주가 있으며 능력이 많으나 인의의 마음을 잃지 않는다.

癸甲壬庚　癸壬辛庚己戊丁丙
亥子申子　亥戌酉申未午巳辰
壬申일원이 子月에 생하고 년시에 亥子가 있으며 천간에 癸庚이 투출하니 그 세력이 沖奔하므로 막을 수 없다. 월간의 甲木이 시들고 메마르며 또한 金의 극을 당하여 水를 받아들일 수 없고 도리어 그 기세에 따르는 庚金을 用한다. 위인이 강함과 부드러움을 갖추고 인덕을 함께 가졌으며 학문을 쌓아 행동에 진심이 깃들어 있고 명예를 구하지 않았다. 초운 癸亥에 그 旺神을 따르니 조상의 음덕이 아주 좋았고 壬戌에 水가 통근하지 못하고 戌土가 충격하니 모진 고생을 하고 재물도 잃었다. 辛酉, 庚申에 입반하여 장학생이 되고 또 자식 넷을 얻었으며 가업이 날로 늘었으나 己未로 바뀌자 그 沖奔하는 세력과 격돌하니 연달아 세 자식을 극하고 많은 재산을 잃었으며 戊運에 이르러 죽었다.

壬壬壬壬　癸甲乙丙丁戊己庚
寅子辰寅　丑寅卯辰巳午未申
천간의 4壬이 子月에 생하여 沖奔하는 세력인데 寅時를 만나 辰土의 막힌 것을 트이게 하고 旺神인 壬水를 받아들이므로 매우 기쁘다. 까닭에 교만하지 않고 오만하지 않으며 타고난 성정이 보통사람보다 뛰어나 읽은 글은 잊지 않았으며 문장력이 탁월하였다.
甲寅에 입반하고 乙卯에 등과하였으나 운수가 사나워 배운 것을 이루지 못하였다. 丙辰에 이르러 왕한 水를 충격하니 군비쟁재가 되어 죽고 말았다.

癸癸壬戊　壬辛庚己戊丁丙乙

未亥子申　戌酉申未午巳辰卯

壬子일원이 亥月申時에 생하고 년월에 兩癸水가 투출하니 오직 그 세력을 따라야 하고 그 흐름을 거스르는 것은 불가하다. 불만인 것은 未戌가 水의 성질을 충격하므로 위인이 옳고 그름이 뒤바뀌고 하는 일이 단정하지 않으며 꺼리는 것이 없었다.

초운 壬戌에 지지가 왕한 土를 만나니 부모가 모두 죽었고 辛酉, 庚申에 洩土生水하니 비록 무뢰하고 도리에 어긋나는 짓을 하였으나 요행히 흉함을 면했다. 己未로 바뀌자 土를 도와 水를 충격하니 일가 다섯 식구가 화재로 불타 죽었다.

木奔南而軟怯.

木이 남으로 내달리면 연약해지는 것을 겁낸다.

木奔南 洩氣太過 住中有金 必得水以通之 則火不烈. 如無金 必得辰土以收火氣 得其中矣 爲人恭而有禮 和而中節. 如無水以濟土 土以晦火 發洩太過則聰明自恃. 又多遷變不常 而成婦人之仁矣.

木이 南으로 내달리면 설기가 지나치고 주중에 金이 있고 반드시 水를 만나 통해야 火가 맹렬하지 않다. 만약 金이 없으면 반드시 辰土를 만나 火氣를 거두어야 그 적당함을 얻으므로 위인이 공손하고 예의가 있으며 온화하며 중용의 절도가 있다.

만약 水가 없고 土로 구제하면 土로써 晦火하여 發洩이 지나치므로 총명하나 자신의 능력과 값어치를 스스로 믿는다. 또한 변하고 바뀌는 것이 많고 일정하지 않으나 하찮은 인정은 있다.

庚壬甲丙　癸甲乙丙丁戊己庚
辰午午寅　未申酉戌亥子丑寅

甲午일원이 午月에 태어나 木이 남방으로 내달리니 비록 시지에 록을 만났으나 丙火가 생을 만나고 寅午가 火를 껴안으니 일주가 소유하는 것이 아니다. 아주 기쁜 것은 월에 壬水가 나타나 火를 구제하는 것인데 그러나 壬水가 庚金의 생이 없으면 용신이 되어 丙을 극할 수 없고 庚金도 辰土가 없으면 역시 水를 생할 수 없다.

이 명조가 묘한 것은 辰으로 晦火, 養木, 蓄水, 生金하여 火는 맹렬하지 않고 木은 시들지 않으며 金은 녹지 않고 水는 마르지 않으니 오로지 辰 한 글자에 의지하여 중화의 象을 얻는다.

申運에 壬水가 생을 만나고 乙酉에 이르러 왕한 金이 水를 생하니 입반하여 장학생이 되고 향시에 합격했다. 丙戌에 火土가 병왕하니 거듭해서 喪服을 입었고 丁亥에 壬水가 득지하니 복건성의 관원으로 나아가 덕과 교를 함께 시행하여 백성을 교화하였다.

소위 剛柔相濟며 仁德兼資인 것이다.

丙甲甲丙　乙丙丁戊己庚辛壬
戊午申寅　未申酉戌亥子丑寅

甲申일원이 午月에 태어나고 兩丙火가 투출하였으며 지지가 火局이니 木이 남방으로 내달린다. 조토는 晦火하고 生金할 수 없으며 水가 없어 申金이 극을 당하여 다 없어지고 유약하며 무르기가 극에 달했다. 위인이 사적인 인정에 얽매여 큰 이익을 등졌으며 한 가지 일도 이루지 못했다.

金見水以流通.

金이 水를 만나면 흘러 통한다.

金者 剛健中正之體也 能任大事 能決大謀. 見水則流通 剛殺之性 能用智矣. 得氣之正者 金旺遇水也 其人內方外圓 能知權變. 處世不傷廉惠 行藏自合中庸. 得氣之偏者 金衰水旺也 其人作事荒唐 口是心非 有挾術待人之意也.

金은 강건하고 치우침 없이 곧고 바른 본체로 큰일을 맡을 수 있고 커다란 계략을 결단할 수 있다. 水를 만나면 흘러 통하여 굳센 殺의 성질을 지혜롭게 쓸 수 있다.

氣가 바름을 얻는 자는 金이 旺할 때 水를 만나는 것으로 그 사람이 내면은 반듯하고 외면은 원만하며 그때그때의 형편에 맞게 처리하는 수단을 알고 남의 감정을 상하게 하지 않으며 처세가 청렴하고 자애로우며 나아가고 물러남이 중용에 합당하다.

氣가 치우진 것을 얻은 자는 金이 衰하고 水가 왕한 것으로 그 사람이 하는 일이 황당하고 말은 옳으나 마음은 그르며 사람을 대하는 마음에 술수를 품고 있다.

甲癸庚乙　甲乙丙丁戊己庚辛
申酉子酉　戌亥子丑寅卯辰巳

庚이 酉月에 생하고 또 年時가 申酉로 秋金이 예리한데 좌하에 子水가 있고 원신인 癸水가 투출하여 金의 성질을 유통하고 그 왕성한 기운을 설하여 기쁘다. 위인이 큰일을 맡아 일을 안배하는 것이 반듯하고 번잡한 것을 처리함에도 주장이 흐트러짐이 없었으며 또 정의롭고 베풀기를 좋아했으며 자신보다는 남을 위하였다.

壬壬庚丙　癸甲乙丙丁戊己庚
申子辰子　丑寅卯辰巳午未申

庚이 중동에 생하고 천간에 兩壬水가 투출하였으며 지지가 水局이니 金衰水

旺하여 본래 편고된 象인데 더욱 불만인 것은 時에 丙火가 투출하여 혼란스런 것이다.

金은 義이고 반듯한 것이며 水는 지혜와 원만함인데 金이 많고 水가 적으면 지혜롭고 원만하며 반듯하다. 水가 범람하고 金이 쇠약하면 반듯하고 정직한 氣가 없고 원만하고 지혜의 마음은 왕성하다.

중년 운에 火土를 만나 壬水의 성질을 충격하니 모진 고생을 하고 재물은 없어졌으며 사람은 떠났다. 반생을 간교하게 남을 속였으며 남의 재물을 유혹하였으나 모든 일이 허사가 되었다. 무릇 사람의 궁달과 빈부는 등급이 이미 정해져 있으니 군자의 즐거움은 군자가 되는 것이고 소인은 바르지 못하여 스스로 소인이 되는 것이다.

最拗者西水還南.

가장 성질이 완고한 것은 서방의 물이 남으로 돌아가는 것이다.

西方之水 發源崑崙 其勢浩蕩 不可遏也 亦可順其性. 用木以納之 則智之性行於仁矣 如用土以制之 不得其性 反有冲奔之患 其性仍逆而强拗. 至於還南 其冲激之勢 尤難砥定 强拗異常 全無仁禮之性矣.

서방의 水는 발원이 곤륜으로 그 세력이 호탕하여 막는 것이 불가하므로 그 성질을 순하게 해야 한다.

木으로 받아들이면 성질은 지혜롭고 행하는 것이 인자하며 만약 土로 억제하면 그 성질을 얻지 못해 도리어 솟구쳐 내달리는 근심이 있고 그 성질을 거스르므로 더욱 완고해진다.

南方에 이르면 그 세력을 충격하므로 억제하기가 더욱 어렵고 강하고 완고하여 정상적이지 않으며 인정과 예의가 전혀 없다.

癸庚壬甲　己戊丁丙乙甲癸壬
亥申申辰　未午巳辰卯寅丑子

壬申일원이 亥年申月에 생하여 亥는 天門이 되고 申은 天關이 되니 天河의 입구로 서방의 水이니 발원이 아주 길다. 기쁜 것은 시간의 甲木으로 辰土가 통근하고 養木하니 水를 받아들이기에 충분하다. 그러므로 성정은 지혜롭고 행동은 인자하며 예의 역시 갖추었다. 위인이 놀랄만한 기이함과 품성이 있으며 교묘하고 이익을 취하는 재주가 없었다. 중년의 남방화운에 甲木의 生火를 만나니 名利가 兩全하였다.

癸庚壬丙　己戊丁丙乙甲癸壬
亥申子午　未午巳辰卯寅丑子

壬子일원이 申月亥年에 생하여 서방의 水로 호탕한 세력이나 귀납처가 없고 時에 丙午를 만나 충격하여 그 성질을 거스르니 위인의 성질이 완고하고 예의가 없다. 아울러 運이 남방 火土로 가니 가업이 패하여 남은 게 없었고 午運에 이르러 다른 사람의 처를 강제로 취하였다가 사람들에게 맞아 죽었다. 속되게 丙火를 용신으로 삼아 運이 火土를 만나 좋다고 하는 것은 金水가 同心이니 따라야 하고 거스르는 것은 불가하다는 것을 모르는 것이다.
반드시 木運을 만나야 生化의 情이 있어 흉한 재난을 면하고 사람 역시 예의를 안다.

至剛者東火轉北.

지극히 굳센 것은 동방의 火가 북으로 돌아가는 것이다.

東方之火 火逞木勢 其炎上之性 不可禦也 只可順其剛烈之性. 用濕土以收之則剛烈之性 化爲慈愛之德矣. 一轉北方 焉制焚烈之勢 必剛暴無禮. 若無土

以收之 仍行火木之運 順其氣勢 亦不失慈讓惻隱之心矣.

동방의 火는 火가 木의 세력이 왕성하여 炎上의 성질이므로 막는 것은 불가하고 오직 그 강렬한 성질을 순하게 해야 하므로 습토로써 거두면 강렬한 성질이 자애로운 덕으로 변한다.

運이 북방으로 변하면 어찌 맹렬하게 타오르는 세력을 억제하겠는가. 반드시 우악스럽고 사나우며 예의가 없다.

만약 土로 수렴하지 못하고 火木運으로 가면 그 기세를 따르는 것이니 역시 자애롭고 겸손하며 측은한 마음을 잃지 않는다.

丙甲丙己　乙丙丁戊己庚辛壬
寅午午丑　未申酉戌亥子丑寅

丙午일원이 午月寅年에 태어나 년월에 또 甲丙이 투출하니 그 맹렬한 염상의 세력이므로 막는 것은 불가하다. 아주 묘하게 丑時를 만나 습토가 그 맹렬한 성질을 수렴하니 위인이 용모가 출중하고 교양이 있으며 교만하나 아첨함이 없다. 운에서 土金을 만나 丑土가 化하여 과거에 연달아 합격하고 벼슬이 군수에 이르렀다.

丁丙丙庚　乙甲癸壬辛庚己戊
卯午午寅　巳辰卯寅丑子亥戌

丙午일원이 午月에 생하고 년시가 寅卯인데 庚金이 無根하니 버리고 쓰지 않는다. 格이 염상을 이루고 局中에 土의 秀氣가 없으므로 공부에는 불리하여 군인출신이다. 卯運에 이르러 官을 얻고 壬運에 실직하였으며 寅運에 軍功을 세워 갑자기 도사에 올랐다. 辛丑運은 生化의 기미가 있어 허물이 없었으나 庚子로 바뀌자 午羊刃을 충격하고 또 甲子年을 만나 양인을 雙冲하므로 軍中에서 죽었다.

順生之機 遇擊神而抗.

생하는 기틀이 순한데 격신을 만나면 대항하게 된다.

順者宜順 逆則宜逆. 則和平而性順矣. 如木旺 得火以通之 順也 土以行之 生也 不宜見金水之擊也. 木衰 得水以生之 反順也 金以助水 逆中之生也 不宜見火土之擊也. 我生者爲順 生我者爲逆. 旺者宜順 衰者宜逆 則性正情和. 如遇擊神 旺者勇急 衰者懦弱. 如格局得順逆之序 其性情本和平 至歲運遇擊神 亦能變爲强弱. 宜細究之.

順해야 할 것은 따라야 마땅하고 거슬러야 할 것은 마땅히 거스르면 화평하고 성질이 順하다.

가령 木旺하면 火로써 통하는 것이 順이고 土로써 행하면 生이며 金水의 충격을 만나면 마땅하지 않다.

木衰하면 水로써 생하는 것이 도리어 順이고 金으로 水를 돕는 것은 거스르는 중에 生이며 火土의 충격을 만나는 것은 마땅하지 않다. 내가 生하는 것은 順이고 나를 生하는 것은 逆이다.

旺한 것은 마땅히 따르고 쇠한 것은 마땅히 거스르면 性은 바르고 情은 온화하다. 만약 擊神을 만나면 旺者는 강하고 급해지고 衰者는 나약해진다. 만약 격국이 順逆의 질서를 얻으면 그 성정은 본래 화평하나 세운에 이르러 격신을 만나면 강약에 따라 변할 수 있으니 자세히 살펴야 마땅하다.

己丙甲壬　乙甲癸壬辛庚己戊
亥寅寅申　丑子亥戌酉申未午

甲寅일원이 寅月에 생하여 木旺한데 투출한 丙火를 만나니 順生의 기틀로 통명지상이니 책을 읽으면 암송하였다. 불만스러운 것은 時에 金水의 충격을 만난 것이다. 년간의 己土가 허탈하여 그 水를 억제하지 못하고 아울러 초운이 북방수지로 가니 공명을 이루기 어려울 뿐만 아니라 또 소모와 모진 고생이 많았다. 辛酉로 바뀌자 격하는 水를 돕고 丙火를 合去하므로 죽었다.

庚戊甲壬　己庚辛壬癸甲乙丙
寅寅午申　卯辰巳午未申酉戌
甲午일원이 寅月에 생하고 戊土가 투출하였으며 寅午가 火를 껴안아 順生의 기틀이다. 덕성과 정의감이 있고 마음이 활달하였으나 또한 시에 金水의 충격을 만나 불만이다. 공부를 하였으나 과거에 급제하지 못하였으며 깨지고 소모되는 일이 많았으며 아울러 중년운이 순탄하지 못하여 뜻은 있으나 펴지 못하였다. 비교적 기쁜 것은 春金이 旺하지 않고 火土가 통근하여 체용이 상하지 않아 후손이 계속해서 성공하였다.

逆生之序 見閑神而狂.

생하는 질서를 거스르고 한신을 보면 미쳐 날뛴다.

逆則宜逆 順則宜順 則性正情和矣. 如木旺極 得水以生之 逆也 金以成之 助逆之生也 不宜見己丑之閑神也. 如木衰極 得火以行之. 反逆也 土以化之 逆中之順也 不宜見辰未之閑神也. 此旺極衰極 乃從旺從弱之理 非旺衰得中之意. 如旺極見閑神 必爲狂猛 衰極見閑神 必爲姑息 歲運見之亦然. 火土金水如之.
逆해야 하는 것은 마땅히 거슬러야 하고 順해야 할 것은 마땅히 따라야 性이 바르고 情은 온화하다.
가령 木이 극왕한데 水로써 生하는 것은 逆이고 金으로 生水하는 것은 逆으로 生하는 것을 돕는 것이며 己丑의 한신을 만나는 것은 마땅하지 않다.
만약 木이 극쇠한데 火로써 행하면 도리어 逆이 되고 土로써 火를 化하는 것은 逆中의 順이 되며 辰未의 한신을 보는 것은 마땅하지 않다. 이것은 왕이 극에 이르거나 쇠약함이 극에 이르면 종왕과 종약의 이치이고 왕쇠가 중화를 얻는 뜻이 아니다.
만약 왕극인데 한신을 보면 반드시 기세가 사나워지고 극히 쇠약한데 한신을 만나면 반드시 제멋대로 하게 되며 세운에서 만나도 또한 그러하다. 火土金水가 같다.

壬辛甲甲　壬癸甲乙丙丁戊己
子亥寅子　子丑寅卯辰巳午未
甲寅일원이 亥月에 생하여 水는 왕하고 木은 견고하니 旺함이 극에 이르렀다. 일점 辛金이 水의 세력을 따르므로 그 성질을 거스르지 않아 안정되고 온화하며 역으로 생하는데 더욱 妙한 것은 土가 없어 水의 성질을 거스르지 않는 것이다. 초운이 북방으로 입반하여 등과하고 甲寅, 乙卯에 그 旺神을 從하니 고을의 관원으로 나갔다. 丙辰은 껴안아 합하는 정이 있으니 비록 낙직하였으나 흉한 허물은 면하였고 丁巳에 한신의 충격을 만나 그 성질을 거스르므로 죽었다.

이후제

亥月 甲木이 전국이 4水3木으로 木旺한데 寒氣가 왕성하여 불만이니 木火運이 길하다. 종왕격으로 논해도 洩하는 火運이 좋으나 丁巳運은 원국에 火가 없고 月柱를 天冲地冲하여 불길하다.

壬辛甲己　壬癸甲乙丙丁戊己
寅亥寅巳　子丑寅卯辰巳午未
甲寅일원이 寅年亥月에 생하고 辛金이 水를 생하니 木의 성질을 거스르지 않으므로 역으로 생한다. 불만인 것은 巳時가 한신이 되어 火土가 충극하여 그 성질을 거스르고 또 制水할 수 없는 것이다. 초년 壬子에 유업이 풍족하였고 癸丑에 지지에 한신이 결당하여 刑耗가 다단하였다. 甲寅, 乙卯에 식구와 재물이 함께 불었으나 丙辰으로 바뀌자 火土를 도와 일으키니 처자를 모두 해치고 또 화재를 만났으며 정신질환으로 물에 빠져 죽었다.

이후제

亥月 甲木이 年日의 兩祿에 앉아 신왕인데 辛金은 冬節이며 다시 水를 생하므로 쓰지 않고 온국하며 旺木을 洩하는 巳火를 取用한다. 그러나 火가 투간하지 못하여 불만이고 丙辰運은 丙火는 壬水에 충파되며 辛과 합하여 水氣를 보태니 오히려 불길하며 辰은 巳를 羅網하여 불길하다.

戊丁甲己　戊己庚辛壬癸甲乙
戊巳寅巳　午未申酉戌亥子丑

甲寅일원이 巳月에 생하여 丙火가 사령하니 비록 록에 앉았으나 그 정신이 모두 설기되고 火旺하여 木이 불타 없어지는데 土로 秀氣되어 기쁘다. 이것은 쇠함이 극에 이르면 從하는 이치이다. 초운 戊午, 己未에 그 火土의 성질을 거스르지 않으니 조업이 꽤 풍족하였고 또 초시에 합격하였다. 庚申에 火의 성질을 거스르고 土를 설하니 癸亥年에 이르러 火勢를 충격하므로 죽었다.

이후제

甲寅木이 丁巳火에 설기되어 身弱하니 인성인 水가 火를 억제하며 生木하는 용신이나 水가 없으니 용신이 없고 또한 局中에 습기가 없어 조열하다. 金水가 같이 와야 좋고 水만 오면 火土와 충극하여 불길하다. 庚申運은 일주를 天沖地沖하고 癸亥年은 월주를 天沖地沖하여 불길하다.

陽明遇金 鬱而多煩.

양명이 金을 만나면 우울하고 답답함이 많다.

陽明之氣 本多暢遂 如遇濕土藏金 則火不能克金 金又不能生水 而成憂鬱. 一生得意者少 而失意者多 則心鬱志灰 而多煩悶矣. 必要純行陰濁之運 引通金水之性 方遂其所願也.

양명의 기운은 본래 거침이 없는데 만약 습토의 암장된 金을 만나면 火가 金을 극할 수 없고 金이 또한 水를 생할 수 없어 우울하게 된다. 일생동안 뜻을 얻는 자가 적고 실의한 자가 많으며 마음은 답답하고 실의에 빠지며 번민이 많다. 반드시 陰濁한 運으로 행하여 金水의 성질을 끌어내어 통하게 해야 그 바라는 바를 이루게 된다.

乙丙丙庚　乙甲癸壬辛庚己戊

丑戌午寅　酉申未午巳辰卯寅

丙火일주가 지지에 寅午戌이고 식신이 생왕하며 眞神이 得用하여 격국이 매우 아름답다. 초운 乙酉, 甲申에 丑의 장간인 金을 引通하여 가업이 꽤 풍요로웠고 또 초시에 합격하였다.

불만인 것은 지지가 火局이고 時上의 庚金이 絶地이며 또 비견이 쟁탈하여 작용하지 못하는 것이다. 丑中辛金이 암장되어 답답하고 까닭에 열 번이나 과거에 떨어졌으며 또 소년운이 남방으로 흐르니 세 번이나 화재를 만났다. 네 번이나 상처하였으며 자식을 다섯이나 잃고 만년에 이르러 외롭고 가난하였으며 혼자였다.

壬丙丙己　丁戊己庚辛壬癸甲

戌午寅丑　未申酉戌亥子丑寅

丙寅일원이 午月에 태어나고 지지에 火局을 이루니 양명지상이다. 이것은 록겁인이 당권하였으니 無根한 壬水를 버리고 用하지 않는다. 전조보다 많이 미치지 못한다. 丑中의 辛金이 암장되어 답답한데 기쁜 것은 運이 서북의 陰濁

地로 가는 것이다. 관리출신으로 십여만의 재산을 모아 돈을 내고 벼슬길에 나아가 주목에 오르고 名利가 兩全하였으며 막힘이 없었다.

陰濁藏火 包而多滯.

음기가 탁한데 火가 암장되면 싸여 있어 막힘이 많다.

陰晦之氣 本難奮發. 如遇濕木藏火 陰氣太盛 不能生無焰之火 而成濕滯之患. 故心欲速而志未逮 臨事而模稜少決 所爲心性多疑. 必須純行陽明之運 引通木火之氣 則豁然通達矣.

음습하고 어두운 氣는 본래 분발하기가 어렵다. 가령 濕木이 암장된 火를 만나면 陰氣가 지나치게 盛하여 불꽃이 없는 火가 생할 수 없으니 습하여 막히는 근심이 된다. 그러므로 마음은 빠르게 이루고자 하나 뜻은 미치지 못하고 일에 임하여 결정을 짓지 못하며 결단력이 부족하고 심성은 하는 일에 의심이 많다.

반드시 양명한 運으로 행하는 것이 필요하고 木火의 氣를 인통하면 활짝 트여서 통달하게 된다.

癸辛癸壬　庚己戊丁丙乙甲癸
亥酉丑戌　申未午巳辰卯寅丑

癸水가 중추에 생하고 지지가 酉亥丑으로 음탁하며 천간이 三水一辛인데 戌時를 만나 음탁에 火가 암장되어 亥中濕木이 불꽃이 없는 火를 생할 수 없다. 運이 동남의 양명지로 흘러 암장된 氣를 引通하여 기쁘고 과거에 우수한 성적으로 합격하였으며 품은 뜻을 발휘하였다.

丁辛癸癸　庚己戊丁丙乙甲癸

丑亥亥亥　戊酉申未午巳辰卯

지지가 3亥1丑이고 천간이 2癸1丁으로 음탁이 극에 이르러 년간의 丁火가 암장되지 않았으며 허하고 기세가 없어 亥中甲木이 이끌어 돕지 못한다. 運이 남방의 양명지로 가서 기쁘고 또 丙午,丁未年을 만나 과거에 연달아 합격하였으며 벼슬이 관찰에 이르렀다.

辛己辛癸　戊丁丙乙甲癸壬辛

丑亥酉巳　戊酉申未午巳辰卯

지지가 酉丑亥이고 월간이 습토이며 辛癸로 음탁의 氣를 만났는데 시지의 巳火가 본래 난국할 수 있으니 큰 형상은 전조보다 더욱 아름다운 것 같으나 巳酉丑 金局이 되어 亥中甲木이 손상되는 것을 모르는 것이다. 巳火가 丑土의 재관인데 결국 효신으로 변하여 겁재를 생한다. 설령 運이 火土로 행하더라도 이끌어 도울 수 없으니 출가하여 중이 되었다.

이후제

辛酉일주가 간여지동이고 지지가 巳酉丑金局을 이루며 천간에 辛己가 일주를 生助하여 極身强이나 巳火로 억제하는 것은 불가하므로 癸亥水가 洩하는 용신이 된다.

따라서 水木運을 원하는데 火運으로 흘러 運路가 불길하고 癸水가 己土에 破克되어 더욱 불만이다.

陽刃局 戰則逞威 弱則怕事. 傷官格 淸則謙和 濁則强猛. 用神多者 情性不常 時支枯者 虎頭蛇尾.

양인국이 다투면 위세를 과시하고 약하면 일을 두려워한다.

상관격이 청하면 겸손하고 온화하나 탁하면 사납고 모질다.

용신이 많은 자는 성정이 일정하지 않고 시지가 생기가 없는 자는 호랑이 머리인데 뱀 꼬리이다.

陽刃局旺 則心高志傲 戰則恃勢逞威. 弱則多疑怕事 合則矯情立異. 如丙日主. 以午爲陽刃 干透丁火爲露刃 支會寅戌 或逢卯生 干透甲乙 或逢丙助 皆謂之旺. 支逢子爲冲 遇亥申爲制 得丑辰爲洩 干透壬癸爲克 逢己土爲洩 皆謂之弱. 支得未爲合 遇巳爲幇. 則中和矣.

양인국이 旺하면 기상이 높고 도도하며 戰局이면 세력을 믿고 위세를 과시한다. 弱하면 의심이 많고 일을 두려워하며 합이면 속마음을 드러내지 않고 다른 것을 내세운다.

가령 丙日主는 午로써 양인을 삼는데 천간에 丁火가 투출하면 양인이 드러난 것이고 지지에 寅戌이 모이거나 혹은 卯의 생을 만나고 천간에 甲乙이 투출하였거나 혹은 丙의 도움을 만나면 모두 旺이라고 한다.

지지에 子를 만나 冲이 되고 亥申을 만나 억제가 되며 辰丑을 만나 설기되고 천간에 壬癸가 투출하여 극하며 己土를 만나 설기되면 모두 弱이라고 한다.

지지에 未를 만나 합이 되고 巳의 도움을 만나면 中和가 된다.

傷官須分眞假 而身弱有印 不見財爲淸 假而身旺有財 不見印爲貴. 眞者 月令傷官 或支會傷局 又透天干者 是也. 假者 滿局比劫 無官星以制之 雖有官星 氣力不能敵 柱中不論食神傷官 皆可作用 縱無才亦美. 只不宜見印 見印破傷爲凶. 凡傷官格 淸而得用 爲人恭而有禮 和而中節 人才卓越 學問淵深. 反此者傲而多驕 剛而無禮 以强欺弱 奉勢趨利.

상관은 반드시 眞假를 나누어야 하는데 身弱에 인성이 있고 財를 보지 않으면 淸이고 身旺에 財가 있고 印을 보지 않으면 貴가 된다. 眞은 월령이 상관이거나 혹은 지지가 상관국이며 또 천간에 투출한 것이다. 假는 滿局이 비겁인데 관성의 억제가 없고 비록 관성이 있어도 대적할 수 있는 기력이 없으면 주중에 식신 상관을 논할 것 없이 모두 用할 수 있고 설령 財가 없어도 역시 아름답다.
다만 印을 보면 마땅하지 않고 印을 보면 상관을 破하므로 흉하다. 무릇 상관격이 淸하고 用이 되면 위인이 공손하고 예의가 있으며 온화하고 중용의 절도가 있으며 재능이 탁월하고 학문이 매우 깊다. 이와 반대인 자는 오만하고 매우 교만하며 억세고 무례하며 강하다고 약자를 업신여기며 세력에 의지하여 이익을 쫓는다.

用神多者 少恒一之志 多遷變之心. 時支枯者 狐疑少決 始勤終怠. 夏木之見水 必先有金 則水有源 冬金之遇火. 須身旺有木 則火有焰 富貴無疑. 若夏水無金 冬火無木 淸枯之象 名利皆虛也.
용신이 많은 자는 뜻이 한결같지 않고 마음의 변화가 많다.
時支가 메마른 자는 의심이 많고 결단하지 못하며 처음에는 부지런하나 나중에는 게으르다.
夏木이 水를 보면 반드시 먼저 金이 있어야 水의 근원이 있게 되고 冬金이 火를 보면 반드시 身旺하고 木이 있어야 火가 氣勢가 있어 부귀를 의심할 게 없다. 만약 夏水가 金이 없고 冬火가 木이 없으면 청고한 象이니 名利가 모두 허사다.

丙甲丙壬　乙丙丁戊己庚辛壬
寅午申辰　未申酉戌亥子丑寅
丙火가 午月에 생하여 羊刃局인데 寅午가 껴안아 火를 생하고 또 비견의 도움을 만나 신왕함을 알 수 있다. 辰時에 壬水가 투로하여 기쁘고 申辰이 火를 설하여 生金하고 水를 껴안아 더욱 묘하다. 수화기제를 얻으니 일찍 과거에 합격하고 벼슬이 연달아 올라 병형의 중임을 맡았으며 생살의 권한을 잡았다.

丙甲丙壬　乙丙丁戊己庚辛壬
申午寅辰　未申酉戌亥子丑寅

이것은 전조와 팔자가 모두 같은데 전조는 좌하가 申金으로 생하고 공협하여 壬水가 유정한데 이것은 申이 멀리 떨어진 년지에 있고 또 비겁의 탈재를 당한다. 申運에 이르러 殺을 생하고 또 甲子유년을 만나 殺局을 이루어 양인을 충거하니 향방에 들었으나 이후 벼슬길이 막혔다. 전조와 천연지차인 것은 申金이 壬水의 氣에 접하지 못한 것이다.

戊戊丙戊　己庚辛壬癸甲乙丙
子午辰戌　未申酉戌亥子丑寅

丙日 午月이 양인이 당령하여 신강한데 子가 충하고 辰이 설하여 신약함을 알 수 있다. 천간의 三戊가 일주의 정기를 훔치고 아울러 運이 서북 金水地로 흐르니 양인이 더욱 그 대적을 받으니 공명을 이루지 못할 뿐만 아니라 재물도 모으지 못했다. 甲寅年에 이르러 火局이 되고 두터운 土를 소통하므로 과거에 합격하였다.

庚乙庚壬　丙丁戊己庚辛壬癸
午酉午午　戌亥子丑寅卯辰巳

庚이 중추에 생하고 지지에 관성 세 개를 만나 酉金양인이 억제를 받는다. 오행에 土가 없어 신약임을 알 수 있고 기쁜 것은 시상의 壬水가 보좌하며 秀氣를 吐하니 총명하고 권세가 으뜸이다. 다만 월간에 乙木이 투로하여 爭合하니 일생 재물을 사랑하여 급류에도 물러날 줄을 몰랐다. 단 財가 양인지에 있고 일주는 관성에 있어 官이 양인을 억제하고 財는 반드시 官을 생한다. 官은 임금을 상징하므로 운이 庚寅으로 가자 金은 절지가 되고 官은 생을 만나며 財는 官이 된다. 이것은 청나라 권상 화신의 명조이다.

이후제

酉月 庚金이 년의 庚比가 돕고 乙庚이 合金하니 신왕한데 년일시의 午火에 앉아 官도 왕하다. 그러나 火는 酉月에 死地이며 천간에 투간하지 못하고 壬水에 억제를 받으니 金에 미치지 못한다. 따라서 午火가 용신이 되고 乙木財가 희신이나 희신이 합거되어 불만이며 木運에 발전한다. 財가 爭合하고 용신이 많아 智謀와 術數가 뛰어나다.

己丙壬戊　乙甲癸壬辛庚己戊
丑子辰申　亥戌酉申未午巳辰

壬水가 子月에 생하고 관살이 並透하여 통근하니 전적으로 지지의 水局에 의지한다. 양인을 도와 일으키니 殺刃이 함께 旺한데 애석하게도 木이 없어 秀氣를 吐해내지 못하므로 출신이 한미하다. 기쁜 것은 丙火가 寒氣를 해동하는 것으로 위인이 관후하고 화평하다. 사병출신으로 癸酉運에 양인을 도와 방신하니 임관하였고 壬申運에 일년에 아홉 번을 승진하여 벼슬이 극품에 이르렀다. 未運으로 바뀌자 양인을 억제하고 丁丑年에 火土가 병왕하고 또 子水를 극하고 합하여 죽었다.

이후제

子月 壬水가 양인격인데 戊土칠살이 투간하여 양인합살이며 신왕살왕으로 貴命이나 지지가 水局이 되어 신왕살약으로 변하여 불만이다. 戊土가 旺水를 억제하는 용신이나 無根하고 丙火가 戊土를 생하며 온국하는 희신이나 역시 無根하다. 火土運을 원한다.

辛乙甲庚　甲癸壬辛庚己戊丁
卯未子午　午巳辰卯寅丑子亥

甲子일원이 未月午時에 생하여 夏木이 水를 만나야 상관패인이라고 말한다.

기쁜 것은 卯木이 未土를 극하여 子水가 손상을 받지 않으므로 午를 冲하기에 충분하므로 病이 있는데 藥을 만난 것으로 濁이 제거되고 淸이 남았다. 천간의 甲乙庚辛이 각각 문호를 세웠으나 혼잡으로 논하지 않고 印을 돕는 희신이다.

더욱 묘한 것은 運이 동북 水木地로 흘러 체용이 적당하므로 일생 벼슬살이가 순탄하였다.

이후제

未月은 火氣는 漸退하나 熱氣가 왕성하므로 해열하는 水를 용신으로 삼고 生水하는 金을 희신으로 삼는다. 그러므로 午火를 제거하고 해열하는 子水가 용신이고 金水運을 원한다.

庚壬甲庚　　癸甲乙丙丁戊己庚

午午戌午　　未申酉戌亥子丑寅

甲木이 午月에 생하고 지지에 3午1戌로 화염토조하니 상관이 우쭐대는데 월간 壬水가 無根하여 오로지 庚金의 生水에 의지한다. 까닭에 과거에 연달아 급제하였으나 벼슬길에 나아가지 못한 것은 지지가 모두 火이기 때문이다. 천간에 金水가 있고 木이 통근할 곳이 없어 神은 남음이 있으나 精이 부족하다.

甲丙庚庚　　丁戊己庚辛壬癸甲

子子辰辰　　丑寅卯辰巳午未申

庚金이 중동에 생하여 金水가 寒冷한데 월간의 丙火가 甲木의 생부를 만나 寒冬한 기운을 해소하니 冬金이 火를 만났다. 그러나 子辰이 쌍으로 공협하여 일원이 반드시 허하므로 용신이 丙火에 있지 않고 辰土에 있다. 비견이 보좌하니 운이 庚辰, 辛巳에 이르러 벼슬이 연달아 올랐다.

이후제

冬金이 한습하여 조후가 우선이므로 丙火를 取用하고 洩水生火하는 甲木을 喜用한다. 水旺하고 한습이 病이니 木火와 燥土運은 길하고 金水運은 불길하다.

丁壬辛丁　辛庚己戊丁丙乙甲
巳子巳酉　亥戌酉申未午巳辰

辛金이 중동에 생하여 金寒水冷하고 설기가 지나치니 오로지 酉時의 도움에 의지하고 巳酉가 껴안아 보좌한다. 천간의 丁火는 寒氣에 대적하여 해동하는 것에 지나지 않고 용신이 아니며 용신은 반드시 酉金이므로 運이 土金地에 이르러 벼슬길이 빛났으나 丁未運에 일을 패하였다. 무릇 冬金은 火를 기뻐하나 따뜻하게 하는 뜻이지 용신으로 쓰는 것은 아니다.

이후제

冬金은 조후가 우선이나 兩丁兩巳火로 이미 조후가 충분하므로 신왕신약을 논하고 신약이므로 일간을 돕는 酉金으로 용신을 취한다.

4. 疾病

五行和者 一世無災.

오행이 조화된 자는 일생에 재앙이 없다.

五行在天爲五氣 在地爲五行 在人爲五藏 肝心脾肺腎也. 人爲萬物之靈 得五行之全 故人身爲一小天地. 以藏腑各配五行 而陰陽屬焉. 凡一藏配一腑 腑皆屬陽 故爲甲丙戊庚壬 藏皆屬陰 故爲乙丁己辛癸.
오행이 하늘에 있으면 五氣가 되고 땅에 있으면 五行이 되며 사람에게는 五臟이 되니 간 심장 비장 폐 신장이다.
인간이 만물의 영장이 되고 오행의 온전함을 얻었으므로 인간의 몸이 하나의 작은 天地가 된다. 장부는 각기 오행을 짝하고 음양에 속한다. 무릇 하나의 장은 하나의 부와 짝하고 腑는 모두 陽에 속하므로 甲丙戊庚壬이 되고 藏은 모두 陰에 속하므로 乙丁己辛癸가 된다.

或不和或太過不及則病 有風熱濕燥寒之症矣. 不特八字五行宜和 卽藏腑五行亦宜和也. 八字五行之和 以歲運和之 藏腑五行之和 以五味和之. 和者 解之意也. 若五行和 五味調 則災病無矣. 故五行之和 非生而不克 全而不缺 爲和也. 其要貴在洩其旺神 瀉其有餘. 有餘之旺神瀉 不足之弱神受益矣 此之爲和也. 若强制旺神 寡不敵衆 觸怒其性 旺神不能損 弱神反受傷矣. 是以旺神太過者宜洩 不太過者 宜克 弱神有根者 宜扶 無根者 反宜傷之. 凡八字 須得一神有力 制化合宜 主一世無災. 非全而不缺爲美 生而不克爲和也.
혹 조화되지 못하고 혹은 태과하거나 불급하면 病이 되는데 풍열습조한의 증세가 있다. 팔자는 오행이 조화되어야 마땅할 뿐만 아니라 장부의 오행도 역시 조화되어야 마땅하다. 팔자의 오행의 조화는 세운으로써 화합하고 장부의 오행의 조화는 五味로써 화합한다. 和는 화해의 의미다. 만약 오행이 조화되고 오미가 조절하면 재난과 병이 없다. 그러므로 오행의 조화는 생하지 않아도 극하지 않으며 온전하고 결여되지 않아야 和가 된다.
그 중요한 요점은 旺神을 洩하고 남는 것을 쏟아내는데 있다.
남는 旺神을 쏟아내고 부족한 弱神은 도움을 받아야 하는데 이것이 和가 된다. 만약 旺神을 강제로 억제하면 적은 것으로 무리를 대적할 수 없는 것이니 그 성질을 건드려 격노케 하므로 旺神은 손상할 수 없고 弱神이 도리어 상처를 받는다. 그러므로 旺神이 태과한 것은 洩이 마땅하고 태과하지 않은 것은 극이 마땅하며 弱神이 有根한 것은 도와야 마땅하고 無根한 것은 도리어 없애는 것이 마땅하다. 무릇 팔자는 반드시 유력한 하나의 神을 만나면 制化나 합이 마땅해야 일생에 재난이 없다. 온전하지는 않으나 결여되지 않으면 아름답고 생하고 극하지 않으면 和인 것이다.

癸甲戊庚　癸壬辛庚己戊丁丙
未寅戌申　丑子亥戌酉申未午
戊가 寅月에 생하여 木旺하고 土가 허한데 좌하의 戌에 통근하여 기쁘고 金을 써서 제살하기에 충분하다. 더군다나 庚金 역시 록에 앉아 벌목할 수 있는 힘이 있고 이른바 태과하지 않은 것은 극이 마땅한 것이다. 비록 년간의 癸水가 生殺하나 未土가 억제하므로 生木할 수 없다. 희신을 돕고 기신을 제거하니 오행이 조화롭고 또 運路가 체용과 등지지 않아 수명이 구순에 이르고 耳目이 총명하며 행동거지가 침착하였다. 자식이 번성하고 손자가 많았으며 명리복수를 모두 갖추었고 일생이 재난과 병이 없었다.

甲庚戊甲　辛壬癸甲乙丙丁戊
寅午寅寅　未申酉戌亥子丑寅

局中에 다섯 개의 칠살을 만나고 하나의 庚이 午에 임하여 無根하니 이른바 弱神이 무근하면 제거해야 마땅하고 旺神이 태과하면 마땅히 설해야 하므로 午火를 用하면 상황에 알맞은 것이다.

그 午火가 당령하고 水氣가 없어 기쁘고 비록 運이 金水를 만났으나 파국할 수 없어 장애가 없다. 운이 木火로 흘러 名利가 양전하였는데 이는 神氣가 족함으로 인하여 精氣가 저절로 생하기 때문이다. 그러므로 부귀복수하였고 일생 재난이 없었으며 자손이 많아 후사가 아름다웠다.

甲丙癸乙　丁戊己庚辛壬癸甲

子子亥卯　丑寅卯辰巳午未申

癸亥일원이 년월의 子에 앉아 신왕함을 알 수 있고 卯時가 그 무성한 기운을 설하여 아주 기쁘다. 식상으로 설하는데 木氣가 넉넉하니 허한 火를 用할 수 있고 精은 족하며 神은 旺하다고 하겠다. 土金이 섞이지 않아 아주 기쁜데 土가 있으면 火를 설하고 水를 저지할 수 없으며 도리어 木과 不和하고 金이 있으면 木이 손상되고 왕한 水를 더욱 돕게 된다.

일생에 재난이 없었던 것은 土金의 혼잡이 없었던 연고이다. 수명은 고령이었으며 음식을 먹는 것도 점점 더 왕성하였고 눈과 귀도 밝았으며 걸음걸이도 건강하여 보는 사람이 오십으로 의심하였다. 명리가 양전하였고 자손도 많았다.

血氣亂者 生平多疾.

혈기가 어지러운 자는 평생에 질병이 많다.

血氣亂者 五行背而不順之謂也. 五行論水爲血 人身論脉卽血也 心胞主血 故通手足. 厥陰經心屬丁火 心胞主血 膀胱屬壬水 丁壬相合 故心能下交於腎. 則丁壬化木 而神氣自足 得旣濟相生 血脈流通而無疾病矣. 故八字貴乎克處

逢生 逆中得順而爲美也. 若左右相戰 上下相剋 喜逆逢順 喜順逢逆 火旺水涸 火多焚木 水旺土蕩 水泛沈金 土旺木折 土重晦火 金旺火虛 金多洩土 木旺金缺 木多滲水 此五行顚倒相克之理. 犯此者必多災病.

혈기가 어지럽다는 것은 오행이 등지고 불순한 것을 말한다.

오행은 水가 혈이 되고 인체는 맥이 혈이며 심포는 혈을 주관하므로 수족으로 통한다.

궐음경과 심장은 丁火에 속하고 심포는 혈을 주관하며 방광은 壬水에 속하고 丁壬이 서로 합하므로 심장이 아래로 신장에 교류할 수 있다. 그런즉 丁壬이 化木하고 神氣가 스스로 족하므로 旣濟하여 상생하는 것이며 혈맥이 유통하여 질병이 없는 것이다.

그러므로 팔자에서 중요한 것은 극처에서 생을 만나고 逆中에 順함을 얻으면 아름다운 것이다.

만약 좌우가 相戰하고 上下가 상극하며 逆을 기뻐하는데 順을 만나고 順을 기뻐하는데 逆을 만나며 火旺하여 水가 마르고 火多하여 木을 불사르며 水旺하여 土가 쓸려나가고 水가 범람하여 金이 잠기며 土旺하여 木이 부러지고 土重하여 火를 어둡게 하며 金旺하여 火가 虛하고 金多하여 土를 洩하며 木旺하여 金이 이지러지고 木多하여 水가 스며들면 이것이 오행이 전도되어 상극하는 이치이다. 이런 것은 반드시 재난과 병이 많다.

丙乙丁庚　　丙丁戊己庚辛壬癸
申未未戌　　申酉戌亥子丑寅卯

丁이 계하에 생하여 未戌이 조토로 晦火生金할 수 없고 丙火가 焚木克金하기에 충분하다. 그런즉 土가 점점 더 조하여 설할 수 없고 申中壬水가 말라버리니 精이 반드시 메마르다. 그러므로 초년에 담화를 앓았는데 亥運에 水가 火를 대적할 수 없으며 도리어 生木하여 火를 돕고 한 잔의 물을 한 수레의 장작

불에 끼얹는 것과 같아 火勢가 점점 더 맹렬해지므로 피를 토하고 죽었다.

이후제

未月 丁火가 열기가 왕성하고 戌未土에 앉아 일간이 有根한데 丙火가 투간하고 乙木이 生火하니 신왕하고 조열하므로 水가 용신이나 水가 없어 庚申金에 의지하여 水運을 기다린다.

木은 따뜻하고 火는 뜨거우며 金은 차갑고 水는 습하기 때문이다. 그러나 庚申金이 열기에 극을 받으므로 폐와 대장에서 발병하는데 寅運을 만나 申金을 冲하면 대흉하다.

亥運은 庚申金이 호응하여 좋은 運이나 다만 木이 장생하며 亥未가 半合하여 木氣가 강해지고 戌亥가 羅網하여 불길하다.

壬丁丙甲　　戊己庚辛壬癸甲乙
寅未申午　　申酉戌亥子丑寅卯

丙火가 未月午時에 생하고 년간의 壬水가 무근한데 申金이 멀리 떨어져 본래 生水할 수 없으며 또 寅이 충하고 午에게 겁탈을 당하니 폐기가 더욱 부족하다. 겸하여 丁壬이 상합하니 化木하여 火를 생하므로 心火가 더욱 왕하고 신장의 水가 반드시 메마르다. 까닭에 오줌을 지리고 또 천식이 있었는데 戌運에 이르러 火局이 되니 폐는 점점 더 심해지고 신장의 水가 마르니 피를 토하고 죽었다.

甲丙丙壬　　丁戊己庚辛壬癸甲
辰寅寅辰　　卯辰巳午未申酉戌

木이 당령하고 火가 생을 만나니 辰이 본래 습토로 水를 저장하고 있으나 丙寅에게 극을 당하므로 비위가 손상되고 폐인 金은 저절로 단절되며 木이 많아 水가 스며드니 신장의 水 역시 고갈된다.

庚運에 이르러 木旺金缺되고 金水를 함께 만나 木火金이 제멋대로 우쭐대므로 피를 토하고 죽었다. 이 명조는 木火가 同心이니 따라야 하고 거스르면 안 되며 도리어 壬水가 기신이다. 그러므로 초년 丁卯, 戊辰, 己巳運에 도리어 장애가 없었다.

이후제

寅月 丙火가 신왕인데 다시 寅에 앉고 甲이 투간하여 생하며 월간의 丙比가 도우니 太旺하므로 辰에 有根한 壬水가 억제하는 용신이다. 臟器의 强弱을 논하면 寅月에 金氣가 絶地이므로 폐와 대장이 약한데 庚運을 만나니 壬水를 생하여 기쁘나 庚이 午에 앉고 丙火에 破克되어 도리어 불길하다.

忌神入五臟而病凶.

기신이 오장에 들면 병이 흉하다.

忌神入五臟者 陰濁之氣 埋藏於地支也. 陰濁深伏 難制難化 爲病最凶. 如其爲喜 一世無災 如其爲忌 生平多病. 土爲脾胃 脾喜緩 胃喜和 忌木而入土 則不和緩而病矣. 金爲大腸肺 肺宜收 大腸宜暢 忌火而入金 則肺氣上達 大腸不暢而病矣. 水爲膀胱腎 膀胱宜潤 腎宜堅 忌土而入水 則腎枯膀胱燥而病矣. 木爲肝膽 肝宜條達 膽宜平 忌金而入木 則肝急而生火 膽寒而病矣. 火爲小腸心 心宜寬 小腸宜收 忌水而入火 則心不寬 小腸緩 而病矣. 又要看有餘不足.

기신이 오장에 들었다는 것은 陰濁한 氣가 지지에 매장되었다는 것이다. 陰濁한 氣가 깊이 숨겨져 있으면 制化가 어려우므로 病이 가장 흉하다. 만약 그것이 희신이면 일생에 재난이 없고 만약 그것이 기신이면 평생 동안 병이 많다. 土는 비장과 위가 되는데 비장은 느슨함을 기뻐하고 위는 온화함을 기뻐하며 꺼리는 木이 土에 들면 온화하고 느슨하지 못하여 병이 된다. 金은 대장과 폐가 되는데 폐는 거두어들이는 것이 마땅하고 대장은 막힘이 없어야 마땅하며 꺼리는 火가 金에 들면 폐기가 상달하고 대장은 후련하게 통하지 못하여 병이 된다.
水는 방광과 신장이 되는데 방광은 축축해야 마땅하고 신장은 견고해야 마땅하며 꺼리는 土가 水에 들면 신장은 시들고 방광은 마르므로 병이 된다. 木은 간과 담이 되는데 간은 조달해야 마땅하고 담은 균등해야 마땅하며 꺼리는 金이 木에 들면 간은 급해지고 火를 생하며 담은 차서 병이 된다. 火는 소장과 심장이 되는데 심장은 너그러워야 마땅하고 소장은 거두어들여야 마땅하며 꺼리는 水가 火에 들면 심장이 너그럽지 못하고 소장이 이완되어 병이 된다.
또한 유여함과 부족함을 보는 것이 중요하다.

如土太旺 木不能入土 則脾胃自有餘之病. 脾本忌濕 胃本忌寒 若土濕而有餘 其病發於春冬 反忌火以燥之. 土燥而有餘 其病發於夏秋 反忌水以潤之. 如土虛弱 木足以疏土 若土濕而不足 其病發於夏秋 土燥而不足 其病發於春冬. 蓋虛濕之土 遇夏秋之燥 虛燥之土 逢春冬之濕 使木託根而愈茂 土受其克而愈虛. 若虛濕之土 再逢虛濕之時 虛燥之土 再逢虛燥之時 木必虛浮不能盤根 土反不畏其克也. 餘倣此.
만약 土가 태왕하면 木이 土에 들수 없으므로 비위가 유여하여 병이 된다. 비장은 본래 습한 것을 꺼리고 위는 찬 것을 꺼리는데 만약 土가 습하고 유여하면 그 병은 春冬에 발생하고 도리어 火로서 건조함을 꺼리며 土가 燥하고 유여하면 그 병이 夏秋에 발생하는데 도리어 水로서 적시는 것을 꺼린다.
만약 土가 허약하고 木이 소토하기에 충분하며 만약 土가 습하고 부족하면 그 병은 夏秋에 발생하고 土가 燥하고 부족하면 그 병은 春冬에 발생한다. 대개 虛濕한 土가 夏秋의 燥함을 만나고 虛燥한 土가 春冬의 습함을 만나면 木이 託根하여 더욱 무성해지므로 土가 그 극을 받아 더욱 허해진다.

만약 허습한 土가 다시 허습한 때를 만나고 虛燥한 土가 다시 虛燥한 때를 만나면 木은 반드시 허부하여 뿌리를 내릴 수 없으므로 土가 도리어 그 극을 두려워하지 않는다. 나머지도 이와 같다.

庚己丙乙　庚辛壬癸甲乙丙丁
寅丑子未　寅卯辰巳午未申酉

丙火가 계동에 생하고 子水에 앉아 火가 허하고 기세가 없어 용신이 木에 있으나 木이 본래 시들고 메말라 비록 二陽에 있으나 새싹이 움직이지 못한다. 庚이 투출하였으나 絶에 있어 病이 매우 얕은데 불만인 것은 월지의 丑土에 庚金이 통근하고 丑의 장간에 辛이 있으니 바로 기신이 오장에 깊이 든 것이다. 또 己土가 庚金의 정인으로 晦火生金하므로 寅을 파극하기에 충분하다. 子水가 신장인데 丑과 합하여 生木할 수 없고 化土하여 도리어 金을 도우므로 丑土가 病이 된다. 生金할 뿐만 아니라 억제하고 또한 변하게 하므로 水에게 폐단이 되므로 질병이 肝과 腎이 모두 부족함에 있다. 卯運에 이르러 丑土를 파극하므로 과거에 합격하였고 乙運에 庚을 합하고 巳丑이 金을 껴안으니 폐결핵을 고치지 못하고 죽었다.

丁辛辛壬　庚己戊丁丙乙甲癸
亥亥未辰　戌酉申未午巳辰卯

辛金이 맹동에 생하고 丁火가 비견을 극하여 없애니 일주가 도움이 없어 고립되었다. 상관이 투출하고 당령하여 일주의 원신을 절취하여 없애니 용신이 土에 있고 火에 있지 않다. 未는 木의 고장으로 뿌리가 되고 辰은 木의 여기이며 모두 장간에 기신인 乙木이 있다. 년월의 兩亥가 또한 木의 생지이고 亥未가 木을 껴안으니 이것이 기신이 오장에 든 것으로 육부에도 귀속되었다. 이로 말미암아 논하면 비장이 허하고 신장이 설된다고 말하고 그 病이 어지럼증과 오줌을 지리며 또 위통이 더욱 심하여 열흘도 편안한 날이 없었다. 己酉運에 이르러 일주가 록을 만나니 반궁에 들어가고 자식도 얻었다. 戊運에 壬水를 극하여 제거하니 장학생이 되었고 申運에 壬水가 생을 만나니 병세가 더욱 중하였으며 丁運에 일주가 손상되니 죽었다. 양 명조를 살펴보면 병증이 팔자오행의 이치와 서로 합치됨이 분명하다. 참으로 마음으로 깊이 연구하면 그 수요와 궁통을 어찌 미리 예상할 수 없겠는가.

客神游六經而災小.

객신이 육경에서 놀면 재난이 작다.

客神游六經者 陽虛之氣 浮於天干也. 陽而虛露 易制易化 爲災必小 猶病之在表. 外感易於發散 不至大患 故災小也. 究其病源 仍從五行陰陽 以分藏腑五臟而論藏. 亦勿以天干爲客神論虛 地支爲忌神論實. 必須究其虛中有實 實處反虛之理. 其災祥了然有驗矣.

객신이 육경에서 노는 것은 양의 허약한 氣가 천간에 떠있는 것이다. 陽이 허로하면 억제도 쉽고 化하기도 쉬우며 재난이 반드시 작은데 마치 병이 겉에 있는 것과 같다. 외부의 원인에 의한 질병은 발산이 쉬워 큰 병에 이르지 않으므로 재난이 작다. 그 병의 원인을 연구해보면 오행의 음양에 따라 장부를 나누고 오장을 장으로 논한다. 또한 천간으로써 객신을 삼아 허하다고 논하고 지지로써 기신을 삼아 실하다고 논하지 말아야 한다. 반드시 그 허한 중에 실함이 있고 실한 중에 도리어 허한 이치를 연구해야 그 재난과 상서로움이 확실하게 증험하게 된다.

壬甲庚丙　乙丙丁戊己庚辛壬
辰辰午戌　巳午未申酉戌亥子

庚午일원이 辰月戌時에 생하고 春金이 殺旺하니 용신이 土에 있다. 월간의 甲木이 원래 객신인데 水를 저장하고 木을 감추고 있는 兩辰을 만나 육경에서 놀 뿐만 아니라 또 오장에 들었다. 또한 년간의 壬이 甲을 생하고 丙火를 극하지 않는다. 초운 남방에 生土하니 비위에 病이 없으나 水를 끓여 말리고 金을 조열하게 하니 허약증이 있었다. 戊申運에 이르러 土金이 함께 왕하므로 局重에 木이 병이 되고 木은 風을 주관하는데 金이 木을 극할 수 있다. 연이어 己酉, 庚戌, 삼십년간 십여만의 재산을 모았고 辛亥運에 金이 통근하지 못하고 木이 장생을 만나니 갑자기 풍질에 걸려 죽었다.

癸戊壬庚　丁丙乙甲癸壬辛庚
丑午寅戌　巳辰卯寅丑子亥戌

壬寅일원이 午月戌時에 생하여 殺旺한데 또 財局을 만나 殺이 더욱 우쭐대므로 객신이 午火에 있지 않고 도리어 寅木에 있다.

火勢를 돕고 객신이 또 기신으로 化하며 戊癸가 化火하니 金水가 서로 傷한다. 運이 乙卯에 이르러 金水가 絶이 되니 폐와 신장에 결핍증으로 벙어리가 되었으며 천식이 있었는데 甲戌年 정월에 木火가 병왕하므로 죽었다.

乙庚丙庚　己戊丁丙乙甲癸壬
亥辰子寅　卯寅丑子亥戌酉申

丙子일원이 계춘에 생하여 습토가 사령하니 水를 저장하고 木을 기르므로 용신이 木에 있다. 亥의 장생과 辰의 여기와 寅의 도움을 만나 乙木이 비록 庚金과 합하나 化하지 않는다. 庚金이 천간에 객신으로 근거가 없으니 장부에 깊이 들어갈 수 없고 육경에서 논다. 水는 精이 되는데 亥子가 함께 만나고 辰 또한 공협하며 저장하였다. 木은 氣가 되는데 봄철이니 유여하고 寅亥가 생하고 합한다.

火는 神이 되는데 때가 五陽에 있고 進氣로 통근한다. 년월의 氣가 生時를 관통하여 정신기 삼자를 충분히 갖추었으니 病이 나게 하는 나쁜 기운이 들어오지 못한다. 행운이 또 등지지 않아 일생에 질병이 없었고 名利가 넉넉하였다. 다만 土가 허습하고 또 金이 설하여 비위가 허하고 차서 설사병을 면하지 못했다.

木不受水者血病.

목이 수를 받아들이지 못하면 혈병이 된다.

春木不受水者 喜火之發榮也 冬木不受水者 喜火之解凍也. 夏木之有根而受水者 去火之烈 潤地之燥也. 秋木得地而受水者 洩金之銳 化殺之頑也. 春冬生旺之木 要其衰而受水 夏秋休囚之木 要其旺而受水. 反此 則不受 不受 則血不流行 故致血病矣.

春木이 水를 받아들이지 못하는 것은 火의 發榮을 기뻐하기 때문이고 冬木이 水를 받아들이지 못하는 것은 火의 해동을 기뻐하기 때문이다. 夏木이 有根해도 水를 받아들이는 것은 火의 맹렬함을 제거하는 것이고 땅의 조함을 적시기 위한 것이다.

秋木이 득지했어도 水를 받아들이는 것은 金의 예리함을 洩하는 것이고 殺의 완고함을 化하기 위한 것이다. 春冬의 생왕한 木은 그 쇠함이 필요하나 水를 받아들이고 夏秋의 휴수된 木은 그 왕함이 필요하여 水를 받아들인다. 이와 반대면 받아들이지 못하고 받아들이지 못하면 血이 유행하지 못하므로 혈병에 이르게 된다.

丁丁乙己　丙乙甲癸壬辛庚己

亥未亥卯　午巳辰卯寅丑子亥

乙木이 휴수인 未月에 생하고 년월에 兩丁火가 투출하여 설기가 태과한데 時의 록에 통근하며 亥水의 생을 받아 아주 기쁘다. 조열한 土를 적시고 會局하여 방신하니 통명지상으로 더욱 묘하다.
甲辰運에 이르러 진사시험에 수석을 하고 과거에 연달아 합격하였다. 상관용인격을 취한다.

丙乙乙丁　丙丁戊己庚辛壬癸
戌未巳亥　申酉戌亥子丑寅卯
乙木이 未月에 생하고 천간에 丙丁이 투출하여 巳戌에 통근하니 발설이 태과하므로 水의 생을 받아들이지 못하고 도리어 亥水가 病이 되며 종아격을 이룬다. 초운 丙申, 丁酉는 丙丁이 개두하여 病이 없었고 戊戌運에 亥水를 극하여 없애니 名利를 모두 얻었다.
己亥運 水地에 이르러 배에 가스가 차오르는 팽창병이 생겼는데 오직 사주가 火旺한데 또 조토를 만나 水가 의탁할 곳이 없기 때문이다. 그러므로 이 병으로 사망하였다.

이후제

未月 乙木이 丙丁火가 투간하여 조열하고 신약한 것이 病이나 종아격은 아니다. 亥水가 윤습하며 生木하는 용신인데 巳亥상충으로 손상되고 亥勝巳敗로 살아남으나 미약하며 生水하는 金이 없어 下命이다. 다시 金水運을 원하는데 金을 帶同한 水運을 만나야 기쁘다.

土不受火者氣傷.

토가 화를 받아들이지 못하면 기가 상한다.

燥實之土不受火者 喜水之潤也 虛濕之土不受火者 忌水之克也. 冬土有根而

受火者 解天之凍 去地之濕也 秋土得地而受火者 制金之有餘 補土之洩氣也. 過燥則地不潤 過濕則天不和 是以火不受 木不容. 過燥必氣虧 過濕必脾虛 不受則病矣.

조열하고 실한 土가 火를 받아들이지 않는 것은 水로 적시는 것을 기뻐하기 때문이고 허하고 습한 土가 火를 받아들이지 않는 것은 水가 극하는 것을 꺼리기 때문이다. 冬土가 유근하면 火를 받아들이는 것은 언 날씨를 녹이고 땅의 습기를 제거하기 때문이고 秋土가 득지하면 火를 받아들이는 것은 유여한 金을 억제하고 설기된 土를 보충하기 때문이다. 過燥하면 땅이 윤습하지 못하고 過濕하면 天氣가 온화하지 못하다. 그러므로 火를 받아들이지 못하고 木을 수용하지 못한다. 過燥하면 반드시 氣가 결핍되고 過濕하면 반드시 비위가 허하므로 받아들이지 못하면 병이 된다.

己辛戊己　庚己戊丁丙乙甲癸
巳未戌未　午巳辰卯寅丑子亥

戊土가 未月에 생하고 厚土가 중첩인데 천간에 火가 없어 기쁘고 辛金이 투출하니 속이 겉으로 발한 것으로 그 진수가 모두 辛金에 있다. 運이 己巳, 戊辰으로 가니 生金하여 유정하므로 名利가 여유로웠고 丁卯運에 辛金이 손상을 받으며 지지에 火土가 병왕하니 소토할 수 없고 도리어 火勢를 쫒으므로 土가 더욱 왕해진다.

辛은 폐에 속하는데 폐가 손상을 받으니 맥이 유통할 수가 없어 기혈이 모두 결핍되어 병이 생겼으며 사망하였다.

庚己己壬　庚辛壬癸甲乙丙丁
辰丑亥申　寅卯辰巳午未申酉

己亥일원이 丑月에 생하여 허습한 땅인데 丑辰이 水를 저장하고 金을 감추었으며 庚壬이 투출하여 통근하였다. 오직 그 허습한 氣를 따라야만 하고 도리어 水가 용신이 된다. 초운 庚寅, 辛卯는 천간에 金을 만나 水를 생하고 지지는 木이 土를 극하니 유업이 넉넉하였고 壬辰, 癸運에 재산이 날로 증가할 뿐만 아니라 과거에 합격하였으나 巳運에 처를 극하고 재물을 소비했다. 이 명조는 사주에 火가 없고 申時에 壬水가 생을 만나 종재격을 이루므로 유업이 풍족했고 학교에 들어가 공부를 하였으며 처자가 모두 온전하였는데 만약 火를 하나라도 만났으면 재다신약이 되어 한 가지도 이루지 못하였을 것이다. 甲午運에 이르러 木이 무근하고 火를 생하여 己巳年에 火土가 병왕하니 기혈이 반드시 손상되므로 장과 위에 혈증으로 죽었다.

이후제

辰丑土는 한습한 土이고 壬亥水와 庚申金이 한습을 더하므로 陰濕이 지나치다. 사주는 음양오행의 조화가 중요한데 陰陽은 寒暖燥濕이요 五行은 身強身弱이니 한난조습이 중요하다. 이 명조는 한습하여 陽明한 기운을 만나야 발전하므로 木火運과 燥土運을 원한다.

金水傷官 寒則冷嗽 熱則痰火. 火土印綬 熱則風痰 燥則皮痒. 論痰多木火. 生毒鬱火金. 金水枯傷而腎經虛 水木相勝而脾胃洩.

金水상관이 차면 기침을 심하게 하고 뜨거우면 가래가 심하게 나온다. 火土인수가 뜨거우면 풍증으로 생기는 담증이 있고 건조하면 피부에 가려움증이 있다. 담은 木火가 많은 것으로 논하고 심한 우울증은 火金에서 생긴다. 金水가 메마르고 상하면 신장이 허하고 水木이 승하면 비위가 설기된다.

金水傷官 過於寒者 其氣辛涼 眞氣有虧 必主冷嗽 過於熱者 水不勝火 火必克金. 水不勝火者 心腎不交也 火能克金者 肺家受傷也. 冬令虛火上炎 故主痰火. 火土印綬 過於熱者 木從火旺也 火旺焚木 木屬風 故主風痰. 過於燥者

火炎土焦也 土潤 則血脉流行而營衛調和 皮屬土 土喜緩 緩卽潤也. 所以過燥則皮痒 過濕則生瘡. 夏土宜濕 冬土宜燥 在人則無病. 在物則發生.
金水상관이 지나치게 차가운 자는 그 기가 냉하여 진기가 결핍되므로 반드시 기침이 있고 지나치게 뜨거운 자는 水가 火를 이기지 못하므로 火는 반드시 金을 극하게 된다. 水가 火를 이기지 못하는 것은 심장과 신장이 교류하지 못하는 것이고 火가 金을 극하는 자는 폐가 손상을 받는 것이다. 겨울에는 火가 허하여 불꽃이 위에 있으므로 가래가 있다. 火土인수가 지나치게 열한 자는 木이 왕한 火를 따르고 火가 왕하여 木을 불사르는데 木은 風에 속하므로 풍증으로 생기는 가래가 있다. 지나치게 조하면 화염토초하고 土가 윤습하면 혈맥이 유행하여 몸의 기운이 조화로우며 피부는 土에 속하고 土는 느슨한 것을 기뻐하며 느슨한 것은 윤택한 것이다. 까닭에 지나치게 조하면 피부가 가렵고 지나치게 습하면 부스럼이 생긴다. 夏土가 알맞게 습하고 冬土가 알맞게 燥하면 사람은 무병하고 만물은 생겨난다.

總之火多主痰 水多主嗽. 木火多痰者 火旺逢木 木從火勢 則金不能克木 水不能勝火 火必克金而傷肺 不能下生腎水. 木又洩水氣 腎水必燥 陰虛火炎痰則生矣. 生毒鬱火金者 火烈水涸 火必焚木 木被火焚. 土必焦燥 燥土能脆金 金鬱於內 脆金逢火 肺氣上逆. 肺氣逆則肝腎兩虧 肝腎虧則血脉不行 加以七情憂鬱而生毒矣. 土燥不能生金 火烈自能暵水 腎經必虛. 土虛不能制水 木旺自能克土 脾胃必傷.
한마디로 火가 많으면 가래가 있고 水가 많으면 기침이 있다.
木火가 많으면 담이 있는 것은 火가 旺한데 木을 만나면 木은 火勢를 따르므로 金이 木을 극할 수 없고 水가 火를 이길 수 없으므로 火가 반드시 金을 극하니 폐가 상하고 아래로 신장의 水를 생할 수 없다. 木이 또 水氣를 설하여 신장의 水가 반드시 마르므로 陰은 허하고 火는 炎하여 담이 생기는 것이다.

火金에서 독한 우울증이 생기는 것은 火가 맹렬하여 水가 말라버리고 火가 반드시 木을 불살라버리니 목이 화에게 불사름을 당한다. 土는 반드시 불에 타고 燥하게 되며 조토는 능히 金을 무르게 하니 金은 속이 우울하고 무른 金이 火를 만나니 폐기가 거슬러 오른다. 폐기가 거스르면 간과 신이 모두 결핍되고 간과 신이 결핍되면 혈맥이 유행하지 못하므로 칠정이 우울하여 독이 생긴다.

土燥하면 生金할 수 없고 火가 맹렬하면 자연히 水가 마르므로 신경이 반드시 허하다. 土가 허하면 制水할 수 없고 木旺하면 자연히 土를 극하므로 비위가 반드시 상한다.

凡此五行不和之病 細究之必驗也. 然與人事可相通也 不可專執而論. 如病不相符 可究其六親之吉凶 事體之否泰 必有應驗者. 如日主是金 木是財星 局中火旺 日主不能任其財 必生火而助殺 反爲日主之忌神. 卽或有水 水仍生木則金氣愈虛 金爲大腸肺 肺傷而大腸不暢 不能下生腎水 木洩水而生火 必主腎肺兩傷之病. 然亦有無此病者 必財多破耗 衣食不敷 以當其咎也. 然亦有無病而財源旺者 其妻必陋惡 子必不肖也. 此數者必有一驗 其中亦有妻賢子肖而無病 且財源旺者 歲運一路土金之妙也. 然亦有局中金水 與木火停匀 而得肺腎之病者 或財多破耗 或妻陋子劣者 亦因歲運一路木火 而金水受傷之故也. 宜仔細推詳 不可執一而論.

무릇 이것은 오행이 不和한 병이니 자세히 연구하면 반드시 증험된다. 그러나 사람의 일과 상통할 수 있으니 전적으로 고집하고 논하는 것은 안 된다.

만약 病이 서로 부합하지 않으면 그 육친의 길흉과 일의 행과 불행을 연구하는 것이 옳고 반드시 증험함이 있다.

만약 일주가 金이면 木이 재성인데 局中에 火가 旺하면 일주가 그 財를 감당할 수 없고 반드시 火를 생하여 殺을 도우니 도리어 일주의 기신이 된다. 만일

水가 있으면 水가 木을 생하고 그런즉 金氣가 더욱 허해지고 金은 폐와 대장이니 폐가 상하고 대장이 상쾌하지 못하며 아래로 신장의 水를 생하지 못하고 木이 水를 설하여 火를 생하므로 반드시 신장과 폐가 상하는 병이 된다. 그러나 또한 이 병이 있고 없고 반드시 재물의 손실이 많으며 의식이 넉넉지 못한 것이 허물이다.

그러나 또한 병이 있고 없고 재원이 왕한 자는 그 처가 반드시 보잘것없고 성질이 사나우며 자식은 틀림없이 불초하다.

이 몇 가지는 반드시 하나는 증험이 있다.

그 중에 또한 처가 어질고 닮은 자식이 있으며 병이 없고 또 재원이 왕한 자는 세운이 土金으로 좋은 것이다. 그러나 또한 局中에 金水가 있어 木火와 균형을 이루는데 폐와 신장에 병이 있는 자는 재물에 손실이 많거나 혹 처가 보잘것 없고 자식이 미숙한 자이다. 또한 세운이 木火로 인하여 金水가 손상된 연고이다.

자세히 헤아려야 마땅하고 한 가지를 고집하여 논하면 안 된다.

壬壬辛己　癸甲乙丙丁戊己庚
辰子酉丑　丑寅卯辰巳午未申

辛金이 중동에 태어나 金水상관인데 局中에 火氣가 없어 金寒水冷하며 土가 습하고 얼었다. 초년에 기침병이 있었으나 상관이 패인으로 격국이 순수하고 맑아 글을 읽으면 암송하였다. 조년에 입반하였고 甲寅, 乙卯運에 水를 설하여 가업이 크게 증가하였으며 丙辰運에 이르러 水火가 상극하여 질병을 얻었는데 丙寅年에 火金이 왕한 水를 더욱 충격하므로 결국 허약증으로 사망하였다.

이후제

사주에 溫氣가 전혀 없고 寒水가 왕하니 木火運과 燥土運이 당연히 기쁘다.

丙辰運은 丙火가 壬水에 파극되어 도리어 불길하고 辰은 旺氣인 水가 入墓하여 흉하다. 상관이 왕성하고 정관운을 만나면 波瀾曲折인 까닭이다.

己丙辛壬　乙甲癸壬辛庚己戊
丑子酉辰　亥戌酉申未午巳辰

金水상관에 丙火가 투로하여 춥고 얼어붙은 것을 없애므로 기침병이 없다. 癸酉에 입학하여 장학생이 되고 향시에 합격하였다. 혹 묻기를 金水상관이 관성을 보면 기뻐한다고 하는데 어찌 癸酉 金水運에 공명을 얻었는가? 金水상관이 火를 기뻐하는 것은 暖局하는 것에 불과하고 용신으로 취하지 않는 것을 모르는 것이다. 火를 용하는 것은 십에 일이도 없고 水를 용신으로 취하는 것이 십에 팔구가 있다. 火를 취하는 것은 반드시 木火가 모두 있어야 하고 또 일원이 왕상해야 한다. 이 명조는 일원이 비록 왕하나 局中에 木이 결핍되어 火가 무근하여 허하니 반드시 水로서 용신을 삼는다. 壬申運에 교습에서 지현이 되고 辛未運 丁丑年에 火土가 병왕하며 壬水를 합거하고 子水 또한 손상되니 질병을 얻어 사망하였다.

이후제

子月 辛金이 壬水가 투간하여 빼어남이 있으나 전국이 한습하므로 당연히 丙火가 溫局하는 용신이다. 그러나 지지에 無根하고 壬水가 충파하여 결점이니 다시 木火運을 만나야 발전한다.

甲丙庚丙　丁戊己庚辛壬癸甲
戌子子戌　丑寅卯辰巳午未申

庚金이 子月에 생하고 丙火가 병투하였으며 지지에 兩戌 조토가 丙의 庫藏으로 뿌리가 되고 또 甲木이 丙을 생하니 과열하다. 運이 戊寅, 己卯에 이르러 가래가 생기는 병을 얻고 庚辰에 비견이 방신하고 지지에 습토를 만나니 약을 쓰지 않아도 나았으며 돈을 내고 벼슬길에 나아갔다. 辛巳는 장생지로 名利가 兩全하였고 火를 쓰지 않는 것은 신약하기 때문이다. 무릇 金水상관이 火를 쓰는 것은 반드시 신왕하고 財를 만나야 하고 중화되었으면 水를 쓰며 쇠약하면 土를 쓴다.

이후제

子月 庚金이 조후로 당연히 火를 取用하나 火庫인 兩戌土가 制水하고 兩丙火가 온국하며 甲木이 生火하니 이미 조후가 충분하다. 그러므로 신강신약으로 논하고 신약하므로 戌土로써 용신을 삼고 丙火를 희신으로 삼는다. 火土運을 기뻐한다.

己庚己丙　己戊丁丙乙甲癸壬
巳午亥寅　巳辰卯寅丑子亥戌

己土가 중하에 생하여 火土인수인데 己土가 본래 습토이며 亥水에 앉고 丙火가 투출하여 생을 만났으며 년월에 또 록왕을 만났으니 이것을 熱이라 하고 燥가 아니다. 寅亥가 木으로 변하여 生火하니 여름에 두려워할만한데 겸하여 運이 동남 木地로 가고 風이 木에 속하므로 풍질을 앓았다. 또한 巳亥의 体는 음이나 用은 양인데 午가 도와 심장과 소장이 더욱 왕하다.

亥는 寅이 설하고 庚金이 아래로 생하지 못하니 신장의 氣가 더욱 결핍되고 또 오줌이 새는 병이 생겼으나 다행히 조리를 잘하여 병세가 악화되지 않았다. 乙丑에 이르러 運이 북방으로 돌아 전에 있던 병이 모두 나았으며 甲子, 癸亥 水地에 노익장으로 또 첩을 들여 자식을 낳았고 재산은 수만이었다.

辛戊戊丁　丁丙乙甲癸壬辛庚
未戌戌巳　酉申未午巳辰卯寅

戊土가 戌月에 생하고 未戌土가 모두 火를 머금은 조토이며 時에 丁巳를 만나니 火土인수이다. 戊土가 본래 조토인데 또 인성을 도우며 때가 季秋이니 이것을 燥라고 하고 熱이 아니다. 년간의 辛金을 丁火가 극하고 辛이 폐에 속하며 조토가 生金할 수 없으므로 처음에 담증이 있었는데 폐가 손상된 연고이고 큰 재앙에 이르지 않은 것은 運이 丙申, 丁酉인 서방 金地로 흘렀기 때문이다. 乙未, 甲午에 이르러 木火가 상생하여 土가 더욱 조해지니 결국 피부가 뱀허물처럼 되는 증세를 얻었는데 이른바 가려움증이다. 癸巳運에 水가 무근하여 火를 극할 수 없고 도리어 그 기세를 격분하므로 그 질환으로 몸을 망치고 죽었다. 이는 火土가 癸水를 볶고 말려 신장의 氣가 끊어진 것이다.

己丁己乙　　丙乙甲癸壬辛庚己
丑丑亥丑　　子亥戌酉申未午巳

己土가 계동에 생하고 지지에 세 개의 丑을 만나 일주가 본래 왕하나 지나치게 한습하다. 丁火가 무근하여 한습한 氣를 제거할 수 없고 乙木이 시들고 메마르므로 버리고 쓰지 않는다.

공부에 나아가기 어렵고 己土가 비장에 속하는데 한습하므로 유년에 종기가 많았다. 癸酉, 壬申運에 재물은 비록 크게 왕성하였으나 양다리에 종기가 한습하여 수십 년간 낫지 않았고 또 음식의 소화에 작용하는 중초와 비위 사이의 기운이 크게 결핍되었는데 역시 乙木이 시들고 메마른 까닭으로 생각된다.

丙己甲庚　　庚辛壬癸甲乙丙丁
戌亥戌午　　子丑寅卯辰巳午未

甲木이 亥月에 생하여 인수가 비록 당령하였으나 사주에 土가 많아 水를 극하고 천간의 庚金이 무근하며 또 亥水와 멀리 떨어져 있다. 戌中辛金이 답답하고 극을 받는데 午와 丙이 戌中丁火를 인출하고 亥水가 戌土에 억제를 당하여 火를 극할 수 없어 소위 火金이 답답하다. 庚은 대장인데 丙火가 극하고

辛은 폐인데 午火가 공격하며 壬은 방광인데 戌土가 해치니 火가 속을 공격하여 해친다고 말한다. 甲辰運에 木이 또 生火하고 戌中辛金이 冲出되어 午에 극을 당하니 폐암으로 사망하였다.

庚癸甲甲 甲乙丙丁戊己庚辛
寅未午戌 申酉戌亥子丑寅卯

木火상관에 인성을 쓰는데 庚金이 가까이서 癸水 인성을 생하니 순수함이 볼만하다. 책을 읽으면 잊지 않았는데 애석한 것은 庚癸 두자가 지지에 실리지 못한 것이고 戌時가 더욱 불만인데 火局이 되어 金水가 메마르고 손상될 뿐만 아니라 또 火가 木을 불사르므로 일간의 원신이 모두 설기된다. 유년에 약증이 있었고 폐와 신장이 모두 결핍되었으며 丙戌運에 이르러 水를 말리고 金을 극하여 요절하였다.

癸乙庚戊 甲癸壬辛庚己戊丁
酉卯戌寅 寅丑子亥戌酉申未

春木이 당권하여 卯酉가 비록 충이나 木旺하여 金缺이고 土 역시 상처를 받는다. 더욱 불만인 것은 卯戌, 寅戌이 껴안아 살이 되니 일주의 비장이 허하고 폐가 상하여 질병이 되는데 그러나 일생이 無病하였다. 단 酉는 약하고 卯는 강하여 처는 비록 극하지 않았으나 부부사이는 좋지 못하였고 자식 둘을 낳았는데 모두 불초하였으며 비적의 무리가 되었다. 그러나 病은 면하였고 재물 또한 왕성하였다.

5. 出身

巍巍科第邁等倫 一個元機暗裏存.

높고 높은 과거에 급제하는 것은 하나의 으뜸이 되는 기틀이 보이지 않는 곳에 있다.

凡命論 人之出身最難 故有元機存焉. 元機者 不特格局淸奇廻異 用神眞假之分 須究支中藏神司令 包羅用神喜神 使閑神忌神 不能爭戰 反有生拱之情. 又有格局本無出色處 而名冠羣英者 必先究其世德之美惡 次論山川之靈秀. 所以鍾靈毓秀 從世德而來 不論命也. 然看命之要 非殺印相生爲貴 官印雙淸爲美也. 如顯然殺印財官 動人心目者 必非佳造. 若用神輕微 喜神暗伏 秀氣深藏者 初看並無好處 越看越有精神 其中必有元機. 宜仔細搜尋.

무릇 명을 논함에 사람의 출신이 가장 어려운데 으뜸이 되는 기틀이 있는가에 있다. 원기는 격국이 맑고 뛰어나며 괴이한 것을 되돌릴 뿐만 아니라 용신의 진가를 나누고 반드시 지장간 중에 사령하는 것을 살펴야 하며 용신과 희신을 포괄해서 한신과 기신으로 하여금 다투고 싸울 수 없게 하고 도리어 생하고 껴안는 情이 있어야 한다. 또 격국이 본래 특출나게 뛰어난 곳이 없는데 명예와 벼슬이 무리에서 뛰어난 자는 반드시 먼저 그 집안의 평가가 아름다운지 나쁜지를 살펴야 하고 다음으로 산천의 영기가 빼어난 것을 논해야 한다. 까닭에 영기가 모여 인재를 기르거나 집안의 덕이 대대로 내려오면 명을 논하지 않는다.

그러므로 간명의 요점은 살인상생이 귀한 것이 아니고 관인쌍청이 아름다운 것이 아니다.

가령 殺印財官이 분명하게 드러나 사람의 마음과 눈을 움직이게 하는 것은 반드시 아름다운 명조는 아니다. 만약 용신이 경미하고 희신이 암장되었으며 秀

氣가 깊이 감춰져 있는 것은 처음 볼 때 좋은 곳이 없으나 보면 볼수록 정신이 있고 그중에 반드시 원기가 있다.
마땅히 자세하게 찾아 연구해야 한다.

壬壬己戊　癸甲乙丙丁戊己庚
辰寅未辰　卯辰巳午未申酉戌

己土가 맹춘에 생하여 官이 당령하였는데 천간에 재성이 덮고 生官하니 유정하다. 그러나 春初의 己土는 습하고 또 차가운데 년월의 壬水가 고장에 통근하였다. 寅中丙火가 사령하고 用이 되어 기쁜데 암장되고 생을 만나니 소위 원기가 보이지 않게 존재하는 것이다. 丙運에 이르러 원신이 드러나니 戊辰年에 비견이 시간을 도우며 겁재가 壬水를 제거하므로 丙火가 극을 받지 않으니 대과에 장원급제하였다. 속론으로 하면 관성이 투출하지 못하고 재성이 가벼우며 겁재가 중하여 평범한 명이라고 할 것이다.

이후제

初春의 己土가 木旺하고 년월의 壬水가 투간하여 반드시 有力한 丙火가 관인상생하며 春寒을 제거해야 上命인데 寅中丙火가 투간하지 못하여 탁격이다. 다만 이 사주는 중년運이 乙巳 丙午 丁未로 좋을 뿐이다.

壬甲甲丙　乙丙丁戊己庚辛壬
戌辰戌寅　巳午未申酉戌亥子

甲木이 계춘에 생하여 木의 여기가 있고 또 록이 도우며 시간의 丙火가 홀로 투출하여 빛나니 순수하다. 년간의 壬水를 좌하의 조토가 억제하나 또 비겁의 설기를 만나 전전 상생하므로 丙火가 더욱 그 세력을 만났다. 戊運에 이르러 戊의 원신이 투출하여 壬을 억제하니 文武의 빼어난 무리 중에 삼원에 급제하였으나 높은 벼슬을 할 수 없었던 것은 運이 서방금지로 흘러 洩土生水한 연고이다.

이후제

辰月 甲木이 財重身輕이니 월간의 甲木비견이 소토하며 일간을 돕는 용신이고 壬水가 윤습하며 生木하는 희신이다. 또한 丙火는 온국하는 길신이고 寅木은 甲丙의 통근처로 귀중하다. 더 이상의 火土는 필요하지 않고 水木運이 좋으나 申運은 寅木을 충파하므로 대흉하다.

甲丁丁庚　戊己庚辛壬癸甲乙
寅丑卯戌　寅卯辰巳午未申酉

丁火가 계동에 생하고 局中에 인수가 첩첩하여 弱中에 旺으로 변하였으므로 재성을 쓰기에 충분하다. 庚金이 허로하여 본래 특출하게 뛰어남이 없으나 丑中 辛을 쓸 수 있어 기쁘고 역시 원기가 암장된 것이다. 丑이 일원을 秀氣하고 비견이 생하는 것을 이끌며 또 卯戌이 합하여 丑土가 손상되지 않는다. 까닭에 과거에 3등으로 급제하고 우의정에 이르렀다.

丁壬庚辛　辛庚己戊丁丙乙甲
亥子子巳　亥戌酉申未午巳辰

庚金이 중동에 태어나고 상관이 태왕하여 설기가 지나치니 용신이 土에 있고 火에 있지 않다. 주중에 火는 暖局하는 것에 불과하고 사주에 土가 없어 巳中 戊土를 취한다. 水旺하여 火를 극하나 火가 능히 土를 생할 수 있으며 역시 원기가 암장된 것이다. 戊運에 이르러 丙辰年에 火土가 상생하니 巳中 원신이 함께 드러나 역시 우의정에 이르렀다.

이후제

子月 庚金이 식상인 寒水가 왕하여 온토로 制水하며 生身해야 하나 土가 없으니 用神不定으로 下命이다. 다행히 丁火가 壬水를 합하여 有情하고 巳火

는 水에 극을 당하여 있으나마나다. 戊戌未土運을 원한다.

淸得盡時黃榜客. 雖存濁氣亦中式.

청기가 극에 달함을 얻을 때 과거에 합격하고 비록 탁기가 있어도 역시 과거에 급제한다.

淸得盡者 非一行成象 兩氣雙淸之謂也. 雖五行盡出 而淸氣獨逢生旺 或眞神得用 或淸氣深藏者 皆爲淸得盡 黃榜標名也. 若淸氣當權 閑神忌客不司令不深藏 得歲運制化者 亦發科發甲也. 淸氣當權 雖有濁氣 安放得所 不犯喜用 雖不能發甲 亦發科也. 淸氣雖不當令 得閑神忌客 不黨濁氣 匡扶淸氣 或歲運安頓者 亦可中式也.

청기가 극치에 달함을 얻었다는 것은 일행성상이나 양기쌍청을 말하는 것이 아니다. 비록 오행이 모두 있어도 청기가 홀로 생왕을 만났거나 진신이 용신이거나 청기가 깊이 감춰진 자는 모두 청기가 극에 달함을 얻은 것이니 과거에 급제하게 된다.

만약 청기가 당권하고 한신과 기신이 사령하지 않으며 심장되지 않고 세운의 制化를 만난 자는 역시 과거에 급제한다. 청기가 당권하고 비록 탁기가 있어도 알맞은 자리에 방치되어 희신과 용신을 범하지 않으면 비록 장원급제할 수는 없어도 역시 급제한다.

청기가 비록 당령하지 못하고 한신이나 기신을 만났으나 탁기가 무리 짓지 않고 청기를 돕거나 혹은 세운이 안돈한 자는 역시 과거에 합격할 수 있다.

戊乙己丙　丙丁戊己庚辛壬癸
辰卯卯寅　辰巳午未申酉戌亥

己土가 卯月에 생하여 殺旺한 제강인데 乙木 원신이 투간하고 지지가 동방이다. 시간의 丙火가 생왕하고 국중에 金水가 섞이지 않아 淸함이 극치에 달함을 얻은 것이다. 만약 하나의 金을 만났으면 木을 극할 수 없을 뿐만 아니라 金은 旺神을 건드려 스스로 손상되고 쓸데없이 木과 불화하여 淸함이 극치에 이르지 못한다.

癸己庚甲　戊丁丙乙甲癸壬辛
未未子申　午巳辰卯寅丑子亥

庚金이 未月에 생하여 조토는 본래 生金이 어려우나 기쁘게 子水에 앉고 원신이 년에 나타나 三伏生寒이라고 하며 土를 적시고 金을 기른다. 그렇지만 土旺水衰한데 묘하게 申時를 만나 子를 껴안고 洩土生水하며 일간을 돕는 아름다움이 있다. 더욱 묘한 것은 火가 나타나지 않아 淸함이 극치에 달한 것이다. 초년 戊午, 丁巳, 丙運에 生土하고 水를 말리니 공명을 이루지 못하였고 가업도 기울었다. 辰運에 지지가 水局이 되어 향방에 들었고 乙卯運에 己未土를 제거하니 사림에 들었으며 또한 文柄을 장악하였고 벼슬길이 빛났다.

이후제

未月은 열기가 왕성한데 癸子水가 해열하고 申金이 生水하며 또한 火가 없어 조후가 충분하므로 신왕으로 논하고 상관으로 洩하여 生財하므로 木으로 용신을 삼고 水로써 희신을 삼는다. 水木運을 원한다.

癸癸甲丁　壬辛庚己戊丁丙乙
未亥午卯　戌酉申未午巳辰卯

甲木이 亥月에 생하고 癸水가 병투하여 그 세력이 범람한다.

冬木은 火를 기뻐하는데 卯時를 만나 아주 기쁘고 丁火가 통근할 뿐만 아니라 또한 일주가 왕이 되며 또한 木局이 되어 洩水生火하고 일간을 돕는다. 金이 없어 더욱 묘하고 淸함이 극치에 이른다. 己未運에 이르러 癸水를 억제하니 丙辰流年에 예부에 합격하고 한원에 들어갔으며 청빈한 신하로 요직에 머물렀다.

壬己癸乙　庚辛壬癸甲乙丙丁
辰酉卯卯　戌亥子丑寅卯辰巳

癸卯일원이 식신이 태중하여 일원의 설기뿐만 아니라 또 제살태과인데 추수통원이 기쁘고 인성이 홀로 용신이 된다.

더욱 묘한 것은 辰酉가 합하여 金이 되니 金氣가 더욱 견고하다. 局中에 火氣가 전혀 없어 淸함이 완전하다. 까닭에 일찍 벼슬길에 오르고 한원에 이름이 높았으나 애석하게도 中運에 木을 만나 높은 벼슬을 할 수 없었다.

이후제

酉月 癸水를 壬水가 돕고 辰酉가 合金하여 生身하므로 신왕이다. 마땅히 칠살인 己土를 써야 하나 많은 식신에 제살태과되어 버리고 洩하는 식신을 取用한다. 재성인 火가 없어 관살이 할 일이 없어졌으니 格이 拙劣하다.

己甲庚丙　癸壬辛庚己戊丁丙
亥戌子子　酉申未午巳辰卯寅

庚金이 戌月에 생하였는데 지지에 兩子와 亥가 있고 천간에 丙火가 투출하여 克洩이 교가하는데 인성이 왕한 월건이라 기쁘고 비록 甲木이 生火하며 克土하여 불만이나 甲己가 합하여 化土하니 淸함이 극에 달했다. 己巳流年에 이르러 인성이 도움을 받고 甲木이 장생하는 亥水를 충거하니 진사에 급제하였다.

己丙庚辛　乙甲癸壬辛庚己戊
亥子子巳　亥戌酉申未午巳辰

庚金이 중동에 생하고 지지에 兩子와 一亥가 있으며 천간에 丙火가 나타나 克

洩을 함께 만났으나 己土가 투로하여 洩火生金하여 기쁘고 오행에 木이 없어 淸함이 극에 달했다. 己巳年에 이르러 인성이 도움을 만나 한원에서 이름을 날렸고 부족한 것은 인수가 당령하지 못하고 또 己土가 멀리 떨어져 있으며 허한 것이다. 그러므로 직위가 낮은 지현이었다.

이후제

亥子水가 왕하여 설기가 과다하므로 신약하고 또 仲冬에 한습하여 病이니 制水하고 生身하는 厚土가 藥이고 추위를 제거하고 온국하며 生土하는 火가 眞神이다. 그러나 己土가 卑濕하여 制水하지 못하고 生身하는 힘이 부족하며 丙火는 실령하였으나 巳火에 有根하여 온국하고 生土하니 다행이다. 火土運에 발전한다.

丙壬丙壬　癸甲乙丙丁戊己庚
申辰子辰　巳午未申酉戌亥子

丙火가 계춘에 생하고 兩殺이 병투하고 지지에 殺局인데 辰土가 당령하여 제살하고 辰中 木의 여기가 있어 生身하므로 기쁘다.

病이 申金에 있는데 會局하여 없어지므로 타고난 자질이 남보다 뛰어났다. 丁卯年에 합살하고 인성이 득지하여 향방에 합격하였으며 辛未年에 子水를 제거하고 木火가 모두 여기를 만나니 과거에 급제하였다. 결국 申金이 문제가 되어 크게 쓰이지 못하고 귀향하였으며 더욱 불만인 것은 運이 서방으로 흐르니 주색에 빠졌다.

이후제

水가 太旺하므로 辰土에 의지하나 본래 辰土는 水庫이며 게다가 申子辰水局을 이뤄 制水할 능력이 부족하다. 申子辰水局이나 월령인 辰土가 비록 水로 化하지는 않을지라도 旺水를 억제하는 용신으로 쓰기에 부족하므로 신약을 면하지 못하고 결국 戊戌未土運과 火運을 또는 木運을 만나야 발전할 수 있다. 丙臨申位에 難獲延年이라고 했으니 중년에 申運을 만나 주색에 빠지는 것도 당연하다고 하겠다.

戊壬壬乙　癸甲乙丙丁戊己庚
午戌子巳　亥子丑寅卯辰巳午

壬水가 戌月에 생하여 水가 進氣이고 좌하 양인이 방신하며 년간의 殺은 비견이 가로 막으니 身殺이 차이가 없다고 말한다. 病은 午에 있는데 子水를 충하고 또 불만이 巳에 있는데 子水가 막아 生殺할 수 없게 한다. 戌中 암장된 辛金이 用이 되고 쌍둥이로 태어나 모두 진사에 합격했다.

이후제

戌月이 水가 進氣할 때라고는 하나 本氣인 戊土가 투간하고 午와 巳에 祿旺으로 殺旺한데 壬水일간은 子水양인에 앉고 壬水비견이 도와 弱은 아니나 殺보다 弱하다. 따라서 신약살왕하므로 金水運을 원하는데 運路가 不順하여 불만이다.

庚辛乙戊　壬癸甲乙丙丁戊己
戌巳卯寅　午未申酉戌亥子丑

乙木이 巳月에 생하여 상관이 당령하니 관살을 制伏하기에 족하고 좌하의 록이 扶身하고 時에서 寅을 만나 등라계갑하였다.

庚辰年에 이르러 지지가 동방이 되니 향방에 합격하였으나 장원은 못했는데 단지 사주에 인성이 없고 戊土가 洩火生金하기 때문이다. 쌍둥이인데 동생은 卯時에 태어나 비록 득록이나 유력함과 장간의 아름다움이 寅中甲木에 미치지 못한다. 그러므로 뒤늦은 己亥年에 이르러 인성이 생하고 껴안아 비로소 향방에 합격하였다.

이후제

巳月 乙木이 木火상관으로 신약이나 日時의 祿旺에 앉아 弱而反旺이고 金은 비록 巳에 장생이나 실은 克이고 庚辛이 함께 투간하여 관살혼잡이지만 일간이 감당할 만하다. 그러나 전국이 燥한 편이므로 濕水土運이 가장 좋다.

癸乙戊甲　甲癸壬辛庚己戊丁
亥卯午寅　寅丑子亥戌酉申未

戊土가 중춘에 생하고 관살이 병왕하며 록에 임하고 또 재성이 득지하여 生扶하니 비록 좌하에 午火 인수가 있으나 火가 허하여 土를 생할 수 없으므로 그 命을 버리고 종살격이 된다.

관살이 한 가지 부류이고 이미 從하였으니 혼잡으로 논하지 않는다. 子運에 이르러 午火를 충거하고 庚子年에 金이 왕한 水를 생하니 午火를 충하여 완전히 없어지므로 향방에 합격하였다.

이후제

卯月 戊土가 관살이 왕하여 午가 寅午火局을 이루며 化殺生土하는 용신이고 癸亥水는 봄 가뭄을 해소하는 藥神이나 왕한 木을 생하니 功도 있고 過도 있다. 衆殺猖狂에 一印이 可化라 했으니 午火가 능히 化殺할 수 있는데 다만 木多火熄의 염려가 있으나 寅午가 火局하여 火勢가 약하지 않다. 火運은 용신을 도우므로 기쁘고 水木은 더 이상 필요치 않으며 金은 旺木을 斫伐하여 오히려 기쁘고 土運은 용신을 洩하므로 나쁘다.

戊壬庚癸　癸甲乙丙丁戊己庚
子戌寅未　亥子丑寅卯辰巳午

庚金이 戌月에 생하니 인성은 당령하고 金 또한 有氣하니 용신이 水에 있고 火에 있지 않다. 庚申流年에 이르러 壬水가 생을 만나고 또 土氣를 설하니 향시에 합격하였다. 불만인 것은 원신인 戊土가 투로하여 이차시험인 춘위에는 합격하지 못하였고 中運이 木火로 못마땅하여 재물의 소모가 많았다.

이후제

戊月 庚金이 戊土가 투간하고 未時를 만나니 인성이 많고 신왕에 속한다. 따라서 疎土하는 寅木이 용신이고 癸水가 生木하는 희신이다. 늦가을에 水가 많은 것은 기쁘지 않은데 戊土가 壬水를 억제하여 기쁘다. 水木運을 원한다.

戊己辛戊　庚辛壬癸甲乙丙丁
子未亥子　申酉戌亥子丑寅卯

辛金이 계하에 생하고 국중에 비록 조토가 많으나 묘하게 좌하에 亥水가 있고 年時에 子를 만나 潤土하며 金을 기른다.
亥가 未를 만나 木을 껴안으니 木이 용신이 된다.
丁卯年에 이르러 木局이 되니 有病에 得藥으로 과거에 합격하였다.

이후제

未月 辛金이 土가 많고 열기가 왕성하여 불만인데 水가 많아 解熱은 하나 木이 없어 疎土가 안되었으니 木運을 원한다. 더 이상의 金水는 三伏生寒의 근심이 있으므로 꺼린다.

秀才不是塵凡子. 淸氣還嫌官不起.

수재는 평범한 사람이 아니나 청기뿐만 아니라 관성이 일어나지 못하는 것을 꺼린다.

秀才之命 與異路貧富人 無甚分別 細究之 必有淸氣存焉. 官星不起者 非官星不透之謂也. 如官星太旺 日主不能用其官 如官星太弱 官星不能克日主 如官旺用印見財者 如官衰用財遇劫者 如印多洩官星之氣者 如官多無印者 如

官透無根 地支不載 如官坐傷位 傷坐官位 如忌官逢財 喜官遇傷者 皆謂之官星不起也. 縱有淸氣 不過一衿終身.

수재의 명은 정상이 아닌 방법으로 성공하는 사람과 가난한 사람과 부자인 사람과 더불어 깊이 분별할 수 없으나 자세히 연구하면 반드시 淸氣가 있다.

관성이 일어나지 못한 것은 관성이 나타나지 못한 것을 말하는 것이 아니다. 만약 관성이 태왕하면 일주가 그 관성을 쓸 수 없고 관성이 태약하면 관성이 일주를 극할 수 없으며 만약 官旺하여 印을 쓰는데 財를 만난 것과 官衰하여 財를 쓰는데 겁재를 만난 것과 인성이 많아 관성을 설기하는 것과 관성이 많은데 인성이 없는 것과 관성이 투출하였는데 無根하고 지지에서 실어주지 못한 것과 관성이 상관에 앉은 것과 상관이 관성위에 앉은 것과 관성을 꺼리는데 財를 만난 것과 관성을 기뻐하는데 상관을 만난 것은 모두 관성이 일어나지 못한 것이라고 말한다.

설령 淸氣가 있어도 종신토록 초시합격에 불과하다.

有富而秀者 身旺財旺 與官星不通也. 或傷官顧財不顧官也. 有貧而秀者 身旺官輕 財星受劫也 或財官太旺 印星不現 或傷官用印 見財不見官也. 有學問過人 竟不能得一衿 老於儒童者 此亦有淸氣存焉 格局原可發秀 只因運途不齊 破其淸氣 以致終身不能稍舒眉曲也. 亦有格局本可登科發甲者 亦因運途不齊 屢困場屋 終身不能得一衿也. 有格局本無出色 竟能科甲連登 此因一路運途合宜 助其淸氣官星 去其濁氣忌客故也.

부자이면서 수재인 자는 신왕재왕하나 관성과 통하지 못한 것이고 혹은 상관이 財를 돌보고 官을 돌보지 않는 것이다.

가난하나 수재인 것은 신왕하고 官이 輕한데 재성이 겁탈되었거나 혹은 財官이 태왕한데 인성이 없거나 혹은 상관이 인성을 쓰는데 財를 보고 관성을 만나지 못한 것이다.

학문이 뛰어나나 결국 초시에도 합격하지 못하고 늙어서도 학동인 것은 이것 역시 清氣가 있는 것으로 격국은 원래 뛰어날 수 있으나 단지 運途가 좋지 않아 그 清氣가 파손되었기 때문이며 종신토록 찡그린 눈썹을 펼 수 없다.
또한 격국이 본래 등과하여 장원급제할만하나 역시 運途가 좋지 않으면 여러 번 과거를 보아도 종신토록 초시에도 합격하지 못하는 것이다. 격국이 본래 뛰어남이 없는데 결국 과거에 연달아 합격할 수 있는 것은 이것도 運途가 마땅하여 그 清氣와 관성을 돕고 그 탁기와 기신을 제거하기 때문이다.

癸壬乙戊　辛庚己戊丁丙乙甲
巳戌卯寅　酉申未午巳辰卯寅

乙卯일원이 季秋에 앉고 寅時의 도움을 만나 약하지 않으니 巳火를 써서 秀氣하기에 충분하다. 戊土가 火庫로 火를 거두어들이고 壬癸가 머리위에서 극하니 격국이 본래 뛰어남은 없다. 또 辛金이 사령하고 壬水가 進氣로 통원하는데 다행히 時에 戊土가 투출하여 탁기를 제거하고 청기가 머문다. 그러므로 문장이 태산북두와 같았고 품행이 양옥정금과 같았다. 中運에 火를 만나니 丙子年에 관리가 되었으나 애석하게도 子水가 득지하여 성공하기는 어려웠다.

이후제

지지에 祿旺인 寅卯木이 돕고 천간에서 壬癸水가 생하여 신왕하고 戌月의 本氣인 戊土가 투출하여 신왕재왕이다. 火運을 원하고 巳火가 身財를 통관하는 요점이므로 파손되는 것을 꺼린다.

癸庚甲乙　己戊丁丙乙甲癸壬
亥申申亥　未午巳辰卯寅丑子

甲申일원이 맹추에 생하고 庚金이 兩祿旺에 앉았으나 亥時에 절처봉생으로 化殺하여 유정하므로 기쁘다. 癸水원신이 투출하여 청함을 알 수 있으나 단지

殺의 세력이 태왕하고 일주가 허약하여 불만이다. 殺이 권위가 될 수 없으므로 일어났으나 일어난 것이 아니다. 름공으로 일생을 마쳤으며 한 번도 과거에 급제하지 못했다.

壬甲丁己　乙丙丁戊己庚辛壬
午辰巳酉　巳午未申酉戌亥子

丁火가 季春에 생하고 관성이 비록 일어났으나 좌하에 無根하며 그 氣가 木으로 돌아가니 일주가 旺이다. 時의 財가 공협하여 유정하고 도리어 관성과는 불통하며 또 中運이 土金으로 가니 재성은 더욱 넘치나 관성은 손상을 입으니 공명은 초시에 불과하였으나 가업은 십 수만이었다. 만약 酉年과 午時가 바뀌었으면 명리가 모두 빛났을 것이다.

癸乙丙丁　甲癸壬辛庚己戊丁
未卯午酉　寅丑子亥戌酉申未

丙午일원이 卯月에 앉고 局中에 木火가 兩旺하며 官이 상관에 앉고 일점 재성이 겁탈되어 모두 없어졌으니 財는 겁탈되고 官은 손상되었다고 말한다. 壬運에 비록 초시에 합격했으나 빈곤함을 참기 힘들었다. 子運은 충을 당하고 또 未의 극을 만나 처를 잃고 辛運은 丁火에 겁탈을 당하니 자식을 잃었다. 亥運은 會木하여 生火하므로 사망하였다.

戊庚壬甲　辛壬癸甲乙丙丁戊
申申申辰　酉戌亥子丑寅卯辰

이 명조는 殺이 印을 생하고 印이 生身하며 식신이 투출하여 청하고 연이어 상생하니 청하고 순수하므로 학문이 뛰어나고 품행이 단정하였다. 애석하게도 火가 없어 청하나 神이 적고 土를 쓰면 金이 많아 氣가 설기되고 木을 쓰면

金이 예리하여 木이 시든다.

아울러 運이 서북 金水地로 흐르니 공부한지 육십년간 초시도 못하였고 집이 가난하여 밖으로 돌며 사십년간 가르쳤는데 자신에게 배운 자는 등과하고 장원도 했으나 자기는 초시도 하지 못했으니 命이 아니라고 할 수 없다.

己癸壬戊　壬辛庚己戊丁丙乙
亥酉申申　申未午巳辰卯寅丑

이 명조는 관살이 並透하였으나 無根하고 金水가 태왕하여 전조의 순수함에는 훨씬 미치지 못한다. 運이 남방 火土로 흘러 기쁘고 精이 족하고 神이 왕하다. 未運에 이르러 일찍 반수에 들고 午運에 과거에 연달아 급제하였으며 己巳, 戊辰運에 벼슬길이 빛났다. 전조와 천연의 차이가 있으니 명조와 관련된 것이 아니라 運이 아름다운 것이다.

異路功名莫說輕 日干得氣遇財星.

특별한 방법으로 공명을 얻는다고 가볍게 말하지 마라. 일간이 득기하고 재성을 만난 것이다.

異路功名 有刀筆成名者 有捐納出身者. 雖有分別 總不外日干有氣 財官相通也. 或財星得用 暗成官局 或官伏財鄉 兩意情通 或官衰逢財 兩神和協 或印旺官衰 財星破印 或身旺無官 食傷生財 或身衰官旺 食神制官 必有一種清純之氣 方可出身. 其仕路之高卑 須究格局之氣勢 運途之損益 可知矣. 不能出身者 日干太旺 財輕無食傷 喜官而官星不通 或無官也. 如日干太弱 財星官星並旺者 有財官雖通 傷官劫占者 有財星得用 暗成劫局者 有喜印逢財 忌印逢官者 皆不能出身也.

이로공명은 문서를 작성하는 일로 이름을 얻는 것과 돈을 기부하고 벼슬을 하는 것이 있다. 비록 분별은 있으나 총체적으로 일간이 有氣하고 재관이 상통하는 것은 예외가 아니다.

혹은 재성이 용신이고 보이지 않게 관성이 局을 이루거나 혹은 官이 암장되었는데 財鄕을 만나 둘의 뜻과 情이 통하거나 혹은 官이 衰한데 財를 만나 兩神이 화합하고 협력하거나 혹은 인성이 왕하고 관이 衰한데 재성이 파인하거나 혹은 신왕하고 관이 없는데 식상이 생재하거나 혹은 일주가 쇠하고 관왕한데 식신이 관을 억제하면 반드시 일종의 청순한 기가 있는 것이니 벼슬길에 나설 수 있다. 그 벼슬길의 높고 낮음은 반드시 격국의 기세와 運途의 손익을 살피면 알 수 있다.

벼슬길에 나설 수 없는 것은 일간이 태왕한데 財가 輕하고 식상이 없거나 官을 기뻐하는데 관성이 불통하고 혹은 官이 없는 것이다. 가령 일간이 태약하고 재관이 함께 旺한 자와 재관이 비록 통하여도 상관과 겁재에 점령당한 자와 재성이 용신인데 보이지 않게 겁재가 局을 이룬 자와 印을 기뻐하는데 財를 만나고 印을 꺼리는데 官을 만난 자는 모두 벼슬길에 나갈 수 없다.

己壬甲戊　辛庚己戊丁丙乙甲
巳申寅辰　未午巳辰卯寅丑子

甲木이 맹추에 생하여 七殺이 당령하였는데 巳火식신이 己土의 생을 탐하여 申金의 극을 잊는다. 아울러 戊己가 병투하여 破印하고 殺을 생하니 조업을 보존하기 어렵고 공부를 계속하지 못하였다.

기쁜 것은 秋水가 통원하고 일주가 록왕에 앉았으며 겉으로는 비록 충극하나 보이지 않게 도리어 상생하니 부서에서 벼슬을 시작하여 丁卯, 丙寅運에 이르러 제살하여 일간을 도우니 벼슬이 관찰에 이르렀다.

庚丙乙丁　丁戊己庚辛壬癸甲

午戌卯丑　亥子丑寅卯辰巳午

乙卯일원이 계추에 생하고 丙丁이 함께 투출하여 통근하였는데 水가 없으니 庚金은 버리고 논하지 않는다. 재성이 고장으로 木火가 통명을 이루니 매우 기쁘고 성정이 효성과 우애가 있고 더욱이 행실이 신실하였다. 부서출신으로 벼슬이 주목에 이르렀으며 학문에 불리한 것은 庚金이 丑에 통근하였기 때문이다.

이후제

戌月 乙木이 신약이니 좌하의 卯祿에 의지하여 식신생재를 이루고 신약에 관성은 쓸 수 없다. 그러므로 丙火상관이 庚金정관을 제거하여 오히려 상관견관이 기쁘고 水木運을 원한다.

己庚戊癸　己戊丁丙乙甲癸壬

丑午申亥　巳辰卯寅丑子亥戌

戊土가 午月에 생하여 인성이 병령하였고 時에 癸亥를 만나니 바로 득기한 일원이 재성을 만난 것이다. 다만 金氣가 태왕하고 또 年支가 습토로 晦火生金하니 일원이 도리어 약하고 인수가 보이지 않게 손상된다. 학문을 이루기 어렵고 연납출신으로 丙寅, 丁卯運에 이르러 木은 火勢를 따르니 生化가 어그러지지 않아 벼슬이 황당에 이르렀다. 기쁜 것은 午火진신이 용신이 되어 위인이 충후하고 화평하였다. 乙丑運에 晦火生金하니 사망하였다.

이후제

午月 戊土가 당령하고 己丑土가 도와 신왕한데 庚申金이 洩하여 癸亥水를 생하니 식신생재로 成格이다. 戊己土는 丑午에 실리고 庚金은 申丑에 실렸으며 癸水는 申亥에 실리니 上下가 有情하다. 비록 신왕이나 火勢가 왕성하지 않아 다시 火土運을 원한다.

壬甲戊丙　乙丙丁戊己庚辛壬

子辰戌辰　巳午未申酉戌亥子
戌戌일원이 계춘에 생하고 時에 火土를 만나 일원이 득기하였다. 비록 봄의 허한 土이나 殺이 투출하여 통근하고 아울러 득지한 壬水가 가까이서 상생하니 이것을 신살양정이라고 말하고 신강살천이 아니다.
천간의 壬水가 丙火를 극하니 학문에는 불리한데 초운이 남방으로 흘러 기쁘고 연납출신으로 벼슬이 고을의 관리가 되었다. 다만 財가 투출하여 生殺하여 病인데 앞으로 운이 서방으로 흐르면 水는 생하고 火가 절이 되므로 무섭다. 사람이 사치스럽고 검소하지 못하니 만약 급류에 용퇴하지 않으면 불측한 풍파를 면하기 어렵다.

癸甲丙庚　癸壬辛庚己戊丁丙
巳寅戌寅　丑子亥戌酉申未午
丙火가 맹춘에 생하고 官이 투출하여 用이 되니 淸하고 순수하나 애석하게도 金水가 멀리 떨어져 상생의 뜻이 없고 또 木火가 병왕하며 金水가 無根하다. 학문을 계속하기 어려웠고 연납으로 현령이 되었는데 결과적으로 재관이 문호에 통하지 못하여 丁丑年 戌大運에 火土가 당권하니 질병으로 사망하였다.

壬甲辛丁　乙丙丁戊己庚辛壬
辰辰酉酉　巳午未申酉戌亥子
辛金이 계춘에 생하여 지지에 辰酉를 만나고 천간에 丁壬이 투출하니 아름다운 것 같으나 지지에 습토가 金을 만나 丁火가 허탈하고 무근한 것을 모르는 것이다. 甲木이 비록 生火하나 지지에 辰酉가 化金하여 역시 스스로 돌볼 겨를이 없다. 연납으로 부에 속하였으나 재물의 소모가 많을 뿐만 아니라 또 관직의 공석을 얻을 수 없었다. 壬水가 甲木을 생하니 유업이 십여만이었고 다만 運이 土金으로 흘러 가업이 쇠퇴함을 면하지 못하였고 자식도 얻지 못했다.

6. 地位

臺閣勳名百世傳 天然淸氣發機權.

공훈을 세워 받은 이름을 조정에 백세토록 전하게 되는 것은 천연의 청기가 권력의 기틀을 발하기 때문이다.

臺閣宰輔 以及封疆之任 淸氣發乎天然 秀氣出乎純粹. 四柱之內 皆與喜神有情 格局之中 並無可嫌之物 所用者 皆眞神 所喜者 皆眞氣 此謂淸氣顯機權也. 度量寬宏 能容物 施爲必正 不貪私 有潤澤生民之德 懷任重致遠之才也.

조정에서 재상과 봉강에 임명되는 자는 淸氣가 자연적으로 발하고 秀氣가 순수하게 나온다.

사주 내에 모두 희신과 有情하고 격국 중에 꺼릴만한 神이 없으며 쓰이는 것은 모두 眞神이고 기뻐하는 것은 모두 眞氣이면 이것을 淸氣가 권력의 기틀을 드러낸 것이라고 말한다.

도량이 넓고 다른 사람을 받아들일 수 있으며 시행하는 것은 반드시 바르고 사사로운 것을 탐하지 않으며 백성들의 삶을 윤택하게 하는 덕이 있고 중임을 맡아 멀리 내다보는 재능이 있는 사람이다.

庚庚戊戊
申辰辰午
이것은 천연의 청기가 庚金에 있다.(第二篇 論體用 中和節)

甲丙己甲
子寅丑子
이것은 천연의 청기가 丙火에 있다.(見 第二篇 論體用 眞假節)

壬壬丙乙
申寅子未
이것은 천연의 청기가 乙木에 있다.(詳見 第二篇 論體用 眞假節)

己丁庚庚
亥卯申辰
이것은 천연의 청기가 丁火에 있다.(詳見 第一篇 干支總論)

兵權獬豸弁冠客 刃殺神淸氣勢特.

병권과 형권을 잡는 것은 양인과 살이 청하고 기세가 특별하다.

掌生殺大權 兵刑重任者 其精神淸氣 自然超特 必以刃旺敵殺 氣勢出入也. 局中殺旺無財 印綬用刃者 或無印而有陽刃者 此謂殺刃神淸也. 氣勢特者 刃旺當權也 必文官而掌生殺之任. 刃旺者 如春之甲用卯刃 乙用寅刃 夏之丙用午刃 丁用巳刃 秋之庚用酉刃 辛用申刃 冬之壬用子刃 癸用亥刃 陰陽皆以旺爲刃也. 若刃旺敵殺 局中無食神印綬而有財官者 氣勢雖特 神氣不淸. 乃武將之命也. 如刃不當權 雖能敵殺 不但不能掌兵權 亦不能貴顯也 其人疾惡太嚴. 如刃旺殺弱亦然 必傲物而驕慢也.
생살대권을 잡고 병권과 형권의 중임을 맡는 자는 정신이 淸氣하여 자연히 뛰어나게 특별하고 반드시 양인이 왕하여 殺을 대적하는 기세가 서로 부합한다. 局中에 殺旺하고 財가 없는데 印이 양인을 쓰는 자와 혹은 인성이 없고 양인이 있는 자는 殺과 양인이 淸하다고 말한다.
기세가 특별한 자는 양인이 왕하고 당권한 것으로 반드시 文官이며 生殺의 권한을 잡는다.
양인이 왕한 것은 가령 봄의 甲은 卯를 양인으로 쓰고 乙은 寅을 양인으로 쓰며 여름의 丙은 午를 양인으로 쓰고 丁은 巳를 양인으로 쓰며 가을의 庚은 酉를 양인으로 쓰고 辛은 申을 양인으로 쓰며 겨울의 壬은 子를 양인으로 쓰고 癸는 亥를 양인으로 쓰는 것이니 음양이 모두 旺으로써 양인을 삼는 것이다. 만약 양인이 왕하고 殺을 대적하는데 局中에 식신이나 인수가 없고 재관이 있는 자는 기세가 비록 특별하나 神氣가 淸하지 못하여 武將의 명조이다. 만약 양인이 당권하지 못했으면 비록 殺을 대적할 수 있으나 병권을 장악할 수 없을 뿐만 아니라 또한 벼슬이나 명성이 높게 드러날 수는 없으나 그 사람됨이 악을 미워하고 지나치게 엄격하다. 만약 양인이 왕하고 殺이 약해도 역시 그러한데 반드시 오만하고 교만하다.

壬己庚丙　庚辛壬癸甲乙丙丁
寅酉午戌　戌亥子丑寅卯辰巳

庚日 丙時가 지지에 생왕을 만나고 寅이 壬水를 흡수하여 제살할 수 없으므로 오로지 酉金에 의지하고 당권한 양인이 용신이 된다. 寅木이 떨어져 있어 회국이 불능하므로 이것이 바로 양인과 살이 청하고 기세가 특별하다는 것이다. 일찍 과갑에 오르고 여러 차례 생살지권인 병권과 형권을 잡았으며 벼슬이 형부상서에 이르렀다.

이후제

庚金이 酉月에 생하여 양인격이고 丙火칠살이 투간하여 이것이 바로 羊刃合殺이다. 그러나 寅午戌火局을 이뤄 칠살이 일간보다 강하므로 己土가 化殺하고 壬水가 制殺하는 길신이 되며 濕土運과 金水運에 발전한다.

庚壬丙壬　癸甲乙丙丁戊己庚
戌午子辰　未申酉戌亥子丑寅

丙子일원이 월시에 兩壬水가 투출하여 일주가 삼면에서 대적을 받는다. 주중에 洩水生火하는 木이 없고 도리어 洩土生水하는 庚金이 있으니 오직 午火에 의지하고 당권한 양인이 용신이 되는데 戌 조토가 制水하며 晦火하여 더욱 기쁘다. 향방출신으로 丙戌運에 벼슬이 안찰에 이르렀다.

乙戊壬戊　丁丙乙甲癸壬辛庚
卯子辰申　亥戌酉申未午巳辰

壬辰일원이 천간에 兩殺이 투출하여 辰에 통근하였는데 년간의 乙木이 시들고 메말라 洩水할 수는 있으나 제토할 수는 없으니 바로 극설교가인 것이다. 子水가 당권하여 회국하니 殺과 양인이 청하여 매우 기쁘다. 酉運에 이르러 生水克木하고 또 化殺하므로 과갑에 연달아 오르고 甲申, 癸運에 벼슬길이 빛나 관직이 안찰에 이르렀으나 未運에 양인이 억제를 받아 사망하였다.

이후제

壬水가 양인월에 태어나고 申子辰水局을 이루니 신왕하여 戊土칠살을 써야 하나 戊土가 지지에 실리지 못하고 虛露하며 재성 火가 없어 格이 濁하고 신왕살약이다. 양인합살이 殺弱하여 火土運에 발전할 수 있다.

丙辛甲庚　壬癸甲乙丙丁戊己
辰卯申午　辰巳午未申酉戌亥

甲申일원이 중춘에 태어나 관살이 병투하여 통근하였으며 日時가 死絶이니 반드시 양인인 卯가 용신이다. 丙火가 合辛하여 기쁜데 관살혼잡의 불만이 없을 뿐만 아니라 또한 卯木이 억제를 받지 않는다. 양인과 殺이 청하고 또 運이 남방 火地로 흐르니 과갑출신으로 벼슬이 안찰사에 이르렀다.

이후제

甲木이 卯月生하여 양인격이고 庚金칠살이 투간하였으니 양인합살인데 신왕살왕하여 귀격이다. 또한 正官辛金이 丙에 合去되니 去官留殺이고 신왕살왕에 午火傷官이 對殺하니 木火運에 발전한다.

分藩司牧財官和 格局淸純神氣多.

속지를 다스리는 목민관은 재관이 화합하고 격국이 청순하며 신기가 많다.

方面之任 以及州縣之官 雖以財官爲重 必須格局淸純. 更須日元生旺 神貫氣足 然後財官情協 則精氣神三者足矣. 又加官旺有印 官衰有財 財旺有官 印旺有財 左右相通 上下不悖 根通年月 氣貫日時 身殺兩停 殺重逢印 殺輕遇財者 皆是也. 必有利民濟物之心 反此者 非所宜也.

관찰사의 소임은 주현의 관리까지 이르기 때문에 비록 재관으로써 重을 삼으나 격국의 청순함이 꼭 필요하다.

또한 반드시 일원이 생왕하고 神이 관통하며 氣가 충분한 연후에 재관이 협력하면 精氣神 三者가 충분하다.

또 더하여 관왕하면 인성이 있고 官이 衰하면 재성이 있으며 財旺하면 관성이 있고 인성이 왕하면 재성이 있으며 좌우가 상통하고 상하가 어그러지지 않으며 年月의 뿌리가 통하고 日時의 氣가 관통하며 身殺이 兩停하고 殺이 重하면 인성을 만나며 殺이 輕한데 재성을 만난 자는 모두 그렇다. 반드시 사물을 다스려 백성을 이롭게 하는 마음이 있고 이와 반대인 자는 합당하지 않다.

丁乙癸壬　甲癸壬辛庚己戊丁
丑巳酉子　辰卯寅丑子亥戌酉

癸水가 巳月에 생하여 火土가 비록 왕하나 묘하게 지지가 金局하여 財官印 삼자가 모두 생조를 만났다. 더욱 기쁜 것은 子時를 만나 비겁이 방신하니 정신이 왕하고 족한데 中年運이 북방으로 흘러 기쁘다. 이로출신으로 벼슬이 군수에 이르고 名利가 兩全하였으며 일곱 자식이 모두 벼슬을 했다.

丙戊丁乙　己庚辛壬癸甲乙丙
寅戌酉巳　亥子丑寅卯辰巳午

丁火가 戌月에 태어나 局中에 木火가 중중하니 상관이 재성을 용하여 격국이 본래 아름답다. 부서출신으로 벼슬은 현령에 이르렀으나 애석하게도 주중에 水가 없고 戌이 조토로 회화하여 生金하지 못하며 木이 旺火를 생하여 巳酉가 합한 情이 없다. 까닭에 처첩에서 자식 열을 낳았으나 모두 죽었다.

이후제

戌月 丁火가 火庫로 有根하고 乙木과 寅木이 生身하며 丙巳火가 도와 신왕이고 상관생재를 이루었다. 金運이 길하고 水運은 용신을 洩氣하여 꺼리며 木火土運은 더 이상 필요하지 않다.

丙庚辛戊　辛壬癸甲乙丙丁戊
子寅巳子　卯辰巳午未申酉戌

辛金이 寅月에 태어나고 왕한 財가 식신을 만났으며 투출한 官이 財를 만나고 또 겁재와 인성의 相扶를 만나니 중화되어 순수하며 精과 神이 다 넉넉하다. 처음에 보면 신약인 것 같으나 자세히 보면 木은 어리고 火는 허한데 인성이 투출하여 통근하니 일원이 官을 쓰기에 충분하다. 중년 남방화운에 이로출신으로 벼슬이 황당에 이르렀다.

이후제

金日干이 木旺節에 絶地로 氣弱하고 丙巳火가 극하며 子水가 洩氣하니 無根하고 신약하여 戊土정인을 취용한다.

丙火정관과 戊土용신이 寅에 장생하며 巳에 록으로 튼튼하고 淸하여 귀명이나 일간이 지지에 통근하지 못하여 대격이 되지 못한다.

丁丙戊甲　乙甲癸壬辛庚己戊

亥午寅寅　巳辰卯寅丑子亥戌

戊土가 午月에 태어나 국중에 편관이 비록 왕하나 인성이 태중하고 木은 火勢를 따르니 火가 반드시 木을 불사르는데 일점 亥水는 火를 극하고 木을 생할 수 없다. 癸運이 되자 丁을 극하고 甲을 생하니 연달아 과갑에 오르고 고을의 관리로 나갔다. 辛運에 丙을 합하니 벼슬길이 순탄하였고 丑運이 되어 水를 극하니 病으로 벼슬에서 물러났다.

이후제

午月 戊土가 甲寅時를 만나고 丙丁이 투간하여 비록 살인상생이나 조열하므로 火氣를 억제하는 亥水를 용신으로 삼으나 生水하는 金이 없어 格이 濁하고 金水運을 원한다.

己戊甲辛　丁丙乙甲癸壬辛庚

巳辰子未　卯寅丑子亥戌酉申

甲子일원이 계춘에 생하여 木의 여기가 있고 좌하에 인수가 있는데 관성이 투출하여 청하며 또 子辰이 인수를 껴안아 유정하다. 더욱 묘한 것은 運이 동북水木地로 흘러 과거에 급제하였는데 다만 子未가 破印하여 불만으로 벼슬길에 막힘을 면하지 못하고 늙도록 교직에 있었다.

이후제

辰月 甲木이 여기로 통근하나 本氣인 戊土가 투간하여 사령하므로 土旺木弱하다. 비겁이 소토하는 용신인데 비겁이 없어 潤土하며 生身하는 子水를 취용하고 洩土하여 生水하는 辛金을 희용한다. 그러나 旺土에 辛金은 埋金되고 子水는 破克되므로 불만이다.

便是諸司幷首領. 也從淸濁分形影.

모든 관리가 우두머리이나 청탁에 따라 형체와 그림자로 나뉜다.

命者 天地陰陽五行之所鐘也 淸者貴也 濁者賤也. 所以雜職佐貳等官 亦膺一命之榮. 雖非格正局淸 眞神得用 而氣象格局之中 冲合理氣之內 必有一點淸氣. 雖淸氣濁氣之形影難辨 總不外乎天淸地濁之理. 干象天 支象地 地支之上升於天干者 輕淸之氣也 天干下降於地支者 重濁之氣也. 天干之氣本淸 不忌濁也 地支之氣本濁 必要淸也. 此命理之貴乎變通也. 天干濁地支淸者貴 地支濁天干淸者賤也. 地支之氣上升者影也 天干之氣下降者形也. 於升降形影冲合制化中 分其淸濁 究其輕重 論其尊卑可也.

命은 천지의 음양오행이 모인 것인데 淸하면 貴하고 濁하면 賤하다. 그러므로 잡직과 좌이 등의 관리도 역시 하나의 영예로운 명을 받은 것이다.

비록 格이 바르고 局이 淸하지 않아도 眞神이 용신이고 氣象과 격국 중에 충과 합이 理氣의 안에 있으며 반드시 일점 淸氣가 있어야 한다. 비록 청기와 탁기의 형체와 그림자를 분별하기 어려우나 총괄적으로 하늘은 淸하고 땅은 濁한 이치를 벗어나지 않는다. 천간은 하늘을 상징하고 지지는 땅을 상징하며 지지가 천간에 상승하는 것은 淸한 기운이 가볍기 때문이고 천간이 지지에 하강하는 것은 濁한 기운이 무겁기 때문이다.

천간의 氣는 본래 淸하여 濁한 것을 꺼리지 않으나 지지의 氣는 본래 濁하여 淸한 것이 필요하다. 이것이 명리의 소중한 변통이다. 천간이 濁하고 지지가 淸한 자는 貴하고 지지가 濁하고 천간이 淸한 자는 賤하다. 지지의 氣가 상승하는 것은 그림자이고 천간의 氣가 하강하는 것은 형체이다. 상승과 하강 형체와 그림자 충합과 제화 중에 그 청탁을 구분하고 그 경중을 연구하여 그 신분의 높고 낮음을 논해야 옳다.

壬壬戊丙　癸甲乙丙丁戊己庚
辰寅戌辰　卯辰巳午未申酉戌

戊土가 寅月에 태어나 木旺하고 土는 허한데 천간의 兩壬이 丙을 극하고 寅

을 생하니 이것은 천간의 氣가 탁하다. 재성이 괴인하니 공부를 이어가지 못하였고 寅이 설수하여 生火하며 일주가 조토인 戌에 앉아 壬水가 급하게 내달리지 못하니 그 淸한 곳이 寅에 있다. 이로출신으로 丙運에 현령이 되었다.

壬癸甲丁　甲乙丙丁戊己庚辛
午丑寅卯　寅卯辰巳午未申酉

甲木이 丑月에 태어나 水土가 차게 응결되니 본래 火로 寒氣를 대적해야 기쁘고 더욱 묘한 것은 日時에 寅卯의 氣가 왕하여 吐秀하기에 마땅한 것이다. 그 청함이 火에 있는데 壬癸가 투간하여 丁火가 반드시 손상되므로 불만이다. 학문의 뜻을 이루기 어려우나 지지에 水가 없고 천간이 비록 탁하나 지지에 午火의 淸함이 보존되었다. 이로출신으로 戊午運에 이르러 癸를 합하고 壬을 억제하니 有病에 得藥으로 지현에 올랐다.

壬乙丙己　丙丁戊己庚辛壬癸
辰巳子丑　午未申酉戌亥子丑

丙火가 巳月에 태어나 천간과 지지에 殺과 인성이 있어 청한데 불만인 것은 丑時가 子水를 合去하고 壬水가 실세한 것이다. 合化하여 상관을 도우니 일원이 설기되는데 일점 乙木이 소토할 수 없다. 이로출신으로 비록 도둑을 잡아 공을 세웠으나 상관과 불합하여 끝내 승진하지 못했다.

乙丙癸丁　乙甲癸壬辛庚己戊
酉戌酉巳　酉申未午巳辰卯寅

癸酉일원이 戌月에 태어나 지지가 관인상생하여 청함을 알 수 있다. 불만인 것은 천간의 丙火 재성이 득지하고 겸하여 乙木이 火를 도와 克金하는 것이다. 까닭에 학문을 이루기 어려우나 秋金이 有氣하여 이로출신하였다. 巳運

에 이르러 財를 만나 인성을 파괴하니 부모의 상을 당하여 휴가를 얻어 귀향하였다.

甲戊戊戊　己庚辛壬癸甲乙丙
申辰子午　巳午未申酉戌亥子

戊子일원이 辰月午時에 태어나 천간에 三戊로 신왕임을 알 수 있다. 甲木은 退氣로 절지에 있어 쓸 수 없을 뿐만 아니라 도리어 혼잡으로 논해야 한다. 그 精氣가 지지의 申에 있고 그 무성함을 설하는데 애석하게도 春金이 왕하지 못하나 다행히 子水가 午를 충하고 潤土하며 養金한다. 비록 연납으로 좌이가 되었으나 벼슬길이 순탄하였다.

이후제

辰月 戊土가 兩戊土비견과 午火가 生助하여 신왕인데 甲木칠살이 투간하고 지지가 申子辰水局으로 水氣가 왕하나 辰月戊土이니 신왕하다. 甲木이 疎土하는 用神이고 水가 生木하는 희신이다.

癸甲壬庚　癸壬辛庚己戊丁丙
巳子子戌　亥戌酉申未午巳辰

壬子일원이 중동에 태어나 천간에 또 庚癸가 투출하니 그 세력이 범람하는데 甲木이 무근하여 水를 받아들일 수 없고 巳火는 水의 무리에 극을 당하여 역시 작용이 어렵다. 그러므로 여러 차례 연납하였으나 재물만 소모되고 관직의 공석을 얻을 수 없었다.

비록 時支에 戌土가 있어 범람하는 물을 저지하나 또 庚金이 설하고 아울러 中運이 庚申, 辛酉로 洩土生水하며 겁재와 양인이 날뛰므로 뜻을 펴기 어려웠다.

이후제

子月 壬水가 신왕하고 한습한데 비겁이 많으므로 戊土칠살이 制水하는 용신이고 巳火가 온국하며 生土하는 희신이나 일간에 비해 無力하다. 火土運을 원한다.

4

부유 婦孺

婦孺

1. 女命章

論夫論子要安詳. 氣靜平和婦道章 三奇二德虛好語 咸池驛馬半推詳.

남편을 논하고 자식을 논하는 것은 침착함을 요한다. 기가 안정되고 평화로우면 아내의 본보기이고 삼기나 이덕은 쓸데없이 하기 좋은 말이며 함지나 역마는 반만 참작해라.

女命者 先觀夫星之盛衰 則知其貴賤 次察格局之淸濁 則知其賢愚也. 淫邪嫉妬 不離四柱之情 貞靜端莊 總在五行之理 是以審察宜精. 二德三奇 乃好事妄造 咸池驛馬 是後人謬言. 不孝翁姑 只爲財輕劫重 不敬丈夫 皆因官弱身强. 官星明顯 夫主崢嶸 氣靜和平 婦道柔順.
여명은 먼저 관성의 盛衰를 보면 그 貴賤을 알 수 있고 다음으로 격국의 청탁을 살펴보면 그 어질고 어리석음을 알 수 있다.
음란하고 사악함과 질투하는 것은 사주의 정황을 떠날 수 없으며 정숙하고 단정함도 모두 오행의 이치에 있으니 자세히 살펴야 마땅하다.
二德과 三奇는 호사가들이 망령되게 만든 것이고 함지와 역마는 뒷사람의 잘못된 말이다. 시부모에게 불효하는 것은 단지 財가 가볍고 겁재가 重한 때문이고 남편을 공경하지 않는 것은 모두 官이 약하고 신강하기 때문이다. 관성이 분명하게 드러나 있으면 남편이 재능이나 품격이 뛰어나고 氣가 안정되고 화평하면 婦道가 유순하다.

若乃官星太旺 無比劫 以印爲夫 有比劫而無印綬者 以傷食爲夫.
官星太弱 有傷官 以財爲夫 無財星而比劫旺者. 亦以傷食爲夫.
滿盤比劫而無印無官者 亦以傷食爲夫. 滿局印綬而無官無傷者
以財爲夫 傷官旺 日主衰 以印爲夫 日主旺 食傷多 以財爲夫
官星輕 印綬重 亦以財爲夫.
만약 관성이 태왕한데 비겁이 없으면 인성으로 남편을 삼고 비겁이 있고 인성이 없으면 식상으로 남편을 삼는다.
관성이 태약한데 상관이 있으면 재성으로 남편을 삼고 재성이 없고 비겁이 왕하면 식상으로 남편을 삼는다.
만반이 비겁이고 인성이 없고 관성도 없으면 역시 식상으로 남편을 삼는다.
만국이 인성이고 관성이 없고 상관도 없으면 재성으로 남편을 삼는다.
상관이 왕하고 일주가 쇠약하면 인성으로 남편을 삼고
일주가 왕하고 식상이 많으면 재성으로 남편을 삼으며
관성이 경하고 인성이 중하면 재성으로 남편을 삼는다.

財乃夫之恩星 女命身旺無官 財星得令得局者 上格也. 若論刑傷 又有生剋之理存焉. 官星微 無財星 日主强 傷官重 必克夫. 官星微 無財星 比劫旺 必欺夫. 官星微 無財星 日主旺 印綬重 必欺夫克夫. 官星弱 印綬多 無財星 必克夫. 比劫旺而無官 印旺無財 必克夫. 官星旺 印綬輕 必克夫. 比劫旺 無官星有傷官 印綬重 必克夫. 食神多 官星微 有印綬 遇財星 必克夫.

재성은 남편의 恩星이니 여명이 신왕하고 官이 없는데 재성이 득령이나 득국하면 上格이다. 만약 형이나 손상을 논하면 또 생극의 이치가 존재한다.
官이 미약하고 財가 없는데 신강하고 상관이 重하면 반드시 남편을 극한다. 官이 미약하고 財가 없는데 비겁이 旺하면 반드시 남편을 업신여긴다. 官이 미약하고 財가 없는데 신왕하고 印이 重하면 반드시 남편을 업신여기고 또 극한다. 官이 약하고 印이 많은데 財가 없으면 반드시 남편을 극한다. 비겁이 旺하고 官이 없는데 印이 旺하고 財가 없으면 반드시 남편을 극한다. 官이 旺하고 印이 輕하면 반드시 남편을 극한다. 비겁이 旺하고 官이 없는데 상관이 있고 印이 重하면 반드시 남편을 극한다. 식신이 많고 官이 미약한데 印이 있고 財를 만나면 반드시 남편을 극한다.

凡女命之夫星 卽是用神 女命之子星 卽是喜神 不可專論官星爲夫 傷食爲子.
무릇 여명의 夫星은 곧 용신이고 여명의 子星은 곧 희신이므로 오로지 관성을 남편으로 삼고 식상을 자식으로 삼는 것은 불가하다.

日主旺 傷官旺 無印綬 有財星 子多而貴. 日主旺 傷官旺 無財印 子多而强. 日主旺 傷官輕 有印綬 財得局 子多而富. 日主旺 無食傷 官得局 子多而賢. 日主旺 無食傷 有財星 無官殺 子多而能. 日主弱 食傷重 有印綬 無財星 必有子. 日主弱 食傷輕 無財星 必有子. 日主弱 財星輕 官印旺 必有子. 日主弱 官星旺 無財星 有印綬 必有子. 日主弱 無官星 有傷劫 必有子. 日主旺 有印綬 無財星 子必少. 日主旺 比肩多 無官星 有印綬 子必少. 日主旺 印綬重 無財星 必無子. 日主弱 傷官重 印綬輕 必無子. 日主弱 財星重 逢印綬 必無子. 日主弱 官殺旺 必無子. 日主弱 食傷旺 無印綬 必無子. 火炎土燥無子 土金濕滯 無子. 水泛木浮,無子 金寒水冷 無子. 重疊印綬 無子 財官太旺 無子 滿局食傷 無子.
신왕하고 상관이 旺한데 印이 없고 財가 있으면 자식이 많고 귀하다.

신왕하고 상관이 旺한데 財와 印이 없으면 자식이 많고 강하다.

신왕하고 상관이 輕한데 印이 있고 財가 득국하면 자식이 많고 부자다.

신왕하고 식상이 없는데 관성이 득국하면 자식이 많고 어질다.

신왕하고 식상이 없는데 財가 있고 관살이 없으면 자식이 많고 능력이 있다.

신약하고 식상이 重한데 印이 있고 財가 없으면 반드시 자식이 있다.

신약하고 식상이 輕한데 財가 없으면 반드시 자식이 있다.

신약하고 財가 輕한데 官과 寅이 旺하면 반드시 자식이 있다.

신약하고 官이 旺한데 財가 없고 印이 있으면 반드시 자식이 있다.

신약하고 관성이 없는데 상관과 겁재가 있으면 반드시 자식이 있다.

신왕하고 印이 있는데 財가 없으면 반드시 자식이 적다.

신왕하고 비겁이 많은데 官이 없고 印이 있으면 자식이 반드시 적다.

신왕하고 印이 重한데 財가 없으면 반드시 무자식이다.

신약하고 상관이 重한데 印이 輕하면 반드시 무자식이다.

신약하고 財가 重한데 印을 만나면 반드시 무자식이다.

신약하고 관살이 旺하면 반드시 무자식이다.

신약하고 식상이 旺한데 印이 없으면 반드시 무자식이다.

화염토조하면 무자식이고 土金이 습하여 막히면 무자식이다.

水가 범람하여 木浮하면 무자식이고 금한수냉하면 무자식이다.

印이 중첩하면 무자식이고 財官이 태왕하면 무자식이며 만국이 식상이면 무자식이다.

以上無子者 如有子 必克夫 不克夫 亦夭. 至於淫邪之說 亦究四柱之神.

이상은 자식이 없는 자이며 만약 자식이 있으면 반드시 남편을 극하고 남편을 극하지 않으면 요사한다. 음란하고 사악한 것을 말하려면 역시 사주를 살펴야 한다.

日主旺 官星微 無財星 日主足以敵之者. 日主旺 官星微 傷食重 無財星 日主足以欺之者. 日主旺 官星弱 日主之氣 生助他神而去之者. 日主旺 官星弱 官星之氣 合日主而化者. 日主旺 官星弱 官星之氣 依日主之勢者. 日主弱 無財星 有食傷 逢印綬 日主自專其主者. 日主旺 無財星 官星輕 食傷重 官星無依倚者. 日主旺 官無根 日主不顧官星 合財星而去者. 日主弱 食傷重 印綬輕者. 日主弱 食傷重 無印綬 有財星者. 食傷當令 財官失勢者. 官無財滋 比劫生食傷者. 滿局傷官無財者 滿局官星無印者 滿局比劫無食傷者. 滿局印綬無財者.

신왕하고 官이 미약한데 財가 없고 일주가 관성을 대적하는 자.

신왕하고 官이 미약한데 식상이 重하고 財가 없어 일주가 관성을 업신여기는 자.

신왕하고 官이 약한데 일주의 氣가 他神을 생조하고 관성을 제거하는 자.

신왕하고 官이 약한데 官의 氣가 일주와 합하고 化하는 자.

신왕하고 官이 약한데 官의 氣가 일주의 세력에 의지하는 자.

신약하고 財가 없으며 식상이 있는데 印을 만나 일주가 온전히 그 주인이 되는 자.

신왕하고 財가 없는데 官이 輕하고 식상이 重하여 官이 의지할 데가 없는 자.

신왕하고 官이 無根한데 일주가 官을 돌보지 않고 財와 합하여 합거된 자.

신약하고 식상이 重한데 인성이 輕한 자.

신약하고 식상이 重한데 印이 없고 財가 있는 자.

식상이 당령하고 재관이 실세한 자.

官이 財의 도움이 없고 비겁이 식상을 생하는 자.

만국이 상관인데 財가 없는 자.

만국이 官인데 印이 없는 자.

만국이 비겁인데 식상이 없는 자.

만국이 印인데 財가 없는 자.

凡犯上列之忌者 皆下賤之命也. 總之傷官不宜重 重必美貌而輕佻.
傷官身弱有印 身旺有財者 必聰明美貌而貞潔也.
무릇 위에 열거한 것을 범한 자는 모두 하천한 명이다.
한마디로 상관이 重하면 마땅하지 않고 重하면 반드시 미모이나 가볍고 경솔하다. 상관이 많아 신약한데 印이 있거나 신왕한데 財가 있는 자는 반드시 총명하고 미모이며 정결하다.

戊甲壬丁　癸壬辛庚己戊丁丙
申寅寅未　丑子亥戌酉申未午
壬水가 맹춘에 생하여 土는 허하고 木은 盛하여 제살이 태과하고 寅申이 충을 만나 木을 극한다는 것은 木旺金缺을 모르는 것이다. 金이 도리어 손상되므로 戊土가 의탁할 뿌리가 없으니 일주인 壬水가 제멋대로 行한다. 세력이 있는 재성을 보면 자연히 財를 쫓아 없어진다. 남편이 죽고 가업도 패하자 자식을 버리고 다른 사람을 쫓아갔다.

丁乙甲丁　丙丁戊己庚辛壬癸
未巳午卯　午未申酉戌亥子丑
甲午일원이 巳月에 태어나 지지가 남방이며 천간에 兩丁이 투간하니 火勢가 맹렬하여 설기가 태과하다. 局中에 水가 없어 오직 겁재를 用할 수밖에 없다. 초운이 또 火地로 가니 일찍 남편이 죽었는데 사람이 지극히 총명하고 미모이나 가볍고 경망스러워 일정하지가 않으며 守節할 수 없었다. 戊申運에 이르러 木火와 싸우고 다투니 말로 다할 수 없었다.

戊己丙戊　戊丁丙乙甲癸壬辛
戊未辰辰　午巳辰卯寅丑子亥

滿局이 상관이고 木이 없어 인성이 나타나지 않았으니 順局으로 格을 이뤘다. 그러므로 사람이 총명하고 미모인데 다만 사주에 金이 없어 土가 지나치게 건조하고 두텁다. 辛金이 夫星인데 墓地인 戌에 있어 음란함이 심하여 남편이 흉사하였으며 다시 다른 사람을 따라 갔으나 이삼년이 못되어 또 성격이 상극하였는데 乙卯運에 이르러 旺土를 범하니 스스로 목매어 죽었다.

戊乙戊丙　甲癸壬辛庚己戊丁
午丑戌辰　子亥戌酉申未午巳

戊土가 丑月에 태어나 土가 왕성하여 木은 시들고 메마르며 또 丑이 金庫로 辛金이 암장되어 뿌리를 내릴 수 없다. 辰戌이 충하여 장간의 관성을 제거하고 또 인성의 生身을 만나니 일주가 관성을 업신여기기에 충분하다. 남편은 마음밖에 버려두고 다시 중년 運이 西方金地로 가니 음란이 매우 심했다.

己丙丁庚　丁戊己庚辛壬癸甲
亥寅亥戌　卯辰巳午未申酉戌

丁火가 寅月에 태어나 木이 당권하고 火가 왕상을 만났으니 반드시 亥水 관성을 남편으로 삼는 것이 분명하다. 년지의 亥水가 寅과 합하여 化木하고 일지의 亥水는 生扶가 필요한데 시간의 庚金이 서로 떨어져 끊어졌으니 生扶의 뜻이 없고 또 戊土가 가까이에서 극하므로 일주의 情이 반드시 庚金을 향한다. 까닭에 음란하고 천박함이 정도를 넘었다.

丁癸庚丁　甲乙丙丁戊己庚辛
未丑子亥　寅卯辰巳午未申酉

寒金이 火를 기뻐하는데 지지가 亥子丑 북방으로 水旺하고 또 월간의 癸가 丁을 극하여 불만이다. 丑未가 충하여 여기인 丁火를 제거하고 木이 없어 生化의 情을 얻지 못했다.
시간의 丁은 허탈하고 무근하니 어찌 庚金을 극제할 수 있겠는가. 일주의 情이 丁火를 돌보지 않는 것을 알 수 있고 까닭에 水가 버드나무와 꽃과 같은 성질이다.

丁癸庚乙　甲乙丙丁戊己庚辛
丑丑子酉　寅卯辰巳午未申酉
庚金이 계동에 태어나 寒金이 火를 기뻐할 뿐만 아니라 또 時에 양인을 만나고 인수가 당권하므로 寒氣에 대적하는 火를 쓰기에 충분하다. 월간의 癸水가 록에 통근하고 丁火를 극절하니 그 뜻이 관성을 업신여기기에 충분하다.
時에 乙을 만나 합하니 그 情이 반드시 財를 향하므로 남편을 등지고 가버렸다. 음탕하고 더러움이 심했다.

丁壬辛丙　癸甲乙丙丁戊己庚
丑子巳申　丑寅卯辰巳午未申
壬水가 丁火 칠살을 合去하고 丙火 관성이 득록하여 아름답다. 까닭에 내력있는 집안출신으로 18세에 선비의 처가 되어 그럭저럭 몇 년이 지나 남편이 결핵으로 죽었다. 이때부터 음란함을 견디지 못하여 몸을 망치고 이름도 더렵혀져 의탁할 곳이 없어 목매어 죽었는데 이 명조는 합이 많은 연고이다. 무릇 十干의 합에서 오직 丙辛合은 관이 상관으로 변하므로 貪合忘官이라고 말한다. 또 巳申合 역시 상관으로 변하고 丁壬이 합하여 보이지 않게 재성으로 변하니 그 의중에 거의 丙火를 마음밖으로 버리는 것이 분명하고 그 정이 반드시 丁壬으로 향하며 게다가 干支가 모두 합이니 마음에 들지 않는 사람이 없다.

戊戊癸戊　丁命乙甲癸壬辛庚
子午酉午　巳辰卯寅丑子亥戌

癸水가 午月에 생하고 재성이 병왕한데 좌하에 인수와 년지에 록으로 미상불 중화를 이루었다. 천간에 세 개의 戊土가 투출하여 癸水와 爭合하므로 일주의 정이 일정한 주장이 없다.

지지의 兩午가 酉를 무너뜨리고 財官의 세력이 강약을 구분할 수 없다. 일주의 情이 자연히 재성의 세력에 의지하여 없어진다. 다만 년간의 정관이 財가 없어 그 역량이 월시의 양 정관에 대적하지 못한다. 그러므로 오히려 남편은 내버려두고 돌보지 않는다. 運이 乙卯에 이르러 木이 旺火를 생하여 월시의 兩土는 生扶를 만나고 년간의 土는 化하지 못하여 극을 받으니 남편이 질병으로 사망하였다. 후에 음란함이 정상이 아니었는데 뛰어난 미인은 사람을 해친다는 말은 믿을 만하다.

乙辛乙丙　壬癸甲乙丙丁戊己
未巳亥戌　午未申酉戌亥子丑

年月日 여섯 자를 보면 乙木이 巳月에 생하여 상관이 당령하였으니 좌하의 亥水인성이 아주 기쁜데 巳를 충하여 상관을 억제하고 일주가 亥水의 生扶를 기뻐할 뿐만 아니라 또 신금이 亥水의 호위와 봉양을 만나니 이른바 상관패인이라고 한다. 殺이 홀로 청하니 미모일 뿐만 아니라 또한 재주도 뛰어나 서화에 모두 능하였다. 불만인 것은 戌時가 亥水를 가까이서 극하고 丙火가 투출하여 辛金이 손상되므로 이미 남편과 자식 궁이 불리하다. 아울러 일생의 성품이 손상되고 파괴되었다.

丁戊癸乙　己庚辛壬癸甲乙丙
巳申丑卯　酉戌亥子丑寅卯辰

이 명조는 관성과 식신이 록에 앉고 인성이 당령하고 생을 만났으며 財가 왕한 官을 생하므로 인성이 傷하지 않는다. 인성이 당령하여 일간을 돕기에 충분하고 식신이 득지하여 一氣相生하니 오행이 균등하므로 편안하고 순수하다. 남편이 영화롭고 자식이 귀하며 兩代에 걸쳐 일품의 벼슬에 봉해졌다.

己癸甲丙　甲乙丙丁戊己庚辛
亥酉辰寅　戌亥子丑寅卯辰巳
八月의 관성을 재성이 돕고 寅時에 생하여 년시의 兩 지지에 생과 록을 만났으며 丙癸가 투간하니 상극하는 세력이 없이 生化의 情이 있다. 재성이 득지하여 통근하고 오행이 어그러지지 않아 기가 안정되고 화평하며 순수하여 생화유정하다. 부영자귀로 일품의 벼슬에 봉해졌다.

辛壬丁甲　癸甲乙丙丁戊己庚
酉辰巳辰　巳午未申酉戌亥子
상관이 비록 왕하나 酉를 합하여 金으로 변하니 관성의 원신이 더욱 두터워진다. 巳火가 金을 껴안고 辰土가 도우니 財의 원신이 더욱 견고해진다. 時에 인성이 투출하여 일주를 돕고 辰土상관을 억제하니 이른바 木은 시들지 않고 火는 맹렬하지 않으며 水는 마르지 않고 土는 조하지 않으며 金은 무르지 않으니 氣가 안정되고 화평한 象이다. 부영자귀로 일품벼슬에 봉해졌다.

己癸壬甲　甲乙丙丁戊己庚辛
巳酉辰辰　戌亥子丑寅卯辰巳
추수통원으로 인성이 당령하여 관살이 비록 왕하나 制化가 적절하다. 더욱 묘한 것은 시에 甲木이 투출하여 제살하며 吐秀하니 一派로 氣가 순수하므로 인품이 단정하고 시서에 뛰어났다. 運途에 火가 없어 官을 돕지 않고 인성이 상하지 않아 남편의 귀함이 드러나고 자식이 빼어나고 아름다웠다. 벼슬은 이품에 봉해졌다.

庚壬乙癸　辛庚己戊丁丙乙甲
辰午亥未　巳辰卯寅丑子亥戌
木이 午月에 생하여 火勢가 맹렬하고 金은 물러지는 때인데 壬癸가 통근하여 制化하니 기쁘고 辰土가 洩火하여 生金하므로 火土가 조열하지 않고 水木이 시들고 마르지 않으며 접속상생하니 청하고 순수하다. 여자 중에 재능이 있었고 세 명의 아들을 낳았으며 남편의 벼슬은 경관이었고 집안은 맑고 깨끗하였다. 집에서 자식을 공부시켜 두자식이 등과하였고 한자식이 장원하였다. 남편의 벼슬이 낭중이었고 자식의 벼슬은 어사로 양대에 걸쳐 벼슬을 하였다.

庚戊乙壬　丁丙乙甲癸壬辛庚
辰寅酉午　丑子亥戌酉申未午
乙木이 춘초에 태어나 木은 어리고 金은 견고한데 午時가 제살하여 일간을 보호하고 寒木이 向陽하니 매우 기쁘다. 관인이 쌍청하고 재성이 生官하여 인성을 파괴하지 않아 순수하고 안정되었다.
남편의 관직이 이품이었고 다섯 아들에 23명의 자손을 두었으며 평생동안 병이 없었고 부부의 금슬이 좋았다. 수명은 팔순을 넘겼고 질병 없이 생을 마쳤으며 후손이 모두 귀하게 되었다.

丙癸丁甲　壬辛庚己戊丁丙乙
辰巳丑辰　辰卯寅丑子亥戌酉
丁火가 巳月에 태어나고 癸水 夫星이 淸透하였으며 시간의 甲木인성이 홀로 청하니 품격이 단정하고 정결하였다. 아쉽게도 丙火가 태왕하여 상관을 생조하니 거울을 깨트리고 비녀를 부러뜨리기에 이르렀다. 그러나 巳丑이 金을 껴안아 재성이 得用하니 신왕에 財로 자식을 삼으므로 자식을 교육하여 성공시켰는데 두자식이 모두 귀하게 되고 벼슬이 삼품에 봉해졌다.

이후제

丁火가 巳에 승왕하고 丙劫이 도우며 甲木이 소토하며 生身하니 신왕하므로 당연히 癸水가 용신이 되는데 生水하는 金이 없어 불만이다. 다만 巳丑이 金을 껴안고 辰이 水庫로 癸水가 뿌리는 있으나 金이 出現하지 못하여 濁水이다.

丙辛癸戊　庚己戊丁丙乙甲癸
寅卯酉午　寅丑子亥戌酉申未

癸水가 중춘에 태어나 설기되고 아울러 재관이 병왕하여 일원이 유약하므로 인성이 남편이 되는데 청하고 용신이니 성품이 단정하고 근면검소하였다. 丑運에 이르러 洩火하고 金을 껴안으니 연달아 두 아들을 낳았고 戊子運에 午火를 충거하여 酉金이 손상되지 않으므로 남편이 등과하였는데 丁亥運으로 바뀌자 죽었다. 이 명조의 病은 財旺에 있는데 천간의 辛은 丙火가 합하고 지지의 酉金은 午火가 破克하며 寅卯가 당권하여 生火하니 더욱 불만이다. 丁亥運에 寅을 합하여 木으로 변하고 旺神을 도와 일으키며 또 丁火가 辛金을 바짝 극하니 죽은 것이다.

辛辛丙癸　壬癸甲乙丙丁戊己
丑卯子巳　辰巳午未申酉戌亥

丙火가 중춘에 태어나 火相木旺한 때이니 중화의 상이다. 년월에 재성이 兩透하고 지지에 巳丑이 金을 껴안아 왕한 財가 官을 생하고 관성이 득록하니 인성으로 남편을 삼고 진신득용이라고 한다. 성정이 근면검소하여 길쌈을 하면서도 책을 읽었다. 甲午運에 이르러 방신하며 인성을 보호하니 남편이 연달아 등과하고 오품의 관직에 봉해졌다. 수명은 酉運에 이르러 金局으로 卯를 충하니 죽었다.

이후제

丙火가 卯月에 생하였으니 약간의 濕氣가 필요한데 金水가 많고 濕土인 丑土가 있어 봄에 寒氣가 발생하므로 無力한 巳火에 기대어 萬物이 發芽하기가 어렵다. 따라서 다시 火가 필요하고 木火運을 만나야 일간이 財官을 감당하기에 충분한 힘을 갖게 되므로 癸水정관이 비로소 정당한 길신으로 작용한다. 또한 설령 남편이 바뀌어도 관살이 남편일 뿐이지 어찌 인성이나 식상이 남편이 될 수 있단 말인가? 아마도 여명은 일간이 의지할 수 있는 용신을 남편으로 삼는다는 뜻인데 그렇다면 경우에 따라 남편이 바뀔 수 있다는 말이므로 관성으로 남편을 삼는 것은 처음부터 오류가 된다. 甲午運에 남편이 발전한 것은 吉運이기 때문이다.

丁癸丙丙　甲乙丙丁戊己庚辛
酉卯辰申　辰巳午未申酉戌亥

丙火가 중춘에 태어나 官은 투출하고 財는 암장되었으며 인성이 병령하고 비겁이 방신하니 왕상한 것 같으나 다만 卯酉가 상충하고 丁癸가 상극하여 木火가 손상되고 金水가 보존되니 비록 시간의 丙火의 도움에 의지하나 丙이 申에 있어 또한 스스로 돌볼 여가도 없는데 다행히 辰中에 여기가 일점 미약한 새싹으로 아직 남아 있고 봄철이니 마땅히 용신을 도울 수 있다. 전조와 비교하면 더욱 약하고 인성을 남편으로 삼으니 위인이 단정하고 그윽하였으며 교양이 있고 사리에 밝았다. 丙午運에 酉金을 파하니 남편이 등과하고 두 아들을 낳았으며 벼슬이 사품에 봉해졌다. 사십을 지나 운이 戊申으로 가니 洩火生金하므로 죽었다.

癸庚戊己　辛壬癸甲乙丙丁戊
丑申午未　酉戌亥子丑寅卯辰

戊土가 중추에 태어났으나 주중에 겁재와 인성이 중중하니 병령한 식신으로 남편을 삼아 그 왕성함을 설기한다. 더욱 기쁜 것은 癸水가 潤土하고 金을 보호하며 수기유행하므로 인품이 단정하고 경서의 중요한 뜻을 알았다. 비록 농가출신이나 가난을 편안하게 생각하고 길쌈을 하며 남편을 도왔으며 부모에게 효도하였다. 癸亥年에 이르러 남편이 향방에 들고 甲科에 합격하여 벼슬이 황당에 이르렀다.

네 아들을 낳았고 모두 빼어났으며 수명은 丙運에 이르러 탈식하므로 죽었다.

癸庚戊己　辛壬癸甲乙丙丁戊
未申戌未　酉戌亥子丑寅卯辰

이 명조는 전조와 단지 戌未 두자가 바뀌고 나머지는 모두 같다. 丑未가 모두 土이고 午가 戌로 바뀌었는데 金을 用하니 火를 없애는 것이 마땅하여 大勢를 보면 전조보다 좋으나 도리어 미치지 못하는 것은 무엇 때문인가. 무릇 丑은 북방 습토로 晦火하여 生金할 수 있고 또 水를 저장할 수 있는데 未는 남방조토로 火를 도와 金을 무르게 할 수 있고 또 水를 마르게 한다. 午는 비록 火이나 丑土를 만나 생을 탐하고 戌은 비록 土이나 장간에 火가 있어 더욱 조하다. 다행히 秋金이 用事하니 귀명이다. 비록 빈한한 출신이나 인품이 단정하고 신중하였으며 근면검소하였다. 남편이 향방에 들고 벼슬은 현령이었으며 두 아들을 낳았다.

己辛戊壬　壬癸甲乙丙丁戊己
酉未辰戌　申酉戌亥子丑寅卯

土가 여름에 왕성한데 金을 만나 吐秀하고 木이 없어 더욱 기쁘며 부귀한 명조다. 까닭에 관가출신으로 詩書에 통하고 禮教에 막힘이 없었으며 酉運에 이르러 부성이 록왕이 되니 一子를 낳았고 남편이 등과하였다. 甲戌運에 刑冲하여 丁火가 나오니 남편이 죽고 집안은 쇠퇴하였으며 청상으로 수절하며 고통스러우나 자식을 교육하여 성공시켰다. 子運에 이르러 자식이 등과하고 벼슬이 군수에 이르렀으며 수명은 寅運에 이르렀는데 金이 절지이기 때문이다.

丁壬癸甲　癸甲乙丙丁戊己庚
亥子丑寅　丑寅卯辰巳午未申

癸水가 중동에 태어나 지지가 亥子丑 북방일기를 이루어 그 세력이 범람하는데 일점 丁火가 무근하나 寅時가 水를 받아들여 그 왕성한 기운을 설하여 매우 기쁘다. 甲木 夫星이 록에 앉았으니 위인이 총명하고 미모이며 단정하고 그윽하였다.

더욱 기쁜 것은 運이 동남 木火地로 흐르니 남편은 영예롭고 자식은 빼어났으며 복이 넉넉하였다.

乙丙乙丁　丁戊己庚辛壬癸甲
卯戌卯亥　亥子丑寅卯辰巳午

乙木이 계춘에 태어나 주중에 양록왕에 앉고 亥卯가 또 木局을 껴안았는데 金이 없어 일원이 왕하다. 丙丁이 병투하여 洩木生土하니 기쁘고 재성이 남편이 된다. 위인이 단정하고 화순하며 남편이 향방에 들어 벼슬이 금당이었고 세 아들을 낳았으며 수명은 壬運에 이르렀다.

戊甲丁辛　癸壬辛庚己戊丁丙
寅寅未丑　丑子亥戌酉申未午

丁火가 봄에 태어나 인성이 태중한데 丑時 財庫가 未中비견과 인성을 충하여 제거하고 재성을 생하여 일으키므로 매우 기쁘다. 반드시 辛金이 남편이 되고 丑土가 자식이 된다. 초운이 북방수지로 洩金生木하니 출신이 한미하나 庚戌, 己酉, 戊申 삼십년이 土金地에 이르러 남편이 發財하여 부유해졌으며 세 아들을 낳았는데 모두 귀하게 되었다. 이른바 인성을 버리고 재성을 취하는 것이고 또 夫星이 子星의 도움을 받는 것이므로 자손이 영화로웠다.

이후제

木旺節 丁火가 인성이 과다하여 病이고 木多火熄의 근심이 있으니 인성을 제거하는 재성이 藥이 된다. 따라서 金運에 발전하고 水運은 金을 洩하여 木을 생하므로 꺼리며 火運은 金을 극하므로 大忌하고 土運은 無妨하다.

壬己辛癸　戊丁丙乙甲癸壬辛
辰酉丑巳　申未午巳辰卯寅丑

辛金이 중추에 태어나 지지가 金局인데 木이 없고 巳火가 金局을 이루니 반드시 官을 用할 이치가 없다. 壬癸가 병투하여 그 무성한 기운을 설하므로 기쁘고 위인이 총명하고 단정하였으며 시와 예를 꽤 알았다. 애석한 것은 19세에 운이 丁未 남방으로 흘러 旺火가 生土하고 水를 말리며 庚戌年에 지지가 모두 水를 극하므로 자식도 없이 요사하였다.

이후제

建祿의 辛金이 巳酉丑金局을 이루고 己辰土가 도우니 극신왕하므로 洩하는 壬癸水가 길신인데 己土가 투간하니 淸水가 濁水가 되어 불만이다. 水木運을 만나야 발전한다.

甲丙乙己　乙甲癸壬辛庚己戊
午寅卯卯　丑子亥戌酉申未午

旺木이 火를 만나 통명지상인데 묘함이 金水가 없어 순수하고 청하며 不雜한 것에 있고 위인이 단정하다. 丙火를 남편으로 삼는데 애석하게 운이 북방 水地로 흘러 수명이 역시 길지 못하고 세 아들을 낳았으나 하나만 남았다. 壬運에 이르러 丙火를 극하니 죽었는데 혹시 양 명조의 운이 모두 순행하였다면 수명이 길었을 뿐만 아니라 만약 男命이었다면 名利가 모두 온전하였을 것이고 女命인즉 夫榮子貴하였을 것이다.

이후제

寅月 乙木이 신왕하니 당연히 온국하며 洩하는 丙火가 용신으로 通明之象을 이루었다. 그러나 원국에 약간의 습기가 없어 국세가 燥하므로 鏡中美人이며 短命하다. 이 명조는 運이 중요한 것이 아니고 원국에 습기가 없는 것이 요점이다.

丁壬乙己　癸甲乙丙丁戊己庚
未寅卯卯　卯辰巳午未申酉戌

春木이 무성하여 왕이 극에 달하고 시간의 己土가 무근하니 丁火가 남편이 된다. 丁壬이 합하여 水를 제거하니 도리어 묘하나 化木하여 마땅치 않다. 까닭에 출신이 빈한하였으나 운이 남방 火地로 흘러 기쁘고 남편을 도와 집안이 흥할 뿐만 아니라 자식도 많았다. 수명은 申運에 이르렀는데 壬水가 생을 만나 막힌 것이다. 전조와 비교하면 전조에 미치지 못하는데 이 명조는 행운이 등지지 않아 나은 것이다. 그런즉 命이 좋은 것은 運이 좋은 것만 못한데 남녀가 모두 그렇다.

이후제

寅月 乙木이 木이 많아 신왕하니 丁火가 온난하고 旺木의 秀氣를 발하는 용신이고 壬水가 봄 가뭄을 해소하는 藥神인데 丁壬이 합반되니 一大缺點으로 無情하다. 다시 火運을 만나야 發榮한다.

2. 小兒章

論財論殺論精神 四柱和平易養成 氣勢攸長無斲喪 關星雖有不傷身.

재를 논하고 살을 논하며 정신을 논하는데 사주가 화평하면 기르기가 쉽고 기세가 뛰어나고 깎기고 꺾임이 없으면 닫고 가두는 것이 비록 있어도 몸을 상하지 않는다.

小兒之命 每見淸奇可貴者難養 混濁可憎者易成. 雖關家門之氣數 亦看根源之深淺. 關於培植者半 關於家門之興衰者亦半 故小兒命 不易看也. 以命而論 必須四柱和平 不偏不枯 無冲無克 根通月支 氣貫生時. 殺旺有印 印弱有官 官衰有財 財輕有食傷 生化有情. 流通不悖 或一神得用 始終相託 或兩意情通 互相庇護 未交運而流年平順 既交運而運途安詳. 此謂氣勢攸長. 自然易養成人 反此則難養矣. 其餘關殺多端 盡皆謬妄 有意造作惑人 不可信也.

소아의 명은 淸奇하여 貴한 자는 기르기 어렵고 혼탁하여 미운 자는 기르기가 쉬운 것을 자주 본다. 비록 가문의 운수에 관계되나 역시 근원의 심천을 보아야 한다.

기르는 것에 관계된 것이 절반이고 가문의 흥쇠와 관계되는 것이 또한 절반이므로 소아의 명은 보기가 쉽지 않다.

명으로 논하면 반드시 사주가 화평하고 치우치지 않고 메마르지 않으며 충이 없고 극이 없으며 뿌리가 月支에 통하고 氣가 生時를 관통해야 한다. 殺旺하면 인성이 있고 인성이 약하면 官이 있으며 官이 쇠약하면 財가 있고 財가 輕하면 식상이 있어 生化有情하고 흘러 통하는 것이 어긋나지 않아야 한다. 혹은 하나의 神이 용신이 되고 처음과 끝이 서로 의탁하며 혹은 兩意가 情이 통하고 서로 보호해주며 運이 바뀌기 전에 유년이 평순하고 運이 바뀐 후에는 運途가 편안해야 한다. 이것을 기세가 뛰어나다고 말한다.

자연히 성인으로 기르기가 쉽고 이와 반대면 기르기가 어렵다. 그 나머지는 관계된 殺이 많은데 모두 잘못되고 망령된 것으로 없애야 하고 사람을 현혹하려고 만든 뜻이 있으니 믿으면 안 된다.

辛癸丙丁　壬辛庚己戊丁丙乙
丑巳子酉　辰卯寅丑子亥戌酉

丙火가 巳月에 태어나 비록 건록이라고 하지만 木의 生助가 없고 천간에 재관이 투출하였으며 지지에 다시 酉子를 만나 마땅하지 않은데 다시 金局이 되어 巳火 록이 日干에 있지 않아 더욱 마땅하지 않다. 비록 丁火가 방신할 수 있으나 癸水가 해치니 재다신약인데 겸하여 관성이 또 왕하니 일주의 허약이 극에 달했다. 또 처음에 壬運으로 殺을 만났는데 辛亥年에 천간의 壬癸가 丙丁을 극하고 지지의 亥가 巳火 록을 충파하니 연달아 뿌리가 모두 뽑히므로 감질병을 얻어 사망하였다.

癸己丙辛　戊丁丙乙甲癸壬辛
丑未寅卯　午巳辰卯寅丑子亥

전조는 재관이 태왕해서 요절한 것이고 이 명조는 일주가 장생에 앉고 또 여름에 태어나 재관이 용신이 되고 상관이 희신이 된다. 상관이 財를 생하고 또 財가 官을 생하여 生化가 유정한 것 같으나 전조는 재다신약이니 官이 殺로 작용하고 이것은 財가 절지요 官이 휴수이니 형통하지 못할까 두렵다. 癸水관성이 未月에 생하여 火土가 말리는데 여기인 丑이 있고 장간에 金水가 있으나 己土가 투간하여 癸水를 해치며 丑未가 충하여 金水의 근원을 제거한다. 시상의 辛이 또 절지에 있어 비록 있어도 없는 것과 같으니 어찌 멀리 떨어진 水를 생할 수 있겠는가. 己土 또한 멀리 떨어진 金을 생할 수 없고 또 運이 동남 木火地로 흐르니 가업을 지킬 수 있는 사람이 아니다.

庚壬丙己　癸甲乙丙丁戊己庚
戌午寅亥　未申酉戌亥子丑寅

丙이 壬殺을 用하는데 신강살천하다. 殺이 권위가 되고 더욱 기쁜 것은 財가 약한 殺을 도와 틀림없이 名利가 다 온전할 것 같으나 애석하게도 지지가 火局이 되고 寅亥가 또 木으로 변하여 火를 생하므로 년월의 庚壬이 무근하며 生扶가 적다. 丁巳年에 이르러 巳亥가 충하여 壬水의 록이 제거되고 丁火가 壬水용신을 合去하므로 홍역으로 사망하였다.

壬戊壬戊　己庚辛壬癸甲乙丙
申申申申　酉戌亥子丑寅卯辰

壬水가 가을에 태어나 지지가 모두 장생이고 천간에 兩戊와 兩壬이 있으니 대세로 보면 지지가 모두 一氣이며 兩干이 不雜하고 또 살인상생으로 大貴格이라고 생각하면 金多水濁으로 인성이 많아 자식에게 病이 되는 것을 모르는 것이다. 火가 金을 극하지 못하여 도리어 水를 생하지 못하고 戊土의 기운이 金에게 모두 설기되어 편고된 象이므로 반드시 양육이 어려우니 名利가 모두 공허하다. 세 살 甲戌年에 죽었다.

壬甲壬戊　乙丙丁戊己庚辛壬
申辰申申　巳午未申酉戌亥子

壬水가 계춘에 태어나 살인상생하고 지지에 세 개의 장생을 만났으며 식신이 제살하여 권위가 되니 반드시 귀격인 것 같으나 春土의 氣가 허한데 甲木이 투출하여 辰土가 억제를 받을 뿐만 아니라 시간의 戊土 역시 극을 받는 것을 모르는 것이다. 火가 없어 生生하는 妙를 얻지 못하였고 또한 인성이 많아 자식에게 病이 되니 편고의 象으로 반드시 양육하기 어렵다. 후에 천연두로 죽었다.

癸壬丁壬　辛庚己戊丁丙乙甲
丑戌亥寅　酉申未午巳辰卯寅

이 명조는 丁火가 陰柔한데 깊은 가을에 태어나고 殺과 官이 중첩하였으니 반드시 양육할 수 없다는 것은 특별하게 관살이 비록 왕하나 자신의 고장인 戌月에 통근하여 制水하기에 충분하고 또한 金이 없어 좋으며 시지 寅木이 傷하지 않아 氣가 生時를 관통하고 納水하기에 충분한 것을 모르는 것이다. 성인으로 기르기 쉬울 뿐만 아니라 학문의 뜻을 이룰 수 있다. 그러나 관살이 한 가지 종류이니 官을 기쁘게 생각하고 殺을 미워하지 마라. 신약하면 官이 모두 殺이고 신왕하면 殺이 모두 官이라고 할 수 있다. 단지 財가 없고 인성이 있어야 곧 아름다운 명조가 된다. 가령 丁火가 寅에서 死한다고 하는데 오류의 극치이다. 寅中甲木이 丁의 정인인데 어찌 死가 되겠는가. 무릇 陰干은 生地가 死가 되고 死地가 生이 되나 정론이 아니다. 유년에 질병이 없었고 총명함과 지혜가 뛰어났다. 甲戌年에 입반하고 後運이 남방 火土로 흘러 제살하며 일간을 도우므로 아름다움이 한량없다.

이후제

丁火가 戌月에 有根하고 寅木이 생하나 관살이 많고 더구나 혼잡으로 일간을 공격하니 오직 천간으로는 土運을 만나야 하고 지지로는 火運을 만나야 發身할 수 있다. 辛酉 庚申運을 무사히 지나는 것은 오로지 流年運에 달려있다.

壬甲丁己　乙丙丁戊己庚辛壬
戌辰酉酉　巳午未申酉戌亥子

이 명조는 대개 말하기를 木이 월간에 투출하여 春木이 火를 생하기에 충분하고 년간의 壬水가 生木하며 日時의 兩장생에 앉아 모두 왕이라고 논하나 애석하게도 지지에 土金이 太重하여 천간의 水木의 뿌리가 반드시 얕고 水木이 無氣하므로 丁火를 돕는 것이 견고하지 못하다. 무릇 甲木이 계춘에 생하면

退氣이고 辰酉가 합하여 化金하니 甲木의 여기가 이미 단절되었으며 戊土가 막아서 金이 水를 생할 수 없고 戊土가 억제하기에 충분하다.
壬水가 극을 받아 木을 生할 수 없고 辰酉가 化金하여 반드시 木을 극하니 일주의 근원이 견고하지 못함을 알 수 있다. 만약 酉가 丁火의 장생이라고 하면 오행이 전도되는 것이고 酉中에는 辛이 순수하고 다른 氣가 섞이지 않아 金이 水를 생하지 火를 생하는 이치가 없다. 火가 酉에 이르면 사절지가 되고 시간의 己土가 일주의 원신을 훔쳐 火를 설하여 生金하므로 水木火 삼자가 모두 허탈하여 더욱 불만이다. 뒤의 癸酉年에 夭死했는데 이것으로 보면 소아의 命은 보기가 쉽지 않다.

滴天髓

제1판 인쇄 2022년 12월 30일
제1판 발행 2023년 1월 10일

原 著 유백온
註 者 임철초
譯 者 이후제
발행인 주영일
발행처 계축문화사

등록번호 1973. 10. 31. 제300-1973-8호
주소 서울특별시 종로구 통일로12길 16-17
우편번호 03029
전화 735-2257·738-9746
팩스 723-9025
이메일 gyechuk@hanmail.net
홈페이지 http://gyechuk.co.kr

ISBN 978-89-5629-701-9 03180 값 53,000원